La storia. Temi

74

Giovanni Miccoli

# Questione di metodo

## Scritti su storici e storiografia

a cura di Giuseppe Battelli

viella

Prima edizione: febbraio 2020
ISBN 978-88-3313-297-6

**viella**
*libreria editrice*
via delle Alpi, 32
I-00198 ROMA
tel. 06 84 17 758
fax 06 85 35 39 60
www.viella.it

# Indice

## *Storici: i Maestri*



## *Storici: gli studiosi coevi*

Giuseppe Battelli

# Premessa

La scomparsa di Giovanni Miccoli, avvenuta il 28 marzo 2017 all'età di 83 anni, ha ulteriormente aggravato un fenomeno che, iniziato a palesarsi nel decennio precedente, si è via via delineato sino ad oggi. Intendo riferirmi al progressivo esaurirsi della generazione di studiosi che, nel suo insieme, ha rappresentato la maggiore storiografia religiosa italiana del secondo Novecento. E il riferimento temporale, in questo caso, ha una valenza ben più che cronologica. Proprio allora infatti, e per opera precipua di quella generazione, si assistette in tale ambito di studi a un'evoluzione di fondamentale importanza. Vale a dire l'affrancamento dalle condizioni che, fino ad allora, avevano essenzialmente relegato la pratica di questi studi all'interno delle istituzioni ecclesiastiche e li avevano sottoposti – rispetto al mondo accademico nazionale – all'ostracismo di una parte importante della corporazione degli storici, in prevalenza permeata da tendenze e forse anche da pregiudiziali laiciste.

Nello scorrere i nomi di alcuni di quegli studiosi – Giuseppe Alberigo, Pietro Scoppola, d. Pietro Stella mancati nel 2007; Michele Ranchetti nel 2008; Gabriele De Rosa nel 2009; Franco Bolgiani, Ovidio Capitani, p. Achille Erba, p. Giacomo Martina nel 2012; Paolo Prodi nel 2016; Giovanni Miccoli e Manlio Simonetti nel 2017 –, e anche nell'estendere questa immaginaria carrellata ad altri, meno noti o che hanno dedicato a tali ricerche solo una parte della propria attività scientifica, due aspetti paiono emergere con nettezza. Innanzitutto, sul piano generale dell'avanzamento della conoscenza storica, l'irrimediabile perdita che tutto ciò ha comportato; una perdita il cui effetto si percepirà a lungo, e non tanto per un passaggio generazionale in sé fisiologico, ma per il contributo complessivo ben difficilmente eguagliabile dato in quella stagione. Poi, in secondo luogo e sul piano specifico delle personalità sopra ricordate, la diversità talora profonda nello stile e nella stessa concezione del mestiere di storico espressa da vari di essi, pur nell'analogia del ruolo-guida svolto. In sostanza: si può essere riconosciuti come "maestri", e dare vita a una tradizione, a una scuola, a una linea storiografica, senza peraltro esprimere né le medesime modalità di impianto nella ricerca, né un univoco profilo di studioso e ancor più di uomo.

La considerazione potrebbe risultare in certa misura lapalissiana se riguardasse figure di intellettuali vissuti in epoche diverse e in paesi dalle differenti tradizioni culturali. Ma qui ci si trova di fronte a un'unica generazione; formatasi nel medesimo clima politico e culturale, tra declinante fascismo e secondo dopoguerra; avendo come comune riferimento istituzionale – nella quasi totalità dei casi sopra ricordati: fanno eccezione, solo tuttavia per quanto attiene alla formazione clericale, gli ecclesiastici prima elencati – il sistema universitario italiano: luogo sia di crescita intellettuale che di successivo approdo professionale. Il porre la questione, dunque, non è del tutto improprio. Uno dei fattori che può aver contribuito in misura rilevante a produrre quella diversificazione non riguarda tanto aspetti che dovrebbero risultare per lo più esterni al mestiere di storico – quali ad esempio l'orientamento politico, tanto più se accompagnato da una particolare contiguità con taluni partiti; o, nel caso di questo specifico settore di studi, la maggiore o minore vicinanza all'istituzione ecclesiastica (non solo per ragioni di *status* clericale) – quanto la modalità prevalente e talora distintiva nel praticarlo. Nel caso di Giovanni Miccoli quella modalità si è delineata nel tempo secondo talune scelte che progressivamente sono diventate un *habitus* pressoché inconfondibile, sia sul piano dell'elaborazione teorica attorno a quel "mestiere" che su quello della sua concreta estrinsecazione nella ricerca. Ritengo sia da cercare in questo la vera, o perlomeno la più incisiva ragione della sua autorevolezza e del suo essere da molti riconosciuto come proprio "maestro".

Poi, naturalmente, c'era l'indole e lo stile nelle relazioni umane. Lo incontrai la prima volta nel 1980 alla stazione di Santa Maria Novella. Convergevamo su Firenze – lui da Trieste, io da Bologna – per prendere parte al convegno organizzato da Michele Ranchetti e dai suoi allievi (Bruna Bocchini Camaiani, Luciano Martini, Anna Scattigno, se non ricordo male) su don Lorenzo Milani. Lui era già "Miccoli" ed era stato richiesto di tenere una delle relazioni nodali del convegno, la più incisiva – si sarebbe poi constatato – dal punto di vista storico; io uno sconosciuto ventiseienne da poco laureato, che l'Istituto per le Scienze religiose guidato a Bologna da Giuseppe Alberigo mandava a tenere una comunicazione sul Fondo don Milani conservato presso l'Istituto per volontà di Alice Weiss Milani (madre di Lorenzo) e per suggerimento dello stesso Ranchetti. Miccoli ovviamente non sapeva chi fossi. Mi presentai. Con un invito che spesso mi è tornato alla mente – invito che quarant'anni dopo, ai giovani studiosi di oggi, potrà apparire scontato ma che viceversa era del tutto in controcorrente rispetto alle consuetudini dell'accademia e della corporazione degli storici in quei decenni (si veda a riguardo lo stesso rapporto fra Delio Cantimori e Giuseppe Alberigo, ricordato da Miccoli in questo volume, e potrei aggiungere il mio personale e pur forte legame con Alberigo) –, mi disse con grande semplicità: «Diamoci del tu!». E poi, ormai al tramonto della sua vita, il ripetersi di un atto simbolico, al termine delle quasi settimanali cene invernali da lui offertemi in una trattoria triestina vicina alla incombente mole dell'edificio religioso della locale comunità greco-ortodossa: l'atto simbolico del più anziano e largamente più autorevole che ti aiuta a rivestirti. Un'immagine e un gesto che prendevano spunto – così venne spiegato, di fronte alla mia garbata resistenza e sorpresa – da un racconto prediletto da Gustavo Vinay, riferito allo scambio finale dei ruoli tra maestro e allievo (nel caso originario con un mantello) descritto nel romanzo picaresco dello scrittore argentino Ricardo Güiraldes, *Don Segundo Sombra*, Buenos Aires, 1926 e citato dallo storico piemontese in *Pretesti della memoria per un maestro*, Spoleto, 1967 (rist. anast. curata dallo stesso Miccoli nel 1993).

Quando è maturata l'idea del progetto editoriale che ora vede la luce grazie alla lungimiranza dell'editrice Viella, che già una quindicina di anni orsono aveva accolto gli atti delle giornate di studio dedicate a Giovanni Miccoli e svoltesi a Roma presso l'Istituto storico italiano per il Medioevo presieduto da Massimo Miglio, l'obiettivo era quello di predisporre una raccolta delle pagine più rilevanti di quella parte della produzione di Miccoli che dimostra il decisivo peso che la questione metodologica ha sempre avuto nel suo lavoro storiografico. Una raccolta destinata agli studiosi non più giovani, che per averla vista crescere nel corso del tempo ben conoscono quella produzione, pur non avendola magari a portata di mano in un unico funzionale strumento di lavoro. Ma una raccolta destinata anche agli studiosi delle ultime e delle future generazioni: di coloro cioè che, attirati dalla fama di Miccoli, potrebbero arrivare a quella conoscenza solo dopo un non semplice lavoro di ricostruzione dei tasselli di un mosaico dispersi tra gli oltre 400 scritti di una bibliografia accumulatasi nell'arco di oltre un sessantennio e in decine di sedi editoriali. Una raccolta infine rivolta a quei cultori non professionali degli studi storici che, nell'avvicinare la figura di Miccoli non solo attraverso le maggiori e più diffuse monografie – *in primis*, negli ultimi due decenni, quelle dedicate ai "silenzi" e dilemmi di Pio XII di fronte alla Shoah e ai pontificati dell'età contemporanea – ma anche seguendone la riflessione sul come dovrebbe connotarsi il mestiere di storico che opera dietro le quinte di quei prodotti intellettuali, potranno cogliere con immediatezza che non esiste solo la Storia ricostruita dagli studiosi ma anche la storia del come la stessa ricerca storica si è sviluppata sullo sfondo e in relazione alle specifiche dinamiche politiche, sociali, ideologiche e ideali, di una data epoca.

Questa dunque era l'idea di partenza. E tuttavia la preparazione concreta dei materiali ha riservato una sorpresa anche a chi riteneva di possedere una conoscenza sufficientemente approfondita della produzione e del percorso storiografico di Giovanni Miccoli. La sorpresa di trovarsi via via immerso in un mondo di idee, di fatti e di dinamiche, che dava significativamente vita, spessore esistenziale e concreta collocazione spazio-temporale a problemi altrimenti destinati, almeno in parte, a restare in una sfera teorica e di conseguenza a conservare una prevalente astrattezza. In tal senso si è trattato come di un "viaggio" attraverso il maturare di problemi sì di natura intellettuale ma integralmente incarnati negli incontri, nelle reali esperienze di studio, nel confronto con scuole e tradizioni storiografiche, studiosi in carne e ossa, opere che stavano dominando nelle diverse successive fasi del lavoro storiografico di Miccoli il dibattito tra gli storici.

Si potrebbe parlare di una autobiografia intellettuale: non tuttavia dello stesso Miccoli o del solo Miccoli – che raramente si è attardato su tale genere: se ne vedranno taluni esempi nelle pagine introduttive di questo volume e negli scritti dedicati ai propri maestri – quanto piuttosto della generazione di cui prima si è detto. Un'autobiografia collettiva, se possiamo così dire con tutte le semplificazioni che ovviamente ne discendono, che si richiama alle grandi tradizioni precedenti (o per distaccarsene, come nel caso dell'idealismo crociano e dei suoi epigoni; o per assumerne in parte l'eredità, come in quello della scuola storica positiva), ai propri maestri, alle scelte che progressivamente hanno costituito il *proprium* di ciascuno studioso, disperdendo nelle rispettive strade e imprese la comune originaria appartenenza generazionale.

Molto di quel "viaggio" meritava di essere riproposto e condiviso. È tuttavia evidente che il progetto da cui si è partiti non avrebbe potuto trascurare i limiti di spazio che la sua finalità di strumento funzionale implicitamente imponeva. La prima selezione dei testi – condotta unicamente sulla base dei contenuti e senza porsi i suddetti limiti dimensionali – aveva evidenziato un *corpus* approssimativo di oltre 1.200 pagine. Occorreva dunque operare una selezione che riducesse la quantità senza vedere seriamente compromessa la qualità. Una selezione non basata tuttavia su criteri esterni a quei materiali. In sostanza: l'insieme delle 1.200 pagine doveva da se stesso fornire la strada che, evitando per quanto possibile le ripetizioni e le sovrapposizioni, toccasse i punti fondanti della riflessione metodologica di Miccoli. Su quei punti è stata poi condotta la selezione dei testi; una selezione non priva di dubbi e di qualche rammarico. Soprattutto là dove si è ritenuto di rinunciare a proporre in questo volume pagine certamente importanti e comunque care a Miccoli: come la *Premessa* alla ristampa anastatica nel 1993 del già ricordato volumetto nel quale Gustavo Vinay (figura riconosciuta come fondamentale maestro da Miccoli) ripercorreva il proprio rapporto con Giorgio Falco; o l'analisi dell'opera storiografica di studiosi a lui vicinissimi per amicizia e stima (penso soprattutto a Luisa "Marisa" Mangoni e p. Achille Erba, senza dimenticare Zelina Zafarana); o la discussione critica di opere che avevano costituito un vero e proprio spartiacque (come *I primi tempi dello Stato pontificio* di Louis Duchesne, il "Mussolini" di Renzo De Felice, *Chiesa e Stato in Italia negli ultimi cento anni* di Arturo Carlo Jemolo); o infine alcune delle grandi recensioni che hanno punteggiato la sua produzione.

Ogni scelta implica rinunce e un'assunzione di responsabilità. Lo schema su cui si basa il contenuto del volume è dunque il seguente. Prima sezione: il metodo. Seconda sezione: gli storici. Anche per mettere in concreta evidenza l'evoluzione del pensiero di Miccoli, all'interno di ciascuna sezione si è seguito in genere l'ordine cronologico dell'edizione originaria; fanno eccezione gli scritti sui propri maestri, disposti secondo il ricordo dell'incontro con gli stessi fatto da Miccoli. Nella prima sezione sono inseriti scritti che in parte affrontano direttamente questioni metodologiche dal punto di vista teorico, in parte le toccano in modo approfondito ma a partire dall'analisi di un dato fenomeno o figura storica; ho attinto tali scritti sia dalla sua produzione medievistica che da quella contemporaneistica, dato che se taluni problemi sono di natura per così dire generale (come quelli attinenti al metodo storico-critico) altri manifestano peculiarità derivanti dalle caratteristiche dell'epoca e dalla tipologia e quantità di fonti prese in esame. La seconda sezione è incentrata sulla riflessione dedicata a due categorie di studiosi: da un lato i propri maestri (quelli indicati come tali da lui stesso, con la ricordata eccezione di Vinay, cui peraltro Miccoli non dedicò mai una vera e propria ricostruzione); dall'altro storici della sua stessa generazione.

Come si vedrà, sussiste una forte interdipendenza tra gli scritti distribuiti nelle suddette parti o sezioni. Ciò è dovuto a due fattori. Il primo legato alla circostanza che lo schema adottato riflette la necessità di strutturazione della materia e del volume, e non uno specifico disegno di Miccoli, che con ogni probabilità "sentiva" molto più organicamente l'insieme dei suoi scritti di tale genere. I contenuti quindi tendono talvolta a ripresentarsi, seppure con declinazioni che riflettono di volta in volta il perno tematico affrontato. Ma sussiste un secondo fattore, che dà una netta sensazione di grande coesione a queste pagine: la circostanza cioè che, pur nella varietà dei problemi e degli autori e degli scritti considerati, alcuni nodi o punti fondanti attraversano e collegano il tutto. Senza togliere al lettore l'interesse a scoprirli e ad arricchire la propria analisi di elementi ben più perspicui di quanto possano fare queste sintetiche note di premessa, li si può così esemplificare: centralità della figura di Delio Cantimori; validità imperitura della tradizione metodologica connessa alla scuola storica positiva; netta convinzione che il mestiere di storico abbia svolto nel secondo dopoguerra un ruolo civile fondamentale. Un ruolo che si inquadrava e riceveva radici e linfa dall'operare in un'università e in una corporazione che nel corso dei decenni che hanno accompagnato il percorso intellettuale di Miccoli avrebbe via via perso gran parte della propria funzione sociale, del proprio prestigio e del proprio rigore. In tal senso, trova pienamente conferma la domanda già posta da lui stesso nel 2004 ai colleghi e amici che discutevano a Roma della sua opera intellettuale: se, cioè, il suo modello storiografico non fosse in certa misura superato. Non superato, tuttavia, perché non più valido o non più praticabile; ma superato perché le tendenze in atto si palesavano in costante progressivo allontanamento da quei principi e valori sui quali il modello si fondava.

Per ciascuna delle parti o sezioni suddette è naturalmente possibile immaginare che altri scritti avrebbero potuto legittimamente esservi inseriti. Ritengo tuttavia che la selezione qui proposta, basata tra l'altro sul criterio della esemplarità, risponda a quelle esigenze di rappresentazione dei punti focali della riflessione metodologica di Miccoli e di ragionevoli limiti editoriali di cui si è fatta menzione. Per il resto, così come egli ripeteva con frequenza l'invito dei propri maestri ad andare sempre prioritariamente alle fonti, si può senz'altro auspicare che gli scritti sul metodo qui raccolti – e che, salvo l'omogeneizzazione formale, vengono riprodotti nella veste originaria, con indicazione iniziale della prima sede di pubblicazione – non esauriscano affatto l'interesse per la sua opera, ma costituiscano semmai una sollecitazione ad estendere ulteriormente la lettura all'intera produzione di questo protagonista della storiografia italiana del secondo Novecento.

Si ringraziano gli editori dei volumi e la direzione delle riviste che hanno accolto originariamente questi scritti per averne consentita la riproduzione. Grazie inoltre ad Anna "Ninetta" Lumbelli, compagna di una vita di Giovanni Miccoli, per aver accolto con entusiasmo l'idea da cui è nato tutto questo.

Trieste, 9 settembre 2019

# *Introduzione*

# Il percorso di uno studioso di storia*

C'è un rischio inevitabile nel ripercorrere il proprio itinerario di studio: il rischio cioè che le cose che a me sono sembrate importanti in tale cammino, agli altri non lo sembrino affatto. Può darsi tuttavia che la presentazione di questo percorso possa avere comunque un minimo di interesse, da una parte per rilevare le enormi differenze che, rispetto alle mie condizioni di partenza, esistono attualmente per coloro che intendono avviarsi alla ricerca, per la condizione dei tanti giovani che sono qui, e dall'altra per porre una questione e insieme una domanda: se cioè nel tipo di formazione e di svolgimento di quel percorso vi è qualcosa che si può ancora tenere presente e recuperare.

## *La formazione e i maestri*

Sono nato a Trieste nel 1933; ho frequentato le scuole elementari fino alla prima media in periodo fascista e poi sotto l'occupazione tedesca, il resto delle scuole medie e superiori durante l'amministrazione del governo militare alleato. Non mi fermo su questo. Ciò che mi resta di quel ricordo in particolare è la compilazione annuale del "quaderno fascista": iniziava con una preghiera, il *Padre nostro*, che si concludeva con «Dio stramaledica gli inglesi» e conteneva altre varie amenità del genere. Ho saputo solo molto più tardi che il maestro che avevo avuto era stato socialista, e in quanto tale

* In questa, e nelle successive analoghe note che aprono i vari scritti, viene riprodotto tra virgolette ciò che già era detto nella versione originaria, con indicata in calce la sede originaria di edizione. «Testo dell'intervento, rivisto dall'autore, tenuto presso il Dipartimento di Storia dell'Università di Padova il 22 maggio 2003. All'intervento seguì un ricco dibattito: si sono riprese in nota alcune puntuali repliche dell'autore, poiché permettono di approfondire passaggi importanti del testo». Edito in «Novecento. Per una storia del tempo presente», 7, 12 (2005), pp. 125-137.

picchiato dai fascisti negli anni Venti; di tutto ciò non restava ovviamente traccia ai miei occhi. Mi colpiva solo questo fatto, che mentre tutti gli altri maestri in occasione delle grandi feste del regime indossavano la sgargiante divisa grigioverde dei *seniori* della GIL, lui veniva solo con la camicia nera perché, evidentemente, non aveva avuto mai nessuna promozione, conseguenza delle sue scelte politiche del passato e del pestaggio degli anni prima. Penso sia stata la guerra e, soprattutto, l'occupazione tedesca con l'oppressiva presenza che anche un ragazzino di poco più di dieci anni poteva avvertire, a suscitare le mie prime curiosità alla storia: l'ascolto di Radio Londra, il seguire il percorso degli eserciti contrapposti sia in Russia sia soprattutto sul fronte occidentale, dopo lo sbarco in Francia; ma certamente per quanto riguarda un maggior coinvolgimento nel contesto, diciamo, storico-politico, se questo non può suonare troppo pomposo per un ragazzo di 12-14 anni, è stato il dopoguerra a Trieste a giocare un ruolo decisivo. Un dopoguerra estremamente teso, di scontro violentissimo, di manifestazioni contrapposte (le rivendicazioni jugoslave e la difesa dell'italianità della città da parte della maggioranza), con uno scatenamento di nazionalismi di cui io, di famiglia italiana, ero – sia ben chiaro – pienamente partecipe. C'erano rappresentazioni teatrali che ricordavano certe memorie del Risorgimento: l'*Ernani* con il teatro che – come si leggeva nelle cronache dell'Ottocento – veniva giù all'aria «Si ridesti il Leon di Castiglia».

Quel coinvolgimento, quello scontro violento, anche di piazza e, in qualche caso, sanguinoso, per me ha rappresentato una lenta, progressiva, forte vaccinazione nei confronti di tutti i nazionalismi, peste e disgrazia di quella che è la mia città. La scuola che ho frequentato, al liceo, era una scuola dai caratteri antichi, molti dei miei professori si erano formati e avevano cominciato il loro insegnamento sotto l'Impero asburgico; era quindi una scuola basata sulla lettura di molti testi e di pochissima critica letteraria. Venivo da una famiglia profondamente cattolica, ma cattolica di consuetudine. La frequentazione, negli anni del ginnasio e del liceo, di un padre gesuita mi suggerì la critica di molti di tali aspetti. Dopo alcune incertezze, alla fine del liceo scelsi di iscrivermi a Lettere concorrendo per un posto alla Normale di Pisa: pensavo di poter condurre uno studio più rigoroso, ma volevo anche cambiare aria. Può darsi che nei triestini sia prevalente un legame un po' viscerale con la città, ma c'è sempre stata anche molta voglia di scappare. Per motivi legati alla mia formazione cattolica, a Pisa avrei voluto studiare i Padri della Chiesa, ma in pratica il quadro degli insegnamenti e dei docenti presenti non me lo rese possibile e, quindi, scelsi la storia medievale come ambito più affine. Vigeva un dogma, per chi si accingesse a studiare storia alla Normale: non si dà ricerca storica senza un problema forte che la animi, riflesso, in qualche modo, dei propri problemi personali ma anche delle situazioni, delle realtà, delle condizioni del proprio tempo. La domanda che immancabilmente gli studenti più anziani – ma certe volte anche i docenti – rivolgevano ai giovani colleghi era: «Qual è il tuo problema?». Era una domanda terribilmente impegnativa, che certamente risentiva di echi crociani (anche se il suo storicismo e il nesso filosofia/storia era stato in sostanza in gran parte abbandonato), ma risentiva anche della grande tradizione della scuola storica dell'Ottocento, per la quale lo studio della storia era componente essenziale della formazione civile e doveva esso stesso esercitare un ruolo civile.[1]

1. La pratica storiografica di oggi permette, allo stato attuale, un approccio in termini di formazione civile? Ciò che preciserei innanzi tutto è che nel passato tale idea non ha avuto nessun risultato significativo. Era una duplice illusione che ci muoveva negli anni Cinquanta e Sessanta. La prima patetica, radicata illusione era di avere la storia nelle nostre mani e, dopo la guerra e nel corso della ricostruzione, di poter disporre in qualche modo del nostro futuro: da lì la diffusa politicizzazione e gli scontri furibondi che non solo agitavano sparuti gruppi di giovani intellettuali nella piccola città di Pisa ma erano largamente comuni. La seconda illusione fu quella di poter favorire, attraverso lo studio della storia, la crescita della consapevolezza civile e politica e quindi il formarsi di una moderna società democratica. Vi erano vari filoni di pensiero che confluivano in questo atteggiamento, vi era l'idea che un nesso positivo, un benefico scambio, potevano stabilirsi tra ricerca storica e pratica politica, ma anche questa si è rivelata, secondo me, una clamorosa illusione. Nonostante tutto però io continuo a pensare che sia quella una funzione propria dello studio della storia e l'unico aspetto che permette alla ricerca di dare qualcosa, di offrire un approccio positivo all'incontro fra tradizioni, culture, esperienze diverse, di aiutare la crescita della consapevolezza propria e magari, forse, anche di altri. Saranno pochi, ma tutto sommato, finché esisterà una società che vuole avere un minimo di lucidità verso se stessa, non si può evitare di porsi il problema delle radici del presente e delle tendenze operanti verso il futuro. C'è indubbiamente il rischio che tutto questo venga progressivamente cancellato. Ma ribadisco, sarò certamente "vetero", continuo però a pensare che l'unico contributo che si può dare attraverso lo studio della storia ai propri simili è proprio quello di cercare insieme di capire perché si è arrivati al punto in cui si è. Una cosa ben diversa, sia chiaro, dall'uso della storia per condurre le proprie battaglie politiche: ciò che mi sembra non solo terribilmente inutile ma anche profondamente dannoso, non solo per lo studio della storia (poco male, dirà certamente qualcuno), ma soprattutto per il costume pubblico, per quanto si tratti di un'abitudine ampiamente riscontrabile in tutti i versanti dello schieramento politico, anche in quello che mi è più vicino, che non manca di "belle" tradizioni a questo riguardo. Non a torto scrive don Milani in una lettera a un amico che a proposito di colpe, difetti e torti si deve guardare in primo luogo in casa propria e solo dopo in quelle altrui.

Fatta un'eccezione è alla Normale che si realizza la gran parte dei miei incontri fondamentali con alcuni docenti che chiamerei senz'altro maestri. Erano personaggi molto diversi, ma avevano un tratto in comune: il netto privilegiamento delle fonti rispetto alla storiografia. Il loro insegnamento insisteva sul contatto costante con le fonti, sulle fonti come punto di riferimento, sulle fonti come verifica delle proprie interpretazioni. È un insegnamento cui sono rimasto fedele. Continuo infatti a pensare che su tale verifica si basa l'unica scientificità possibile dello studio della storia come ricerca di "verità", una "verità" che per quanto parziale trova nelle fonti la propria conferma e il proprio sostegno. Delle persone con cui ho lavorato, ne ricorderei in particolare quattro. Il mio primo maestro è stato Ottorino Bertolini, anziano medievalista che veniva dalla scuola storica positiva di Pietro Fedele. Aveva una straordinaria disponibilità nel seguire gli studenti, nei quali sollecitava letture ampie, cursorie, sistematiche delle fonti e dei testi: questo insegnamento accompagnava, ma anche correggeva il discorso sul "problema", nel senso che rimarcava il fatto che, al di là delle questioni che ci si propone di studiare e di chiarire, vi è tuttavia anche una serie di suggerimenti, di stimoli, di spunti, di aperture nuove e impreviste che vengono dalla lettura delle fonti. Anche se non sempre con l'ampiezza e l'intensità che avrei voluto mantenere e seguire, questa ispirazione ha accompagnato il mio lavoro, portandomi a leggere alcune raccolte di fonti come più tardi certe serie archivistiche, sistematicamente e in qualche modo gratuitamente, senza partire fin dall'inizio a una loro sollecitazione, evitando di selezionarle subito alla luce delle mie domande di partenza.

Il secondo personaggio che voglio ricordare è Arsenio Frugoni, che incontrai nel terzo anno: arrivò a Pisa nel 1955, con il suo *Arnaldo da Brescia* fresco di stampa, un libro nel quale criticava la tecnica filologico-combinatoria, prendendo cioè posizione contro le ricostruzioni della figura e della vita di Arnaldo basate sulla combinazione delle testimonianze di alcuni grandi protagonisti del XII secolo che di lui avevano scritto (da Bernardo di Clairvaux a Giovanni di Salisbury, a Ottone di Frisinga e via dicendo), testimonianze profondamente diverse, per collocazione cronologica, finalità e taglio narrativo, Frugoni sosteneva che fosse insensato volerle comporre e combinare insieme in una storia a tutto tondo, poiché ciascuna di quelle testimonianze era testimone in primo luogo di se stessa, dell'incontro o dello scontro avuto con Arnaldo, e insieme di tendenze del proprio tempo: possibile risultava perciò una presentazione di alcuni tratti soltanto della sua personalità e della sua opera, una scultura, in qualche modo, incompleta. Era la sua una sottolineatura importante perché riproponeva e stabiliva, per un caso concreto, quella netta e fondamentale distinzione che non può non essere sempre fatta tra storia e storiografia, tra *res gestae* e *historia rerum gestarum*. La storiografia non esaurisce mai la storia, resta sempre qualcosa di incompleto. Nel suo complesso l'insieme di ciò che è avvenuto sfugge per moltissimi aspetti e quindi alla ricerca storica si impone la piena consapevolezza del proprio limite che rappresenta la garanzia della correttezza dei suoi risultati.[2]

Il terzo personaggio che devo ricordare è Delio Cantimori. Era già considerato una sorta di mostro sacro e si cominciava a seguirne i seminari solo al terzo anno. Di lui capii in seguito molte altre cose, ma ciò che in primo luogo mi colpì era il costume dei suoi seminari. Un lavoro condotto largamente in comune, con uno straordinario rispetto da parte sua nei confronti del suo pubblico – 8-10 persone, ciascuno con temi e interessi di ricerca molto diversi – in un costante intrecciarsi di analisi sui testi, di discussioni, di confronto di interpretazioni. Ricordo i primi seminari: «Utopisti e riformatori», con letture dei vari utopisti e riformatori italiani

2. Lo scarto storia/storiografia è certamente una "riduzione della complessità" ma dipende non solo da questo, bensì dal fatto che la storia, le *res gestae*, ci lasciano soltanto tracce frammentarie di ciò che è avvenuto. Sono emersioni certamente spesso molto numerose se si pensa alla storia contemporanea, dai cui archivi si viene sepolti: ma comunque sono sempre tracce terribilmente ridotte rispetto alla complessità dello svolgersi delle cose del mondo, della vita, delle sofferenze, delle attese degli uomini. Deriva da qui, in primo luogo, lo scarto storia/storiografia: la storiografia è in grado di raggiungere e pervenire solo a verità parziali. Resto totalmente sordo e insensibile di fronte ad affermazioni come quella di Michel de Certeau: «Solo la scrittura ricrea il passato». Sarà il mio un realismo veteropositivistico, ma ritengo che questo passato lo abbiamo davanti a noi: nelle città, nei monumenti, nelle case, negli archivi, nei libri, nei meandri delle nostre pulsioni e della nostra visione delle cose. Sta a noi capirlo e riviverlo, però ha una sua pesantezza di materialità, negli stessi condizionamenti mentali e nei criteri culturali che abbiamo dentro di noi e che viviamo continuamente nella nostra società. Ci domandiamo spesso, o almeno molti si domandano, perché siamo attualmente in Italia al punto in cui siamo: senza entrare nel dettaglio, non ci si può non chiedere quanto pesino in tutto questo i decenni che ci hanno preceduto, la rimozione del problema del fascismo, il non essersi domandati che cosa ha rappresentato quel consenso di cui godette, l'aver elevato acriticamente la Resistenza a lavacro riparatore e a vera espressione del popolo italiano, senza interrogarsi sulla consistenza e la portata reale della guerra civile che allora ci divise. Questo tipo di passato e, insieme, di rimozione del passato non è qualche cosa che va a comporre anch'esso, pur in situazioni profondamente mutate, la stagione in cui viviamo?

del tardo Settecento e del primo Ottocento, il *Defensor pacis* di Marsilio da Padova. Poi, nel periodo in cui restai in Normale come assistente, il *Dulce bellum inexpertis* di Erasmo, *Vom Nutzen und Nachteil der Historie* di Nietzsche (con l'analisi del suo epistolario e dei suoi rapporti con Jakob Burckhardt) e così via. Successivamente capii e conobbi di lui anche altre cose. Il suo lungo percorso di studio e di ricerca era stato anche un percorso politico e ideologico: la scelta e la militanza fascista tra la fine degli anni Venti e i primi anni Trenta, il suo lento allontanarsene negli anni successivi con il suo avvicinamento al Partito comunista e la collaborazione clandestina con esso, ulteriormente rafforzatasi nel dopoguerra (la sua iscrizione al PCI è all'indomani del 18 aprile 1948). Ma la sua riflessione e il suo impegno costanti erano stati la costruzione di un modello di ricerca storica che tenesse a freno – come scrive nella prefazione a *Studi di storia* – il proprio furibondo cavallo ideologico; lo studio della storia doveva essere capace il più possibile non di liberarsi, perché è impossibile, ma di controllare le spinte ideologiche, politiche e propagandistiche che, allora più che mai, presiedevano e condizionavano lo studio della storia. L'uso della storia come propaganda, funzionale all'idea di conseguire così una solida formazione politica, era allora largamente presente, e molta battaglia politica si svolgeva anche attraverso l'uso e la manipolazione della storia. Da questo punto di vista l'insegnamento di Cantimori, ma anche il suo impegno all'interno del partito (dal quale si allontanò silenziosamente dopo i fatti di Ungheria), nella corrispondenza privata come nelle dichiarazioni pubbliche, si è sempre mosso nella direzione opposta, nella consapevolezza della necessità di disancorare la ricerca storica da questi troppo pesanti condizionamenti, per poterle conservare la funzione e la dignità di strumento di autentica conoscenza.

L'ultimo docente che va qui ricordato è Augusto Campana, il grande paleografo e codicologo. Del suo straordinario magistero ricordo soprattutto il criterio fondamentale che lo guidava: l'idea cioè, con la conseguente dimostrazione che ne seguiva nell'analisi dei manoscritti e di altri reperti scrittori, che ogni traccia, ogni segno, anche il più piccolo e minuto, è documento di qualcosa di cui va colto il senso e il significato, è indizio di un atto e di un pensiero umano che vanno comunque rilevati. Moltissime sue ricerche non sono mai state pubblicate, perché era un perfezionista terribile e prima di pubblicare qualcosa ci metteva anni, tanto che ha pubblicato molte più cose minori rinviando non di rado quelle maggiori, oggetto sovente delle sue lezioni e delle sue conversazioni private. Quand'era ancora

*Scriptor* alla Biblioteca Vaticana teneva i suoi seminari in orari impossibili, il sabato sera dopo cena e la domenica mattina dalle dieci a mezzogiorno o all'una, ma erano veramente affascinanti. Ricordo tuttora come un suggerimento straordinariamente stimolante un suo seminario su «Tracce di un ordine di lettura in codici monastici dell'XI-XII secolo». Aveva notato che nell'ultimo foglio di guardia di alcuni manoscritti c'era scritto *hic ponitur* cui seguiva il titolo di un'altra opera, ciò che attestava come in certi monasteri benedettini esistesse una costruzione programmatica di letture e dunque di formazione, fossero testi di esegesi biblica, di storia o di che altro ancora. L'entusiasmo per la scoperta mi portò poi a indubbie, incredibili forzature nell'ambito del mio lavoro di tesi, che riguardava alcuni aspetti della riforma gregoriana, ossia della storia religiosa e politica di quegli stessi decenni. Erano usciti da poco i testi gramsciani raccolti nel volume *Gli intellettuali e l'organizzazione della cultura*, e dunque l'idea che questo impegno di costruzione, di formazione collettiva fosse già operante in un periodo di svolta così importante nella storia della Chiesa mi sembrò particolarmente affascinante.[3]

3. È molto difficile dire qual è la genesi della scelta di un tema: cioè quando e in che momento un tema appare per dir così importante da suggerire un impegno di ricerca. In partenza c'è stata certamente la mia appartenenza cattolica, anche se, per esempio, non ha giocato nello scegliere come tema di studio la riforma gregoriana, perché non ne sapevo quasi nulla quando Bertolini me l'ha proposto. Se mai quell'appartenenza ha avuto il suo peso nella particolare modulazione che ho dato in seguito a quella mia ricerca, studiando il ruolo svolto dal laicato, gli orientamenti di riforma emarginati e sconfitti. Ma c'è anche il ruolo delle contingenze esterne. E c'è insieme una componente di curiosità, di fruizione, non so come dire, intellettuale nel trattare certe cose, nel gusto di cercare di chiarire un certo meccanismo Ciò che mi pare importante è lo sforzo di valutare se e in che misura i temi che si vogliono studiare sono temi che hanno spessore storico effettivo, che corrispondono cioè a domande aperte, a situazioni che vanno chiarite. Però ci sono anche le fonti che suggeriscono piste da battere, che stimolano domande impreviste. Quando ho cominciato a dover dirigere in Normale i seminari di Storia della Chiesa dovevo scegliere per ogni anno un tema diverso: non è che uno all'inizio, a trent'anni o poco più, abbia molte frecce nel proprio arco. Stavano allora uscendo gli *Actes et documents du Saint Siège* relativi alla seconda guerra mondiale: una raccolta voluta da Paolo VI e curata da un gruppo di studiosi gesuiti. Il secondo volume presenta in appendice i verbali dell'incontro tra Pio XII e i cardinali tedeschi all'indomani del conclave che lo aveva eletto, quando il papa rilancia un tentativo di compromesso con il Terzo Reich. Li lessi per prima cosa, perché i verbali di incontri importanti, quando intendono effettivamente conservare la memoria di ciò che è stato detto (e i verbali vaticani, come mi resi conto sempre più chiaramente in seguito), sono sempre documenti suscettibili di svelare cose che in altre circostanze non vengono alla luce. Da quei verbali emergono critiche a Pio XI da parte dei cardinali tedeschi e vi figura

*L'impegno cattolico e le prime ricerche*

Sull'ambiente della Normale basti ricordare ancora che eravamo pochi, una cinquantina in tutto nelle due classi di Lettere e di Scienze, uniti da una forte solidarietà di gruppo, ma divisi e contrapposti anche da furibondi scontri politici, dominati allora soprattutto da studenti che erano iscritti al Partito comunista. Io non ero tale e mi dichiaravo dossettiano, pur sapendo poco o nulla di Dossetti. Si trattava piuttosto di una sorta di "mito politico", cresciuto su alcuni articoli di giornale, che mi trovava del resto piuttosto "in ritardo": nel novembre del 1952, quando arrivai in Normale, Dossetti aveva lasciato da vari mesi la vita politica! Questo dichiararmi dossettiano corrispondeva al disagio e al fastidio, comune allora a molti giovani cattolici, verso quelle che sembravano le chiusure e i ritardi del governo rispetto alle tante istanze di rinnovamento sociale e di riforma. Arrivavo cattolico e tale rimasi in quegli anni: da qui, nel 1955-56 l'esperienza romana nella FUCI, come "incaricato centrale alla cultura", ciò che mi portò a respirare da vicino la forte chiusura del pontificato di Pio XII. Di pochi anni precedente era stata la "crisi Rossi", la defenestrazione cioè di tutta la dirigenza della GIAC, accusata di deviazionismo ereticale solo perché affermava, con un certo piglio ultimativo e populistico, l'urgenza di incisive riforme sociali. Incombenti erano le minacce di scioglimento della FUCI stessa, e ricorrenti gli incidenti più o meno gravi con le autorità

una cosa che subito mi colpì: cioè il richiamo a Leone XIII, ossia alla svolta che il suo pontificato aveva avviato nei rapporti con l'Impero tedesco rispetto al *Kulturkampf*. Anche se non seppi cogliere allora tutta la portata di questo riferimento, fu esso a sollecitarmi a lavorare su quegli anni. Non posso nascondermi però che una parte la ebbe anche la volontà di capire le ragioni di quell'estremo senso di soffocamento e di fastidio che avevo avvertito negli ultimi anni del pontificato di Pio XII nel periodo in cui avevo lavorato a Roma. Altro discorso va fatto per il tema francescano. Una lettura del *Testamento* di Francesco fu fatta per la prima volta in un seminario da Frugoni. È un testo che mi colpì molto da subito: da allora cominciai quella che chiamerei, se mi passate il termine, una mia "ruminazione" di testi francescani e minoritici, che crebbe lentamente su se stessa, con domande e progressivi tentativi di chiarimento. Non c'è dubbio che finché uno legge un testo e ogni volta che lo legge e lo rilegge tale lettura gli suggerisce qualche questione nuova – e quindi gli impone il tentativo di qualche risposta nuova – ciò vuol dire che il terreno va ancora arato. Naturalmente si tratta anche di allargare lo sguardo, per non restare lì, come dire, "inciuchiti" solo su quei testi. In questo senso mi è parso sempre più chiaro che Francesco d'Assisi fu e fu vissuto come un personaggio straordinario già dai suoi contemporanei: le fonti lo attestano largamente. Ci sarà poi l'Ordine minoritico, e i francescani furono abili nel giocare anche da questo punto di vista le proprie carte, ma non ci fu solo questo.

ecclesiastiche e governative, che a noi però sembravano gravissimi. Vi fu per esempio l'andata al macero di un intero numero della nostra rivistina, «Ricerca», perché in un editoriale – mi è capitato di rileggerlo recentemente: era di una moderazione e prudenza strepitose – si criticava il fatto che ad Avola la polizia aveva sparato sui contadini in sciopero. Credo sia stata un'iniziativa autonoma, una sorta di autocensura preventiva dei nostri dirigenti ecclesiastici, ma conseguente a un episodio di pochi mesi prima. Una telefonata dal ministro degli Interni di allora, che se non ricordo male era Taviani, aveva vivacemente protestato per un altro editoriale, critico del fatto che tutti i cittadini maschi italiani fossero ancora soggetti, per determinati reati o supposti tali, al codice militare e dunque ai tribunali militari (era di quei mesi il caso Aristarco-Renzi, che per un lungo scherzoso articolo, comparso credo su «Paese Sera», sui caratteri dell'occupazione militare italiana in Grecia – *L'armata s'agapò* – erano stati rinviati a giudizio davanti a un tribunale militare).

Questo precedente, cui non dovevano esser mancati echi e ripercussioni nella curia, fece sì, per evitare nuove minacciose proteste, che il nuovo incriminabile numero non fosse distribuito e andasse quindi interamente al macero. Chiusi questa esperienza romana operando alcuni mesi nella giunta dell'UNURI [Unione nazionale universitaria rappresentativa italiana] come rappresentante di facoltà. Era la giunta Ungari del 1956, vicepresidente Bodrato, poi Lughi, Legnani, Salvi; circolavano largamente nell'ambiente Pannella, Cabras, Iannuzzi, tutti o quasi personaggi che ebbero poi un qualche ruolo nella vita politica del paese. Questi minuscoli incarichi da protagonista furono un'ulteriore vaccinazione, nel senso che ricavai un'impressione pessima di quegli ambienti dominati dalle dirigenze nazionali dei gruppi studenteschi variamente legati ai diversi partiti. E forse non del tutto a torto mi sono formato l'idea che non piccoli guasti nel costume della nostra classe politica derivassero, almeno in parte, dalle condizioni in cui si svolgeva quell'esperienza: grande disponibilità di denaro (pensate che al momento dell'iscrizione all'Università si pagavano mille lire destinate alle attività degli "organismi rappresentativi", ed era moltissimo), crescente autoreferenzialità nelle discussioni, tatticismo manovriero povero di contenuti e molta disinvoltura generale. Negli anni seguenti si dipanò il mio lento allontanamento dalla partecipazione alla vita della Chiesa, fino a non riconoscermi più in nessuna delle confessioni cristiane. Lo ricordo più che altro per rilevare un aspetto: non credo che su questo abbia influito il mio studio della storia, così come non credo di avere mai cercato nello studio della storia una giustificazione o spiegazione di questo mio abbandono.

Cominciai i miei studi con Ottorino Bertolini, che mi suggerì la riforma gregoriana, uno snodo in qualche modo decisivo nella storia del cristianesimo occidentale. La mia stessa appartenenza cattolica di allora mi orientò verso il tentativo di studiare il ruolo particolare che in quella vicenda svolse il laicato, ciò che del resto corrispondeva a questioni allora sommessamente dibattute nella cultura cattolica: nel 1952 era uscito *Jalons pour une théologie du laïcat* di Yves Congar, e Frugoni, apprendendo del mio tema di ricerca, me ne portò, alla fine del 1955, una copia della seconda edizione. Fu l'inizio per me della scoperta di quei grandi studiosi e grandi personaggi della cultura cattolica francese che furono Chenu, de Lubac, Congar, Leclercq, Gribomont.[4] Sarebbe fuori luogo che adesso vi facessi un racconto di quello che è stato per me lo studio della riforma gregoriana: ne ho ricavato però un'indicazione molto più generale che merita forse ricordare; l'impressione cioè che in quella reale volontà di rinnovamento e di riforma dell'istituzione ecclesiastica e del tipo di presenza della Chiesa nella società che variamente animava i riformatori, esistesse uno scarto, uno iato profondo tra la forza delle loro aspirazioni e gli strumenti culturali che essi avevano a disposizione. Si aspira, in qualche modo, a tornare al cristianesimo delle origini, si oppone, come fa Gregorio VII, alla verità del Vangelo da ripristinare la tradizione che vi ha deviato, ma per tornare al cristianesimo delle origini, al cristianesimo dei primi secoli, ci si serve delle decretali pseudo-isidoriane, ritenute testi autentici degli antichi papi. Insomma, gli strumenti culturali di cui si dispone sono assolutamente inadeguati alle prospettive che si perseguono. Questo aspetto mi colpì fortemente e mi pare sia un tipo di domanda che spesso si deve rivolgere ai grandi movimenti collettivi, alle aspirazioni di cui si nutrono.

4. Ho molti debiti con la storiografia straniera e con storici stranieri. Per la storia della Chiesa, come suggestioni di temi e come rigore di impianto, più che nei suoi aspetti sociologici, uno di essi è certamente Émile Poulat. Ma lo studioso straniero di storia che ho più ammirato è Marc Bloch, per la sua produzione storiografica, dai *Re taumaturghi* alla *Società feudale*, e per la sua capacità di saldare questa produzione con uno straordinario impegno civile, che si è tradotto, tra l'altro, in un contributo storiografico di altissimo livello come *La strana disfatta* che, a sua volta, non esisterebbe senza i suoi altri libri di storia: una riflessione e un'analisi complessiva delle ragioni della sconfitta della Francia del tutto eccezionale.

Lo studio della riforma gregoriana si incrocia con l'arrivo a Pisa di Frugoni e la forte influenza che egli ebbe allora su di me: la mia tesi di perfezionamento in Normale, preparata con un anno a Pisa e un anno a Monaco presso i *Monumenta Germaniae Historica*, fu su Pietro Igneo, un personaggio singolare, monaco vallombrosano che diventa poi cardinale e svolge varie missioni importanti per conto del papato. Il volume che ne uscì riflette in qualche modo la costruzione dell'*Arnaldo*: perché di Pietro resta, in una vita relativamente lunga, solo la memoria di alcuni episodi che lo videro protagonista, e dunque è alla loro ricostruzione che ovviamente mi sono limitato. Anche da questa ricerca si può trarre un piccolo insegnamento generale. Ci sono inoppugnabili testimonianze infatti che quest'uomo è stato il protagonista di una prova del fuoco, come allora si usava per dimostrare una determinata verità, passando attraverso due belle fascine ardenti lunghe parecchi metri, e restando vivo ancora per molti anni, tanto è vero che fu chiamato Pietro Igneo. In sede di discussione per la libera docenza uno dei commissari mi chiese: «Ma lei crede alla piena realtà della prova del fuoco?». La mia risposta fu: «La domanda mi sembra inutile, porsi il problema mi sembra sbagliato: io mi limito a riscontrare il fatto che indubbiamente tutti i contemporanei ci hanno creduto, come è attestato dalle lettere che la descrivono, dalle cronache che ne parlano, dai risultati che ottenne». Quando si studiano questi fenomeni religiosi, mi sembra che questo sia un elemento di salvaguardia reale: bisogna tener conto di quella che è la consapevolezza, la fiducia o la fede dei protagonisti, andare al di là è in genere precluso all'occhio dello storico.

Ci sono tuttavia dei casi in cui si può andare anche al di là. Alla fine del Trecento (1399) al tempo delle grandi manifestazioni dei Bianchi, c'è un duplice racconto che riguarda il loro arrivo ad Arezzo. Secondo quanto riferisce un diario, che segue passo passo la loro progressione, un gruppo di Bianchi, che avevano anche questo ruolo "purificatore", va da un noto usuraio e lo pesta di santa ragione. In una cronaca immediatamente successiva, quella del Sercambi, lo stesso episodio diventa un evento miracoloso: per castigare l'usuraio una notte i diavoli lo riducono in fin di vita. In questo caso si segue, si può seguire il percorso della crescita collettiva di una credenza e trarre perciò un certo tipo di conclusione, che resta invece preclusa, superflua, inutile in molti altri casi, rispetto ai quali lo studioso di storia deve fermarsi alla consapevolezza soggettiva dei protagonisti. Risale a quegli anni una mia dimensione di lavoro che è stata piuttosto costante, con pochissime eccezioni: puntare cioè a costruire saggi, più che libri;

vale a dire cogliere e approfondire un particolare aspetto, una particolare questione, sia pure inseriti in una cornice più ampia, ma senza aspirare a ricostruzioni complessive. E, insieme, proprio perché mi interessavo alla storia della Chiesa, alla storia della Chiesa nei suoi nessi con la società, mi si chiarì la grande importanza che poteva avere lo studio del modo di recepire, tradurre, modificare le interpretazioni di determinati versetti biblici o evangelici che erano in qualche modo versetti-chiave, espressivi cioè di idee forti sui modi di essere della vita e dell'impegno religiosi: l'analisi della storia dell'interpretazione di certi versetti nel corso del tempo come spia delle profonde modifiche, del diverso modo di intendere il cristianesimo e in certi casi anche di costruire (sia detto forse con una leggera forzatura) un diverso cristianesimo.

Da qui derivano i miei studi sul tema del modello della Chiesa primitiva evocata negli *Atti degli Apostoli* (4,32-35), e l'interesse per i versetti che costituirono in qualche modo l'espressione dei termini con cui Gregorio VII sentiva i propri doveri di papa riformatore (Ier. 48,10: «Maledictus homo qui prohibet gladium suum a sanguine», e Is. 58,1: «Clama, ne cesses; quasi tuba exalta vocem tuam et annuntia populo meo scelera eorum»), e ancora lo studio di un altro famoso passo profetico (Ez. 3,18: «Si non annuntiaveris impio impietatem suam, animam eius de manu tua requiram»), un versetto lungamente interpretato per descrivere il ruolo della gerarchia episcopale, che deve colpire e condannare i peccati degli uomini, ma che nell'interpretazione di Francesco diventa tutt'altro. E ce ne sono tanti altri che avrei voluto studiare e che non ho mai studiato. Va aggiunto che le condizioni di studio e le prospettive anche di lavoro degli anni Cinquanta erano straordinariamente diverse da quelle di oggi: in generale allora non esistevano assolutamente preoccupazioni per il proprio futuro professionale, fosse di insegnamento, di ricerca, di attività presso qualche grande casa editrice, o che altro ancora. Per di più la Scuola Normale aiutava largamente le uscite presso Istituti stranieri: così andai per un anno a Monaco, presso i *Monumenta Germaniae Historica*, e per alcuni mesi a Londra presso il *Warburg Institute*.

### *L'avvio della carriera universitaria, il 1968 e la nascita del corso di laurea in Storia*

Divenni quindi assistente, poi libero docente, con l'incarico, nel 1963, dell'insegnamento di Storia della Chiesa sempre alla Normale. La direzione di seminari mi sollecitò e mi aiutò ad affrontare anche altri temi. Devo dire che già il sistema seminariale della Normale spingeva a un allargamento di orizzonti: non si seguivano solo seminari della propria disciplina e si incontravano, anche tra gli studenti che vi partecipavano, interessi e orientamenti diversi. In quei seminari (tenuti tra il 1963-64 e il 1967-68) ho cominciato a trattare temi che costituiranno l'oggetto delle mie ricerche per molti anni successivi. Altri non li ho mai più ripresi e completati, come ad esempio la storia della vita religiosa a Firenze nel Quattrocento, che fu anche occasione per la mia prima entrata in un archivio. Per parecchio tempo infatti, prima dell'alluvione del novembre 1966, frequentai l'Archivio di Stato di Firenze, lavorando soprattutto, devo dire con scarsi risultati, sui fondi dei conventi soppressi. Ho continuato a lavorare invece su alcuni temi iniziati allora, come la storia di Francesco e delle origini francescane o la posizione della Chiesa di Roma durante la seconda guerra mondiale. Risale ai primissimi anni Sessanta l'ultimo mio incontro fondamentale con una persona che ha molto inciso sul mio lavoro e sul mio modo di lavorare, ma anche, vorrei dire, per il rapporto che si stabilì tra noi, su molte altre cose. Gustavo Vinay, storico e studioso della letteratura mediolatina, assumeva allora e la tenne per un decennio la direzione dei rinati «Studi medievali»: costruì la redazione andando a pescare, per ragioni sue varie, cinque-sei persone (da Ovidio Capitani a Claudio Leonardi, a Paolo Daffinà ad Adriano Peroni) di orientamento e interessi molto diversi. Penso e temo che i venti e più volumi di quelle dieci annate uscite dalla sua direzione non figurino più o comunque circolino molto poco in quella che è la lettura abituale dei giovani medievalisti.

Ricordo un suo epilogo a un convegno sulla Bibbia nell'Alto Medioevo, del 1962, che dà la misura del suo atteggiamento verso la tradizionale storiografia accademica: un serrato appassionato elenco di problemi cui l'impianto dato al convegno non aveva saputo né potuto rispondere. E ricordo, con le occhiate di scandalo dei tanti autorevoli medievalisti presenti, l'entusiasmo di noi giovani. La sua polemica contro una storiografia pacificata, dimentica per dir così di avere la vita di uomini e donne come proprio oggetto, risulta molto bene dal suo volumetto di omaggio e ricordo di Giorgio Falco, grande medievalista che era stato suo maestro, dove riprende la sua idea di una storia "spezzata", di una storia che continuamente delude la nostra attesa di trovarvi un senso, un unico filo logico, appagante il nostro desiderio di poterla pensare in termini di sviluppo coerente. Non ha scritto molto, ma alcune cose sue dovrebbero tuttora costituire letture obbligate per chi intende occuparsi di storia. Su un piano di un'esperienza esistenziale non posso non ricordare l'alluvione di Firenze che mi diede, nel novembre 1966, la misura di ciò che può essere una città governata, per alcune settimane, attraverso l'auto-organizzazione e la solidarietà della sua popolazione. Questo il senso dell'esperienza fatta alla Biblioteca Nazionale di Firenze, con il confluire di giovani studenti da ogni dove e con la straordinaria capacità di affrontare l'emergenza mostrata da Emanuele Casamassima, che ne era il direttore, e dalle seconde e terze file dei bibliotecari che presero in mano la situazione. Ma non c'era solo la Nazionale, e quella sensazione riguardava un po' tutto il funzionamento dei vari settori della città, l'organizzazione del lavoro, la raccolta e lo smistamento degli aiuti e via dicendo.

Alla fine del 1967, con la vittoria a un concorso universitario di Storia medievale, me ne tornai a Trieste, ma non per insegnare Storia della Chiesa o del cristianesimo, anche se questi erano i miei interessi di studio, e Storia della Chiesa avevo insegnato in Normale: il monopolio confessionale allora era molto forte e ben poche erano le cattedre di queste discipline per una sorta di singolare alleanza nell'avversarle da parte del clericalismo più tradizionale e del laicismo più miope, che cospiravano entrambi a tenerle lontane dall'insegnamento nelle Università statali. Alcuni anni dopo ho chiesto il passaggio a Storia della Chiesa, forte del fatto che una disposizione del regolamento universitario ne prevedeva la possibilità per chi avesse ricoperto l'incarico di insegnamento per più di tre anni in quella determinata disciplina. Tornai a Trieste quando stava iniziando il Sessantotto: sei giorni dopo la mia presa di servizio, il 5 febbraio del 1968, la Facoltà era occupata. Non c'è dubbio che nella storia, piccola se volete, delle nostre vicende universitarie il Sessantotto fu il momento della cocente sconfitta e, insieme, un momento importante per l'emergere di idee, progetti, speranze presto peraltro deluse. Nasce come espressione di un autentico e forte bisogno di cambiamento nei contenuti, nei metodi e nell'organizzazione degli studi: una domanda molto forte, reale, pressante che veniva largamente avvertita anche da molti docenti. Fallisce rapidamente, in primo luogo perché non emergono, non riescono a consolidarsi, alcuni obiettivi forti, ma fallisce anche per un'abilissima mossa ministeriale, che concedendo la liberalizzazione dei piani di studio svuotò il movimento dei suoi obiettivi specifici. Concedendo la totale liberalizzazione dei piani di studio si privavano infatti le forze che aspiravano a un cambiamento nell'organizzazione degli studi di qualsiasi possibilità di operare: con la liberalizzazione ciascuno poteva costruirsi il piano che desiderava, e dunque non c'era ragione di parlarne più. Vi furono alcuni tentativi di ristabilire un qualche ordinamento organico degli studi, riusciti almeno in parte nel caso delle facoltà scientifiche. A Lettere invece e in quasi tutte le facoltà umanistiche continuò a lungo a essere accettata e praticata la liberalizzazione, smentendo così il fatto elementare che ogni percorso di studi che si rispetti non può non essere frutto di una ben calibrata organizzazione.

Il preteso lasciar libero il passo al gusto e alla soggettività individuale, abbandonata totalmente alle proprie pulsioni, nella scelta delle diverse materie di studio mi sembrò allora – e continua a sembrarmi – catastrofico. Con la scelta della liberalizzazione vennero dunque meno la carica innovativa del movimento e le possibilità di saldatura tra una parte dei docenti e una parte degli studenti. Certo il Sessantotto universitario non fallì solo per questo. Ci fu anche il rifiuto tenace di una parte della classe accademica (e non solo di quella che si sapeva e si definiva conservatrice) di muoversi in una direzione che prevedesse un nuovo impianto nel lavoro universitario, la messa in discussione e l'abbandono di un certo tipo di insegnamento, lo stabilirsi di un diverso rapporto tra docenti e studenti, una scelta dei contenuti e dei temi di insegnamento non esclusivamente e necessariamente legata a ciò che fino allora il docente aveva pensato e studiato. Molta conservazione e molta pigrizia mentale si sono mascherate allora sotto la nobile rivendicazione della libertà accademica. Ma nel fallimento del Sessantotto universitario ebbero una grande responsabilità anche quei tanti docenti che come me appoggiarono a lungo il movimento, senza voler vedere il suo progressivo degenerare in modeste rivendicazioni corporative e di comodo, quando non si trattò di peggio. La mia era una generazione di docenti mediamente giovane: quella generazione che per ragioni anagrafiche non aveva potuto fare la Resistenza e che in quel movimento ritrovava elementi di freschezza e di partecipazione collettiva. Ne seguì un appiattimento su di esso, uno stolto inseguirne il consenso, troppo spesso evitando di porsi come interlocutori critici e severi delle sue debolezze, delle sue stramberie, più tardi delle sue gravi deviazioni. Cominciarono anche a circolare prodotti culturali assolutamente aberranti: un testo che penso sia stato dimenticato ma che allora otteneva uno strepitoso favore nell'ambito della storia otto-novecentesca era quello di Renzo Del Carria, *Proletari senza rivoluzione*. Era condotto secondo lo schema fisso del tradimento delle aspirazioni reali delle masse perpetrato dai dirigenti dei partiti della sinistra, in una singolare miscela dove la disinvolta semplificazione dei problemi si incrociava con uno schematismo ideologico incredibile: vanamente si cercava di criticarlo e di combatterne l'influenza sugli studenti più vivaci.

In questo contesto, passata l'onda maggiore del Sessantotto, maturò la prospettiva di un Corso di laurea in Storia. La sua prima realizzazione fu a Genova sulla base di un pessimo progetto ministeriale, estremamente specialistico e frammentato: fin dal primo anno antichisti, medievalisti, modernisti e via dicendo restavano divisi, chiusi all'interno del loro specifico settore disciplinare.[5] Forti della liberalizzazione, tuttavia, che in questo caso ci sembrò offrire una via di scampo, aprimmo il corso di laurea anche a Trieste cercando però di dargli una diversa impostazione. Con l'anno accademico 1975-76 fu un affluire di giovani docenti entusiasti e preparati, che lasciò credo durevole traccia in quanti allora presero parte a quella iniziale esperienza. Molti tuttavia furono gli sbagli, l'"ottimismo della volontà" non resse alle opposizioni incontrate e agli errori compiuti, e l'illusione di fare del nostro corso il protagonista di una riforma degli studi cadde ben presto. Restano tuttavia aspetti e momenti di quella esperienza che ricordo con grande piacere. Si partì con l'idea di evitare la lezione individuale, organizzando tutto il corso di laurea attraverso un impianto di lezioni affine a quello dei seminari, cui partecipavano tre o quattro docenti, tutti sempre presenti, che illustravano il tema comune da diversi punti di vista e secondo le loro diverse competenze: da ciò frequenti e vivaci le discussioni anche fra loro. Questo aspetto creò talvolta sconcerto tra alcuni colleghi, poco abituati a veder mettere in dubbio le loro interpretazioni e letture, e in qualche caso anche tra gli studenti, cui venivano meno le certezze dello *iurare in verba magistri*. In genere però venne molto apprezzato e, soprattutto il primo anno, funzionò in un modo che allora giudicai

5. Quale argine allo specialismo? Nel mio caso una certa varietà di temi è davvero legata a quella che è stata la mia misura di lavoro, che mi ha portato a puntare a saggi circoscritti, ma articolati su momenti e questioni cronologicamente distanti tra loro. Lo ha certamente suggerito anche il fatto che studiavo e studio la storia della Chiesa, che va in qualche modo osservata sul lungo periodo. Da questo punto di vista considero catastrofica l'attuale organizzazione degli studi, nel senso che non è affatto pensata e costruita come un insieme coerente che dal generale porta poi al particolare. Viene impedito così, tra l'altro, un rapporto serio con la scuola e con l'insegnamento della storia nella scuola, perché fin dall'inizio si viene sollecitati a un impegno specialistico. Mi pare stia avvenendo ciò che, in termini molto banali, chiamerei il progressivo impoverirsi e venir meno di una cultura generale, di cui anche le ricerche specialistiche hanno bisogno.

strepitoso, se non altro per l'inattesa disponibilità di quasi tutti i docenti e per l'eccezionale risposta e vivacità di partecipazione degli studenti. Il fatto tuttavia che avevamo deciso che, sulla base del lavoro che vi era stato svolto, la frequenza ai corsi di questo tipo potesse valere per due esami e varie altre ragioni di bassissima cucina determinarono scontri molto aspri con la Facoltà, richiami del Senato accademico e infine la progressiva interruzione dell'esperienza. Ma vi giocò anche la nostra incapacità di andare avanti: si era persuasi infatti che un tale impianto, ancora molto fluido, poteva rappresentare un primo passo, ma che poi bisognasse arrivare a una costruzione, a un'organizzazione più organica che comprendesse l'intero arco dei quattro anni di studio. Ciò non avvenne e quindi anche per questo tutto ben presto si andò sbriciolando.

Anche altri aspetti furono importanti per me nell'esperienza triestina di quegli anni. Trieste era ancora fortemente segnata dalla memoria degli scontri e delle tensioni nazionali. Una delle prime esperienze che feci arrivando in città fu di trovarvi una furiosa polemica pubblica perché un'organizzazione, di cui non ricordo il nome, si era permessa di allestire e presentare una mostra sui caduti austriaci della prima guerra mondiale, suscitando perciò una serie di proteste e lettere di denuncia sul giornale locale. Dopo un'assenza di sedici anni (tornavo a Trieste solo per le vacanze) una cosa del genere mi lasciò esterrefatto. Quella memoria degli scontri e delle tensioni nazionali inoltre aveva alimentato in città una forte presenza neofascista, caratterizzata da un acceso antislavismo. A questo contesto si lega, almeno in parte, la mia collaborazione con l'Istituto per la storia del movimento di liberazione nel Friuli-Venezia Giulia, che trovava un appoggio nelle forze di sinistra, di cui il Partito comunista costituiva ovviamente la componente di gran lunga maggiore. Il partito, tuttavia, guardava all'Istituto anche con una certa diffidenza, perché, ai suoi occhi, si concedeva un'eccessiva libertà di giudizio e di iniziativa (costante fu, da parte dell'Istituto, la rivendicazione della sua piena autonomia culturale e di politica culturale): non a caso il volume sull'esodo dall'Istria, frutto di un gruppo di lavoro dell'Istituto e assoluta novità per quegli anni, godette del sostegno finanziario dall'amministrazione provinciale di sinistra, ma suscitò molte perplessità e fu in sostanza boicottato nella sua diffusione.

Il lavoro nell'ambito dell'Istituto rappresentò comunque per me un'esperienza significativa, che fu continuativa fino ai primi anni Ottanta. Entrare tuttavia nel dettaglio delle molte difficoltà incontrate non è certo possibile in questa sede. Sul piano del lavoro di ricerca furono gli anni della *Storia religiosa* per il secondo volume della *Storia d'Italia* Einaudi. Si trattò anche di un azzardo di gioventù, perché io dovevo fare la parte alto e basso-medievale, fino al Trecento, e Cantimori quella successiva, fino al Settecento. La morte di Cantimori nel settembre 1966 fece sì che Corrado Vivanti mi proponesse di scriverla tutta io. Pur avendo cominciato a lavorarci, grosso modo, tra il 1967 e il 1968, continuando, e sia pure a intermittenze, sino quasi alla fine del 1974, non riuscii a completarla, e mi dovetti fermare, perché ormai il tempo concessomi era scaduto, alla metà del Cinquecento. Quella sintesi era caratterizzata dal rifiuto dell'idea della storia come progresso indefinito e della storia apologetica, propria di tanta storiografia confessionale, nonché dal tentativo di valorizzare anche i percorsi interrotti. Un elemento di continuità mi sembrò risultare dalla forte saldatura, a partire dall'affermarsi dell'Impero cristiano, tra l'istituzione ecclesiastica e il potere politico: mi venne mosso più di un rimprovero per questa impostazione, ma continuo a ritenerlo sostanzialmente infondato. Ben altre sono le critiche che possono essere mosse a quella sintesi (se ne parlò ampiamente in una tavola rotonda, promossa dalla «Rivista di storia e letteratura religiosa» per i vent'anni dalla sua pubblicazione). Accanto a questo lavoro vi furono anche alcuni studi di storia contemporanea, di storia della Chiesa contemporanea o legati al mio ruolo nell'Istituto per la storia del movimento di liberazione. E vi fu anche la ripresa delle mie ricerche su Francesco e le origini francescane, inizialmente in connessione con la preparazione di alcuni corsi universitari. Altri lavori invece restarono interrotti né vennero mai continuati (non insisterò sul fatto che Trieste non offriva un adeguato supporto di biblioteche né grandi tradizioni di studio che non fossero legate alla storia locale): una ricerca nell'archivio arcivescovile di Udine con l'idea di scrivere una storia del clero friulano fra Ottocento e Novecento; un lavoro su Muratori storico; alcuni spogli sistematici di materiali cinquecenteschi, sempre nel ricco archivio arcivescovile di Udine, in vista soprattutto dell'assegnazione di alcune tesi di laurea.

### *L'antisemitismo cristiano e i dilemmi di Pio XII*

Risale agli anni Ottanta la progressiva crescita del mio interesse per la storia dell'antisemitismo e dell'antisemitismo cristiano in particolare. Fu segnato da una partenza molto lenta. Non voglio, sia ben chiaro, elevare il mio percorso biografico a simbolo di una condizione generale, ma penso di poter dire che esso rientra, fa parte di quel processo di lenta e faticosa percezione da parte della cultura europea del significato e del peso che lo sterminio degli ebrei ha avuto nella nostra storia. Gli anni del dopoguerra presentano al riguardo una sorta di rimozione e tendono piuttosto a inserire quella vicenda nell'insieme degli orrori provocati dalla guerra. Solo lentamente matura una più larga consapevolezza del carattere specifico e unico, legato a profonde radici della storia europea, della persecuzione e dello sterminio degli ebrei. Una prima occasione per discuterne fu offerta dal *Vicario* di Rolf Hochhuth (prima rappresentazione a Berlino nel gennaio 1963), che rumorosamente impose all'opinione pubblica una questione peraltro già serpeggiante nel corso degli anni Cinquanta: il ruolo cioè di Pio XII e dei suoi "silenzi" nel corso dello sterminio.[6] Guido Quazza, con cui

6. Quando uscì *Il Vicario* – fra l'altro è uscita recentemente una sua nuova edizione con una serie di parti che erano state inizialmente soppresse –, con la sua gridata denuncia dei "silenzi" di Pio XII di fronte alla *Shoah*, subito mi suscitò molta perplessità la sua lunga appendice storica in cui risultava con tutta chiarezza (basti pensare a certe frasi riguardanti l'attentato di via Rasella) il suo sforzo di scaricare su altri quelle che erano in primo luogo responsabilità più o meno collettive, che riguardavano, sia pure in gradi diversi, parti significative della cultura tedesca e del popolo tedesco (ma non soltanto loro, sia ben chiaro!). Non so se si può definire "provocatore". Certo tocca temi scottanti e, in qualche modo, repressi o rimossi dall'opinione pubblica: sia quando parla dei "silenzi" di Pio XII rispetto allo sterminio degli ebrei, sia quando parla dei bombardamenti terroristici – perché di questo si tratta – del 1944-45, tocca un nervo scoperto, fin lì fortemente represso, fino a rimuoverlo, dalla memoria storica tedesca e non solo tedesca. L'uso della bomba atomica a Hiroshima e Nagasaki che cos'è stato se non un atto terroristico? L'unica autorità della Chiesa che io conosca che ha ricordato la colpa terribile e la crudeltà selvaggia di chi ha deciso il lancio di quelle bombe in un contesto di guerra ormai decisa fu il padre Arrupe, preposito generale dei Gesuiti: silenzio totale di tutte le altre parti! Questi sono fatti che non possono essere cancellati. Non c'è dubbio che il 2 agosto del 1945, quando la Germania era ormai da tempo fuori gioco e il Giappone aveva già iniziato le trattative per la pace, quelle atomiche rappresentarono segnali in altre direzioni, Quindi non so se si può definire un "provocatore"; certamente fu uno che ebbe lo straordinario fiuto di cogliere, di sollevare, con suono di grancassa (e quindi malamente, non in termini di discussione e riflessione critica ma in termini scandalistici e di ricerca anche di successo propagandistico), questioni che sono reali. Non c'è dubbio che il modo in cui Hochhuth ha sollevato il problema di Pio XII ha contribuito a impostare la questione in termini distorti, ma l'interrogativo serpeggiava già durante la guerra e poi ancora negli anni Cinquanta. Lo attesta la prefazione che Mauriac scrisse per il volume di Poliakov, *Il nazismo e lo sterminio degli ebrei*: «Non abbiamo avuto la consolazione di sentire il successore di Pietro dire una parola». Quando ho studiato un po' la terza sessione del Concilio Vaticano II per cercare nel materiale riservato riferimenti alla dichiarazione sugli ebrei, ho trovato esplicita memoria del caso Hochhuth: nelle discussioni private vi è chi ammonisce a non ripetere quegli errori, quei silenzi, messi in rilievo e denunciati, per quanto in termini sbagliati, dal *Vicario*.

avevo stretto amicizia in Normale nei brevi anni che vi aveva insegnato, mi invitò a Torino a parlarne e a discuterne. Fu una questione che ripresi poi con continuità nel corso degli anni Ottanta, anche perché sempre più chiaramente mi risultò che tale questione offriva un approccio privilegiato per capire alcuni caratteri del rapporto della Chiesa con gli Stati e le società del suo tempo. Nonostante avessi già lavorato in archivio (a Firenze prima dell'alluvione, e presso l'archivio arcivescovile di Udine per la storia del clero friulano), è in tale occasione che avviene, da parte mia, la vera scoperta dell'archivio.

Mi si pose il problema delle manifestazioni cattoliche di ostilità antiebraica negli anni Trenta, che, per quanto imbarazzate di fronte all'ideologia e alle campagne antisemite dei nazisti, nelle quali risultava evidente anche una forte ostilità anticristiana, continuano tuttavia a ripetersi: ovvio il chiedersi quali erano le loro origini e le loro radici. Esisteva certo la vecchia tradizione antiebraica cristiana, l'*oremus pro perfidis Iudeis*, il non inginocchiarsi in tale occasione, la tradizione patristica, gli stereotipi antiebraici della cultura medievale. Non c'era tuttavia solo questo in certi testi che si leggevano negli anni Trenta. La storiografia ammetteva generalmente l'esistenza di una polemica antiebraica, di un antisemitismo cristiano sorto dopo la Rivoluzione francese e in crescita alla fine dell'Ottocento; ma riteneva che la Santa Sede e i papi che si erano succeduti tra Otto e Novecento se ne fossero tenuti a distanza, anzi avessero manifestato aperta ostilità per tali orientamenti. Una tale distinzione lasciava perplessi perché una violentissima polemica antiebraica era condotta, con continuità dagli ultimi decenni dell'Ottocento, da autorevoli organi di stampa come «La Civiltà Cattolica», vicina agli ambienti della curia. Come scrive in un recente volume di storia dei Gesuiti in Italia Giacomo Martina, «La Civiltà Cattolica» non è stata mai organo ufficiale né ufficioso della Santa Sede, ma, aggiunge, tutti sapevano che gli scrittori della «Civiltà Cattolica» nulla avrebbero scritto che sapessero contrario alla mente della Santa Sede. Il fatto tuttavia che ci si basava solo su ciò che era stato stampato, che era stato reso pubblico, su materiali dunque che attestavano il pressoché totale silenzio della Santa Sede al riguardo, rendeva possibili, quanto meno in linea di principio, tutte le interpretazioni. Ebbi allora un'idea che appare, in effetti, l'uovo di Colombo, ma che per me allora fu una sorta di grande trovata. Alla fine dell'Ottocento prendono corpo diffusi e rilevanti fenomeni di antisemitismo, manifestazioni antisemite in cui i cattolici sono largamente coinvolti per non dire protagonisti, dai cristiano-sociali austriaci all'*affaire* Dreyfus: possibile che nunzi e prelati non ne abbiano mai parlato? Andai perciò a vedere cosa si poteva ricavare al riguardo dall'archivio della Segreteria di Stato e, in effetti, ne è venuto fuori un materiale straordinariamente cospicuo, che mostra come sul piano pubblico si mantenesse un certo riserbo, per prudenza e per non additare un intero popolo all'odio delle masse, ma in via riservata, si appoggiassero in pieno questi movimenti antisemiti, sia i cristiano-sociali austriaci sia la mobilitazione cattolica francese nel corso dell'*affaire* Dreyfus.

Di solito quando si arriva nell'Archivio vaticano per lavorare sui materiali della Segreteria di Stato ci si serve delle cosiddette "rubricelle", grandi volumi che danno in ordine cronologico una breve notizia di ogni lettera, rinviando ad altri documenti che riprendono lo stesso argomento. Mi sono accorto quasi subito che questa strada non era produttiva, perché attraverso questo sistema di rinvii sempre molto parziali assai scarse risultavano le tracce dei temi che cercavo. Mi misi dunque a percorrere e a esaminare sistematicamente le serie archivistiche dei fondi della Segreteria di Stato che raccolgono la corrispondenza dall'Austria-Ungheria e dalla Francia (rubrica 247 e 248), nonché le buste della Nunziatura di Parigi e della Nunziatura di Vienna, dagli inizi degli anni Novanta sino ai primi del Novecento. Non furono le uniche piste allora seguite. Ricorderò un solo episodio di questo lungo lavoro di spoglio, talvolta deludente, quasi sempre interessante per i tanti personaggi e squarci di vita che ne emergevano, di tanto in tanto esaltante per qualche improvviso imprevisto suggerimento. Mi diede il senso di una vera scoperta il ritrovamento di un breve biglietto del segretario della Congregazione per gli affari ecclesiastici straordinari (il "numero due", insomma, dopo il Segretario di Stato), che nell'estate del 1897, quasi ai prodromi di quella che si può definire l'internazionalizzazione dell'*affaire* Dreyfus e mentre ci si stava avvicinando alle elezioni politiche del maggio successivo, scriveva al direttore dell'«Osservatore Romano» di non pubblicare nulla riguardo alle cose di Francia che non fosse prima rivisto dalla Segreteria di Stato. Perché considerai ciò una importante e fortunata scoperta? Perché tutta quella valanga di articoli dell'«Osservatore Romano» sulle vicende francesi che a partire dagli ultimi mesi del 1897 assumono uno spiccato carattere antisemita, risultava essere stata quanto meno letta e vistata dalla Segreteria di Stato. Giungeva così una inoppugnabile conferma dei giudizi e delle attese che trapelavano dalle lettere scambiate col nunzio. Certe volte sono piccole scoperte che permettono di situare in un quadro più definito e preciso la documentazione fino allora raccolta, di leggere in una prospettiva diversa materiali largamente noti.[7]

7. Sull'antisemitismo di fine Ottocento il discorso è molto complesso: c'è un'opposizione delle gerarchie ecclesiastiche austriache a Lueger, ma c'è anche un forte appoggio romano, tant'è vero che quando nel 1895 il cardinale arcivescovo di Vienna e quello di Praga chiedono una condanna dei cristiano-sociali, con tanto di delegazione ufficiale a Roma e tirando in ballo non solo i risvolti razzistici della campagna antisemita ma anche la ribellione dei giovani preti alla gerarchia e l'uso di argomenti vicini al programma socialista, Leone XIII riunisce una commissione cardinalizia degli Affari ecclesiastici ordinari. In questa commissione c'è chi critica e c'è chi difende Lueger: il cardinale Galimberti, ad esempio, che da poco è stato fatto cardinale ed era stato nunzio a Vienna tra la fine degli anni Ottanta e i primi anni Novanta, aveva già segnalato l'attività di Lueger come quella di un nuovo Lutero, pericolosissimo per la Chiesa, e aveva criticato il suo antisemitismo. Vi fu quindi una lunga discussione: vi si ricorda che i "giudei" sono dominanti a Vienna e in gran parte dell'Austria, che per combatterli non bastava sollevare la questione religiosa, ma bisognava sollevare anche la questione economica, che da qui nasce l'antisemitismo come lotta contro il capitalismo e lo sfruttamento del popolo cristiano da parte degli ebrei. Alla luce dei lavori di questa commissione e delle sue conclusioni, ci si limitò a raccomandare a Lueger e al principe di Lichtenstein (un altro capo dei cristiano-sociali, presentato nelle lettere del nunzio Agliardi come un nuovo O'Connel che libererà l'Austria dagli ebrei) di fare atto di obbedienza alla gerarchia e di dichiarare che sono contro i socialisti e ossequienti alla monarchia. In queste istruzioni non si parla dell'antisemitismo, non se ne fa proprio parola, tant'è vero che nella grande cerimonia alla *Musikvereinsaal*, la più bella e grande sala di Vienna, nel corso della quale i capi dei cristiano-sociali dichiarano la loro piena accettazione delle condizioni poste da Roma attraverso il nunzio, i loro discorsi risultano violentemente antisemiti, minacciosi e insultanti per gli ebrei (*Schmarotzer*, parassiti, che inquinano la società austriaca), e il nunzio manda alla Segreteria di Stato un resoconto entusiastico di questa adunanza. È certamente vero che l'imperatore, dato che il cardinale di Vienna era contrario a Lueger, per due volte negò la conferma alla sua elezione a borgomastro della città, ma ciò non avvenne per pressioni di Roma. Il nunzio infatti segnala le vittorie dei cristiano-sociali come avvio della "ricristianizzazione" del paese; da tali vittorie, egli scrive, nascerà un'Austria nuova. C'è quindi una spaccatura all'interno delle gerarchie ecclesiastiche, così come divisioni tra i cattolici francesi si manifestano nel corso dell'*affaire* Dreyfus. Nasce infatti una *Ligue*, distinta dalla *Ligue des droits des hommes*, che sostiene l'innocenza del capitano ebreo. Nell'insieme tuttavia del mondo cattolico francese si tratta di una presenza assolutamente minoritaria. Le manifestazioni di massa antiebraiche (con tanto di aggressioni fisiche), sono, in gran parte, sostenute e animate da cattolici. La stampa cattolica, a cominciare da «La Croix» e da tutta la sua rete di giornali diocesani diffusi nei dipartimenti, è schierata a corpo morto per la colpevolezza di Dreyfus e per fare del caso l'occasione per una violenta polemica antiebraica. La cifra ultima risiede nell'idea che sono gli ebrei a scatenare con il loro comportamento le persecuzioni, o addirittura a provocarle segretamente essi stessi, per squalificarle alla luce delle loro violenze. È un'idea ancora viva in alcuni documenti diffusi in vista del Concilio Vaticano II: tra le carte di monsignor de Proença Sigaud, vescovo di Diamantina, uno dei capi del *Coetus internationalis* (il grup-

Nonostante i legami tenaci ma anche ambigui e conflittuali con la mia città, va ricordata a questo punto la mia "fuga" da Trieste nel 1983-84: ero piuttosto stufo del clima che vi regnava e così, grazie all'iniziativa di Marisa Mangoni e di Enzo Cervelli, fui chiamato al Dipartimento di studi storici di Venezia. Fu un'esperienza che ricordo con straordinario piacere, cui si aggiunse, molto positiva, anche quella del Dottorato, costituito in consorzio da cinque sedi universitarie (oltre a Venezia, aderirono Bologna, Padova, Trento e Trieste). Molti dei docenti di quel Dipartimento erano anche antichi amici e compagni di studi (Berengo, Cozzi, Cervelli, Mangoni ecc.), di orientamenti e interessi molto diversi, ma animati, nell'insegnamento che impartivano, da una comune concezione del lavoro, nell'approccio con gli studenti, nei colloqui, nei corsi. Questa caratteristica rappresentava la forza di quel Dipartimento e, nonostante si basasse su un piano di studi del tutto tradizionale, ne costituiva la freschezza. Il mio rientro a Trieste nel 1988 fu dovuto a ragioni esclusivamente familiari, per le condizioni di salute di mia madre, che mi costrinsero a chiedere di essere richiamato dalla Facoltà, cosa che gentilmente fu fatta. Alla seconda metà degli anni Novanta risale la mia collaborazione con la Biblioteca francescana di Milano, che raccolse un certo numero di studiosi, anche qui di orientamenti, gusti e sensibilità diversi, dando così vita a un gruppo di lavoro sulla storia francescana e minoritica di grande interesse, la cui attività continua tuttora.

Per chiudere vorrei accennare all'esperienza del volume su *I dilemmi e i silenzi di Pio XII*, che, proprio per il suo relativo successo (con tirature che vanno un po' oltre a quelle che sono le normali, dell'ordine delle otto-diecimila copie), mi ha fatto capire la straordinaria difficoltà di proporre e far accettare, sul mercato librario della storia, una storia non processuale: cioè una storia che non si concluda con un'assoluzione o una condanna, ma che si proponga, fondamentalmente, di capire perché le cose sono andate in un certo modo; che non si ponga il problema di insegnare a Pio XII ciò che avrebbe dovuto fare, oppure di stabilire che, effettivamente, ha fatto tutto quanto era possibile, ma che cerchi invece di rispondere a una serie di domande vorrei dire elementari su ciò che ha fatto e perché, quali furono i

po più reazionario del Concilio), si trova una serie di memoriali e opuscoli antisemiti che dimostrano più che altro la persistenza di una vera e propria paranoia al riguardo: in un testo ciclostilato che si firma «un prêtre» si arriva ad affermare che lo sterminio degli ebrei è stato voluto da «le haut Judaïsme» per screditare e mettere fuori gioco l'antisemitismo.

suoi giudizi, le sue priorità, gli elementi che ne condizionarono le scelte, e via dicendo. Se volete, tutto ciò è terribilmente banale, ma è questo il *prius* di ogni ricerca storica. Mi pare che, contrariamente a questo impianto, nel mercato culturale siano prevalenti, anche al di là della ricerca dello *shock* o dello *scoop*, le storie avvocatesche, che comportano anche inevitabili deformazioni di costruzione. Ad esempio, anche a prescindere dal titolo che, evidentemente, cerca pubblicità, il libro di John Cornwell, *Il papa di Hitler*, è fondamentalmente deformante, perché, pur avendo anche pagine che funzionano, concentra nelle mani di Pacelli, Pio XII, l'intera storia della Chiesa dei primi cinquant'anni del secolo scorso: lo fa responsabile della centralizzazione romana, del concordato con il Terzo Reich, della sconfitta del *Zentrum*, dei compromessi cercati dai vescovi tedeschi con il regime e così via. Per non parlare dell'ultimo libro di Goldhagen, sempre su Pio XII, che propone una storia tutta accusatoria e moraleggiante: ciò che, a mio modo di vedere, è proprio l'ultima cosa che uno studioso di storia dovrebbe fare, poiché porta a quel moralismo storiografico che, come diceva Cantimori, è il più squallido di tutti i moralismi: un trinciare giudizi sulla moralità altrui, comodamente seduti nel proprio studio, senza dover rispondere di persona né di parole né di azioni. Mi sembra che l'unica moralità della ricerca storica stia nel rigore con cui è condotta, nel rispetto di quelli che sono gli strumenti di conoscenza che ci vengono dati.[8]

8. Da una parte insisto sulla necessità di costruire una storiografia non processuale, che non si proponga di assolvere o condannare un personaggio, una vicenda, un gruppo, ma cerchi che cosa quel personaggio ha fatto e perché; ma dall'altra insisto anche sull'obbligo del giudizio storico come una delle componenti essenziali dello studio della storia. Giudizio storico non significa altro che cercare di valutare il ruolo che quelle determinate azioni, vicende e scelte hanno avuto nei processi in corso nella società. È chiaro che in tale passaggio entrano in gioco quelle che sono le nostre opzioni generali (ideologiche, di fede, di visione del mondo). Tuttavia il giudizio non può non fondarsi sull'insieme della documentazione analizzata, raccolta e presentata con onestà intellettuale, guardandosi bene dal cadere in quella che è la peggiore infrazione che si può fare alla deontologia del nostro mestiere: l'omettere cioè un testo o una fonte perché scomodi o contraddittori alle nostre tesi interpretative. Questo è il peccato capitale nello studio della storia! Da una parte dunque ci sono una raccolta, una selezione e un'analisi delle diverse testimonianze, condotte con i criteri propri alla ricerca storica positiva, e dall'altra c'è questo giudizio successivo, formulato sulla base dei risultati e delle conseguenze che quell'insieme di atti, individuati nel loro svolgersi e nelle loro motivazioni, ha prodotto sui processi in corso nella società, ed è tale giudizio che comporta un'assunzione di responsabilità da parte dello studioso. Il giudizio però non è di assoluzione o di condanna, ma di valutazione di ciò che quel determinato modo di operare, quella determinata vicenda hanno rappresentato nel corso di un processo storico.

Chiudo qui questa mia ricostruzione tutta o quasi libresca. Non entrerò nel dibattito sugli attuali orientamenti storiografici, sull'impianto dei nostri studi, sul problema del loro avvenire, sul sistema dei concorsi e via dicendo: sarebbe un nuovo e, per tanti aspetti, diverso discorso. Mi limiterò a rilevare che il tipo di evoluzione della disciplina mi sembra sempre più e troppo orientato in termini specialistici. Ripensando al percorso che vi ho descritto, ormai abbastanza lungo, ricordo con molto piacere, vorrei dire come un'occasione preziosa, l'essermi trovato costretto, molte volte, a leggere o a studiare o a discutere di cose che esulavano largamente da ciò che, in quel momento stavo facendo.

*Metodo*

## Sul significato e la funzione dello studio della storia*

La considerazione da cui sembra opportuno partire è sull'urgenza di un recupero di credibilità e di funzioni dello studio e dell'insegnamento della storia, oggi più che mai incerti nelle loro linee metodologiche e didattiche e nel loro significato e nelle loro prospettive di fondo. All'enorme accumulo di ciò che è considerato "sapere storico" non corrisponde una crescita effettiva delle capacità di scelta critica e di intervento nelle realtà del proprio tempo. Non si tratta soltanto di un accumulo che è fatto assai spesso di nozioni inutili e insignificanti strettamente connesse ad un determinato sistema di studi e di ricerca storico-filologica; ma anche della programmaticità, più o meno consapevole, con cui si difende la cosiddetta gratuità della ricerca, che si pretende libera da presupposti e soprattutto da finalità che non consistano nella ricostruzione e presentazione, più o meno sommaria e frammentata, delle varie vicende delle diverse società umane. Il rilievo che tale sistema ed impostazione di studi ha nella maggior parte dei casi il solo ruolo di perpetuare se stesso per partenogenesi conserva una sua precisa attualità: da professori e ricercatori nascono nuovi professori e ricercatori che continuano, per dir così, a galleggiare al di sopra della realtà. Penso sia abbastanza chiaro a tutti che quel sistema di studi e di insegnamento e quell'organizzazione di ricerca – che per essere stati dell'Università tedesca del secondo Ottocento sono quelli tuttora nella sostanza prevalenti nei paesi di cultura europea – corrispondevano in realtà oggettivamente, almeno da un certo momento in poi, ad un preciso ruolo di conservazione politico-sociale assegnato alla

* Edito in «Bollettino dell'Istituto regionale per la storia del movimento di liberazione nel Friuli-Venezia Giulia», 3, 1-2 (1975), pp. 3-5.

cultura, ed insieme traducevano il complicato rapporto degli intellettuali con la realtà sociale che si voleva comunque preservare da ogni aggressione. Si può abbastanza agevolmente individuare la relazione esistente tra una certa libertà o autonomia di analisi e di ricerca limitata ad un contesto accademico ed il nascere e lo svilupparsi di concezioni storiografiche e di metodologie, ma anche di un costume e di un linguaggio specifico, che assicurassero comunque contro la fuoruscita di ogni discorso storiografico dagli ambiti ritenuti funzionali dall'organizzazione del potere: le eccezioni, che non mancano, furono per lo più eccezioni individuali, consumate generalmente a livello delle volontà soggettive, né mi pare che sul piano storiografico il pensiero marxista sia riuscito ancora del tutto a tradurre nel concreto della ricerca il proprio presupposto generale e la propria esigenza di riuscire ad organizzare una conoscenza della realtà che potesse servire per trasformarla (e sottolineo il *potesse servire*: non vorrei mi si accusasse di essere così ingenuo di pensare che la realtà si trasformi con la conoscenza).

È chiaro che non si tratta di proporre nessi meccanici, né mi pare che sia possibile pensare ad un ritorno della ricerca storica ad impostazioni di tipo apologetico, predicatorio, pedagogico o edificante. Il fatto che essa sovente presenti ancora connotati del genere anche ad opera di studiosi di gran nome rappresenta, da un punto di vista generale, un modo abnorme e soggettivo di risolvere un problema che resta irrisolto: perché non scorgendo la funzionalità reale e precisa del proprio lavoro ai fini dello sviluppo o comunque delle vicende contemporanee della società si pensa di poter sopperire a questa carenza introducendo più o meno surrettiziamente in esso schemi e giudizi tratti dalla lotta politica immediata o dalla propria esperienza e dalle proprie concezioni religiose o ideologiche, dalle proprie aspirazioni e dai propri desideri per il presente e via dicendo: le attuali tendenze "ecumeniche" presenti nella storiografia che emana dai diversi ambienti delle confessioni cristiane, volte a porre in secondo piano o addirittura a tacere le lotte e le persecuzioni del passato, lotte e persecuzioni cruente e feroci, condotte per la religione e in nome della religione, sono uno dei tanti esempi che si potrebbero citare a questo riguardo. Non è solo frutto di carenze psicologiche e di frustrazioni personali l'idea che in molti di noi continua implicitamente ad operare, di riuscire cioè a condurre grandi ed importanti battaglie politiche e sociali attraverso libri, saggi e ricerche le più varie, proprio perché in essi si introducono quei condizionamenti apologetici e quelle componenti di "attualità" di cui dicevo.

Senza dubbio l'atteggiamento prevalente si muove sulla linea del disimpegno, di uno studio e di un insegnamento cioè pensati ed attuati in termini nozionistici ed accademici, e perciò oggettivamente consonanti a posizioni conservatrici e reazionarie. Ma anche quelle altre tendenze sono negative e pericolose, nella misura in cui presumono di offrire una soluzione al problema del significato e del ruolo, nella vita sociale, della ricerca e dello studio della storia, mentre in realtà esse smentiscono, di fatto, quei fini di conoscenza che la ricerca storica, a tutti i suoi livelli, non può non proporsi, ed insieme non di rado servono anch'esse a mantenere l'organizzazione degli studi e della ricerca subalterna alle esigenze del potere e dei gruppi e delle classi egemoni. Intendo, sia chiaro, sottolineare un problema che esiste e che l'esperienza di lavoro e di insegnamento di tutti i giorni denuncia drammaticamente, anche se alcuni suoi connotati specifici sono diversi in ambito universitario rispetto al modo come si presenta nell'insegnamento e nello studio della storia delle scuole medie e superiori. Ma comuni sono le sue matrici generali e comuni gli esiti negativi della sua mancata soluzione. È un problema che investe l'impostazione, il taglio, l'ottica della ricerca e dell'insegnamento, in qualche misura i loro stessi contenuti – l'accumulo di nozioni inutili e insignificanti – o quanto meno, e più precisamente, il modo di organizzarli e di proporli. L'arricchimento delle tecniche e delle problematiche di ricerca, l'accresciuta raffinatezza delle analisi, possono mascherarne a volte la gravità, ma non lo eludono né aiutano a superarlo.

È significativa a questo riguardo l'insistenza che anche in ambienti consapevoli dei limiti del nostro modo di studiare ed insegnare la storia si faccia sovente riferimento all'opera di F. Braudel e del gruppo delle *Annales* come a modelli efficaci per l'attuazione di una linea di rinnovamento,[1] senza cogliere tutti i limiti di una tendenza storiografica che pur nella sua indubbia ricchezza di suggestioni e di indicazioni e con tutta la sua eccezionale capacità rievocativa resta nella sostanza intimamente letteraria e conservatrice: letteraria perché tutta fondata sulle capacità di straordinaria manipolazione intellettuale e di ricostruzione-evocazione dei suoi autori; conservatrice perché il tema del permanente, del contesto, della "lunga durata", che essa privilegia come aspetto e compito pressoché esclusivo

1. Si veda, tanto per fare un esempio, l'intervento di Giuseppe Recuperati, *Didattica e antididattica come ricerca nell'insegnamento della storia*, in *La ricerca e la storia*, Conegliano, Edizioni cooperative, 1972, pp. 10 sgg.

della ricerca, diventa nel suo discorso non un momento necessario per cogliere i condizionamenti e i ritmi e le linee di movimento di un processo che vede negli uomini e nelle classi i veri protagonisti di vicende sempre diverse, ma piuttosto il tramite per affermare l'impossibilità di rotture che siano veramente tali, di iniziative, interventi, volontà che agiscano in una prospettiva rivoluzionaria (anche quando la si pensi correttamente come un periodo storico intero di lotte, non come evento catastrofico che risolva semplicisticamente la complessità delle situazioni).

Ma non sono questi gli unici aspetti che denunciano l'incertezza e il disorientamento presenti nella pratica dello studio e dell'insegnamento della storia. Anche la riduzione che alcuni settori della contestazione studentesca hanno voluto fare dello studio della storia a politica e ideologia, se ha avuto il merito di smascherare la vacuità di certe pretese di asettica oggettività e di vuoto accademismo largamente operanti nello studio e nell'insegnamento della storia realizzati nelle nostre scuole, ha avuto d'altra parte il gravissimo limite di snaturare completamente e di obliterare quei fini di "conoscenza" e di giudizio reale che non possono non restare caratteristica costitutiva ed ineliminabile di ogni serio studio della storia. La denuncia di una falsa cultura e di una falsa storiografia, mistificatrici perché in realtà apologetiche e propagandistiche pur sotto il manto di una pretesa oggettività, si risolveva così in una integrale accettazione, pur mutando segno, dei punti di vista e dei modi di essere di quelle posizioni che si volevano combattere, con insieme la pericolosa svalutazione (e spesso negazione) di ogni lavoro intellettuale di apprendimento e di ricerca non orientato immediatamente all'azione (politica, di agitazione, di propaganda, ecc.).

Il problema di un corretto equilibrio tra lo studio della storia e la funzione politico-civile che tale studio riveste (e non può non rivestire quando sia reale studio della storia e non nozionismo, erudizione o *divertissement*) resta comunque presente ed attuale sia a livello della ricerca sia in relazione all'insegnamento e all'ormai urgente rinnovamento dei suoi metodi e dei suoi contenuti. Sembra difficile poter negare che certe forme di sfiducia e di disinteresse nei confronti del lavoro di ricerca e di studio si legano direttamente al tipo di cultura e di nozioni che continuano ad avere larga cittadinanza nella nostra scuola: per restare nell'ambito della storia un tipo di cultura e di nozioni che prescinde completamente dai problemi del presente (sia nell'impostazione contenutistica che nella metodologia didattica) con la pretesa di mantenere la scuola incontaminata dalla politica e con il risultato di attuare in effetti meno consapevolmente un'operazione politica di conservazione, perché vuota di prospettive che non siano di fatto totalmente subalterne alle situazioni istituzionali ed ai rapporti politico-sociali esistenti, e volta insieme a perpetuare modelli e valori del passato, una mentalità insomma incapace di intervenire criticamente e non retoricamente sulla realtà e nei problemi del proprio tempo. La scuola è divenuta aperta a tutti ma resta una scuola pesantemente autoritaria nei suoi modelli didattici e culturali, incapace per la gran parte, se non attraverso forme di negazione radicale sostanzialmente sterili (rifiuto dello studio, ecc.) di staccarsi dalle sue originarie e ben visibili matrici di classe. Si tratta di un problema che va indubbiamente al di là dell'ambito della scuola ma che in ogni caso *deve* essere affrontato anche nella scuola e che investe sia la formazione degli insegnanti, sia i contenuti, i metodi e l'organizzazione dell'insegnamento. In riferimento in particolare ai problemi dello studio e dell'insegnamento della storia pare importante sottolineare alcuni punti che vanno considerati come semplice premessa per l'approfondimento e l'attuazione di una linea di reale e consapevole recupero delle sue funzioni civili:

1) Necessità di salvaguardare il carattere di "conoscenza" allo studio della storia. Ciò significa una più precisa attenzione rivolta, anche in sede didattica, ai meccanismi e agli strumenti disponibili o comunque impiegati nella ricostruzione storica, alla sua completezza e validità ed ai suoi limiti, alla individuazione consapevole degli elementi ideologici e di concezione generale (ma anche, se pur ad un altro livello, di mentalità, costume, ecc.) che entrano in gioco nella ricostruzione stessa e nel giudizio, come elementi pressoché ineliminabili di essi (e comunque necessari anche se non sempre positivi), dei quali si deve essere sino in fondo consapevoli per non trasformare lo studio della storia in apologia, propaganda, predicazione edificante e via dicendo. Da questo punto di vista lo studio della storia è e deve diventare premessa importante per una presenza nel proprio tempo tanto più valida ed incisiva quanto più aperta e consapevole delle realtà dei rapporti sociali e dei termini di svolgimento reale delle vicende umane in tutti i loro aspetti.

2) Ricerca di un nuovo e diverso equilibrio, nell'insegnamento, tra le linee di storia generale proposte nei manuali e l'individuazione puntuale di situazioni e problemi affrontati attraverso un esame delle fonti, sia per mettere in discussione concretamente quelle linee generali e per

acquisire una più piena consapevolezza dei loro limiti, delle componenti ideologiche in esse presenti, dei criteri di selezione e ricostruzione dei fatti che ad esse presiedono, sia per offrire quegli elementi di concretezza che sono essenziali non solo per una corretta impostazione dello studio ma anche per lo stesso formarsi della mentalità necessaria all'analisi storica. È lungo questa linea che va raggiunta una corretta integrazione tra la storia cosiddetta "quantitativa", impegnata allo studio del contesto generale, del permanente, delle strutture e delle istituzioni, e la storia individualizzante, volta al particolare e tradizionalmente privilegiatrice delle *élites* e dei gruppi consapevoli. Si tratta in realtà di due aspetti che vanno portati avanti nella ricerca e nell'insegnamento in una costante interazione reciproca anche nell'esame di quelle fonti e di quelle testimonianze normalmente usate dalla tradizione della storiografia detta individualizzante: proprio perché gli aspetti che potremmo chiamare di mentalità generale e di costume che esse sempre denunciano vanno ben oltre a quella sfera soggettiva e consapevole ritenuta loro propria. Ed è superfluo insistere sull'utilità formativa di un esercizio di esegesi che trova preciso riscontro nella situazione di tutti coloro che si trovino ad affrontare lo studio della storia, insegnanti e allievi: i condizionamenti e i presupposti non sono rappresentati solo dalle ideologie e dalle concezioni generali ma anche da sedimentazioni mentali, criteri di giudizio, scale di valori che stanno ben al di qua di una scelta consapevole. Questa impostazione pone inoltre il problema del superamento del tradizionale manuale di storia generale, integrato dalle cosiddette "letture", in direzione di strumenti didattici nuovi e articolati che privilegino la documentazione diretta.

3) Urgenza di offrire una netta preminenza, nello studio e nell'insegnamento della storia attuato nelle scuole, ai problemi e alle questioni contemporanee, partendo da situazioni, esperienze, vicende alla portata dell'esperienza degli alunni e risalendo da esse a problemi più generali e a momenti e situazioni storiche diverse e più lontane nel tempo. Non si tratta di offrire o di attuare schemi meccanici di rapporto genetico (come sarebbe dire, ad es., che dalla attuale realtà dei rapporti di produzione si deve passare alla rivoluzione industriale), ma di far acquisire lentamente la consapevolezza del diverso spessore storico dei problemi, della complessità degli intrecci di relazione tra le varie situazioni e momenti storici, della necessità di acquisire anche l'esperienza del diverso (quale offerta appunto dallo studio di società, periodi, momenti diversi e lontani da noi).

In questo contesto si pone anche il problema di far diventare oggetto di studio e di ricerca, recuperandoli quindi alla consapevolezza individuale e collettiva, quei settori di vita umana e sociale subalterni ai poteri costituiti e alle istituzioni, che anche nella loro dimensione quotidiana costituiscono una realtà corposa e fondamentale per formare un corretto giudizio storico, capace cioè di tener conto del costo umano e sociale di vicende e situazioni affrontate normalmente da altri punti di vista (quello dei vincitori, o dei gruppi dominanti, o delle *élites* culturali, ecc.). È tutto un settore di fonti contemporanee che può e deve essere utilmente recuperato in quest'ambito di analisi: epistolari privati, testimonianze, canzoni popolari, giornali e giornaletti, volantini, ecc., possono costituire uno strumento quanto mai utile ed efficace per introdurre nell'analisi e nello studio della storia un'ottica diversa che dia insieme un senso reale e concreto alle dimensioni delle diverse vicende e dei problemi.

# Fonti e ipotesi nel lavoro storico*

Le mie saranno poche considerazioni sparse intorno al tema che viene proposto alla discussione, e del tutto riduttive rispetto alla ricchezza di spunti, di stimoli, di elementi di riflessione, offerti dai volumi *Gli strumenti della ricerca*,[1] di cui si discorre in queste giornate. D'altra parte è la nostra stessa stagione storiografica, così complicata e frantumata – ma quanti sono solo bagliori apparenti, fantasmagorie fallaci? – a rendere difficile orientarsi tra le varie tendenze ed esperienze, a dar conto organicamente di esse. E ciò vale tanto più per uno studioso di storia "settoriale" – di storia della Chiesa appunto – come sono io.

È un peccato – lo rileva anche Tranfaglia nella sua *Introduzione* alle *Questioni di metodo* – che non si sia ancora in grado di fare adeguatamente – per la mancanza di attenzione al problema e quindi di lavoro preparatorio, di scavi finalizzati, di materiali e di strumenti – una "storia della storia", nel senso, variamente indicato da Pomian e da Le Goff, di un lavoro capace di passare dall'analisi e dalla rappresentazione delle idee storiografiche, allo studio degli atteggiamenti sociali verso la storia, in cui quelle idee operano e si inseriscono e da cui sono condizionate: ciò è a dire una storia delle condizioni concrete della ricerca storica nella nostra società. Credo che una tale storia potrebbe offrire una chiave decisiva per capire non solo

* «Testo dell'intervento presentato al convegno *La storiografia contemporanea. Tendenze e problemi*, organizzato dall'Istituto Gramsci e dalla casa editrice La Nuova Italia a Roma il 13-14 aprile 1984». Edito in «Studi storici», 25 (1984), pp. 957-968.

1. *Gli strumenti della ricerca*, 2, *Questioni di metodo*, a cura di Giovanni De Luna, Peppino Ortoleva, Marco Revelli e Nicola Tranfaglia, Firenze, La Nuova Italia, 1983 (*Il mondo contemporaneo*, vol. X).

le ragioni delle direzioni di marcia e delle difficoltà, ma anche alcune caratteristiche del nostro lavoro. Mi limito a ricordare schematicamente, e per ciò che riguarda l'Italia, solo qualche aspetto generale, che pure incide fortemente sulle condizioni e gli orientamenti del lavoro storico.

1. La crisi tuttora irrisolta e ormai endemica dell'Università, e il totale venir meno, per ciò che riguarda il settore storico-umanistico, di un modello organizzato di studi. Con la cosiddetta liberalizzazione dei piani di studio si era preso atto del fallimento irreversibile del vecchio modello. Ma quella decisione non costituiva ancora un atto in positivo: sanciva l'inadeguatezza ormai dell'organizzazione degli studi vigenti fino allora, ma non ne proponeva una nuova. Era un atto necessario, che non doveva però né poteva rimanere isolato. Invece è stato proprio così, nulla di nuovo si è costruito né si è cercato di costruire, ed ora gli implausibili tentativi di riproporre e di restaurare ciò che è irrimediabilmente sorpassato si alternano ad una *routine* di spappolamento, di sconcerto, di, confusione e approssimazione nell'organizzazione degli studi, in un settore cioè che, in mancanza di validi sostitutivi, resta vitale anche per la formazione alla ricerca e per le prospettive stesse della ricerca. Ciò che d'altra parte si è fatto con il piano di studi del corso di laurea in storia è quanto di peggio e di più confuso si possa immaginare, e a nulla finora sono valse proteste e proposte delle facoltà che, pur ritenendo utile ed opportuno aprire un tale corso di laurea, ritenevano anche, in larghissima maggioranza, sbagliato per non dire assurdo il piano ministeriale. Esso resta per ora almeno in parte sulla carta, grazie appunto alla liberalizzazione: ma le tendenze che esprime corrispondono ad uno specialismo e settorialismo esasperati – esiziali quanto meno nella fase che dovrebbe essere di formazione alla ricerca, ma, ritengo, non in essa soltanto –, e, per l'età contemporanea, ad un impianto di "memoria corta", pericolosa e deformante, che già opera largamente, e non positivamente, nei nostri studi. L'esclusione e l'emarginazione della storia contemporanea come disciplina autonoma hanno durato a lungo nella nostra organizzazione universitaria. Anche per questo vi sono stati contributi di storia contemporanea più o meno occasionali, ma sovente di grande spessore, che sono venuti ad opera di studiosi di formazione prevalentemente medievalistica o modernistica, da Salvemini a Sestan, dal Volpe a Chabod, a Morandi, per non parlare di Cantimori e per limitarsi solo all'Italia, ma lo stesso discorso vale anche per altri paesi. Sono esperienze e percorsi irripetibili. Non si dovrebbe tuttavia dimenticare la lezione che

tuttora ne può derivare, della necessità di un'ottica larga, di scansioni lunghe, di scavi non esclusivamente settoriali.

2. Il peso di un mercato librario anch'esso in crisi, e perciò più stringente e limitante nei suoi orientamenti, volti più che mai, si direbbe – ma un'indagine più accurata sarebbe opportuna –, da una parte alle "grandi opere" di sintesi e di divulgazione, e dall'altra a sollecitare e a proporre fruizioni di tipo cronachistico, di colore e di salotto, non di rado di rapido e breve consumo, conformemente alle tendenze prevalenti nei *mass-media.* Non mancano certamente le eccezioni, ma la tendenza mi sembra questa. È una situazione che incide negativamente, soprattutto perché mancano correttivi resistenti e validi nelle grandi istituzioni pubbliche, deboli e latitanti per ciò che riguarda la programmazione e la ricerca nel settore storico – ne accennerò rapidamente tra poco –, e, ad altro livello, distraenti e deformanti, per le finalità date ai finanziamenti dai più diversi enti locali, in direzione di un localismo generalmente angusto e meschino, rispetto al quale le "memorie" delle società di storia patria a cavallo dei due secoli costituiscono monumenti di orizzonti aperti e sconfinati. La miriade di pubblicazioni locali di carattere storico, variamente finanziate da regioni, province e comuni, meriterebbe un'inchiesta ed un censimento sistematici, a documento di una dispersione incontrollata di denaro e di energie che non può non incidere sulla consistenza e la qualità degli studi.

3. La debolezza ormai cronica delle istituzioni pubbliche specificamente deputate alla ricerca nel settore storico, in primo luogo degli istituti nazionali: è un discorso su cui si dovrà ritornare ampiamente nella seduta di domani dedicata ai problemi dell'organizzazione della ricerca storica, e perciò vi accenno soltanto. Tale debolezza non può non ripercuotersi negativamente sulla situazione dei nostri studi: soprattutto perché viene a mancare in tal modo un vero centro di organizzazione e di coagulo per la programmazione delle ricerche – quale comunque non credo che il CNR possa essere o diventare –, e per l'impostazione e l'apprestamento degli indispensabili strumenti di base (collezioni di fonti, repertori, ecc.), rispetto ai quali, d'altra parte, la cultura storiografica italiana continua a segnare disattenzione estrema e ritardi gravi.

4. Le domande/pressioni delle forme organizzate dal potere. Ci si può domandare se e in che misura l'osservazione di Barraclough, sul fatto che

la società in cui viviamo esige ormai che i suoi investimenti diano frutti tangibili, sia valida anche per la situazione italiana degli studi storici. Con tutti gli elementi di distorsione che vi possono essere presenti il rilievo di Barraclough corrisponde in realtà a forme di efficienza, di funzionalità, di relativo rigore, che poco o nulla hanno a che fare con l'atteggiamento che caratterizza in grandissima prevalenza le domande del potere – a tutti i livelli e, direi, in tutti i settori – nei confronti della cultura in generale, e, in essa, degli studi di storia. Anche qui si nota una dispersione ed uno sperpero estremi: ogni convegno, ogni mostra, riescono a trovare un finanziamento, ma le strutture e le iniziative di base, dalle biblioteche, agli archivi, alle ricerche e alle imprese di lunga lena stentano sempre di più per mancanza di sostegno adeguato. Si punta insomma a ciò che in qualche modo "paga" immediatamente, in termini di propaganda e di prestigio, secondo una concezione di strumentalità e di subalternità della cultura che ha antiche radici nella tradizione politica italiana: una tendenza che, nelle sue attuali manifestazioni, rappresenta l'ultima versione degenerata di una idea della cultura, dello studio, della ricerca come occasioni e strumenti di propaganda e di organizzazione del consenso. Siamo oberati e oppressi dai centenari e dalle ricorrenze, e dai convegni, incontri, "seminari", collegati a centenari e ricorrenze. Negare che molte volte ciò dia luogo a iniziative e bilanci seri, che nulla hanno del celebrativo, sarebbe ingiusto e sbagliato: ma troppe volte si finalizzano così mesi e anni di lavoro a un consumo che corrisponde alle domande di una mal indirizzata propaganda e alle pretese spesso mediocri e di corta durata delle varie stagioni politiche.

Esaminare tali condizioni del lavoro storico in Italia, discutere di esse, è solo uno dei tanti approcci possibili per capire alcune sue caratteristiche, come alcune delle sue direzioni di marcia e delle sue difficoltà. *Gli strumenti della ricerca* ne offrono indubbiamente anche altri, con ricchezza di risultati. Ma tale approccio mi pare particolarmente fecondo per poter entrare a discutere il problema proposto per questa sezione del nostro seminario, ossia il nesso, il rapporto che lega, nel lavoro storico, le ipotesi, le domande di ricerca, alle fonti, alla documentazione che del passato più o meno prossimo ci resta disponibile.

Un corretto avvio di risposta ai problemi sollevati da tale nesso o rapporto può essere ricercato all'interno di un recupero delle finalità costitutive e fondanti della ricerca, il che equivale anche a un recupero pieno della sua identità. Continuo a pensare che, al di là di sottigliezze, elucubrazioni, distinzioni di metodologie e di epistemologie sempre più raffinate e complicate, valga ancora l'affermazione che studiare la storia rappresenta in primo luogo un modo per cercare di conoscere se stessi ed il proprio presente attraverso l'indagine e lo studio del proprio passato. Da ciò il pieno consenso con quanto dice Tranfaglia nella sua introduzione: «Spogliato degli accenti ottimistici, di fede in un progresso inarrestabile, di certezza sul senso della storia che si ritrovano nelle affermazioni classiche dello storicismo europeo, il nesso passato-presente, visto in tutti i suoi aspetti, sembra costituire anche oggi la base più salda di una funzione sociale della storiografia» (p. 535).

Cercare di conoscere e capire criticamente, con gli strumenti razionali di cui disponiamo e servendosi degli approcci e delle tecniche le più varie, elementari o sofisticate che siano, le nostre radici, in tutta la più ampia estensione del termine, rappresenta il proprio della ricerca storiografica: ma con la consapevolezza che le sollecitazioni del presente poco o nulla ci dicono realmente sui termini ed i modi con cui scoprire e indagare la storia del passato: perché questi vanno pazientemente ritrovati all'interno dell'oggetto stesso che si studia, senza costringerlo, appiattirlo, ridurlo alle realtà del nostro essere presente. Tenere fede a questo statuto è una condizione essenziale per non smarrire l'orientamento ed il senso del proprio lavoro, per evitare che l'enorme accumulo di sapere storico si risolva in una mera crescita su se stesso, per partenogenesi. Da ciò anche la necessità di riuscire ad attuare un'opportuna distinzione tra primario e secondario, tra ciò che conta, pesa, incide di più in una determinata situazione, negli orientamenti di una determinata società o di un determinato gruppo, e ciò che resta ai margini, diversamente operante rispetto a un contesto complessivo, e solo come tale perciò da cogliere e da definire.

Credo vadano collegati all'oscuramento o alla perdita del senso di questo statuto fondamentale la frammentazione, la dispersione, lo sminuzzamento senza fine, come pure l'esasperato particolarismo di molte ricerche. Rispetto al gusto crescente per le microstorie non so se abbia ragione Stone, che vede nel loro diffondersi il segno di un declino della storiografia "scientifica", istituzionalmente orientata a rispondere ai "perché", ad analizzare i processi di lunga durata, oppure Hobsbawm, che contesta tale lettura del fenomeno, e per il quale esso risponde alla necessità di analizzare in modo rigoroso momenti e situazioni reali, prima di tentare nuove generalizzazioni. Mi sembra però in ogni caso che tale gusto costituisca il frutto, almeno nei suoi prodotti più consapevoli, del venir meno o della perdita dell'idea che le coordinate generali contano e sono essenziali nell'interpretazione come nelle vicende della storia, che in ogni vicenda, la più individuale e minuta, che in ogni fenomeno, il più limitato e circoscritto, vi è un concatenarsi ed incrociarsi di spanne di varia origine e portata, e che è la relazione, il movimento che compete allo studioso di storia cogliere, non la contemplazione incantata della staticità. Viene da domandarsi se alla crisi e al crollo dei grandi modelli, o paradigmi, o concezioni generali della società e della storia non corrisponda un latente pirronismo, una sfiducia cioè sulle possibilità di individuare e conoscere quadri e coordinate generali, una sfiducia di cui la tendenza a ridursi all'individuale, al settoriale, al limitato, al locale, è sovente un indizio.

Il concetto di "memoria storica collettiva" – l'ha rilevato giustamente Ortoleva – può suscitare non pochi dubbi e soprattutto richiedere molte distinzioni e specificazioni, anche se non credo che tre esempi individuali possano realmente offrire una qualche base per metterlo in discussione. Penso comunque sia giusto il rilievo che la «memoria collettiva» non debba essere pensata come un «blocco compatto» o «unitario», ma piuttosto come un «complesso intreccio di reti di riferimento» (p. 826), che emergono ed entrano in campo di volta in volta reagendo alle sollecitazioni, agli stimoli, ai condizionamenti, provenienti dalle diverse esperienze e situazioni. Sono affermazioni che si possono condividere ma che in qualche modo evitano o eludono, mi pare, un problema. Perché al di là dei diversi modi di organizzazione della memoria e della stessa diversità dei suoi contenuti, che tre, o dieci, o mille riscontri individuali possono attestare, esistono, emergono, operano materiali, depositi, frammenti di giudizi, di immagini, di stereotipi, che di volta in volta possono risultare disposti e articolati diversamente a seconda della situazione con cui si trovano a interloquire, ma che con la loro costante presenza – come di ricorrenti figure che non cessano di essere se stesse perché disposte in diversa relazione tra loro o con altri e diversi elementi – vengono a costituire, e a sostanziare così, atteggiamenti e modi di pensare che proprio per questo sono definibili come un insieme comune e diffuso, appunto "collettivo".

Sono vari anni che sto studiando un clero diocesano, quello friulano, nell'arco di un secolo e mezzo circa, dalla Restaurazione al Concilio Vaticano II. Le situazioni in cui esso si trova a operare mutano profondamente, dal punto di vista ecclesiastico, politico e sociale; e mutano anche la sua cultura, il suo atteggiamento pastorale, il suo modo di porsi nella società e nella storia. Su tali aspetti cresce quella che chiamerei la "memoria storica" del clero della diocesi, che si sostanzia di svariati elementi: essi presentano provenienze e ragioni diverse e diverse durate, e perciò un equilibrio interno che può di volta in volta modificarsi, come l'affiorare di motivi nuovi, segno e ragione a loro volta di situazioni nuove, di atteggiamenti mutati. Credo insomma che il problema di una ricerca che voglia cogliere e capire, anche da questo punto di vista, la vita e le vicende di una società, di una collettività, di un gruppo, sia di saper ritrovare, al di là delle mille varianti individuali, ciò che è comune, diffuso, caratterizzante, ciò che costituisce quell'insieme di comuni punti di riferimento che al di sotto di ogni diversità imprime a quella società, a quella collettività, a quel gruppo, alcune caratteristiche, alcune direzioni di movimento, contribuisce anch'esso a farli essere quello che sono stati e che sono.

Analogo discorso, in ambito assai più ampio, si può fare per ciò che riguarda il modo di essere cattolico, il pensare e l'agire cattolicamente quale venne definendosi e individuandosi nel corso dell'Ottocento in contrapposizione ad altri comportamenti e ad altri modi di pensare, e perciò in sostanza intorno a quell'atteggiamento di fondo che si chiamò "intransigente". Vi furono certamente anche allora, in ambito cattolico, diversità profonde di orientamento e di giudizio, di forme religiose e di spiritualità, e un contrapporsi e frantumarsi di fronte ad alcune grandi questioni che divisero la società e la Chiesa. Ma anche qui credo si possa dire che vennero formandosi e si costituirono ed operarono punti di riferimento comuni, atteggiamenti, valori, prospettive che si configurarono come un sistema organico di pensiero, con una sua precisa individualità e compattezza: esso non esauriva quella realtà, non annullava varietà, diversità e motivi di scontro, né impediva scarti, mutamenti e adattamenti nel corso del tempo; ma costituiva pur sempre una sorta di sostrato comune, senza il quale tutta una linea storica di presenza, di azione, di iniziative, ed anche di divisioni e lotte, resterebbe di impossibile decifrazione.

Vi sono insomma livelli diversi in cui l'indagine storica va condotta, ritrovando insieme quella distinzione fondamentale tra la storia (le *res gestae*) e la storiografia (l'*historia rerum gestarum*) che sancisce il limite, ma costituisce anche la forza della ricerca storiografica. La non riducibilità della prima alla seconda, per quanto si possa spingere innanzi il confine della nostra conoscenza e della nostra analisi, rappresenta un principio non obliterabile della nostra disciplina; in tale risultato – di consapevolezza critica e di metodo – della tradizione storica positiva, in anni più recenti riproposto con grandi risultati da Delio Cantimori, sta un elemento essenziale della sua identità.

Ma proprio perché diversi sono i livelli sui quali un'indagine storica va condotta, le domande e i problemi – come i rilievi – di ordine generale non possono essere spiazzati o sostituiti da un esclusivo concentrarsi su risposte – o aspetti – di tipo particolare. Ed è qui credo che il problema delle fonti e della lettura delle fonti – detto in altre parole: il nesso tra filologia, nel senso più ampio, e ricerca storica – si rivela elemento costitutivo e fondante dell'indagine storiografica. Sarà forse passatista, ma confesso tutta la mia diffidenza per l'affermazione, variamente ripetuta, che è lo storico a "creare" le proprie fonti. Spesso, dicendo così, si vuole soltanto sottolineare con enfasi il ruolo e l'intervento dello studioso nella costruzione e nell'intreccio dei materiali attraverso i quali intende trovare risposta ai suoi problemi ed alle sue domande, ma tale linguaggio resta comunque improprio e diventa pericoloso perché non solo elude il problema – essenziale e direi preliminare in ogni ricerca – del carattere delle diverse fonti, da cui dipendono la consistenza e il tipo di risposte che possono dare, ma dimentica anche il fatto che sono esse il tramite, l'unico tramite – che va studiato appunto e capito nei suoi caratteri e nelle sue possibilità – per poter studiare la storia.

Non insisto sulla loro varietà né sulla molteplicità di classificazioni e di specificazioni con cui si è cercato di illustrarla e di dominarla: sono tentativi utili se si considerano per quello che sono, strumenti empirici di orientamento. Né da questo punto di vista quelli ormai centenari e più, come le famose classificazioni del Bernheim o del Droysen, per non ricordare le celebri pagine con cui Muratori apre le sue *Dissertazioni sulle antichità italiane*, appaiono più poveri o angusti di quelli che possono essere prodotti da una consapevolezza storiografica, apparentemente tanto più raffinata e scaltrita, come la nostra. Ma anche se l'allargamento di visuale e di interessi dello studio della storia può comportare l'assunzione, la valorizzazione, il privilegiamento di tramiti nuovi o considerati fino ad ora secondari, se l'assunzione di suggestioni e tecniche delle scienze sociali può stimolare e suggerire una diversa capacità di lettura di quegli antichi, tutto ciò non infrange né incrina la specificità della ricerca storiografica. Timothy Mason studiando la posizione della classe operaia tedesca verso il regime nazista affronta un tema che lo porta, come rileva giustamente Marco Revelli, ad «incrociare» tematiche politologiche e sociologiche e ad «importare» ampiamente termini della psicologia sociale e dell'economia:

ma il suo saggio resta inconfondibilmente un saggio di storia, risponde ad una domanda di conoscenza storica.

Ma proprio perché le fonti sono i nostri tramiti per conoscere gli uomini e le società, non basta "usarle", "servirsi" di esse, perché esse richiedono attenzioni e giudizi specifici: scoprire sempre nuove fonti, "lavorare" su di esse è la condizione primaria per un corretto lavoro storico. Non si tratta solo di rivendicare la filologia nel senso più ampio, ma di ricordare anche che la scientificità di una ricerca storica sta nella sua verificabilità. Ed è proprio tale aspetto che andrebbe particolarmente tutelato, mentre invece, e soprattutto in ambito contemporaneistico, si va progressivamente perdendo. Questo problema aprirebbe però anche un altro discorso, sulla debolezza degli apparati documentari, criticamente editi, nella tradizione storiografica italiana dopo Muratori: è il sintomo di una condizione di lavoro ma anche di orientamenti culturali di fondo, che vengono da lontano e che meriterebbe indagare. Non c'è dubbio che tale problema presenta difficoltà tutte particolari per l'età contemporanea, anche se non ci si deve nascondere che si tratta, per dir così, di un'amplificazione ed estremizzazione delle questioni e delle difficoltà ugualmente presenti anche nella costruzione di edizioni di fonti di altre età. Né si può pensare che la pubblicazione di apparati di fonti possa sostituire, ad un certo stadio e ad un certo livello, la ricerca d'archivio. Il problema sarebbe piuttosto di dotare la ricerca storiografica di complessi di fonti edite, adeguatamente annotate, in modo da poterle offrire come punti di riferimento comuni e supporti organici per ulteriori indagini. Ogni studioso della vita religiosa e culturale del Cinquecento sa l'enorme importanza che riveste al riguardo un'edizione come quella dell'epistolario di Erasmo curata dagli Allen! Ma se guardiamo a ciò che si fa in Italia in quest'ambito non si può non notare, generalmente, molta approssimazione, casualità, spesso lavori mal impostati e mal condotti. L'edizione nazionale dell'epistolario del Muratori poteva costituire una grossa occasione e divenire uno strumento fondamentale per la storia della vita culturale italiana ed europea della prima metà del Settecento. Invece, così come sta uscendo – non una nota, non una riga di spiegazione, il testo delle lettere nudo e bruco, con tutte le ricerche sui contenuti lasciate all'animoso lettore – resta un'impresa economicamente, credo, di grande impegno, ma scientificamente e strumentalmente di assai più limitata portata. Il «Thesaurus ecclesiarum Italiae», nei suoi singoli volumi, non presenta certo questi difetti, perché le edizioni sono normalmente condotte assai bene, sobri e adeguati i commenti per una lettura ed una comprensione dei testi. Pecca invece per la mancanza di un criterio complessivo di selezione e di organizzazione delle fonti da pubblicare e pubblicabili – si potranno mai pubblicare gli atti di tutte le visite pastorali italiane svolte fra Ottocento e Novecento? – una mancanza che rende in qualche modo casuale ed insieme terribilmente dispersiva l'iniziativa.

Credo che una riflessione su tali problemi sarebbe utile per la nostra storiografia: imprese come gli undici volumi degli *Actes et documents du Saint Siège relatifs à la seconde guerre mondiale*, o quella ormai in fase molto avanzata della Kommission für Zeitgeschichte dell'Accademia cattolica di Baviera riguardante le fonti sulla situazione e gli atteggiamenti della Chiesa tedesca durante il regime nazista (ma con importanti allargamenti ai decenni precedenti, di Weimar e prima di Weimar) mostrano con chiarezza come sia possibile una selezione di fonti contemporaneistiche rispettosa delle condizioni documentarie e dei problemi e delle realtà che esse esprimono, pur senza aspirare a impossibili completezze, ed insieme quale salto di qualità una tale selezione, con il lavoro di scavo e di chiarimento che ad essa si connette, possa costituire per la ricerca ed il dibattito storiografico. Entrambe queste due iniziative, condotte con grande serietà e rigore, meriterebbero un'analisi lunga e articolata che almeno in parte spero di poter fare in altra occasione. Qui vorrei limitarmi a rilevare un aspetto: tutte e due le imprese nascono in un contesto di accese discussioni e polemiche, non certo limitate, com'è ovvio del resto, agli addetti ai lavori, né scevre da faziosità e semplicismi, sulla linea e gli atteggiamenti assunti dalla Santa Sede e dalla Chiesa tedesca di fronte al nazismo e nel corso dell'ultimo conflitto: sono la risposta data da istituzioni e studiosi cattolici a quelle discussioni ed a quelle polemiche. Sulle conclusioni che tali studiosi intendono ricavare da tale documentazione vi sarebbe molto da dire. Indubbiamente le introduzioni dei singoli volumi degli *Actes et documents* tendono non di rado a suggerire letture ed interpretazioni di tipo apologetico che non appaiono accettabili ad un'analisi storica spassionata. Pensare che la selezione dei documenti non apra domande e non presenti questioni sarebbe puerile. Ma l'edizione resta pur sempre una grande impresa, e costituisce un tipo di risposta pertinente, propria di seri studiosi di storia, a quelle polemiche e a quei dibattiti: fa compiere loro un salto di qualità, dal quale non si potrà in alcun modo prescindere. È questo il tipo di risposta che una storiografia matura, e consapevole delle proprie responsabilità e dei propri mezzi, dovrebbe sempre saper dare alle domande di conoscenza della società contemporanea.

Credo che siamo lontani da tale strada: ma le condizioni generali in cui siamo costretti a lavorare, e che non aiutano certo ad imboccarla, non devono peraltro far dimenticare responsabilità che sono assai più specificamente nostre, legate ad un costume refrattario alla collaborazione scientifica, ad orientamenti di pensiero poco sensibili a iniziative del genere, ad una difficoltà ed incapacità di organizzarsi e di programmare, che della corporazione sono connotati antichi. Non credo però che la crisi di identità che per molti aspetti la ricerca storiografica sta attraversando si possa superare positivamente senza affrontare e risolvere contemporaneamente anche tali problemi.

# Problemi e aspetti della storiografia sulla Chiesa contemporanea*

Sono passati poco più di vent'anni da quando Delio Cantimori, pionieristicamente per ciò che riguarda la cultura accademica ed universitaria italiana, scriveva una serie di lettere sulla rivista genovese «Itinerari» per affermare l'importanza dello studio della storia della Chiesa, specificamente e scientificamente condotto, anche per chi non fosse, come gli ecclesiastici, professionalmente impegnato in essa. Il quadro è da allora profondamente mutato, con una crescita ed un'articolazione non meramente quantitative. Si sono moltiplicate le riviste specializzate, ed è vistosamente aumentato lo spazio dedicato ad argomenti di storia religiosa ed ecclesiastica nelle riviste di storia generale; notevolmente accresciuta è la produzione specialistica, che non risulta più ospitata soltanto presso case editrici di antica tradizione confessionale; non ultimo elemento, sono ricomparse e si sono notevolmente dilatate le cattedre e gli insegnamenti specifici all'interno delle università, favorendo così il formarsi di una giovane generazione di studiosi fra i trenta e i quaranta che direi assai più agguerrita, organicamente preparata e consapevole di quanto non fossimo a suo tempo noi, della generazione precedente. Imprese come il *Dizionario storico del movimento cattolico in Italia*, al di là dei difetti che pure ci sono, sarebbero state vent'anni fa impensabili: per la mole e la qualità dell'impegno, per il numero degli studiosi coinvolti, e per lo stesso impianto, lucidamente consapevole delle radici ecclesiali ed ecclesiastiche del movimento, contrariamente ad una precedente tradizione di studi che tendeva a proiettare anacronisticamente sulle condizioni del passato le proprie aspirazioni di

* Edito in G. Miccoli, *Fra mito della cristianità e secolarizzazione. Studi sul rapporto chiesa-società nell'età contemporanea*, Casale Monferrato, Marietti, 1985, pp. 1-15.

autonomia del laicato cattolico, quanto più difficile sembrava riuscire ad affermarla e a realizzarla nel presente.

Si è potuta realizzare così una positiva interazione tra le venerande tradizioni della storiografia e dell'erudizione ecclesiastiche strettamente intese, rappresentate in Italia dal gruppo raccolto intorno all'Archivio e alla Biblioteca vaticani, dai professori delle università pontificie, dalle riviste e dai centri di studio dei grandi ordini religiosi – meno forse han contato, soprattutto all'inizio, i docenti di storia ecclesiastica dei seminari, che ancora scontavano gli esiti della repressione antimodernista, radicale nell'interrompere e disperdere quella promettente fioritura di studi storici che si era manifestata tra il clero diocesano nei primi anni del Novecento – una positiva interazione, dicevo, tra quelle venerande tradizioni e lo studio della storia della Chiesa o delle Chiese cristiane quale venne sviluppandosi – come settore specialistico, branca particolare, distinta quanto all'oggetto specifico non quanto all'impianto ed al metodo – dagli studi di storia medievale, moderna e contemporanea (ma fino a non molti anni fa non si andava oltre al Risorgimento) com'erano coltivati nelle nostre università: un'interazione ed un nesso che se erano già positivamente operanti per gli studi di storia medievale, restavano assai più labili per i periodi successivi. Questo è per lo più il percorso italiano per ciò che riguarda lo sviluppo degli studi di storia della Chiesa, che per il settore contemporaneistico ha risentito perciò fortemente degli spiccati interessi politici ed ideologici dominanti negli studi di storia contemporanea generale. Altrove è stato diverso: di sé e del suo percorso, legato alla sociologia, ha scritto recentemente Émile Poulat, che tra gli studiosi di storia della Chiesa contemporanea è tra i maggiori, se non il maggiore; per non parlare della Germania dove le tuttora operanti e vivaci facoltà teologiche hanno sorretto e accompagnato sviluppi variamente influenzati dal rinnovamento teologico e dal movimento ecumenico, accelerati dal Concilio.

Si tratta insomma di un crescere ed allargarsi della produzione storiografica di storia della Chiesa e della vita religiosa – non mi soffermerò sulle distinzioni: la storia della Chiesa, del resto, non può non essere anche, e fondamentalmente, storia della vita religiosa – che trova conferme e segni un po' dovunque, in Italia e fuori d'Italia, come quantità ed articolazione di tematiche. Le indicazioni del Plongeron nel suo recente rapporto al CNRS sono significative quanto meno come sommaria rilevazione di tendenze. Uno spoglio degli indici bibliografici dell'«Archivum historiae pontificiae» conferma ampiamente tale impressione.

Solo in parte è un fatto specifico: vi opera certamente – e questo sì è un aspetto specifico – l'attenuarsi di due esclusivismi, opposti per motivazioni ma coincidenti quanto agli esiti, il clericale ed il laicista, che a lungo hanno cospirato insieme per evitare l'espandersi degli studi di storia della Chiesa. Ancora pochi decenni fa una titolatissima rivista italiana di storia generale poteva rifiutare discussioni e recensioni di libri di storia della Chiesa non immediatamente connessi alla storia politica e civile, giudicandole ininteressanti per la cultura storiografica, mentre sull'altro versante la pretesa del monopolio ecclesiastico restava conseguente al sospetto di intrusioni considerate indebite, al timore degli scandali, e all'impianto apologetico complessivo che ispirava la ricerca. Una frase insomma come quella contenuta nel primo numero del «Notiziario dell'Associazione italiana dei professori di storia della Chiesa» (3, 1970) – «La tradizione propria del clero italiano ha sempre mantenuto un'apertura senza riserve verso gli studiosi laici di qualsiasi tendenza» – poteva essere letta al più come un auspicio per l'avvenire ma non certo come espressione di una linea operante realmente nel passato.

Ma al di là di un esito che è di liberazione e di sblocco rispetto a settarismi e chiusure in parte almeno superati, e che è frutto insieme di nuovi interessi e di nuove attenzioni maturati con il Concilio, vi è un crescere ed allargarsi della produzione di storia della Chiesa che non rappresenta, credo, un fatto particolare ed esclusivo: perché riguarda un po' tutto il settore degli studi storici, ed ha alla sua base la nascita dell'università di massa e il conseguente allargamento del corpo docente, ma anche fenomeni più sottili e complessi, che corrispondono al frammentarsi e all'articolarsi delle specializzazioni e delle competenze: esse procedono da esigenze reali – di informazione, di tecnica e di metodo –, legate al progredire degli studi: ma la loro cristallizzazione in settori, insegnamenti e discipline che si reclamano autonomi e che pretendono di poter perpetuare se stessi attraverso sempre nuove filiazioni, rischia a sua volta di incidere negativamente sul progresso stesso degli studi, offrendo un'ottica, esperienze e risultati che divengono progressivamente sempre più limitati e ristretti.

Non è un fatto specifico, dicevo, della storia della Chiesa, ma riguarda anche la storia della Chiesa. Da ciò una sempre maggiore difficoltà ad orientarsi, a padroneggiare una produzione non solo numerosa ma profondamente diversificata per approccio, ottica e finalità conoscitive. La positività della specializzazione è vanificata dalla sua polverizzazione, in una miriade di sezioni, sottosezioni, branche ed ambiti sempre più settoriali, angusti e particolari. Non parlerò degli esiti deleteri sul piano dell'insegnamento, destinato il più delle volte a studenti che non si dedicheranno agli studi, né tanto meno agli studi di storia della Chiesa, e che non possono ricavare che frutti culturali e professionali assai tenui da esperienze così frammentate e circoscritte. Intendo riferirmi esclusivamente alla ricerca, che proprio per una realtà istituzionale, dottrinale ed umana come la Chiesa rischia così di perdere il senso della durata, della continuità – ma perciò anche delle svolte e delle novità reali –, delle onde lunghe, degli intrecci impensati, dei depositi lontani che riaffiorano, delle stratificazioni solo apparentemente scomparse. E se una distinzione tra lo studio delle origini cristiane e quello della storia successiva appare motivato, se non altro per una profonda diversità di tradizioni e di metodi, assai meno lo è la continua tendenza a frantumazioni ulteriori, a proporre e a ricavare temi e settori di ricerca sempre più particolari e circoscritti.

Cresce la massa delle nostre informazioni, non sempre crescono le nostre conoscenze, che dovrebbero comportare, quanto meno, capacità e possibilità di organizzare e sistemare quelle informazioni in spanne e schemi complessi e di lunga durata, per capire i processi e le scansioni reali, per determinare le periodizzazioni e le svolte, e via dicendo. Si è ironizzato – spesso a torto, ma questo sarebbe un altro discorso – sui positivisti, che pretendevano di costruire una storia giustapponendo l'uno all'altro, come in un mosaico, i pezzi di tante piccole storie. Ma qualcosa di simile sta succedendo anche oggi.

È un problema, per certi aspetti, di tutta la storiografia, che per la storiografia contemporaneistica assume connotati anche più vistosi, sommandosi, per la storia della Chiesa contemporanea, ad un altro, più esclusivo e specifico, che deriva dal suo essere sezione particolare della storia della Chiesa. Delineare in effetti i problemi della storiografia sulla Chiesa contemporanea significa affrontare preliminarmente due questioni distinte che si richiamano l'una al suo essere parte della storiografia contemporaneistica, l'altra al suo essere sezione della storia della Chiesa. Per semplicità e chiarezza le esaminerò separatamente, con l'avvertenza però che sono entrambe presenti ed intrecciate nella storiografia sulla Chiesa contemporanea.

La massa documentaria della storia contemporanea è, si sa, vastissima: incommensurabilmente più vasta che per qualsiasi altro periodo; ciò pone il problema della raccolta, analisi, selezione ed interpretazione dei dati e delle fonti in termini che non presentano una pari urgenza in altri periodi. D'altra parte la storiografia contemporaneistica nasce come storiografia militante e tale rimane a lungo. Non lo è solo più apertamente e scopertamente rispetto ad altre storie: lo è in qualche modo istituzionalmente, nel senso che si collega esplicitamente alle grandi istituzioni della politica e del potere, è al servizio della loro propaganda, conferma e difende le loro ragioni, accompagna e sorregge i loro progetti e le loro battaglie. Certo era frutto in parte anche di ottusità e di cattiva coscienza, ma non mancavano aspetti per dir così strutturali, costitutivi, per giustificare e spiegare le resistenze degli storici accademici ad ammettere i contemporaneisti nel loro consesso: anche se così si confondevano alcuni esiti, che andavano combattuti, con l'ambito di indagine, che in linea teorica e di principio non li comportava affatto.

L'assunzione dello studio della storia contemporanea nel contesto accademico, se giovò ad attenuare certe punte e contribuì ad una più attenta riflessione sul suo statuto come su quello in genere della ricerca storica, non alterò profondamente questo suo carattere di partenza: che comportava un forte privilegiamento dell'ideologia, degli orientamenti generali che presiedono all'opera dello studioso. Sono essi ad ispirare i giudizi ed i criteri di giudizio, sono essi inoltre che, se non determinano del tutto, quanto meno dirigono e condizionano la raccolta, la selezione ed il raggruppamento delle fonti. Non solo l'interpretazione complessiva è data dall'ideologia dello studioso, perché tale ideologia, se non è manipolatrice (ma talvolta capita anche questo) è quanto meno la selezionatrice dei dati e delle fonti. In una formula, schematizzante ed estremizzante, ma che chiarisce la sostanza della situazione, la ricerca è prima di tutto ricerca delle pezze d'appoggio alle proprie tesi ed alle proprie prospettive politiche e sociali. Gli esempi non mancano: da quelli più lontani e famosi, come la *Storia del PCUS*, o la *Storia d'Europa* del Croce (ma anche la più famosa *Storia d'Italia* corrisponde a tali aspetti), ad altri più recenti: senza entrare nel dettaglio, ma per non evitare i riferimenti, mi limiterò a ricordare le caratteristiche fondamentali delle opere sul fascismo e sulla Resistenza dominanti fino a non molti anni fa. Gli esiti di dignità culturale potevano essere molto diversi, come erano diversi i segni e gli orientamenti politici di tale produzione: ma comuni erano l'impianto mentale, i criteri formali di fondo.

Indubbiamente non sono mancati, anche nel passato, dubbi, perplessità, critiche intorno a tale orientamento dominante. Già una più avvertita acquisizione del fatto che, se lo studio della storia vuole rispondere alle domande del presente, ciò non implica tuttavia la riduzione e l'appiattimento del passato su di esso, ha contribuito a metterlo in discussione. Ma sono state soprattutto la crisi e la perdita di credibilità delle ideologie generali che animavano e sorreggevano la ricerca, insieme al crollo di quella sorta di panpoliticismo che pretendeva di ridurre ogni aspetto della realtà alla dimensione politica, a colpire in qualche modo mortalmente tale atteggiamento e tale pratica storiografica. Indotta fondamentalmente dall'esterno, a tale crisi ha corrisposto e corrisponde una forte perdita di identità ed un grande sconcerto nel campo della contemporaneistica. Saltato lo strumento selezionatore ed organizzatore dei dati e delle fonti, la tendenza è ad un gonfiarsi smisurato della scrittura – tesa vanamente a recuperare così, nel crescere senza fine dei dettagli, quella capacità di penetrazione della realtà che la perdita degli antichi presupposti le ha sottratto –, ad un affastellarsi dei contributi, ad un loro dilatarsi a macchia d'olio, privi di direzione e scarsi d'identità. Anche la moda delle microstorie (al di là del fatto che tante siano ottime e pregevoli ricerche) sembra corrispondere almeno in parte all'idea della mancanza di criteri ordinatori complessivi, come dell'impossibilità di conseguirli. L'influenza dei metodi delle scienze sociali – così feconda, per altri aspetti, di suggestioni e di risultati – stimola ad un frammentarismo localistico privo di contesto e di nessi più ampi.

Non vorrei essere né apparire maligno: ma forte è l'impressione che, nel suo lavoro di cernita e di raccolta, spesso il contemporaneista si fermi per saturazione o per stanchezza. Da ciò, sovente, una grande arbitrarietà di sondaggi e di ricostruzione, accompagnata da estrapolazioni generalizzanti. A tutto ciò corrisponde l'affermarsi di un tipo di domanda che non pare avere riscontro con il passato: perché alla tendenza a riproiettarsi ed a ricostruirsi la propria storia, che persiste pur deformata e scomposta, s'accompagna una crescente diffusa propensione orientata all'aneddoto, alla storia come cronaca, particolare curioso o piccante, altrettanto poco disposta ad un recupero di memoria e di consapevolezza storica reali.

Ma intanto si perde progressivamente di vista il principio che la forza e la scientificità di una ricerca stanno nella sua effettiva verificabilità, e nella sua capacità di offrire, attraverso la conoscenza della storia, un contributo reale all'autocoscienza e alla lettura del proprio tempo; e che per l'età contemporanea tale impegno di ricerca, se non vuole disperdersi in una miriade di episodi, fatti, situazioni, atteggiamenti, che fonti ed esperienze dirette ci offrono, deve allargare la propria ottica di osservazione, e recuperare le spanne lunghe, le continuità ed i condizionamenti istituzionali e di struttura, le tendenze profonde e durevoli, gli intrecci e le relazioni larghe.

Credo insomma che i rilievi avanzati a questo riguardo da Delio Cantimori sulle caratteristiche di una storia contemporanea avvertita delle sue possibilità e dei suoi pericoli mantengono ancor'oggi molta parte della loro validità. Ciò non vuol dire non misurarsi con il particolare, l'individuale, lo specifico, ma sapere inquadrarlo storicamente, porgli domande corrette e storiograficamente rilevanti, secondo una prospettiva che miri in primo luogo a cogliere e a capire l'insieme delle relazioni e dei condizionamenti, come il loro spessore, nel tempo e nello spazio.

Questi aspetti si complicano ed i problemi si moltiplicano per la storiografia sulla Chiesa contemporanea, che risente ovviamente dei problemi specifici, di statuto scientifico e di impianto, che sono peculiari e caratteristici dello studio della storia della Chiesa e che a loro volta contribuiscono a mantenere al suo interno, nonostante tutto, tendenze di tipo apologetico ed edificante, più o meno ideologicamente orientate. La questione si lega ad un problema in parte ancora non risolto, che riguarda lo statuto scientifico della storia della Chiesa: non ancora spento, infatti, è il dibattito tra chi sostiene che essa deve ricavare il suo oggetto dalla teologia, e chi rifiuta tale impianto, rivendicando il suo carattere di disciplina meramente storica, che studia le realtà ed i fenomeni che nel corso del tempo ed in aree geografiche ben precise si sono presentati come Chiesa o Chiese o ad esse si sono variamente collegati. Non starò a riassumere i termini del dibattito: è stato fatto più volte. Credo anche che di fatto si tratti di due posizioni che in qualche modo sono destinate a durare. In chi chiede e vuole che lo studioso di storia della Chiesa ne ricavi il concetto dalla teologia operano memorie e radici troppo profonde, che reclamano il carattere confessionale e controversistico di tale disciplina, e ragioni pratiche altrettanto pressanti, che rinviano ai problemi dell'ordinamento e della disciplina delle scuole e dei seminari cattolici ed in genere confessionali, perché possano essere facilmente abbandonate o disattese. E d'altra parte l'attrazione ad assimilare lo studio della storia della Chiesa a tutte le altre storie, come dire, secolarizzate, è troppo forte, costante, inevitabile, perché si possa pensare, comunque, di ritornare indietro da questa strada. D'altro canto è indubbio che tale contrapposizione non trova i suoi confini nella diversa appartenenza a fedi, confessioni e ideologie, anche se, com'è ovvio, i sostenitori della prima soluzione rientrano tutti in Chiese o confessioni costituite.

Non credo tuttavia basti parlare di antico e di nuovo. Le posizioni attuali, su entrambi i versanti, non sono una mera prosecuzione e riproposizione di quelle di un tempo, ma denunciano riflessioni, ripensamenti ed interscambi reciproci non irrilevanti. È significativo, ad es., che lo Jedin, che della prima soluzione si è fatto, pur con varietà di sfumature e di accentuazioni, appassionato sostenitore, riconosca che solo nell'interpretazione complessiva della sua storia lo studioso di storia della Chiesa deve riferirsi al concetto teologico di essa, trova in quel concetto il fondamento e la ragione della sua interpretazione complessiva. E d'altra parte e sull'altro versante, anche chi, in quanto studioso di storia, ritenga che lo studio della storia della Chiesa, per corrispondere alle caratteristiche – alle possibilità ed ai limiti – dello studio della storia, debba essere trattato esclusivamente come tale, mai si sognerebbe oggi di negare, credo, che fa parte integrante di esso la "scoperta" della Chiesa «a partire da ciò che essa dice di se stessa». Non so proprio, dipende dai temi e dagli argomenti, se da questo si debba necessariamente "partire" – e con l'avvertenza anche che il dire di sé, della Chiesa e delle Chiese, presenta variazioni e mutamenti e sviluppi e ripensamenti non irrilevanti rispetto alla loro collocazione e funzione nella storia – ma insomma il tenere conto della "coscienza di sé" che le istituzioni e le comunità cristiane ebbero nel tempo è parte costitutiva ed essenziale del loro studio: che tuttavia non può limitarsi ad essa, né ad essa ridursi, perché non basta la coscienza di sé a produrre determinati esiti, né il processo storico rappresenta la mera somma di volontà, intenzioni, progetti, confluenti o antagonistici che fossero.

Il testo da cui ho tratto, per consentire, la citazione sulla coscienza di sé, un testo di tipo divulgativo ed apologetico pubblicato alcuni anni fa in Francia e tradotto recentemente anche in Italia (*100 punti caldi della storia della Chiesa*, Roma, Edizioni Paoline, 1983) – e sono proprio tali testi, spesso, a evidenziare le tendenze e le impostazioni di fondo sostenute e praticate in determinati ambienti, meglio di quanto facciano i contributi specialistici destinati ai cultori della disciplina, dove la puntualità dei discorsi e delle analisi maschera più facilmente, ma senza modificarli, i presupposti e le intenzioni dello studioso – quel testo citato sopra, dicevo, continua tuttavia con altre affermazioni assai più dubbie e discutibili, che sono significative delle conseguenze che una concezione della storia della Chiesa come disciplina teologica o comunque inserita nel sistema della teologia può comportare. Sulla base infatti della constatazione che Gesù Cristo ha affidato a uomini il suo messaggio, quel testo afferma: «Ricostruire la storia della Chiesa significa, perciò, cercare di vedere *come* essa ha corrisposto a questa missione, e in che *maniera*, nonostante la debolezza dei suoi membri, abbia potuto offrire a tutti gli uomini l'occasione dì un rapporto concreto con Gesù Cristo» (e fin qui ci si può forse ancora ritrovare, insistendo sul *come* e sulla *maniera* in cui tutto ciò è avvenuto, anche se tale definizione non può certo essere considerata esauriente o particolarmente felice). Ma poi quel testo così continua: «Ricostruire la storia della Chiesa significa, insomma, verificare negli avvenimenti ciò che crediamo in forza della fede, ossia che la Chiesa ha testimoniato fedelmente il proprio Signore». L'esito apologetico è inevitabile: lo studio della storia deve confermare quanto si crede per altre strade e per altre ragioni, e solo in quanto tale ha una sua validità e viene perseguito. Ci si sposta così irrimediabilmente dal piano della ricerca storiografica per svolgere altro lavoro ed altro mestiere, che potrà anche servirsi di materiali storici, ma che non corrisponde ai canoni, ai criteri, ai fini – ed ai limiti – dello studio della storia come disciplina autonoma, scientificamente regolata.

Ritengo tuttavia che bisogna intendersi più precisamente: come non credo affatto che lo studio della storia debba cercare od offrire conferme a ciò che è creduto per fede (o per altre ragioni), così non credo che tali conferme vadano cercate a ciò che non si crede o che ci si rifiuta di credere: come sarebbe a dire che la Chiesa non ha testimoniato fedelmente, ecc. ecc., non ha accostato gli uomini a Cristo, ecc. ecc., ha tradito, e così via. E credo che entrambe queste conclusioni vadano evitate in sede di ricerca e di analisi storica, non per una sospensione asettica del giudizio, ma perché non è questo giudizio, non sono questi gli aspetti che sono propri del lavoro dello studioso di storia, cui non compete di introdurre la propria idea di Chiesa o di cristianesimo come pietra di paragone per giudicare lo svolgersi concreto delle concrete vicende; né d'altra parte sono questi gli aspetti, direi, che, se ci si sposta al piano delle consapevolezze e delle volontà soggettive, possono rientrare nelle sue possibilità, proprio perché l'occhio dello studioso non può penetrare interamente nelle intenzioni intime che guidavano il moto degli uomini, come non può esaurire nella sua ricostruzione il complesso insieme della variegata e intricata vicenda della vita degli uomini e delle società. Soccorre a questo riguardo la saggia distinzione, euristica prima che teoretica, della vecchia storiografia positiva, tra la storia (le *res gestae*) e la storiografia (l'*historia rerum gestarum*), mantenendo ben ferma la consapevolezza che la prima non può mai pienamente risolversi ed esaurirsi nella seconda: e che perciò le conclusioni della ricerca storiografica sono sempre incomplete, limitate, parziali: vere, ma di quella verità limitata e parziale che l'occhio dello storico, grazie ai tramiti di cui dispone e con gli strumenti ed i criteri che metodo e disciplina gli offrono, può raggiungere.

Da un altro punto di vista e seguendo un altro filo di ragionamento, lo ricordava recentemente e non senza ironia Poulat in un affascinante libretto/confessione sui problemi di analisi del cattolicesimo contemporaneo: lucidità, chiaroveggenza, rigore, impegno a spingere sempre più lontano e a fondo lo sguardo nella percezione dei fatti e delle situazioni, bene: è la divisa di ogni ricercatore che voglia mantenere fede a se stesso. Ma è una corsa che non ha termine: perché «la sua conclusione sarebbe la fine della storia: un'umanità pienamente cosciente di se stessa, ciò che i teologi chiamano escatologia». Non nasce perciò da rifiuto di principio o da disprezzo la volontà dello studioso di storia di «abbandonare ai poeti lo sguardo interiore e ai mistici gli occhi della fede»: perché è solo frutto della consapevolezza di mestiere, che sa di dover accettare un limite che non sarà mai superabile, per quanto lo si possa spostare, e sa anche che le diverse attività vanno tenute distinte, per poter mantenere loro la funzione, la dignità e la validità che a ciascuna compete.

Personalmente sono molto affezionato ad alcuni versetti paolini come insegna dello studioso di storia: «Nolite ante tempus iudicare, quoadusque veniat dominus, qui et illuminabit abscondita tenebrarum et manifestabit consilia cordium: et tunc laus erit unicuique a Deo» (1 Cor 4,5); e mi sembra che siano insegna adeguata perché ci richiamano al limite – che è la sua umiltà, ma anche la sua forza, se correttamente intesa – del mestiere dello storico (al limite, se vogliamo, che è proprio del giudizio e delle possibilità di penetrazione e di comprensione della razionalità umana). E credo perciò ci si debba attenere nella propria attività di studiosi di storia a quell'aurea distinzione che il padre Chenu enunciava molti anni fa in un raro e prezioso libretto che l'editrice Marietti ha il merito di aver tradotto e ristampato recentemente – Chenu parlava delle scuole domenicane, ma è evidente la portata generale del suo discorso:

> L'esegesi storica [...] e la storia dei dogmi [...] saranno, come dice il loro nome, opera di storia, di una storia condotta secondo le sue strade e i suoi procedimenti e alla luce delle sue risorse, in assoluta sincerità e lealtà; la teologia scritturale, patristica, simbolica ecc., in somma: la teologia positiva, si svilupperà al contrario alla luce della fede e secondo i suoi criteri, essendo propriamente una teologia... Quanto all'apparente sottigliezza della distinzione sono queste astrazioni metodologiche che, secondo la legge di qualsiasi

lavoro scientifico, garantiscono l'onestà della ricerca e l'ordine interno della costruzione.[1]

Rifiutare perciò ogni manomissione teologica nello studio della storia della Chiesa, con il conseguente rifiuto di ogni monopolio e di ogni esclusivismo, rivendicare la piena e totale storicizzazione dei suoi orizzonti, non offende né contesta nessuna fede, né, aggiungerei, comporta indifferenza nei confronti del problema: rivendica una specificità di approccio per conoscere gli uomini nel loro vivere in società nel tempo e nello spazio e fissa un linguaggio, un discorso ed un metodo adeguati e corrispondenti a tale approccio. Sono persuaso che il cristiano, nella sua vita, non considererà la storicità un ambito autosufficiente; ma non vedo né la necessità né la possibilità di dire, come ad es. Pietro Scoppola in un suo intervento ad un recente convegno su don Milani, che «il cristiano che studia la storia non si chiuderà nella storicità come un ambito autosufficiente, non escluderà la possibilità di cogliere nella storia una presenza diversa da quella dell'uomo, non escluderà a priori i segni di questa presenza»; perché non so e non vedo come tali problemi e tali rilevazioni possano rientrare nell'ambito e nelle competenze di uno studio della storia che voglia attenersi fedelmente ai propri strumenti ed ai propri limiti. Scoppola, di suo, è ben lontano, generalmente, da tali attenzioni e da tali affermazioni – al punto da sostenere, poche righe prima, che «il carattere profetico di una testimonianza, di un pensiero, di una parola, (appartiene) ad una lettura di fede»; e confesso che non ne vedo proprio il perché, se si parla in modo proprio e filologicamente fondato, evitando di trasformare tale carattere in un *passe-partout* buono per troppe situazioni –, ma proprio per questo quel suo discorso diventa indizio significativo della vischiosità di una tradizione e di un impianto che rende confuse distinzioni e diversità di approccio e di giudizio che dovrebbero invece restare ben salde.

Né vedo come e in quali termini si possa realizzare ad opera di uno storico – come pretendeva Luigi Mezzadri in un suo curioso e discutibile intervento di qualche anno fa (in «Communio», 47-48, settembre-dicembre 1979) – «un'euristica più raffinata, in grado di trovare "dei documenti" della presenza di Dio»: le letture e gli esempi che egli sembra offrire non lasciano certo prevedere un esito felice ad una tale impresa (mi limito a rinviare alle sue considerazioni sul pontificato di Pio X e alla strana e veramente arbitraria contrapposizione che egli sembra voler introdurre tra la

1. Marie-Dominique Chenu, *Une école de théologie. Le Saulchoir*, Tournai, Kain, 1937, p. 63 (trad. it. Casale Monferrato, Marietti, 1982, p. 49).

repressione antimodernista e l'invito alla comunione frequente: questo, e non quella, iniziativa e decisione veramente fondamentali del suo pontificato, per le conseguenze provvidenziali, parrebbe di capire, che ebbero sull'evoluzione, la consistenza e la tenuta del movimento cattolico).

Sarebbe davvero irriverente pensare che vi siano ancora studiosi di cose storiche che ritengano di potersi proporre nel loro lavoro «una narrazione dei fatti che non sia disgiunta da quelle alte e filosofiche considerazioni di cui furono maestri sant'Agostino, Dante e Bossuet, che fanno vedere la giustizia e la provvidenza di Dio in mezzo agli uomini, e la continua assistenza del Signore data alla Chiesa», come invitava a fare in una sua circolare del luglio 1912 la S. Congregazione Concistoriale nell'insegnamento di storia della Chiesa impartito nei seminari. Ma il pretendere di ritrovare nello studio della storia presenze e segni che non siano quelli degli uomini e dei loro prodotti comporta una confusione di linguaggi, un sovrapporsi di giudizi e di prospettive che non possono che nuocere all'uno o all'altro dei diversi sistemi di conoscenza e di comunicazione che solo nel rispetto delle reciproche distinzioni mantengono integra la loro validità, come la loro capacità di contribuire alla vita delle società umane.

Ritengo insomma che il punto fondamentale in discussione non sia tanto sulla possibilità o meno che la determinazione concreta dell'oggetto delle ricerche di storia della Chiesa avvenga al di fuori di tale scienza, ad opera di una disciplina di natura diversa come la teologia, quanto sulle conseguenze operative che tale carattere anfibio non può non produrre sullo svolgimento e la crescita stessa degli studi di storia della Chiesa. Perché tale ambiguità e confusione, oltre a sollecitare esclusivismi improponibili, mantiene e giustifica tendenze apologetiche e controversistiche di segno opposto – all'apologia si contrappone l'accusa e la condanna, l'una e l'altra riproponendo nello studioso di storia quell'atteggiamento di giudice di un tribunale giudicante che nulla ha a che fare con quei fini di conoscenza, comprensione e giudizio storico che sono propri e specifici dello studio della storia –; e, ancora, facilita il fraintendimento e la ridicolizzazione estremizzante delle posizioni altrui (gli esempi non mancano anche in testi recentissimi); e suggerisce infine e sollecita costantemente l'estrapolazione anacronistica, l'introduzione, nell'analisi e nel giudizio, di sistemi di valori e di criteri che restano sovente del tutto estranei agli orizzonti mentali dei protagonisti e delle realtà oggetto di studio.

Vorrei chiarire ciò che intendo con un esempio brevissimo e se si vuole marginale, tratto da un testo di un giovane studioso, del resto agguerrito e ricco di contributi importanti sulla storia della Chiesa contemporanea. Andrea Riccardi, nel recente convegno su don Milani che ho ricordato sopra, rileva come emerga anche in lui «la drammatica povertà della formazione del seminario, tesa con costanza a fare del prete una figura astratta dalla cultura e dalla realtà contemporanea (si pensi solo alle scarse notizie che filtravano nel seminario fiorentino)»; e ribadisce nella nota come, se rigorosa era l'impostazione biblica trasmessa ai seminaristi dall'insegnamento di mons. Bartoletti, «tuttavia le condizioni di vita seminaristica erano rigidamente ancorate ad un certo distacco dalla vita della società». Ma tutto ciò è definibile come «povertà di formazione» e può essere connotato in termini di negatività solo se al modello e all'ideale di prete che presiedeva a quella vita e a quell'organizzazione sostituisco un altro modello, e non perché risulti presente in discussioni, proposte e domande operanti in quegli anni all'interno di quella realtà, ma per una mia scelta ed opzione personale, legata ad un presente che è ben diverso e lontano dalle situazioni e dalle prospettive degli anni Quaranta. L'anacronismo e l'introduzione di schemi di giudizio storicamente arbitrari conducono così a semplificazioni ed appiattimenti che non aiutano a capire la consistenza e lo spessore delle situazioni e dei problemi: perché, tra l'altro, quel modello di "prete separato" è alla base degli stessi sviluppi della riflessione pastorale e dell'azione di don Milani, è anch'esso che fa sì che don Milani sia stato quello che è stato. Che tutto ciò piaccia o non piaccia e si giudichi positivamente o negativamente ha poco o nulla a che fare con lo studio della storia. Altro discorso sarebbe – ed è ovvio – individuare anche in quel tipo di formazione le radici di una crisi, e di sbandamenti e incertezze, che emergeranno drammaticamente in anni successivi all'interno del clero (e che don Milani stesso rileverà più volte): ma non è questo il discorso di Riccardi, né è questo, mi pare, che egli intendeva dire.

Il problema dunque, anche per lo studio della storia della Chiesa contemporanea, sta nella piena acquisizione di un concetto e di una pratica di ricerca che sia veramente tale, esplorazione di terreni incogniti e non conferma delle proprie posizioni e certezze, contributo alla crescita di una conoscenza reale e non prosopopea di schemi e criteri derivati altrove. Non sono operazioni facili: credo che una via di soluzione stia nella realizzazione di una ricerca che sappia trovare fondamentalmente in se stessa – e non in una pietra di paragone esterna, si tratti di un'ideologia, di una fede, o di una proposta che si pretenderebbe di voler dettare al proprio tempo – i propri criteri di costruzione e di giudizio. Sono le fonti, per quanto numerose e varie, ad essere i tramiti ed a stabilire i limiti effettivi della mia conoscenza: sono esse che mi dicono a quali risposte posso arrivare, perché solo se saprò porre dei limiti alle mie domande esse potranno darmi risposte non infondate. È una condizione che vale per tutte le età, e che la quantità delle fonti non semplifica od annulla, ma aggrava e complica. Tramontata l'illusione di poter disporre di strumenti ideologici complessivi per inquadrare e padroneggiare definitivamente la realtà nei suoi vari aspetti, è alla realtà stessa, nei limiti in cui mi risulta percepibile, ai vari momenti e frammenti che la compongono e che l'hanno composta, che si viene a chiedere una chiave di lettura ed un criterio di ricostruzione: sono le condizioni umane reali, prese nella soggettività del loro vissuto e nel contesto in cui si sono determinate, è l'insieme dei "prodotti" di un dato ambiente e di una data società, a suggerire il giudizio storico sulla loro consistenza, sul loro ruolo, sulla loro capacità o meno di divenire proposta, progetto e realizzazione collettivi, sul segno da essi lasciato nella direzione di movimento della società. Gli orientamenti e le posizioni dello studioso cessano di offrire una pietra di paragone esterna per il giudizio se non per ciò che può riguardare, in ultima istanza, una simpatia umana, una consonanza o meno non suscettibile di eliminazione.

Ma il problema che a questo punto non ci si può non porre è in quale misura uno studio della storia, che sappia non ricorrere a criteri e schemi di organizzazione e di giudizio esterni ai materiali offerti alla nostra osservazione, non sia condannato ad un frammentarismo privo di unità e di direzione, non sia costretto, per questa sua stessa condizione, a rinunciare a cercare e a trovare un "senso" e una ragione di insieme per atti, vicende e situazioni che resterebbero perciò, a questo livello, privi, per dir così, di una coordinazione complessiva plausibile.

È un problema che a sua volta rinvia ad un altro, più ampio ed insieme, se si vuole, più drammatico: se l'uomo, cioè, se gli uomini sono, in quanto tali, capaci di governare e condurre la propria storia. La storiografia rinvia prepotentemente alla storia, perché non vi può essere guida senza intelligenza così come l'intelligenza delle cose non può, in ultima istanza, non essere capace di governarle. La risposta della cultura intransigente ai processi di secolarizzazione volle affermare il suo no a quella domanda, e sottilmente tale risposta è ancora presente in tanta parte della cultura cattolica e della tradizione cristiana: ma forse mai come nella nostra difficile situazione una vittoria di tali posizioni coinciderebbe con una soluzione solo apparente e falsificata dei problemi.

Senza tuttavia addentrarmi in un discorso che porterebbe lontano, coinvolgendo ben altre questioni e reclamando altri sistemi di analisi e di linguaggio, e per limitarmi ai problemi posti dallo studio della storia contemporanea, mi pare che una via di soluzione, accettando le premesse poste, vada ricercata all'interno stesso della ricerca, imparando a combinare le indagini specifiche, settoriali, limitate, con la costruzione di spanne, schemi interpretativi, periodizzazioni sempre più ampi e comprensivi, capaci di individuare i processi reali e i nessi che li legano, in una circolarità mai conclusa tra ricerca particolare e ricerca generale. Il problema insomma, nell'ambito dello studio della Chiesa contemporanea, sta, se vogliamo, in una storicizzazione sempre più approfondita e puntuale della Chiesa in tutti i suoi aspetti, una storicizzazione capace di misurarne la presenza, ed i conseguenti intrecci, nel contesto più ampio della società. È il nesso Chiesa/società infatti la bussola per tale operazione. Non sono le intenzioni, le soggettività, la consapevolezza di sé, pur importanti ed ineliminabili, l'asse centrale della ricerca, ma sono gli esiti, i prodotti, quella complessa miscela che nasce dall'incontro degli uomini, che fa la vita degli uomini in società e costituisce i processi della storia. Non è in se stessa, ma nella storia, nella società, che si attua la storia della Chiesa, ed è perciò qui che lo studio della storia della Chiesa va condotto.

È questo asse che non va mai perduto ed è ad esso che devono collegarsi i nuovi ambiti di ricerca che le suggestioni del presente (siano esse teologiche, culturali, religiose) suggeriscono. Le nuove ricerche di storia della parrocchia, di storia socio/religiosa, hanno aperto spazi e settori importanti, scoperto fonti poco usate, riportato alla storia piani e momenti di vita quotidiana che sembravano relegati in un'area senza tempo. Ma il problema resta, mi pare, di inserire queste realtà in un giro, in un contesto, in un processo che sono più ampi, di cogliere relazioni, influenze, interscambi, apporti di diverso spessore, nei quali la parrocchia, se si vuole parlare di storia della Chiesa, è solo uno degli addendi: può offrire un approccio eccellente, ma resta un approccio come altri: orienterà l'ottica, ma non potrà bloccarla su se stessa senza correre il rischio di alterare profondamente l'equilibrio dell'insieme: quell'equilibrio composto da svariati e complessi fattori, di diverso peso e coordinazione, che fa la vita della Chiesa in un dato periodo e la orienta secondo determinate direzioni. Le ricerche di Gabriele De Rosa e del suo gruppo non sfuggono del tutto, mi pare, a questo pericolo: da ciò quell'impressione, a volte, di una storia un po' estatica ed esclamativa, di una contemplazione nostalgica ed in fondo astratta di sode e forti separatezze, autosufficienti e concluse in sé, che la miseria dei tempi e la miopia degli uomini avrebbero lentamente incrinato. Non intendo approfondire qui il discorso ma credo che almeno in parte la chiave per capire certe impostazioni stia nel magistero di Giuseppe De Luca. De Luca è stato un grande organizzatore culturale, suscitatore di energie, fervido di intuizioni illuminanti, pioniere di una storia difficile come quella della pietà. Ma i lampeggiamenti curiali, violentemente incomprensivi e settari, che illuminano di tanto in tanto il suo discorso – come non ricordare le «rigovernature» in cui consisterebbe l'opera dei modernisti italiani o «i campi magri e ispidi dell'eresia e delle conventicole dissidenti», dove ogni somiglianza di santità è «furto e contaminazione» –, non sono incidenti di percorso. Rinviano ad un'impostazione apologetica di fondo – romana e curiale – che solo l'erudizione – e in lui era eccezionale erudizione – riusciva a riscattare; ed anche, forse, la sua idea stessa della storia della pietà, rimasta in sostanza senza continuatori, una storia della pietà come problema di Dio nella storia dell'uomo, che lo portava costantemente, come scrisse, a cercare di «veder dentro nelle persone», a «guardare ben dentro negli uomini», con un'attenzione, una sensibilità, un rispetto per la dimensione individuale, che non conosceva – ma su questo piano – confini di confessioni e di ideologie. Mi sembra che il discorso storiografico di De Rosa risenta del mancato superamento di tali aporie; che in altri diventa a volte meccanica riproposizione di un modello la cui sostanza di fondo può essere solo contemplata perché fatta di qualcosa che non muta. È l'impressione che ho provato, ad es., leggendo e studiando il volume di Angelo Gambasin, *Parroci e contadini nel Veneto alla fine dell'Ottocento*, un volume straordinariamente ricco peraltro – e il complimento non è certo diplomatico – di ricerca reale, e di spunti e osservazioni di grande interesse. Ma non credo basti descrivere cos'era la parrocchia nella vita dei contadini veneti dell'Ottocento: perché occorre anche domandarsi perché era così e cosa rappresentava nel contesto collettivo il suo essere così. E ancora, e preliminarmente, bisogna chiedersi anche chi era quel clero al quale noi dobbiamo quasi tutte le nostre informazioni, se e come cambia, quali erano la sua ottica e i suoi criteri di giudizio; la sua cultura, insomma, come complessivo sistema di valori, e la sua religione. Altrimenti si finisce col prendere la percezione individuale o collettiva di situazioni, atteggiamenti e problemi per una realtà oggettiva, in qualche modo ipostatizzata. Mi limiterò ad un solo piccolissimo esempio, ma espressivo credo di ciò che intendo dire. Gambasin, sulla base di un questionario di una visita del 1906, riscontra che l'analfabetismo era un grave ostacolo a formare una scuola di dottrina cristiana ben regolata (p. 35), e fa di questo dato, rilevato allora da alcuni parroci, un qualcosa di assoluto, in qualche modo di permanente, la società così da una parte, la parrocchia dall'altra, con questo problema, con questa consapevolezza: e non avverte che quei preti che dicevano così erano già preti diversi rispetto ai loro predecessori, che l'analfabetismo tra i piedi ce l'avevano avuto certamente, ma non avevano ritenuto necessario rilevarlo, non lo avevano sentito come un ostacolo per la loro attività pastorale: e allora altri e nuovi preti, questi dei primi anni del Novecento, altra catechesi, altra idea della formazione cristiana, altra parrocchia, se si vuole, o quanto meno il problema di un diverso rapporto tra parrocchia e società che va approfondito.

Sono persuaso che è solo su spanne lunghe che certi problemi possono essere percepiti e visti, per cogliere il nuovo, per misurare le continuità e le durate, per scoprire le risorgenze. È questo tessuto complessivo, che tiene conto dei diversi piani e dei diversi livelli, che va lentamente costruito. È un intarsio complesso, dove il vissuto e la memoria delle generazioni non corrispondono sempre alla direzione dei processi reali. Ma è sull'uno e sull'altro versante che ci si deve contemporaneamente misurare! Il pontificato di Leone XIII fu progressivamente vissuto da molti del clero come una "liberazione", un eccezionale momento di "aria nuova". È un dato reale, ma altrettanto reale, mi pare, è la sostanziale continuità di quel pontificato – in primo luogo per ciò che riguarda la rivendicazione del ruolo della Chiesa nella società ma non solo per questo – con l'impostazione intransigente che lo precedette. Non si tratta di contraddizione: sono due facce di una stessa realtà che vanno entrambe spiegate e tenute presenti e che acquistano la loro verità a seconda della prospettiva in cui ci si pone o del livello in cui si colloca l'indagine. La periodizzazione che ha il suo fondamento su rilevazioni compiute ad un determinato livello non può essere inficiata da rilevazioni qualitativamente diverse.

Ma la maturazione di una più avvertita coscienza dei processi storici complessivi impone nuove ricerche e nuovi scavi documentari, così come tali nuove ricerche e tali nuovi scavi resterebbero sterili e poveri senza quella maturazione e questo sforzo di ampliare il proprio sguardo. Uno studioso come Poulat sta lavorando splendidamente in questa direzione, dopo averci offerto alcuni modelli di ricerca e di analisi in ambiti cronologicamente limitatissimi. Ma anche qui attenzione: le spanne lunghe si possono cogliere dal basso o dall'alto: a leggere bene quelle sue più antiche ricerche, sul modernismo, sui preti operai, sul *Sodalitium pianum* e l'integrismo, si vede con chiarezza come la scomposizione paziente di tutti gli elementi del puzzle riscopra le diverse spanne, le diverse onde, le varie diramazioni più o meno lunghe e lontane, che confluiscono in quel dato momento, in quella data situazione, in quella data realtà, a produrre quelle scelte, quegli attriti, quelle svolte. I processi non sono mai rettilinei né sono mai pienamente endogeni, nemmeno nella storia della Chiesa: presentano nodi, scarti, incroci e periodiche crisi che vanno individuati e ricostruiti, come momenti rivelatori di sommovimenti sotterranei e radice e ragione di nuove direzioni e sviluppi.

È il fascino della ricerca storica e il suo tipo di contributo agli uomini perché possano divenire più consapevoli di se stessi. Per questo, mi pare, per poter essere questo, è importante la fedeltà al suo metodo e alle sue regole, e perciò anche ai suoi limiti. Per questo ogni smagliatura, influenza allotria, ogni intrusione apologetica e propagandistica, di qualsiasi segno, non rappresenta tanto un venir meno ad un costume – che può valere ciò che può valere – ma costituisce – ed è peggio – un'incrinatura di uno strumento che può avere – potrebbe avere – una funzione importante nel nostro vivere civile.

È un cammino lungo e difficile: «Medice, cura te ipsum» potrebbe dire qualcuno, indicando in lavori miei soprassalti che contraddicono a questo impegno, che pur mi pare primario, di sottrarre la ricerca alla controversistica di qualsiasi segno. È certamente possibile che cadute del genere ci siano: la ricerca reale pretende uno spossessamento dalle proprie idee che non sempre riesce. Anche se non ritrovo tali infrazioni là dove di solito mi vengono indicate. Ma il problema, dovrei aggiungere, per la storia della Chiesa contemporanea, soprattutto in Italia, non è solo di consapevolezza storiografica e metodologica: è anche di organizzazione, coordinamento e orientamento delle ricerche. I nostri ritardi a questo riguardo sono abissali: né vi sono molti segni che ad essi si voglia porre rimedio. Un libro uscito recentemente – l'edizione della corrispondenza tra mons. Scalabrini e mons. Bonomelli, ottimamente curata da Carlo Marcora – basterebbe ad indicare, per le molte cose che mostra e per i tanti schemi interpretativi che mette in discussione, quanto sarebbe utile ed urgente avviarsi con una certa organica programmazione su questa strada. Imprese come l'edizione degli *Actes et documents du Saint Siège relatifs à la seconde guerre mondiale* o quelle curate dalla «Kommission für Zeitgeschichte» dell'Accademia cattolica di Baviera sulla situazione della Chiesa e del cattolicesimo tedeschi durante il periodo nazista stanno ad attestare non solo la realizzabilità euristica e pratica di grandi iniziative di raccolta e selezione di fonti contemporaneistiche, ma indicano anche quale salto di qualità la ricerca e il dibattito storiografico possono compiere quando dispongono di strumenti del genere. Non credo si tratti solo di possibilità di mezzi e di capacità di iniziativa e di organizzazione, che pur si richiedono grandi: ma anche di un modo di concepire lo studio e la ricerca storica, che in Italia stenta a distaccarsi dall'idea che ciò che conta, in ultima istanza, è l'apporto interpretativo individuale dello studioso, l'interpretazione di fianco o contro ad altre interpretazioni, in un gioco di botta e risposta che consuma in se stesso la propria fondamentale validità; e che la costruzione di grandi serie documentarie resta perciò un lavoro subalterno e secondario, da lasciare ad operosi manovali, che lo "storico" vero non può non trattare con una certa sufficienza. Sono idee antiche che la disastrosa situazione di quasi tutti i nostri centri di ricerca non aiuta certo a superare; ma aspetto anch'esso essenziale da tenere presente, e da affrontare, e da cercare di risolvere, per ridare identità, spessore e autonomia alla ricerca storiografica, soprattutto contemporaneistica.

# Sul ruolo civile dello studio della storia*

Le questioni trattate nel complesso di relazioni e di interventi pubblicati in questo volume presentano aspetti e dimensioni molteplici. I problemi specifici delle diverse scuole e dei diversi orientamenti storiografici, connessi ai profondi mutamenti istituzionali e politici provocati dalla crisi dei sistemi detti del "socialismo reale", si incrociano con problemi generali che rinviano allo statuto della ricerca storica, al ruolo anche civile e politico dello studioso di storia, al rapporto tra cultura storica e cultura politica. Non si è trattato però solo di questo. Perché i problemi specificamente disciplinari, propri di ogni fase di passaggio, come le passioni, le difficoltà e gli scontri che a tale fase normalmente si connettono, risultano drammaticamente accentuati dall'impetuoso riemergere, dagli strati profondi del corpo sociale, di miti irrazionali che sembravano ormai totalmente emarginati se non definitivamente sconfitti: nazionalismo, razzismo, antisemitismo, etnocentrismo, anche se in vesti e con motivazioni in parte mutati, si profilano ancora una volta come una miscela esplosiva che rivela una capacità di mobilitazione e di consenso impensabile fino a pochi anni fa. Si accentua così l'urgenza di riscoprire e ripensare il ruolo civile e politico che può competere alla ricerca storica.

Su tre aspetti, connessi a tali problematiche generali, articolerò perciò molto schematicamente questo mio intervento: 1. Condizionamenti "esterni" e "interni" che si pongono allo studioso di storia. 2. Condizionamenti specifici della storiografia contemporaneistica. 3. Relazioni e nessi fra studio della storia e cultura politica.

* Edito in *I muri della storia. Storici e storiografia dalle dittature alle democrazie 1945-1990*, a cura di Gustavo Corni, Atti del convegno internazionale, Trieste, 6-8 ottobre 1994, Trieste, Lint, 1996, pp. 13-22.

Preliminarmente tuttavia un'osservazione mi sembra opportuna. Indubbiamente non pochi di tali problemi si sono acuiti quando la storia venne inserita, fin dal Settecento e più ancora nell'Ottocento, tra le discipline oggetto d'insegnamento scolastico, assumendo così esplicitamente una funzione pubblica. Essi però hanno le loro radici nel fatto stesso di studiare e raccontare il passato con il fine di conoscerlo e farlo conoscere. Nascono con il nascere di una storiografia. Si tratta certamente di un'ovvietà, che talvolta però si tende a dimenticare: la nostra conoscenza del passato è sempre mediata, e dunque condizionata, dai tramiti grazie ai quali possiamo cercare di conoscerlo e dall'ottica e dalle prospettive con cui lo studioso lo affronta. Un duplice condizionamento, oggettivo e soggettivo, fa sì che la nostra ricerca non riesca mai ad esaurire pienamente in sé il proprio oggetto. Le "fonti" costituiscono un passaggio preliminare obbligato ed insieme un limite che rimane insuperabile. Potrò allargare il loro spettro e intensificare gli scavi per reperirne di nuove, così come potrò affinarne l'analisi e moltiplicare le cautele per evitare forzature nella loro lettura, ma lo scarto tra la storia, tra ciò che è avvenuto (le *res gestae*), e la storiografia, ciò che di esso posso conoscere e raccontare (l'*historia rerum gestarum*) non potrà mai essere eliminato.

1. Anche a prescindere dalle osservazioni appena formulate non credo si possa affermare che il sistema politico costituisca l'unico decisivo condizionamento per lo studio della storia. Certo: non sono pochi i contributi raccolti in questo volume che danno testimonianza ed offrono esempi della pesantezza di questo condizionamento. La costruzione di una storia ufficiale ne è l'esito scontato. Esso deriva dal ruolo propagandistico ed insieme di legittimazione attribuito alla storiografia. Ne è un risultato estremo. Ma l'idea che la storiografia debba assolvere a compiti di propaganda e legittimazione non è certo limitabile ai teorici, ai costruttori o ai fautori di quei sistemi politici contemporanei variamente definibili come illiberali, totalitari, autoritari, che hanno reclamato e prodotto la costruzione di "storie ufficiali". È un'idea che viene da lontano e che si lega alla vicenda di tutte le grandi istituzioni come ai grandi movimenti e alle grandi correnti culturali ed ideali che ne hanno sostenuto e/o messo in discussione le pretese.

La storiografia come strumento di propaganda e di legittimazione ed insieme come arma di polemica contro i propri avversari conosce la sua prima grande stagione nel Cinquecento, quando la Chiesa di Roma ed i riformatori scelsero il terreno della storia per affrontarsi e per combattersi.

Non era una novità assoluta. Esempi precedenti di un uso della storia in funzione polemica o propagandistica certamente non mancano. Era però una novità il posto centrale che la storia venne a occupare in quello scontro, così com'era una novità l'imponenza dei mezzi e di impegno intellettuale messi in campo. Lutero aveva denunciato in Roma un tradimento supremo commesso non per debolezze o nefandezze di singoli ma per tutto un sistema complessivo di dottrine, di culto, di organizzazione che gli uomini nel corso della loro storia erano venuti lentamente costruendo. Nello sviluppo della storia della Chiesa, i protestanti trovavano le ragioni del loro attacco, nella storia dunque andavano apprestate le difese.

Non si è trattato, però, di una prerogativa esclusiva della storiografia cattolica e della storiografia protestante. Quanto più un'istituzione o un movimento politico o una corrente di idee intendono ricavare anche dalla storia la propria legittimità tanto più la storia diventa facile strumento e occasione di difesa, di attacco e di manipolazione. La storiografia dei lumi ha scelto anch'essa, con tutta evidenza, di svolgere tale funzione, né a tale funzione, mutando segno, si è sottratta la storiografia romantica.

Ma in quello stesso contesto di aspra contrapposizione e all'interno di quelli stessi fronti si è prodotto anche un movimento opposto. La consapevolezza che le proprie argomentazioni e le proprie ricostruzioni saranno tanto più efficaci quanto più saranno fondate su testi accertati e sicuri apre la via all'opera della grande erudizione secentesca e settecentesca. La storia non cessa d'essere terreno di scontro, ma si cominciano ad elaborare criteri per evitarne le manipolazioni e i distorcimenti, controproducenti alla lunga per la stessa causa che si intende difendere. Né ci si ferma a questo. Gli esiti sanguinosi e socialmente devastanti dello scontro confessionale, le forzature e le distorsioni polemiche operate su entrambi i versanti, suggeriscono un atteggiamento verso la storia capace di superare le macroscopiche unilateralità della storiografia apologetica e controversistica. L'ambizione di potere realizzare una storiografia "imparziale" (Arnold, Mosheim) accompagna il lento costruirsi di uno statuto scientifico per la disciplina.

Un duplice processo parallelo segna, per dir così, l'enorme sviluppo della storiografia lungo il corso dell'Ottocento. Tale sviluppo trova infatti un potente sostegno nello stato, e si realizza in primo luogo nell'ambito di istituzioni pubbliche. La ricerca storica e lo studio della storia si configurano come una componente essenziale per la formazione di un cittadino, capace di servire lo stato e di operare per il bene pubblico. Il diffuso impegno di scavo e di ricerca verso la "storia patria", che caratterizza l'imponente produzione storiografica e documentaria del periodo, nasce da un atteggiamento spirituale profondo ma corrisponde anche agli orientamenti dei poteri pubblici che intendono fare della "nazione" e del "patriottismo nazionale" il collante essenziale dell'identificazione collettiva nelle istituzioni.

Il rischio e la ricorrente tentazione, impliciti in tali orientamenti, di strumentalizzare lo studio della storia a fini pedagogici o propagandistici, trovarono peraltro un loro antidoto – riallacciandosi all'insegnamento della grande erudizione secentesca e settecentesca – nel crescente sforzo di definirne lo statuto scientifico, precisandone caratteristiche, metodi, limiti e finalità. I risultati raggiunti a questo riguardo dalla scuola storica positiva rappresentano, penso lo si debba riconoscere, un punto fermo per il lavoro di ogni studioso di storia. Non si trattò tuttavia, né si poteva trattare, di risultati definitivi. Il percorso per sottrarre lo studio della storia dalla subalternità alle ideologie e alle propagande è ben lontano dall'essere compiuto: sottoposto a permanenti insidie, costantemente rimesso in discussione da polemiche più o meno interessate, esso costituisce tuttora un problema aperto per il nostro mestiere. Credo tuttavia che nel lungo lavorio volto ad affinare e a precisare, e conseguentemente a riaffermare e a difendere, lo statuto scientifico della ricerca storica, stia la salvaguardia fondamentale per garantire la sua autonomia e perciò la sua funzione nella vita e nella cultura delle società umane.

Lo studioso senza idee, orientamenti, simpatie, antipatie, passioni non esiste: penso anzi che chi si professasse tale sarebbe da guardare con sospetto. Il problema non sarà più, come per un vecchio maestro quarant'anni fa, di «tenere a freno il furibondo cavallo ideologico», oggi che tutte le ideologie appaiono così scolorite; ma non per questo è venuta meno la necessità di mantenere ben viva la coscienza di tutti i condizionamenti interiori ed esteriori che ulteriormente limitano e rischiano costantemente di deformare e manipolare il nostro approccio al passato. La consapevolezza di tali condizionamenti costituisce una premessa essenziale per definire i limiti entro i quali si può parlare di una specificità della ricerca storica. In mancanza di ogni possibile verifica sperimentale è al fondamento documentario della propria ricostruzione e dei propri giudizi soltanto che lo studioso di storia può affidare la garanzia della "scientificità" della propria ricerca.

Indubbiamente noi oggi leggiamo le fonti con occhi ben diversi dai grandi maestri della scuola storica positiva; e ben diversi sono i nostri criteri per valutarne le caratteristiche ed i limiti di affidabilità. Lo spettro stesso e la tipologia delle fonti si sono ulteriormente allargati anche rispetto all'ampia ed articolata classificazione offerta dalla *Historik* del Droysen. Ma non diversamente da quei vecchi maestri è ancora sulle "fonti" e soltanto sulle "fonti", raccolte, analizzate, vagliate, scomposte e ricomposte nei loro diversi elementi e nei loro diversi apporti, che ogni studioso di storia fonda la propria ricostruzione e articola le proprie risposte ai diversi problemi storici; così come sulla sua capacità di "leggere" e "interpretare" le fonti, rispettandone la consistenza e lo spessore e nella piena consapevolezza perciò dei termini e dei limiti che permettono loro di contenere e offrire elementi di conoscenza reale, lo studioso di storia sa che riposa la bontà stessa del suo prodotto. Le "verità" cui egli potrà attingere sono e saranno sempre parziali e limitate. Ma ciò non infirma il fatto che la ricerca storica sia e resti ricerca di verità. Lo rilevava Arnaldo Momigliano una ventina d'anni fa: il fine del lavoro dello studioso di storia, la divisa del suo impegno non può non essere la ricerca della verità, limitata e parziale quanto si vuole, come tutti i prodotti degli uomini, ma non per questo meno reale.

2. È nota la lunga diffidenza degli storici accademici per gli studi di storia contemporanea, perché troppo condizionabili dalle questioni e dai dibattiti del presente. Si trattava, per certi aspetti, di una diffidenza poco meditata, nella misura in cui era l'espressione in primo luogo di un rifiuto, il rifiuto di vedere, e sia pure amplificati come in uno specchio, i problemi e le difficoltà che erano anche i loro. Ma per altri aspetti era una diffidenza non ingiustificata, anche se si risolveva in una rimozione: perché la storia contemporanea è stata ed è, costantemente, terreno di conquista e di battaglia dei poteri e delle forze in campo. È il settore della ricerca storica che più immediatamente risponde ai bisogni propagandistici e di legittimazione e di difesa dei poteri e delle forze politiche, alle loro esigenze di mobilitazione, o, al contrario, di assopimento del corpo sociale.

Lo si è detto a proposito del nazismo, ma lo si sarebbe potuto ripetere, sia pure con graduazioni diverse, anche per altri casi: certi pesi del passato risultano insopportabili, richiedono dunque una sorta di rimozione dalla memoria collettiva. Ma con quali costi, a più lunga scadenza, con quali perdite per la crescita della coscienza civile? Non posso nascondere la mia totale diffidenza per le misure amministrative che colpiscono idee, orientamenti, scelte ideologiche e politiche: non sono poche le pagine di questo libro che ne offrono un'impressionante esemplificazione e nel corso di situazioni e di circostanze che avrebbero dovuto segnare il trionfo di ben altre prospettive e di ben diversi criteri di comportamento. Ma non minore è la mia diffidenza per gli atteggiamenti lenitivi, di rimozione o edulcoramento rispetto alle vicende della società, per le deformazioni "che vogliono aiutare a vivere", per ogni infrazione, fosse pur ispirata alle più nobili motivazioni e finalità, di quegli elementari principi e criteri di verità che sono il fondamento e l'ambizione di ogni ricerca storiografica.

L'intervento di Karl Stuhlpfarrer illustra eloquentemente, nel lungo dopoguerra austriaco, la nascita di un mito, lenitivo del proprio vicino passato, ma anche irrimediabilmente funzionale alle esigenze politiche dei nuovi poteri, e scoprendone i meccanismi psicologici e culturali ne mostra i rischi per gli orientamenti complessivi del corpo sociale. Sono rilievi, osservazioni, analisi – penso sia superfluo rilevarlo – che si potrebbero ripetere per molti altri paesi e per molte altre situazioni. La memoria del ventennio tra le due guerre e di tanti aspetti e vicende della seconda guerra mondiale patisce deformazioni, rimozioni e aggiustamenti funzionali ai nuovi assetti e ai nuovi rapporti di potere: si tratti del regime di Vichy, o del regime nazista, o del fascismo, e della Resistenza, ben presto celebrata come il lavacro purificatore che avrebbe mostrato il vero volto della società italiana. Non è certo un caso che si siano dovuti attendere gli inizi degli anni Novanta per parlare nuovamente della Resistenza anche in termini di "guerra civile". Negarne tale carattere permetteva di espellere, per dir così, il fascismo dalla storia della società italiana, di eludere il problema del consenso che pur aveva avuto, di rimuovere fastidiose questioni sulle sue radici culturali e sociali, sulle sue alleanze, sugli appoggi di cui aveva goduto, sul suo essere espressione durevole di orientamenti profondi del corpo sociale, affatto scomparsi con la sua sconfitta. Il conformismo culturale reclamato dalle esigenze immediate della politica ha trovato a lungo il proprio compiacente supporto in un'attività storiografica che giustificava con la sua presunta militanza "antifascista" la propria subalternità ad esigenze che poco o nulla avevano a che fare con quella "conoscenza critica" che costituisce il fine unico della ricerca storica.

Si pagano qui le confusioni spesso interessate tra lavoro storiografico e lavoro politico, quasi che il voler distinguere fra tali ambiti costituisca un indizio di cedimento e di rinuncia al proprio impegno civile, e soprattutto si paga qui tutta la debolezza strutturale della corporazione degli storici, costantemente soggetti alle pressioni e agli allettamenti che il potere politico, nelle sue varie forme ed espressioni, per la stessa organizzazione della ricerca e degli studi, è in grado di esercitare. Ma non si tratta solo di questo.

Vi è nella ricerca storica contemporaneistica una difficoltà intrinseca connessa all'enorme accumulo del materiale documentario che costituisce il suo terreno di scavo e di lavoro, alla possibilità stessa di ampliarlo, per dir così, senza fine: la "storia orale" ne offre un esempio lampante. Il problema di scegliere e di selezionare le proprie fonti è per lo studioso di storia contemporanea assolutamente ineludibile. Le diverse ideologie politiche hanno rappresentato a lungo, da questo punto di vista, un supporto e uno strumento decisivi, offrendo allo storico, oltre ai criteri d'interpretazione, anche quelli di selezione e di organizzazione dei dati e delle fonti. Non credo si possa dire che gli esiti sono stati sempre positivi. La tendenza a cercare nelle fonti soprattutto pezze d'appoggio alle proprie tesi generali ha dominato a lungo, implicita o esplicita che fosse, gli studi di storia contemporanea.

È una stagione per molti aspetti conclusa. La crisi generale delle ideologie politiche ha inferto un colpo mortale ai presupposti nei quali tale tendenza cercava la propria giustificazione. Ma i problemi che il ricorso all'ideologia cercava di risolvere restano tutti aperti. La difficoltà e la crisi in cui si dibatte la ricerca storica contemporaneistica, vorrei quasi dire la sua perdita d'identità, derivano da tale situazione. Il crescente ricorso a schemi di derivazione sociologica supplisce malamente alla perdita delle antiche bussole. Maschera le difficoltà non le risolve. Offre risultati in cui la costruzione a priori anticipa, per non dire sostituisce, al di là delle apparenze, la frastagliata esperienza empirica della realtà.

Più che mai resta attuale il problema delle fonti, come il problema di offrire la possibilità di verificare la fondatezza e le ragioni dei propri percorsi di ricerca e dei propri giudizi ed interpretazioni. È ovviamente impossibile pensare, per la storia contemporanea, ad un analogo dei *Monumenta Germaniae Historica* o dei *Rerum italicarum scriptores*, per limitarsi a due esempi soltanto. Ma qualcosa di più in questa direzione potrebbe e dovrebbe essere fatto. Non è certo un caso che le *Veröffentlichungen der Kommission für Zeitgeschichte* sulla storia del cattolicesimo tedesco e delle sue relazioni con il regime nazista abbiano permesso un vero e proprio salto di qualità alle ricerche su tali temi. Ed è altamente significativo il fatto che, pur trattandosi di un gruppo di studiosi fortemente connotato confessionalmente, le edizioni documentarie da esso realizzate costituiscano un modello di precisione critica ed editoriale, nel senso che offrono una larga messe di elementi per sottoporre a revisione la linea interpretativa che caratterizza la produzione specificamente storiografica di quel gruppo. Non è una constatazione consueta in questo ambito di studi e di problemi, ma sta a dimostrare che il mestiere, se condotto con rigore e onestà intellettuale, può emanciparsi da ogni influenza allotria. È una strada, penso, che dovrebbe essere seguita: l'unica forse che potrebbe ridare una qualche base sicura ed autonoma alla ricerca contemporaneistica, evitando la babelica casualità che troppo sta prevalendo in questo campo.

3. Le relazioni ed i nessi tra studio della storia e cultura politica dipendono da molteplici aspetti: ma principalmente dal ruolo di formazione civile e politica che viene attribuito o che può essere attribuito allo studio della storia. Da questo punto di vista la storia occupa nella tradizione marxista un posto assolutamente privilegiato: ma non in essa soltanto. Non è per una stravaganza che Benedetto Croce cercava nella storia le basi e la conferma della sua "religione della libertà". Tutto l'Ottocento liberale ha fatto dello studio della storia una delle componenti essenziali per la formazione di un cittadino consapevole. D'altra parte gli storici liberali e conservatori hanno sempre accusato i marxisti per il forte condizionamento ideologico che caratterizza le loro ricerche, deformandone in senso propagandistico la ricostruzione.

Non c'è dubbio che alcuni casi sono clamorosi: con la *Storia del partito comunista bolscevico*, edita da quel comitato centrale e tradotta in molte lingue, si travalica ogni margine di accettabilità per entrare nella più smaccata propaganda. È indubbiamente un caso limite. Esempi di deformazioni più o meno singolari, derivate dal proprio impianto politico-ideologico, non mancano tuttavia in tutte le scuole e su tutti i versanti. Gerhard Ritter è certamente un grande storico: ma l'escludere da parte sua dall'ambito della resistenza tedesca al nazismo i comunisti e il gruppo della *Rote Kapelle*, perché incline a collaborare con i comunisti, nasce da presupposti ideologici (non può essere ascritto alla resistenza chi intendeva sostituire un totalitarismo con un altro totalitarismo), eredi a loro volta di contrapposizioni e fratture maturate fin dagli anni della repubblica di Weimar, prima e più che da un'analisi spassionata dei rapporti e delle forze in campo.

Non ritengo comunque molto produttiva una discussione, che abbia come oggetto la ricerca storiografica ed i suoi prodotti, concentrata sui principi e sui presupposti generali dell'uno o dell'altro studioso. Ciò che di volta in volta va valutata è la maggiore o minore funzionalità di quei principi e di quei presupposti, applicati in quel determinato modo, per capire e chiarire le vicende e le situazioni fatte oggetto di quel determinato studio: che è ciò che a uno studioso di storia dovrebbe in ultima analisi interessare.

Ma per ciò che riguarda il nesso fra studio della storia e formazione politica o formazione di una cultura politica, la questione centrale sta evidentemente nel modo in cui si intende che tale formazione debba essere raggiunta. Perché se la si intende in termini di crescita delle capacità critiche, di conoscenza spassionata di uomini e cose, la rivendicazione di un tale nesso è pienamente compatibile, direi anzi essenziale e connaturata allo studio della storia, fa parte intrinsecamente delle sue funzioni e della sua ragion d'essere nella vita delle società umane. Mentre è assolutamente inaccettabile ove lo si intenda in termini di formazione e di organizzazione del consenso (o del dissenso), politico o sociale che sia.

Horst Gies insiste nel suo intervento sul compito di distruzione e di contestazione dei miti vecchi e nuovi che compete alla ricerca storiografica. L'interazione costante tra ricerca storica e memoria collettiva, più o meno deformata e deformante, costituisce indubbiamente un aspetto centrale del rapporto che unisce lo studio della storia alla cultura e alla vita morale di una società. Nella misura in cui la deformazione della memoria, come la costruzione di miti collettivi, risponde per lo più a interessi politici ben precisi, in funzione di un rafforzamento o di un allargamento del proprio consenso, la ricerca storiografica e lo studio della storia si propongono la costruzione di una cultura politica diversamente fondata e diversamente orientata. Da questo punto di vista si può affermare che sono funzionali ad una crescita della democrazia intesa come partecipazione criticamente consapevole dei cittadini alla vita pubblica.

Ma il rapporto tra ricerca storica, studio della storia e cultura e formazione politica non può che essere instabile e dialettico. Il rischio della cattura e della deformazione propagandistica insidia costantemente il nostro mestiere. Per questo l'affermazione e la difesa della sua "gratuità", nel senso che esso non ha di mira immediate finalità pratiche ma solo la crescita e l'allargamento delle nostre conoscenze sul passato più o meno prossimo, non significa disimpegno civile ma solo corretta definizione delle sue caratteristiche e delle sue funzioni: della sua specificità nel contesto del lavoro intellettuale degli uomini.

Gratuità della ricerca non significa tuttavia disattenzione ai problemi, alle domande, alle ferite che lacerano la nostra società. Credo sia essenziale che lo studioso di storia sappia cogliere la centralità che certi temi rivestono, oggettivamente per dir così, nella vita morale e culturale di una società, il rilievo che il prendere coscienza di certi temi e di certe vicende assume nello sviluppo della sua coscienza morale. Anche qui, credo, non mancano preoccupanti carenze. Troppo spesso la ricerca storica accetta gli accantonamenti e le rimozioni suggerite dagli opportunismi del momento. Uomo del proprio tempo, lo studioso di storia si sottrae a fatica agli stereotipi che il proprio tempo reclama a proprio conforto.

Un eloquente esempio a questo proposito è offerto dal modo con cui a lungo il problema dell'antisemitismo e della Shoah è stato affrontato dalla maggior parte della storiografia. L'enormità del crimine e la responsabilità primaria dei nazisti e dell'ideologia nazista nella realizzazione dello sterminio sistematico degli ebrei europei ha oscurato e rimosso il contesto complessivo, ha prodotto una ricostruzione storica rassicurante che non ammetteva altre chiamate di correo. Ma così sono rimasti a lungo in ombra le complicità, le connivenze, il consenso, l'indifferenza che variamente hanno accompagnato l'avvio da parte dei nazisti della persecuzione antiebraica, così come è rimasta fuori dal campo di osservazione quella tradizione diffusa di antisemitismo cristiano e non, da cui quella persecuzione era nata già nel corso degli anni Trenta in Germania come in altri paesi europei.

L'inquietante domanda sulle radici ideologiche e religiose di quell'aspra e spesso feroce tradizione di intolleranza, così profondamente innervata nella cultura europea, è stata per lo più elusa. Così come si è evitato di chiedersi quale peso antisemitismo e razzismi più o meno espliciti abbiano avuto nella formazione della coscienza nazionale dei popoli europei. Il libro di Christian Delacampagne (*L'invention du racisme*) potrà essere giudicato qua e là schematico e non privo di forzature anacronistiche, ma ancora negli anni Ottanta restava pressoché un unicum in quest'ambito di problemi. Sorretta da una storia deformata e falsificata, l'idea di un popolo italiano naturalmente immune da antisemitismo e razzismo ha costituito un luogo comune fino a non molti anni fa.

Non si tratta, sia chiaro, di operare un mero rovesciamento di tali stereotipi ossificati nella coscienza collettiva. Ma di saperli valutare e ridimensionare, criticamente e storicamente, in tutti i loro limiti e in tutte le loro ambiguità più o meno nascoste. Guardare con occhi lucidi e disincantati il più possibile a fondo nelle cose, ai loro processi e ai loro andamenti reali: sta qui il ruolo civile, la funzione civile della ricerca storica e dello studio della storia nelle università.

Altro e diverso problema tuttavia è costituito dall'insegnamento della storia nelle scuole superiori, dove diventano prioritarie, se non prevalenti, urgenze pedagogiche, questioni di capacità critica e di apprendimento da parte degli allievi e via dicendo. Sono aspetti che non ho la capacità di affrontare. Vorrei solo rilevare che tale insegnamento può costituire un potenziale canale per una ricaduta deformante sulla ricerca storica, per reintrodurvi sottilmente la storia-apologia, la storia-propaganda attraverso l'attribuzione di un compito immediatamente pedagogico-politico a tale insegnamento: come sarebbe quello di educare alla democrazia o di rafforzare la coscienza nazionale e la coesione nazionale e via dicendo. Compiti tutti che possono essere anche nobilmente svolti, ma che tuttavia implicano pressoché inevitabilmente, per la logica stessa che li ispira, un ritorno alla storia "mito", ad una storia pedagogica ed edificante, di eroi e reprobi, di buoni e cattivi, capace, grazie a tali modelli, di trasmettere "valori". Indubbiamente la scuola deve farlo. Mi domando però se sia la storia lo strumento più adatto, e soprattutto se un tale modo, più o meno largamente in uso ad opera dei diversi sistemi politici quando non è semplicemente suggerito da un certo conformismo nazionale, non ottenga alla lunga l'effetto opposto, nel momento stesso in cui l'insegnamento e lo studio della storia, invece che trasmettere un discorso di verità, si rivela trasmettere un discorso di propaganda, soggetto a tutte le distorsioni e le deformazioni della propaganda. Se per ottenere un certo scopo ed esaltare o presentare certi valori devo raccontare menzogne o distorcere e manomettere la realtà delle situazioni e delle vicende storiche, non sarà perché quello scopo e quei valori non sono poi così alti e puri come si vorrebbe far credere? Il percorso mentale seguito negli ultimi decenni da molti giovani italiani, che hanno scelto la militanza nei movimenti neofascisti e della destra o della sinistra eversiva, sembra corrispondere anche a considerazioni di questo tipo, rappresenta la risposta a quella storia maldestramente apologetica che per alcuni decenni ha aduggiato le "celebrazioni" ufficiali dell'antifascismo e della Resistenza, le centinaia e centinaia d'interventi promossi dai docenti "democratici" nelle loro scuole.

Lo studioso di storia, come uomo, come cittadino del suo tempo, ha i suoi orientamenti ideali e politici, anche se non credo che generalmente li ricavi dalla sua ricerca. Né credo sia la ricerca la sede più adatta per propagandarli e diffonderli. Credo anzi che il suo lavoro sarà tanto più valido, efficace, persuasivo, quanto più saprà tenerli sotto controllo, quanto più saprà evitare che essi ne influenzino e ne deformino l'andamento. Per questo dubito molto che una storiografia possa e debba utilmente classificarsi e definirsi con aggettivi che ne segnalino l'appartenenza religiosa e politica.

Non è una scelta d'asetticità, meno che mai di mascheratura, ma di rispetto e di consapevolezza: rispetto per un mestiere, che, valga quello che valga, ha le sue regole e le sue funzioni che è doveroso rispettare; consapevolezza che un comportamento diverso produce solo cattiva storiografia ed è controproducente per gli ideali e gli orientamenti stessi che si vorrebbe difendere. Nella ricerca storica la ripulsa e la condanna di determinati sistemi politici e di determinate ideologie deve risultare dall'analisi spassionata delle loro caratteristiche e degli esiti che hanno prodotto nella vita degli uomini e delle società, non da proclamazioni, dichiarazioni, esecrazioni. E ci si dovrebbe guardare dalle troppo facili condanne delle scelte compiute dagli uomini nel passato: il moralismo storiografico è fra tutti i moralismi quello forse più squallido, perché privo di costi personali.

Non so se lo studio della storia ci possa insegnare qualcosa, se la storia possa essere maestra di qualcosa, nel senso degli antichi. Credo però che lo studio della storia ci debba dare una sempre più chiara consapevolezza dei nostri limiti, ci debba e ci possa insegnare ad essere umili.

# Per continuare la discussione…*

Non mi è possibile iniziare questo mio intervento senza esprimere, non dirò la mia gratitudine, che sarebbe dire davvero troppo poco, ma la mia emozione di fronte all'impegno, alla serietà, al rigore con cui i capitoli della *Storia religiosa* sono stati analizzati e discussi dai diversi relatori. Nelle loro parole, nell'impegno stesso con cui Merlo, Rigon e Firpo ne hanno letto e ripercorso le diverse parti e Dalarun la trama complessiva, ho avvertito anche amicizia e affetto: una testimonianza per me preziosa e indimenticabile, così come prezioso resta il denso apporto critico delle loro analisi. Credo sia quanto ogni studioso di storia non può non desiderare: vedere, il proprio lavoro oggetto di un serrato dibattito, volto ad indicarne risultati e limiti, a metterne in discussione giudizi e prospettive. Se qualcuno, come certe parole di Franco Bolgiani sembrerebbero adombrare, ha temuto la "celebrazione", si sarà, credo, tranquillizzato ben presto. Nulla in effetti di più lontano dal costume e dal rigore intellettuale di quanti mi hanno preceduto, nulla di più lontano, se permettete, dai miei desideri e dalle mie abitudini. E non solo perché mi è difficile pensare ad una "celebrazione" che non sia postuma. Ma anche e soprattutto perché non è questa la chiave per affrontare criticamente un'opera di storia, né è questa la chiave per poter procedere realmente nel nostro lavoro, per individuare i settori da approfondire, i giudizi da rivedere, le ricerche nuove da condurre.

Da questo punto di vista credo che la nostra sia stata una buona giornata. Le analisi di Merlo, Rigon, Firpo e Dalarun, le osservazioni generali di Bolgiani, i rilievi e le domande dei tanti intervenuti nella discussione, si sono mossi tutti secondo questa linea e con questa prospettiva. Poco o

* Edito in *Per un dibattito sulla Storia religiosa d'Italia*, in «Rivista di storia e letteratura religiosa», 32 (1996), pp. 416-433.

nulla ho da aggiungere o replicare alla maggior parte dei loro rilievi puntuali. Limiti e lacune della mia ricostruzione così come piste di ricerca e questioni nuove emerse nel frattempo sono stati ampiamente messi in luce. Non vi è dubbio, tanto per riferirmi ad un periodo sul quale enormi sono stati i progressi degli studi, che totale è stata la mia sottovalutazione del peso e dell'influenza del valdesianesimo nella vita religiosa italiana degli anni Trenta e Quaranta del Cinquecento, cui ha corrisposto un uso troppo dilatato, e perciò generico, della categoria dell'evangelismo; mentre sono state proprio le ricerche di Massimo Firpo che hanno messo in pieno rilievo tutta la portata e le implicazioni di quella durissima lotta condotta nella curia e fuori di essa ben oltre l'istituzione dell'Inquisizione romana: risulta smantellata così in buona parte la periodizzazione cui mi ero attenuto, che collocava agli inizi degli anni Quaranta la svolta decisiva e definitiva che, con la crisi dell'"evangelismo", avrebbe segnato il prevalere a Roma di una linea di contrapposizione frontale e di repressione rispetto ai riformatori d'oltralpe. Né va evidentemente taciuto il fatto che il mio sforzo costante di riferirmi alle fonti, di attingere alle fonti, di controllare e rivedere sulle fonti ciò che mi offriva di indicazioni e di interpretazioni la storiografia, non sempre ha potuto essere condotto nei termini e con l'ampiezza che sarebbero stati necessari, che vi sono ambiti e settori in cui il mio essere tributario della storiografia risulta nettamente preponderante.

A distanza di tre decenni non posso non considerare dunque anche un azzardo di gioventù il mio aver accettato di coprire la parte che avrebbe dovuto essere di Cantimori, avventurandomi in secoli, come il Cinquecento, di cui non ero né sono uno specialista, pur avvertendone tutto il fascino straordinario. Ma non si è trattato solo di questo: vi sono vuoti e lacune dovuti ai limiti delle mie competenze, ma ve ne sono altri legati ai miei ritmi di lavoro, contraddittori alle esigenze e alle scadenze editoriali. Vicende, se vogliamo, di bassa cucina, cui accenno non a titolo di giustificazione ma di spiegazione soltanto, e sulle quali non credo valga la pena da parte mia di insistere oltre. L'impianto e lo svolgimento della II parte degli *Annali della storia d'Italia* 9, che ho curato insieme a Giorgio Chittolini, intendevano anche almeno in parte (l'ha rilevato opportunamente Franco Bolgiani) porvi riparo.

Mi scuserete perciò se, prima e più che ripercorrere i tanti temi particolari via via toccati da quanti mi hanno preceduto, cercherò di riprendere e chiarire alcuni propositi ed alcuni criteri che hanno mosso e guidato il mio lavoro. Propositi e criteri di venti-trent'anni fa, certamente legati a quella stagione storiografica: ma non tali, credo, da dover essere considerati ormai del tutto inutili o superati in questa nostra attuale situazione, pur così profondamente mutata, così diversa per tanti aspetti rispetto ad allora. Vi era per me allora un problema di costruzione del racconto che avvertivo come assolutamente prioritario, un problema fortemente legato alle caratteristiche della storiografia, in particolare medievistica, in particolare italiana, allora prevalente (già Merlo ne ha efficacemente richiamato alcuni aspetti), ma che nasceva insieme dall'impianto dominante la storia della Chiesa: ed era quello di evitare una storia giustificazionistica, trionfalistica, per cui i vincitori hanno sempre ragione e i vinti sempre torto, per cui la storia si configura come un sostanziale incessante progresso e gli storici sono appunto come i "medici dell'anima" che sanno cogliere e scoprire nei suoi tortuosi percorsi e nei suoi disastri la segreta razionalità di un disegno superiore che guida verso tappe sempre più alte, verso sempre nuovi traguardi. Con più matura consapevolezza, o forse se volete, per usare un linguaggio più terra terra, con il senno di poi, penso di poter dire che si trattava di un'opzione fondamentalmente storiografica, di mestiere, nel senso che mirava ad una disideologizzazione della ricerca storica, alla sua piena secolarizzazione contro ogni teologismo, provvidenzialismo, storicismo finalistico, per cercare solo all'interno dei diversi processi storici la ragione del loro andamento e del loro svolgimento.

In tale volontà disideologizzante si situava anche la mia critica ad una storia della Chiesa costruita secondo uno schema di *historia salutis*: con un impianto cioè tutto ricavato dalla teologia, dall'idea e dalla dottrina che di sé e su di sé la Chiesa ha costruito nel corso del tempo. Idea e dottrina di cui ovviamente si deve tenere di volta in volta attentamente conto nel corso della ricerca, ma che non possono offrire l'impalcatura organizzativa e il criterio interpretativo dei fatti senza cadere in una confusa e aberrante miscela di linguaggi e di metodi: perché nettamente distinti – il padre Chenu lo rilevò con rara efficacia nel 1937 in quell'aureo libretto che è *Une école de théologie* – sono i presupposti dovuti, i linguaggi e i metodi della teologia positiva e della ricerca storica. Sono distinzioni più facili da definire concettualmente che da attuare nella concreta pratica del lavoro. La storiografia e l'erudizione ecclesiastiche, opera per secoli di ecclesiastici soltanto, ne costituiscono, nella loro lunga, accidentata, spesso dolorosa vicenda, una prova evidente. Jacques Dalarun l'ha ricordato con sapiente finezza. E tuttavia, credo, si tratta di distinzioni capitali: perché mettono in gioco, sino in fondo, caratteristiche, orientamenti, funzioni della ricerca storica.

Sono questioni che oggi possono sembrare terribilmente lontane e superate. Sopite e lontane sono certamente le passioni e le contrapposizioni che allora, intorno a questi temi, accendevano e animavano il dibattito storiografico. Sono meno persuaso invece che siano questioni realmente superate, perché accantonamento e rimozione non significano superamento, perché quelle questioni erano troppo connesse al ruolo e al significato della ricerca storica, a certi tratti profondi della sua tradizione, per poter pensare che il liberarsene sia cosa facile.

A tali questioni si connetteva strettamente un altro aspetto al quale ritenevo di dover reagire: mi riferisco a quella tendenza apologetica, sottilmente presente in tante opere dedicate alla storia della Chiesa, per cui l'analisi e la presentazione dei fatti e delle situazioni doveva costantemente accompagnarsi all'individuazione di un immancabile "di più", grazie alla fede che, comunque, non poteva non avere ispirato i loro protagonisti. E variamente ci si richiamava perciò alla bontà e alla rettitudine delle intenzioni, o si lacrimava sulle debolezze della natura umana o sui pregiudizi del secolo, cui nemmeno gli uomini di Chiesa avevano saputo sottrarsi (tipiche le considerazioni che accompagnavano abitualmente le pagine sulla condizione cui erano costretti gli ebrei, dimenticando che quei pregiudizi erano in primo luogo il frutto di quanto il magistero ecclesiastico era venuto insegnando per secoli), o si alteravano e si manomettevano i testi secondo i propri desideri (come spiegare altrimenti la singolare fortuna di un trattatello come il *Libellus ad Leonem X* di Paolo Giustiniani e Pietro Querini, divenuto nella storiografia di quaranta e più anni fa il manifesto di una "riforma cattolica" da contrapporre per i suoi caratteri tanto a quella protestante che alla controriforma, ma omettendone e cancellandone tutti gli aspetti pesantemente repressivi, autoritari e centralizzatori che ne segnano l'intero discorso?). Sempre o quasi si eludeva però il problema centrale del tipo di cristianesimo, del tipo di religione di cui quella Chiesa e quegli uomini si erano fatti di volta in volta portatori e maestri. La questione non era soltanto di definizioni dogmatiche e dottrinali (anche se quella impostazione si richiamava più o meno direttamente ad una ben precisa teologia ed ecclesiologia, fissiste, si direbbe oggi): ma riguardava in primo luogo il modo di pensare, vivere, realizzare ed affermare quell'insieme di dottrine e di fede in modi e termini che nel tempo e nello spazio si rivelano in realtà profondamente diversi, non di rado alternativi.

È da questo punto di vista che il nesso tra Chiesa e società, il tipo o i tipi di presenza e di influenza cristiane di volta in volta variamente proposti e realizzati nella società, mi sono sembrati offrire l'approccio più fecondo di risultati: non solo per una più piena storicizzazione di quelle vicende, ma anche per poter cogliere meglio, con una maggiore concretezza, la varietà di modi di essere, il vario insieme di esiti, che quella religione e le sue forme prevalenti erano venute determinando nella vita della società. Questione centrale questa, aggiungerei, degli esiti e delle condizioni che l'opera e gli intrecci dei diversi gruppi umani e delle istituzioni da essi formate determinano nella vita di una società: perché sta qui il *proprium* del giudizio storico, l'unico aspetto, vorrei dire, sul quale lo studioso di storia non può esimersi dal formulare un giudizio, positivo o negativo, esplicito o implicito che sia; che sarà ispirato, per il segno che assumerà, dalla sua concezione del mondo, dalla sua antropologia, dalle sue idee su ciò che può e deve essere la vita degli uomini in società, ma che in pari tempo sarà costruito esclusivamente, dovrà cercare di costruirsi esclusivamente, sui dati e le attestazioni che gli sono offerti dalle fonti.

Per concludere sinteticamente su quei miei atteggiamenti e propositi di allora vi individuerei dunque tre elementi fondamentali: l'estraneità ad una visione generale della storia intesa come indefinito progresso, per cercare di individuare piuttosto, nel suo svolgimento, gli scarti, le alternative, i percorsi interrotti, le possibilità emarginate e sconfitte, in un processo che ha solo in se stesso, nelle forze allora in campo e nelle sue diverse potenzialità, la propria ragione; il rifiuto di una storia apologetica che adotti per la Chiesa e gli uomini di Chiesa un trattamento e criteri di giudizio tutti particolari, sulla base del presupposto più o meno esplicito che trattandosi di Chiesa e di uomini di Chiesa non può non operare nei loro confronti una presunzione di "positività" per la linea storica complessiva da essi assunta e perseguita (errori e colpe sono sempre dei singoli uomini, mai della Chiesa); lo sforzo infine di individuare e precisare il tipo o i tipi diversi di cristianesimo, i diversi modi di pensarlo e realizzarlo, di concepirne ed attuarne la presenza nella storia, così come si sono manifestati, intrecciati, scontrati nei processi storici che hanno caratterizzato la vita della società.

Mi riesce perciò difficile ritrovarmi in una critica che mi è stata mossa già vent'anni fa e che oggi è stata ripresa in particolare da Franco Bolgiani: di aver costruito cioè, in qualche modo esternamente e astrattamente, e in analogia con premesse protestantiche e modernistiche, una storia dialetticamente lacerata tra uno "spirito cristiano-evangelico" e la Chiesa, tra "evangelismo eterno" (o "seme cristiano") e "realtà storica, ecclesiastica o comunque organizzata". E non mi ci ritrovo perché tale dialettica fra ciò che chiamerei piuttosto un messaggio cristiano sentito come originario (non statico, non definito una volta per tutte, ma variamente inteso e riproposto) e la condizione storica delle istituzioni ecclesiastiche, della vita e del costume cristiano, quali erano venuti formandosi nel corso del tempo, la ritrovo periodicamente riaffiorante, pur con ampiezza, intensità e risultati diversi, a segnare nel profondo la vita religiosa e i dibattiti sulla Chiesa lungo i secoli centrali del Medioevo (diciamo XI-XIV), per divenire via via sempre più ricerca e tormento sotterraneamente elitari, riservati ad anime di eccezione e a piccoli gruppi, prima di riproporsi prepotentemente all'aprirsi dell'età moderna.

Non è certo un caso che i concetti di "reformatio", "reformare", "restaurare" (con tutte le varianti verbali che ad essi si accompagnano) siano così frequenti nel dibattito religioso di quei secoli, e sempre in riferimento ormai alla Chiesa e alla vita collettiva, prima di ripiegare nella nota distinzione tra gli "homines" e i "sacra" («homines per sacra reformare, non sacra per homines»), enunciata da Egidio da Viterbo nel discorso di apertura del Lateranense V; una distinzione che diverrà poi l'impresa da contrapporre alle «inaudite pretese» di Lutero. Un concetto classico del periodo patristico, che evidenziava la "restaurazione" compiuta dal Cristo nei confronti della natura umana intaccata dalla colpa del primo uomo, assume dunque tra l'XI ed il XIV secolo e oltre tutta l'attualità che gli è conferita dalla sua nuova dimensione societaria (superfluo ricordare al riguardo i fondamentali contributi di Gerhart B. Ladner). Esso implica l'idea di un confronto tra il presente e il passato, esprime la volontà (o l'esigenza) di ridare, ristabilire la "forma" antica a ciò che nel corso del tempo si è sviato e corrotto. Cambiano le analisi, cambia e si complica il modello cui ci si intende richiamare, cambiano gli attori che di tale opera devono essere protagonisti, cambiano e si articolano i mezzi e gli strumenti per realizzarla, ma l'atteggiamento mentale e i criteri di giudizio continuano ad avere come loro riferimento due opposti poli costituiti da "ciò che era" e "ciò che è".

Tale tema, o questione, o schema di lettura, che ho posto al centro della *Storia religiosa*, non è dunque frutto di una forzata intrusione esterna ma è suggerito, vorrei dire imposto, dalle situazioni e dai processi storici di volta in volta analizzati, perché parte essenziale, carne e sangue, componente fondamentale degli stessi. Ed ancora è tema, questione, dilemma che si presenta sì con una sua ripetitività ma che è insieme in costante movimento, non statico né nei suoi riferimenti, né nelle sue articolazioni, né nei suoi protagonisti (e Dalarun, ancora una volta, l'ha colto perfettamente, nello stesso momento in cui rilevava, proprio a questo riguardo, alcune rigidezze del mio discorso), così come non è costituito da due fronti definiti una volta per tutte nella loro contrapposizione, perché si nutre di contenuti, propone intrecci ed è animato da attori malamente riducibili a caselle prefissate.

Anche per questo nemmeno mi ritrovo nella genealogia in cui Bolgiani vorrebbe inserirmi, una genealogia che avrebbe in Ernesto Buonaiuti il suo capostipite, e in Raffaello Morghen e Arsenio Frugoni i suoi anelli forti successivi. È una genealogia, preciserei al margine, che già molto discutibilmente, mi pare, vede inserito Frugoni in tale catena: perché nulla vi era più lontano da lui dal voler fare della sua storiografia uno strumento per lanciare messaggi, perché la devozione e l'affetto grande che egli ebbe per Morghen trovano però solo pallidissimi riscontri sul piano storiografico. Indubbiamente a Frugoni devo molto: il suo modo di scavare nelle fonti resta per me una lezione indimenticabile. Tra il 1955 e il 1960 il mio rapporto con lui fu costante e strettissimo. Solo con Delio Cantimori e più tardi con Gustavo Vinay ne ebbi uno simile. Ma non posso dimenticare gli altri maestri pisani cui debbo in realtà la mia introduzione agli studi di storia: in primo luogo Ottorino Bertolini, con il quale nell'autunno del 1953 cominciai a lavorare sulla riforma gregoriana, e ancora Augusto Campana ed Ernesto Sestan. Fu una generazione di grandi maestri, di un'autorevolezza che appariva innata, coinvolgente e decisiva, cui risultava del tutto naturale affidarsi con umiltà e fiducia. Mi è difficile non aggiungere, e credo di non far torto a nessuno, che non saprei vederne un'analoga oggi, di analogo stile, nelle nostre scuole e nelle nostre Università. Indubbiamente è difficile leggere con chiarezza nei propri percorsi: ma non vi ritrovo né Buonaiuti né Morghen. Né riesco a vedere affinità e nessi reali tra il mio lavoro, i termini in cui l'ho pensato e ho cercato di condurlo, e la loro concezione e la loro pratica della ricerca storiografica.

Un'ultima osservazione su queste questioni e questa genealogia, anche se mi dà un certo disagio, vi prego di crederlo, continuare a dire di me in termini autobiografici. Dalarun ha pienamente ragione: la crisi del modernismo costituisce per me, ed ha periodicamente costituito, un punto di riferimento ed insieme di curiosità intellettuale. Ma non per un particolare fascino che quei protagonisti mi abbiano mai ispirato, quelli italiani soprattutto: ma perché in quella crisi trovano le loro radici le questioni che hanno condizionato il successivo dibattito e la successiva riflessione sulla Chiesa e la storia della Chiesa, perché è da lì che parte, per l'ortodossia cattolica almeno, da cui pur sempre provengo, il primo tentativo di fare della "Chiesa nel tempo" un problema di storia e non di mera cronaca *événementielle*, perché è da quei dibattiti e grazie a quei dibattiti che la fede, la dottrina, la vita cristiana si fanno storia e diventano un problema di storia anche per la cultura cattolica. Quella crisi rappresenta indubbiamente anche altro e di più nel rapporto fra la Chiesa e la società: chi si occupa di storia della Chiesa contemporanea sa che l'onda lunga di essa non ha ancora terminato la sua spinta né concluso il suo percorso: impossibile dunque evitare di incrociarsi e scontrarsi con essa.

Se quelli dunque erano i miei propositi e le mie preoccupazioni, ne derivavano alcune precise conseguenze per ciò che riguardava l'impianto e la costruzione del discorso, ma anche alcuni rischi, che non sempre ho saputo evitare. Da quei propositi infatti derivava quell'attenzione, giustamente rilevata da Merlo, per le situazioni di avanguardia, in movimento, che rompevano con i quadri costituiti, aperte al futuro o ad un possibile e potenziale futuro, sia pure non sempre realizzato. Da ciò una selezione dei fatti e un fermarsi su situazioni e protagonisti trascurandone altri, per dare il senso di una linea di fondo, prevalente e vincente nel lungo periodo, che segna essa, pur non senza scarti e contraddizioni, il tipo di presenza e di influenza della Chiesa nella società italiana del basso Medioevo, le forme e i modi di essere della sua vita religiosa, i termini per i quali diviene parte e condizione della sua vita complessiva. E da ciò anche una presentazione e valutazione dei grandi episodi di quella storia che costantemente mira a coglierne e ad illustrarne gli aspetti gravidi del futuro.

È insomma guardando sempre anche al *dopo* che ho costruito via via i vari capitoli della mia sintesi. Potrei dire che ho sfruttato sino in fondo la condizione privilegiata – e pericolosa – dello studioso di storia che "sa come le cose sono andate a finire". Ne risultava la conseguenza di offrire singoli "quadri" in qualche modo squilibrati (anche deformati?) rispetto alla loro effettiva realtà e consistenza. Vi ritornerò brevemente tra poco. Era una scelta discutibile, forse inevitabile, credo consapevolmente assunta. Da quei propositi e da quelle preoccupazioni derivavano comunque anche altri rischi: quello in primo luogo che la volontà di evitare una storia apologetica e giustificazionistica e il doversi troppo frequentemente misurare con una tale storiografia si risolvessero in un suo mero rovesciamento di segno, nella forzatura polemica in senso opposto, nel moto di fastidio verbale, solo controversisticamente efficace. Non sta a me dire se e quanto da un tale rischio la *Storia religiosa* abbia saputo affrancarsi. Se e dove non vi fossi riuscito, sarei venuto meno al compito primo, al connotato più qualificante e specifico del mestiere dello studioso di storia. Vi sono indubbiamente in essa durezze verbali, se vogliamo impertinenze e disinvolture, che oggi mi guarderei dal ripetere. Non riesco però a vederle incidere in modo decisivo, deformante, sulla sostanza dei giudizi e del profilo complessivo a suo tempo tracciato.

I termini della polemica contro la storiografia accademica con cui si apre la premessa sono senza dubbio troppo spicciativamente giovanilistici: ma intendevano esprimere l'insofferenza e il fastidio che provo tuttora per una storiografia impegnata in primo luogo a dialogare e a discutere con la propria corporazione, nella reciproca enfatizzazione di un protagonismo che ha in se stesso il proprio principale riferimento, prima e più che a rendere conto, attraverso lo studio delle fonti, di quel passato che dovrebbe costituire il suo primario e specifico campo di lavoro. Sia chiaro: non intendo con questo affermare che ci si debba disinteressare del lavoro altrui. La consapevolezza di far parte, insieme a tanti altri, di una lunga catena di studio e di ricerca, una catena che continuerà anche dopo di noi, è parte costitutiva del lavoro storiografico. Ma tale catena non può né deve essere in funzione di se stessa, non può tradursi in un privilegiamento dei suoi protagonisti rispetto all'oggetto e al fine (studiare e comprendere la storia del passato, lontano o prossimo) che li accomuna: inevitabili altrimenti non solo una distorsione del carattere proprio della ricerca storica, ma anche, conseguentemente, la rinuncia a tentare di esercitare una specifica funzione di crescita e di consapevolezza civile rispetto al resto della società.

Un altro rischio presente in un impianto volto in primo luogo a dare il senso di una linea generale, a evidenziare gli elementi di durata e i condizionamenti e i risultati di lungo periodo, stava nel fatto che una sintesi costruita secondo tale prospettiva potesse risultare in qualche modo arbitraria, o comunque unilaterale e forzata, nella propria inevitabile selezione dei fatti e delle situazioni. I rilievi di Antonio Rigon sul ruolo troppo sottovalutato del clero curato negli ultimi secoli del Medioevo, e sulla necessità, proprio a questo riguardo, di allargare lo sguardo al mondo rurale per cogliervi, nel rapporto del clero con il laicato, forme di collaborazione che riconoscevano ai laici una funzione specifica nella vita di quelle chiese, sono certamente pertinenti. E Jacques Dalarun per parte sua non ha mancato di notare giustamente come lo spazio concesso a certi personaggi rispetto ad altri (ad es.: Giovanni delle Celle rispetto a Caterina da

Siena) corrisponda ad un dosaggio che, troppo privilegiando l'ermeneutica sull'euristica, rischia di forzare l'implicito delle situazioni per costringere i fatti in uno schema che altre presentazioni potrebbero rovesciare completamente; ed ha ricordato perciò, richiamandosi alle ricerche di André Vauchez ma avrebbe potuto ricordare anche le proprie, la lenta, complessa, ma sicura emergenza del popolo cristiano dei laici nella vita religiosa basso medievale; e ancora ha rilevato come la profusione profetica di quello stesso periodo sia configurabile anche nei termini di una sorta di contropotere rispetto all'istituzione ecclesiastica e dunque come un elemento positivo del movimento di "democratizzazione" del religioso.

Insomma: anche in quei secoli vi è più ricchezza di vita religiosa, capacità spontanea di iniziativa, movimento e fermentazione di uomini e cose (e sono le donne, Dalarun insegna, a svolgere un ruolo di primo piano), di quanto la rigida determinazione dei quadri canonistici e disciplinari e i modelli di vita religiosa elaborati e realizzati per i laici permettano di determinare. Sono persuaso della fondatezza di tali osservazioni. Richiamano a situazioni e realtà che sollecitano una più attenta considerazione della portata e del significato che il manifestarsi di certi fenomeni assume nel concreto svolgersi quotidiano della vita religiosa di quel periodo. È una critica, sono rilievi, che vanno considerati dunque come acquisiti.

Detto questo, resta tuttavia la questione capitale che Jacques Dalarun ha colto perfettamente: l'emergere di tali situazioni mette realmente in discussione, oggettivamente, nello svolgersi dei processi di lungo periodo, le tendenze prevalenti fra Trecento e Quattrocento orientandole in altre direzioni e secondo altre prospettive, o non si tratta piuttosto di aspetti significativi, vistosi, rilevanti per chi li visse, ma che tuttavia non incrinano durevolmente quel monopolio chiericale del sacro e quella subalternità religiosa dei laici che costituiscono uno degli esiti significativi della riforma gregoriana e delle ulteriori aspre lotte religiose che caratterizzarono il formarsi della *christianitas*? L'attivismo di gruppi laicali, la vita religiosa delle parrocchie, quale portata rivestono, quali potenzialità contengono per il futuro? E la diffusione del profetismo, pur costituendo un punto di riferimento che si configura come estraneo se non addirittura alternativo rispetto alle gerarchie sacerdotali, riesce veramente a realizzare contropoteri effettivi e durevoli rispetto a quelli, che si volevano esclusivi, dell'istituzione ecclesiastica?

Non sono, sia chiaro, domande retoriche. Intendono sottolineare il nesso, il reciproco condizionamento che deve legare le ricerche particolari e circoscritte alle periodizzazioni, alle spanne più lunghe di inquadramento e di interpretazione dei processi storici: le une rinviano costantemente alle altre e viceversa, procedono insieme, in una costante, anche se non sempre esplicita, interazione reciproca. Una periodizzazione (credo che le considerazioni al riguardo di Delio Cantimori siano ancora pienamente valide) offre un'impalcatura, un sistema complessivo e generale di inquadramento secondo una determinata linea interpretativa. Spetta alle ricerche particolari misurarne di volta in volta la validità e la tenuta complessiva, la sua capacità cioè di "accogliere" e recepire nel proprio insieme anche i nuovi dati, i nuovi aspetti da esse messi in luce. Quando non sono in grado di farlo, quella periodizzazione e quella linea interpretativa vengono messe in discussione, richiedono correzioni e aggiustamenti più o meno profondi, una diversa e più sfumata articolazione. È questo il problema, mi pare, che per la vita religiosa di quei secoli i rilievi e le critiche, che giustamente mi sono stati mossi, lasciano tuttavia ancora aperto. Mettono in luce fenomeni che non *debbono* essere trascurati, che *possono* essere letti secondo un'altra linea interpretativa. Non sono però certo che *debba* essere così, e non sono certo dunque che la delineazione dei caratteri complessivi dei modi e dei termini della presenza ecclesiastica nella società, delle sue tendenze e dei suoi orientamenti di fondo, ne debba risultare di conseguenza radicalmente modificata.

Prende corpo in quei secoli un discrimine radicale nel modo di intendere l'opera della Chiesa e la realizzazione della vita cristiana nella storia: un discrimine che vede contrapposte l'azione pastorale della gerarchia, del clero, degli ordini regolari, la pratica cristiana del laicato ortodosso, ai gruppi ed alle *élites* minoritarie, marginali ed emarginate, variamente sottoposte a processi di integrazione più o meno forzata o alla repressione e alla condanna. Esso va riportato, mi pare, a quella che ho chiamato la "frattura" profilatasi già nel corso della riforma gregoriana e che fa parte dei suoi esiti di lungo periodo. È una "frattura" che non si verifica rispetto ad un'armonica e felice unità del passato, che chiaramente non esiste, ma rispetto al modo di porre il problema della presenza cristiana nella storia, quale affiora appunto nel corso delle lotte per la riforma. Sto conducendo, sia chiaro, un discorso terribilmente sommario, vorrei dire tagliato con l'accetta. Il movimento riformatore è un insieme complesso, frastagliato, talvolta duramente diviso al suo interno. La storiografia non sempre l'ha rilevato con la dovuta chiarezza. Come dimenticare che Pier Damiani, nel corso del concilio romano del 1067, definisce i vallombrosani le «locuste che infestano la vigna del Signore»?

Un pesante condizionamento oggettivo è costituito dallo scarto esistente tra i propositi, le prospettive, i problemi su cui si ritiene di dover intervenire e gli strumenti culturali di cui si dispone e a cui si ricorre per operare. Emergono differenze vistose di sensibilità, scelte che divengono divaricanti a seconda delle tradizioni cui ci si richiama. Gregorio VII vuole ritornare alla disciplina dei primi secoli, contrappone la "verità" alla "consuetudine", ma ha le Pseudo-Isidoriane, sia pure rivisitate alla luce della sua idea del primato papale, come suo fondamentale punto di riferimento! Non è una *boutade.* Molte difficoltà e contraddizioni nascono anche da qui, dalla diversità dei modelli, e quindi degli strumenti cui si ricorre. Ma tale diversità non può non incidere profondamente sulla comune volontà di rinnovamento e di riforma. Non vi è dubbio, mi pare, che nel corso dell'XI secolo si fa strada la consapevolezza di una riforma della Chiesa e della vita cristiana che deve coinvolgere profondamente modi di sentire e modi di essere, struttura, organizzazione, metodi, criteri e strumenti di azione, in termini alternativi alla vita del secolo. Vi emerge nello stesso tempo la richiesta, la rivendicazione dei laici, variamente sostenuta con maggior o minor convinzione da esponenti autorevolissimi della gerarchia (non a caso Gregorio VII sarà accusato dai suoi avversari di aver scatenato il "plebeius furor"), di poter svolgere un ruolo attivo nella vita ecclesiale, di giudicare il proprio clero, di interloquire sulla dottrina e sulla fede, attingendo direttamente al vangelo. Ma tale consapevolezza e tale rivendicazione vengono per dir così battute, espunte, negate dalla linea che risulta vincente al chiudersi di quelle lotte e che viene fatta propria dai vertici ecclesiastici.

È una divaricazione che si profila già all'interno del fronte riformatore, che ne rende precaria l'unità e incerta la direzione, che sollecita, nel fuoco più aspro della lotta divenuta ormai delle investiture, altre composizioni ed alleanze. Le contrapposizioni e le vicende che si determinano tra il "compromesso" di Sutri del 1111 e il concilio Lateranense del 1116 ne mettono in luce le divergenti prospettive. Fu allora, mi pare, che certe alternative si posero con estrema chiarezza, e per questo fu allora che la scelta infine compiuta di datare da Costantino un modo di essere dell'istituzione ecclesiastica che la dotava legittimamente e pienamente dei beni, degli strumenti e dei diritti propri del potere, assunse una portata per dir così definitiva. Per la Chiesa nel suo complesso, per la Chiesa-istituzione il problema era chiuso. Né sostanzialmente diversa fu la parabola riguardo ai laici: il riconoscimento del valore oggettivo dei sacramenti ristabilì sui "sacra" il potere esclusivo del clero, qualunque ne fosse il merito; la crociata finì col rappresentare l'unico "pium opus" che un laico in quanto tale potesse compiere mantenendo gli strumenti del proprio stato, e anzi grazie ad essi (si ricordi la significativa storiella di Pietro Diacono sull'origine della prima crociata); mentre per quanto riguarda la Bibbia, crescente fu la diffidenza, nonostante gli scarti e le oscillazioni di momentanee e incerte aperture, per ogni intrusione dei laici anche in questo campo. E quella consapevolezza e quella richiesta che erano state, pur non senza contraddizioni e tensioni, patrimonio del movimento riformatore, che avevano fatto pienamente parte di esso, restarono, più o meno chiaramente, più o meno oscuramente, patrimonio prevalente, se non esclusivo, di un'opposizione, di movimenti ed esperienze in costante pericolo di una condanna.

Fu Francesco a tentare un'altra strada, che, riconoscendo l'estraneità della *vita evangelii* alla logica e agli strumenti del secolo, puntava esclusivamente, lui e i suoi, a darne testimonianza nella storia. Nessun diretto problema in lui di riforma della Chiesa, dunque, né, a maggior ragione, traccia di contestazione o di ribellione. I dilemmi e le contrapposizioni correnti sono evitati. La logica e la linea sono diverse. Sta qui la sua grandezza, la grandezza della sua proposta e della sua esperienza. Non ressero alla pressione delle condizioni generali. L'ordine che da quella proposta e da quell'esperienza prese vita batté altre strade e svolse altre funzioni. Ma non per caso il suo fondatore e le sue origini restarono per secoli ragione di contraddizione e punto di riferimento e di riflessione dentro e fuori dell'ordine.

Vi è nella *Storia religiosa* una centralità di Francesco che è frutto della mia costruzione. L'osservazione di Dalarun coglie indubbiamente nel segno. Ma è anche indubbio che, per esaltarne la figura e descriverne la santità, contemporanei e posteri usarono termini e analogie che non hanno uguali nella tradizione agiografica. È una percezione che non può essere trascurata: fa parte anch'essa delle nostre "fonti", offre la tonalità cui il nostro quadro non può rinunciare. È difficile pensare infatti che si tratti di un mero frutto del patriottismo dell'ordine e di astratte costruzioni posteriori, senza relazione con la figura cui ci si riferisce. Dalarun stesso l'ha rilevato discutendo dell'*Invenzione delle stimmate* di Chiara Frugoni. La principale ragione tuttavia per cui Francesco assume nella *Storia religiosa* un'assoluta centralità sta nei termini con cui, nei suoi scritti e nella sua prassi, egli configura la *vita evangelii.* La rinuncia ad ogni strumento del potere, di violenza, coazione, affermazione di sé, l'identificazione con i poveri per seguire il Cristo, ne costituiva il nucleo centrale. Non vi mancavano, al di là della compattezza della proposta, scarti e contraddizioni. Merlo ne ha scritto a suo tempo in pagine che restano. Ma quella rinuncia e quell'identificazione mi sono sembrate e tuttora mi sembrano l'elemento forte della sua riflessione e del suo messaggio. Era veramente un'altra strada rispetto a quella dell'istituzione ecclesiastica, anche se Francesco, in coerenza con quella sua rinuncia, restava pienamente soggetto ad essa. In tal modo però egli poneva in primo piano, oggettivamente vorrei dire, una questione centrale per la Chiesa e la sua azione e la sua presenza nella storia, coglieva il nodo che ne caratterizzava, con ricadute decisive nel suo modo di essere, messaggio e percorso.

Vent'anni fa, quando la *Storia* è stata pubblicata, qualcuno ha scritto che ero ossessionato dal problema del potere, perché avevo fatto di esso un tema ed una chiave di lettura essenziali della mia ricostruzione. Non mi è sembrata allora, né mi sembra ora una critica azzeccata. Dal formarsi dell'Impero cristiano al nostro secolo la questione del potere e dei nessi con i poteri, anche se con variazioni significative di impianto e di rapporti, ha costituito una componente essenziale dell'opera delle gerarchie ecclesiastiche. L'idea che la vita cristiana si realizza, nei singoli e nella società, *anche* ricorrendo agli strumenti normativi e coercitivi offerti dal potere e dall'esercizio, diretto o indiretto, del potere, ha fatto parte integrante della loro iniziativa e dei loro orientamenti pastorali. Quando Gregorio XVI definiva nella *Mirari vos* delirio la libertà di coscienza e condannava ogni ipotesi di separazione tra Chiesa e Stato, egli enunciava principi e criteri che venivano davvero da lontano!

Non ci si può non domandare perciò quale peso una tale impostazione abbia avuto non solo sul modo di intendere e praticare il cristianesimo, ma anche più largamente sulla vita della società, sui suoi orientamenti e sul suo costume morale, sui rapporti politici e di classe, sui processi che ne caratterizzarono la trama. Sono domande ineludibili in una storia della Chiesa e della vita religiosa. Le difficoltà di una risposta possono essere almeno in parte superate dalla varietà degli approcci. Lo spazio che ho dato, in parallelo o con ricorrenti riprese, ad aspetti come la repressione antiereticale, la proposta pastorale, i caratteri dell'anticlericalismo "borghese" si spiegano da questo punto di vista. A più di vent'anni da quel mio lavoro sono persuaso che avrei dovuto allargare di più. L'atteggiamento "maggioritario" verso gli ebrei e le comunità ebraiche, ad esempio, offre una spia significativa per cogliere, nelle loro permanenze e nelle loro variazioni, aspetti e risvolti significativi di tali problemi. Nella *Storia* se ne parla troppo poco. Lo stesso vale per l'atteggiamento verso i maomettani. Non sono temi per capitoli separati: fanno parte di un unico quadro, illuminano da angolature diverse un'unica realtà.

È soprattutto seguendo tale prospettiva che una "storia religiosa" può diventare, specificamente, un contributo alla storia della società, capitolo di una storia d'Italia. Perché quell'impostazione della gerarchia ecclesiastica – che fu un'impostazione generale e comune, tale cioè da caratterizzare la presenza e l'opera della Chiesa su tutta l'area della *christianitas* di obbedienza romana – si misura, si intreccia, interagisce con un'organizzazione dei poteri pubblici, con istituzioni e strutture sociali che progressivamente assumono (e secondo linee differenziate nel Centro-Nord rispetto al Sud) una serie di caratteri del tutto particolari, cui d'altra parte non è estraneo il condizionamento costituito da Roma, dall'idea di sé che il papato costruisce, dalle scelte operative che ne deriva: secondo un'ottica tuttavia che in determinati momenti e con crescente consapevolezza sembra assumere e coinvolgere nella propria azione politica (un'azione che per essere del papato si pretendeva sempre anche religiosa) l'Italia intera come unitario punto di riferimento.

Bolgiani, Merlo e Dalarun in particolare, pur da punti di vista diversi, hanno colto e illustrato con grande chiarezza alcuni nodi di fondo di tale intreccio, ma anche i limiti della sua validità euristica. Resta da parte mia un rammarico, che corrisponde del resto ad una carenza di quella mia *Storia*: di non avere cioè affrontato e discusso con maggiore e più definita esplicitezza e più ampia e distesa analisi la questione dei diversi ambiti geografici (e delle loro variazioni e mutamenti) entro i quali il modello e la pratica del cristianesimo via via suggeriti o imposti dalla gerarchia e prodotti dal costume e dai bisogni sociali impregnarono e caratterizzarono di volta in volta in termini e modi diversi la vita collettiva; una questione peraltro non eludibile per cogliere, nella varietà dei loro esiti, tutta la portata e le caratteristiche, immediate e di lungo periodo, di quel reciproco condizionamento chc si è detto. È forse da questo punto di vista che la mancanza di un capitolo sulla faticosa e articolata applicazione del concilio di Trento nelle varie parti della penisola si fa particolarmente sentire. L'allargamento del discorso oltre i limiti cronologici su cui ho dovuto ripiegare avrebbe infatti inevitabilmente suggerito, e per certi aspetti imposto, di proporre e cogliere la questione in tutte le sue scansioni.

Non pochi dei relatori, Merlo, Firpo, anche Bolgiani, hanno rilevato come nella *Storia* operino chiaramente suggestioni degli anni in cui fu scritta, degli orientamenti e delle questioni allora dibattute. È vero: i movimenti e i sommovimenti di allora, tra gli anni Sessanta e Settanta, coinvolgevano in termini oggi difficilmente immaginabili. L'affiorare qua e là di parole tratte dal linguaggio politico ne costituisce un esito non sempre felice. Più da lontano, dalla mia formazione e dalla mia militanza cattolica della prima metà degli anni Cinquanta, veniva il problema dei laici e del ruolo dei laici nella vita della Chiesa: un problema che proprio in quegli anni cominciava ad essere nuovamente oggetto di un vivace dibattito. *Jalons pour une théologie du laïcat*, del padre Congar, era uscito nel 1953. Lo conobbi nel 1955 grazie ad Arsenio Frugoni, che me ne portò un esemplare da Roma. Ma la questione, da un punto di vista storiografico e non meramente biografico, sta nel valutare se e in quale misura quelle suggestioni abbiano aiutato ad illuminare problemi e aspetti reali del passato, abbiano sollecitato l'attenzione e aperto domande su situazioni e vicende effettivamente vissute da quei lontani protagonisti. Sta qui, mi pare, la discriminante per stabilire la correttezza o l'arbitrarietà del nesso presente/passato quale si pone, non può non porsi, nello studioso di storia.

La lettura delle fonti, si sa, è operazione delicata e difficile, incombente il rischio dell'anacronismo e della forzatura. Solo una critica sorvegliatissima può offrire una tutela. Ma le fonti, in ogni caso, rappresentano il nostro costante punto di riferimento, la base da cui si parte e alla quale sempre si ritorna. Solo esse possono darci una conferma sulla correttezza delle domande che ci siamo venuti ponendo, delle risposte che abbiamo pensato di poter ricavare. Solo la verifica (e la verificabilità) sulle fonti della ricostruzione, delle interpretazioni, dei giudizi via via offerti, conferisce allo studio della storia un connotato di "scientificità" altrimenti improponibile, ci permette di parlare non a torto di una "scientificità" della ricerca storica, della ricerca storica come ricerca della verità, parziale, limitata, ma pur sempre tale.

Quando, all'inizio degli anni Cinquanta, entrai all'Università, vi era un dogma cui non ci si poteva sottrarre: ed era che non si dà ricerca storica senza un problema forte che la animi, riflesso di se stessi e dell'esperienza del proprio tempo. «Quale è il suo problema?»: era la domanda che il giovane studente di storia immancabilmente si sentiva rivolgere. La domanda era terribilmente impegnativa: suggeriva, imponeva vorrei dire, un aggancio reale alle vicende e alle questioni che agitavano il presente, stimolava l'attenzione e l'impegno verso i suoi problemi come premessa essenziale per poter studiare e capire quelli del passato. Non si trattava solo di un'eco della lezione crociana. Perché più largamente, riallacciandosi alla tradizione della grande storiografia dell'Ottocento, vi operava l'idea di un ruolo, di una funzione civile e politica e di formazione civile e politica, che competevano, come compito essenziale, allo studio della storia e allo studioso di storia. Non si poteva pensare alla ricerca storica e all'insegnamento della storia se non attribuendo loro un posto assolutamente centrale nella formazione del cittadino: negli anni Cinquanta del cittadino di una moderna società democratica. Guardando a quegli anni credo sia difficile non riconoscere che si trattò di una grande illusione, che non mancava di rischi di confusioni e contaminazioni. L'ideologizzazione e la contaminazione propagandistica della ricerca, imperversante per decenni soprattutto in ambito contemporaneistico, ma non in esso soltanto, ne costituivano la conseguenza più ovvia e scontata.

La questione tuttavia esiste. Non credo si tratti solo di un lascito del passato. Mi riesce difficile pensare ad uno studioso di storia che non si domandi quale senso abbia per noi, per il nostro tempo, cercar di conoscere, di conoscere realmente, spassionatamente, il passato. Non per servire questa o quella causa: ma per aiutare la crescita della consapevolezza collettiva, per correggere le distorsioni e le semplificazioni della memoria, per combattere le falsificazioni e le rimozioni della propaganda. Non è a un ruolo *super partes* cui penso. Lo studioso di storia può, come tutti, militare per una causa, abbracciare o rifiutare una fede, servire un'idea. Sono persuaso però che il modo migliore per farlo, l'unico modo per farlo da parte sua quando operi e intervenga in quanto studioso di storia, sia nel fare lealmente e con onestà intellettuale il proprio mestiere; un mestiere che non ammette finalità allotrie, che ha nella conoscenza del passato il proprio unico fine: ragione esso di quella funzione, di quel ruolo di crescita della consapevolezza civile che compete allo studio della storia in quanto tale.

Mi pare evidente che non possiamo nutrire nessuna illusione sul fatto che lo studio della storia eserciti effettivamente una tale funzione, che la conoscenza critica del passato stia attualmente svolgendo un ruolo di questo tipo in termini minimamente significativi. Credo però, nonostante tutto, che tale prospettiva non possa essere abbandonata. Dirò di più, e non sembri paradossale: credo anzi che una tale prospettiva sia per dir così intrinseca, connaturata allo studio della storia, che senza di essa lo studio della storia resti in qualche modo depauperato, depotenziato, si rinsecchisca e si isterilisca, si avvii alla morte.

Non scopro certamente nulla di nuovo dicendo che la ricerca storica sta vivendo un periodo di difficoltà. Se guardo alla presente giovane generazione di studiosi paragonandola alla mia, non posso non riconoscerle una preparazione tecnica più raffinata e scaltrita, una maggiore capacità di esercitare il mestiere pulitamente e con rigore di metodo, una più lucida visione forse delle sue possibilità e dei suoi limiti. Ma mi pare di notare anche, nel raffinarsi delle tecniche e nel moltiplicarsi dei problemi e dei terreni di studio, come un restringersi di orizzonti, un concentrarsi esclusivo su ambiti sempre più circoscritti, un frammentarsi sempre più spinto, sempre più parcellizzato della ricerca. È da una parte il risultato di una crescente specializzazione degli studi in connessione al differenziarsi e al moltiplicarsi dei settori di indagine. Il bagaglio di conoscenze, di temi, di approcci anche riguardo ad uno stesso periodo e ad uno stesso ambito disciplinare si è talmente allargato e accresciuto che non è più in alcun modo dominabile da una stessa persona. Il processo, da questo punto di vista, sembra irreversibile.

Credo però che non si tratti solo di questo. La situazione che i giovani oggi sono costretti a vivere gioca, mi pare, una parte non indifferente. Non ho difficoltà a riconoscere che gli anni Cinquanta, a confronto dell'oggi, si presentavano come privilegiati. Si disponeva di una notevole tranquillità per quanto riguardava le prospettive professionali, di mestiere, e nello stesso tempo si aveva la sensazione che tante cose dovevano e potevano cambiare, che si era in qualche modo padroni della propria storia, della propria storia individuale come di quella collettiva. Mi pare difficile che ingenuità simili siano oggi possibili, ed è superfluo insistere sull'incertezza che grava sul futuro di chi intenderebbe dedicarsi alla ricerca o all'insegnamento. L'accentuato tecnicismo, per ciò che comporta di ripiegamento, di restringersi di orizzonti, viene anche da qui. Troppo evidente ne risulta il rischio di perdere il senso che la storia è processo, processo collettivo e complessivo, che riguarda e investe uomini e donne e il fare di uomini e donne che nel succedersi delle generazioni sono stati condizionati dall'ambiente, dalle situazioni, dai limiti dei loro orizzonti, ma a loro volta hanno condizionato con il loro fare quanti sono venuti dopo di loro.

Nei passati decenni molto si è dovuto combattere, con alterna fortuna, contro l'ideologizzazione della ricerca e contro la sua strumentalizzazione politica. Delio Cantimori, non a caso, segnalava alla fine degli anni Cinquanta la necessità di tenere a freno il proprio «furibondo cavallo ideologico». Un tale cavallo sembra attualmente assai placato, se non del tutto imbolsito, ma la tendenza alle strumentalizzazioni interessate e ai revisionismi di comodo, ideologicamente e politicamente ispirati, resta viva e operante: è una minaccia incombente e ricorrente che va combattuta in tutte le sue espressioni. Reagire e combattere contro tali deformazioni e falsificazioni non significa però ridurre asettica e invertebrata la ricerca storica. Non può non esservi passione e coinvolgimento quando si parla di uomini: «De re tua agitur». Non credo infatti che il ricorso all'analisi razionale e ai metodi e agli strumenti richiesti da un corretto studio della storia debba comportare o richiedere un tipo di distacco che non è frutto della scelta di "compiere freddamente il proprio mestiere" ma è dato dal mero scorrere del tempo, del tempo storico che, nel succedersi delle generazioni, riproduce su scala amplificata un processo che ha la sua prima attuazione nell'esperienza psicologica di ciascuno.

Mi sembra assurdo accettare come un dato di fatto ovvio e scontato che l'atteggiamento dello studioso di storia verso l'oggetto della propria ricerca corrisponda alle regole e ai ritmi psicologici della vita quotidiana, sottostando così anch'esso, in una scelta sostanzialmente inconsapevole, a processi determinati da meccanismi involontari, il cui esito naturale produce progressivamente estraneità, se non vera e propria indifferenza, rispetto a situazioni e vicende ben altrimenti sofferte al momento del loro svolgersi. Che il tempo rimargini le ferite e allontani dal passato è luogo comune di buon senso che traduce l'esperienza esistenziale dei più. Non credo però debba costituire l'impresa dello studioso di storia. L'impegno al discernimento razionale dei fatti e delle situazioni non significa estraneità o indifferenza. Mi è difficile non riconoscere che una certa "serenità" dello storico, tanto rivendicata da una lunga tradizione storiografica, sfiora a volte l'impudenza intellettuale: non nasce da uno sforzo di comprensione e penetrazione reali ma piuttosto da sordità e astrattezza intellettuale. Non condivido perciò l'idea dello storico che "giudica e manda", contemplando da un suo improbabile empireo il frenetico agitarsi degli uomini. Il mio fastidio per il "moralismo storiografico" viene da qui, è tale atteggiamento l'oggetto della mia polemica, lascito ancora una volta della lezione di Delio Cantimori. L'unica lezione di moralità che va riconosciuta alla ricerca storica sta nel suo impegno a capire, capire realmente, dall'interno, le opere e le azioni degli uomini, senza sopraffazioni o deformazioni dettate dai nostri orientamenti o dalla volontà di trasmettere segnali e messaggi. Non è cosa facile.

È indubbiamente banale ricordare che la ricerca storica ha le vicende e le opere degli uomini come suo specifico oggetto e campo di osservazione: intende conoscere e capire, e aiutare a conoscere e a capire, aspetti della condizione umana nel corso del tempo e nella varietà delle sue manifestazioni ed espressioni. Non si dà ricerca storica se tale finalità viene meno.

Ma è proprio da questo punto di vista che l'accentuarsi del tecnicismo e della specializzazione comporta il pericolo di perdere di vista tale verità elementare. La crescita, l'articolarsi, lo specializzarsi della corporazione accentuano la tendenza al ripiegamento, al parlare e allo scrivere ad essa e per essa, a pensare e a condurre la ricerca in funzione di un discorso prevalentemente interno. Non insisterò oltre su tale tendenza. Ho già detto sopra che mi sembra minacciare un connotato di fondo dello studio della storia, pur riconoscendo tutte le ragioni legate alle condizioni generali e all'evoluzione della disciplina che ne favoriscono l'affermarsi. Non ripeterò ai giovani studiosi la domanda di un tempo: «Quale è il suo problema?». Ma a costo di apparire fastidiosamente pedagogico non posso non ribadire che la ricerca storica deve porsi domande e problemi reali, realmente e profondamente connessi alla vita degli uomini, su cose che hanno contato e pesato, e che per questo contano e pesano, da lontano o da vicino, anche nel nostro presente, senza preoccuparsi se corrispondono o meno agli interessi e alle mode prevalenti nella corporazione.

Nessuno studioso di storia può dimenticare il presente in cui vive, può rinunciare all'ambizione di riuscire a leggerne, anche grazie al suo studio e alla sua esperienza di studio, alcuni percorsi. Marc Bloch, non credo occorra rilevarlo, è studioso grandissimo. La sua opera di storico si è espressa in alcuni libri che non è permesso ignorare. È per dir così tutta risolta in essi, senza concessioni all'attualità ma sempre con la rara capacità di cogliere ed evidenziare trame e aspetti che differenziano e uniscono passato e presente. Marc Bloch è anche il combattente della Resistenza, per questo torturato e ucciso dai tedeschi e dai collaborazionisti. Ma Marc Bloch è anche l'autore di quello straordinario libretto che è *L'étrange défaite*: un'analisi, da studioso di storia, delle ragioni del crollo e della sconfitta della Francia, un'analisi e una testimonianza per le future generazioni. L'ho riletto nella recente edizione italiana. La prima volta lo lessi molti anni fa nell'edizione comparsa da Albin Michel nel 1957. È un libretto straordinario non tanto per le singole cose che dice, quanto per la sua costruzione complessiva, per la lucidità e la passione con cui i vari aspetti, le diverse componenti del quadro sono individuati e collegati fra loro. *L'étrange défaite* non esisterebbe senza i libri e le esperienze di ricerca che l'hanno preceduta, senza *Les rois thaumaturges*, *Les caractères originaux de l'histoire rurale française*, *La société féodale.* Rimane un punto d'arrivo. Offre un modello ideale di ciò che può essere l'opera e la funzione di un autentico studioso di storia. A pochissimi è dato raggiungerlo. Ma tutti possiamo tenerlo presente.

## Reticenze, distinzioni e nessi: una premessa di merito e di metodo*

Non si può dire che la sterminata letteratura storiografica sull'antisemitismo contemporaneo abbia dedicato una particolare attenzione all'atteggiamento della Santa Sede nei suoi confronti. La tendenza a minimizzare o addirittura a rimuovere la partecipazione dei cattolici alle campagne antiebraiche è stata del resto abbastanza a lungo, con non molte eccezioni, un aspetto caratterizzante della ricerca storica su tali temi. Al di là dei motivi sottilmente apologetici che possono aver ispirato tali generali reticenze, credo che due fattori soprattutto abbiano contribuito a quella scarsa attenzione: la pressoché totale assenza di espliciti e pubblici pronunciamenti del magistero pontificio sulla questione, e le caratteristiche stesse assunte dall'antisemitismo moderno, radicalmente diverso, si afferma, dalla tradizione antiebraica cristiana. Si tratta di due aspetti non omogenei, che peraltro hanno entrambi una precisa rilevanza interpretativa. Per questo è opportuno, in via preliminare, esaminarli sia pur brevemente, anche alla luce delle conseguenze che comunemente ne vengono tratte.

Da una parte, dunque – è un dato di fatto –, c'è un sostanziale silenzio, rotto solo da qualche sporadica dichiarazione che peraltro – lo si vedrà più avanti – presenta un'attinenza solo indiretta con il problema dell'antisemitismo; un silenzio tanto più significativo a fronte di un magistero fortemente interventista sulle questioni e gli orientamenti della vita sociale. Il «pregiudizio antisemita» tra i cattolici, è stato detto, fu alimentato dalla

* Si tratta della prima parte (pp. 1371-1379) del saggio G. Miccoli, *Santa Sede, questione ebraica e antisemitismo fra Otto e Novecento*, in *Gli ebrei in Italia*, II, *Dall'emancipazione a oggi*, a cura di Corrado Vivanti, Torino, Einaudi, 1997 (*Storia d'Italia. Annali*, 11), pp. 1371-1574.

stampa e da «quadri intermedi», «senza trovare mai un avallo pontificio».[1] Sulla base di tale constatazione, si è ritenuto anche di poter affermare che i pontefici del tempo «naturalmente non appoggiarono [le] esortazioni irresponsabili all'odio e alla violenza» che provenivano da prelati e organi di stampa cattolici,[2] o di ipotizzare addirittura la presenza, negli ambienti vaticani, «di una duplice tendenza: di fiducia verso gli ebrei e di opposizione all'antisemitismo, da parte del papa e dei suoi più diretti collaboratori, di preconcetti teologici (il deicidio) e morali (infanticidi rituali) intrecciati a pregiudizi razziali ed economici, da parte di altri membri della curia e di alcuni circoli romani».[3]

Nessuna di tali conclusioni mi sembra soddisfacente. La realtà dei rapporti gerarchici del tempo rende del tutto impensabile l'esistenza nel clero e nel movimento cattolico di orientamenti e posizioni pubbliche che non godessero di un qualche consenso o almeno di un qualche riconoscimento di legittimità, esplicito o implicito, da parte della Santa Sede: un consenso ed un riconoscimento che potevano essere dettati da motivazioni e considerazioni diverse, che potevano essere più o meno convinti, ma che non potevano mancare. Al più si potrebbe pensare, per spiegare la mancanza di ogni intervento, che la Santa Sede considerasse l'antisemitismo una questione rispetto alla quale i cattolici erano lasciati liberi di pronunciarsi, come avveniva quando si trattava di questioni opinabili, di tipo economico, politico o istituzionale, per le quali si potevano proporre soluzioni e assumere atteggiamenti ugualmente legittimi, sempre nella misura comunque in cui non fossero attinenti all'ambito religioso. Ma se così fosse, si tratterebbe di un modo assai poco ovvio, per non dire forzato, di considerare l'antisemitismo, per i caratteri e le motivazioni stesse, intrise di tematiche religiose e morali, che la polemica antiebraica svolta dai cattolici continuava a mantenere in quegli anni: un modo di conside-

1. Cfr. Renato Moro, *L'atteggiamento dei cattolici fra teologia e politica*, in *Stato nazionale ed emancipazione ebraica*, a cura di Francesca Sofia e Mario Toscano, Roma, Bonacci, 1992, p. 336. Vedi anche Renzo De Felice, *Storia degli ebrei italiani sotto il fascismo*, Torino, Einaudi, 1988[4], p. 34.

2. Cfr. Andrew Canepa, *Cattolici ed ebrei nell'Italia liberale (1870-1915)*, in «Comunità», 32, 179 (1978), p. 55.

3. Cfr. Pier Francesco Fumagalli, *Ebrei e cristiani in Italia dopo il 1870: antisemitismo e filosemitismo*, in *Italia Judaica. Gli ebrei nell'Italia unita 1870-1945*, Atti del IV Convegno internazionale, Siena, 12-16 giugno 1989, Roma, Istituto poligrafico dello Stato, 1993, pp. 128 sgg.

rarlo perciò bisognoso a sua volta di non pochi chiarimenti e spiegazioni e per questo non tale da poter essere ritenuto la ragione primaria e scontata di quel silenzio.

Le ragioni di quel relativo silenzio pubblico vanno dunque, almeno in via preliminare, cercate altrove. E il problema sarà allora di tentare in primo luogo di capire quali idee e quali valutazioni sulla "questione ebraica" e sull'antisemitismo circolavano negli ambienti della Santa Sede ed in particolare venivano coltivate dal papa e dalla Segreteria di Stato, l'organo istituzionalmente deputato a mantenere i rapporti politici con gli Stati e a sovrintendere e controllare i movimenti cattolici. Tale è appunto lo scopo che questo saggio si propone. Per raggiungerlo, e in mancanza di espliciti e decisivi pronunciamenti magisteriali al riguardo, almeno sino al Concilio Vaticano II, ho scelto di operare alcuni ampi sondaggi tra la corrispondenza dei nunzi con la Segreteria di Stato e i materiali, ad essa strettamente connessi, della congregazione per gli affari ecclesiastici straordinari (cui era demandato l'esame delle questioni politico-religiose più importanti sul tappeto), nel corso degli anni Novanta dell'Ottocento, particolarmente in relazione a due vistosi episodi che coinvolsero ampiamente nella polemica antiebraica esponenti e organi di stampa del movimento cattolico: l'affermazione dei cristiano-sociali a Vienna e nella bassa Austria, e l'*affaire* Dreyfus. Questi stessi sondaggi hanno a loro volta suggerito di allargare la ricerca in alcune altre direzioni.

Resta da esaminare brevemente il secondo fattore che, così mi sembra, ha contribuito in modo decisivo alla scarsa attenzione prestata dalla storiografia all'atteggiamento della Santa Sede (e per certi aspetti dello stesso mondo cattolico) rispetto alla "questione ebraica" e all'antisemitismo. L'antisemitismo moderno, si è detto, è radicalmente diverso dalla tradizione antiebraica cristiana. L'ottima "voce" *Antisemitismus* dei *Geschichtliche Grundbegriffe*, dovuta a Thomas Nipperdey e Reinhard Rürup si esprime a questo riguardo così:

> Antisemitismus, soviel stand für die verschiedenen Anhängergruppen wie für die Gegner fest, meinte Feindschaft gegenüber Juden und Judentum, und zwar in einem von der traditionellen Judenfeindschaft, wie sie etwa gleichzeitig in Ost- und Südosteuropa noch anzutreffen war, durchaus unterschiedenen Sinn. Der Begriff definierte nicht nur einen alten Feind in neuer Weise, sondern beschrieb mit der neuen Definition einen neuen Feind. Zunächst: "Antisemitismus" benannte die säkular gewordene Verhaltensform der Judenfeindschaft und ihre Ideologie; er richtete sich nicht gegen die Religion

der Juden und basierte nicht auf der Religion der Christen, die Religionsfrage und die theologische Legitimierung wurden sekundär.[4]

Caratteri assolutamente nuovi dunque dell'antisemitismo rispetto alla tradizione, pur con una permanenza marginale, nell'Europa orientale e sud-orientale, delle forme d'inimicizia antica per gli ebrei. "Antisemitismo" non solo definisce in termini nuovi un nemico antico, ma individua con una nuova definizione un nemico nuovo, ossia l'ebreo emancipato. "Antisemitismo" esprime le nuove forme secolarizzate dell'ostilità antiebraica, non ha la religione degli ebrei come suo obiettivo, né la religione dei cristiani come sua ispiratrice, perché, in questa avversione per gli ebrei, la questione religiosa e la legittimazione teologica sono divenute secondarie.

Si tratta indubbiamente di un'efficace delimitazione di campo, che corrisponde all'autoconsapevolezza di sé (e delle ragioni delle proprie proposte e iniziative), espressa da fautori e da protagonisti dei movimenti antisemiti in Germania, come in Austria e in Francia. La polemica anticristiana ed anticattolica, che sovente ne caratterizza le posizioni, la giustifica e la conferma. Tale delimitazione di campo troverà un preciso riscontro, in particolare negli anni Venti e Trenta, di fronte alla crescita e poi all'affermarsi dell'antisemitismo *volkisch* e nazista, nelle dichiarazioni di totale estraneità della tradizione cristiana rispetto a questa nuova forma di ostilità antiebraica, formulate da alcune voci autorevoli della Chiesa cattolica e delle Chiese evangeliche.[5] La "barriera" così posta tra queste due diverse

4. Thomas Nipperdey, Reinhard Rürup, *Antisemitismus*, in *Geschichtliche Grundbegriffe. Historisches Lexikon zur politisch-sozialen Sprache in Deutschland*, hrsg. von Otto Brunner, Werner Conze und Reinhard Koselleck, Bd. 1, Stuttgart, Klett-Cotta Verlag, 1974, pp. 141 sgg.: «Antisemitismo, così come risultava ben chiaro tanto agli aderenti dei diversi gruppi quanto ai loro avversari, significava inimicizia per gli ebrei e l'ebraismo in un senso del tutto diverso dalla tradizionale inimicizia per gli ebrei quale, in quello stesso periodo, si poteva ancora riscontrare nell'Europa orientale e sudorientale. Il concetto non solo definiva in modo nuovo un nemico antico, ma individuava con la nuova definizione un nemico nuovo. In primo luogo dunque "Antisemitismo" esprimeva il carattere secolarizzato dell'inimicizia verso gli ebrei e la sua ideologia: esso non si indirizzava contro la religione degli ebrei, e non si basava sulla religione dei cristiani, la questione religiosa e la legittimazione teologica divenivano secondarie».

5. Cfr., ad esempio, l'affermazione in questo senso di un teologo evangelico in *Evangelische Kirche und völkische Bewegung*, in «Süddeutsche Monatshefte», 27 (1930), p. 838, cit. in Werner Jochmann, *Die Kirchen, die Juden und die moderne Gesellschaft*, relazione tenuta al Convegno *Integrazione e identità. L'esperienza ebraica in Germania e Italia dall'illuminismo al fascismo*, Roma, 15-18 novembre 1993, p. 1 (del testo datt.);

tradizioni mette in luce il salto qualitativo compiuto dall'antisemitismo moderno rispetto al passato e sottolinea il sinistro, programmatico desiderio di morte che ne caratterizzò il percorso e gli esiti.

Già il fatto tuttavia che tale caratterizzazione dell'antisemitismo moderno corrisponde alla consapevolezza dei suoi fautori come di quanti se ne dichiaravano estranei o avversari, ne evidenzia un limite che non può non essere rilevato. L'impegno a ricostruire la consapevolezza soggettiva dei protagonisti è indubbiamente una parte essenziale di una ricerca di storia. Di quella consapevolezza non si può non tenere conto. Non ci si può peraltro limitare a prenderne atto, omettendo di considerare le ragioni che l'hanno prodotta in quei termini, ragioni che possono essere molteplici, variamente motivate e più o meno legittimamente fondate. La negazione, da parte dei cristiani, di qualsiasi rapporto tra l'antisemitismo nazista e il tradizionale atteggiamento della Chiesa e dei cristiani verso gli ebrei, svolgeva indubbiamente, negli anni Trenta, anche una funzione apologetica e rassicurante, che ovviamente si accrescerà in seguito, dopo la Shoah. Ciò non rende di per sé infondate quelle affermazioni. Impone però un attento esame della loro consistenza e della loro portata. Ma nemmeno questo basta. Il campo della ricerca non può limitarsi alla consapevolezza soggettiva dei protagonisti e alle motivazioni che l'hanno fatta essere così. Come nei processi storici gli esiti effettivi non coincidono con le intenzioni e i programmi consapevolmente perseguiti, né le vicende e le convulsioni di una società corrispondono semplicemente alla somma dei loro addendi, così i nessi, gli intrecci, gli interscambi e le influenze reali fra i diversi movimenti e i diversi orientamenti ideologici e politici operano e vanno ben al di là di un circuito meramente soggettivo. Il terreno d'indagine che in tal modo si apre è indubbiamente infido e scivoloso, ma non può essere eluso.

A quella delimitazione di campo si connettono la molteplicità di formule e distinzioni proposte per definire le diverse caratteristiche con cui l'ostilità per gli ebrei si è manifestata nel corso del tempo: antigiudaismo (teologico) e antisemitismo (razziale); antisemitismo tradizionale e antisemitismo ideologico; antisemitismo religioso, politico, economico, sociale; antisemitismo radicale e antisemitismo moderato; antisemitismo sacrale (fondato sul sangue) e antisemitismo profano (frutto di un meccanismo

Enrico Rosa, *La questione giudaica e «La Civiltà Cattolica»*, in «La Civiltà Cattolica», 89, IV (1938), p. 4.

discriminatorio verso le minoranze); ecc.[6] Sono classificazioni non prive di una loro validità euristica, se non altro al fine di precisare gli aspetti principali, via via dominanti nelle successive o contemporanee manifestazioni di tale ostilità. Vi è tuttavia in esse, come anche nella delimitazione di campo appena enunciata, il rischio grave di eludere alcuni problemi di fondo.

Non mi pare vi possano essere dubbi che nel nuovo antisemitismo politico, *volkisch* e razzista, confluiscono largamente temi e giudizi sul ruolo e la "natura" degli ebrei ereditati dalla polemica cristiana, così come non vi è dubbio che la stampa e i movimenti cattolici, spesso in prima linea negli ultimi decenni dell'Ottocento nell'animare e condurre le campagne antiebraiche, non solo si riallacciano ampiamente alle tematiche tradizionali, ma conferiscono ad esse una dimensione politica e sociale volta a combattere i valori e gli esiti della "rivoluzione", non di rado in stretto parallelo con le proposte e gli orientamenti politici di quell'antisemitismo che si vuole del tutto diverso. Né d'altra parte sono ignorabili le infiltrazioni "razzistiche" (o come tali leggibili), presenti nel linguaggio e nella concettualizzazione stessa della propria ostilità antiebraica messi in campo da teorici e propagandisti cattolici delle campagne antiebraiche. Non credo sia possibile ridurle esclusivamente all'influenza, peraltro evidente, degli orientamenti e dell'atmosfera culturale del tempo. Yosef Hayim Yerushalmi ha sollevato recentemente il problema – in riferimento al destino degli ebrei spagnoli e alle leggi sulla *limpieza de sangre* – degli esiti razzistici cui la stessa tradizione antiebraica cristiana poteva dar luogo in contesti e condizioni particolari.[7] La lettura teologica del percorso storico e della condizione degli ebrei implica in effetti l'idea di un guasto, di una ferita non rimarginabile per gli ebrei che siano e restino tali, inferta al loro modo di essere ed alla loro natura in seguito al rifiuto del Cristo:

6. Cfr., tra i tanti, Fadiey Lovsky, *Antisémitisme et mystère d'Israël*, Paris, Albin Michel, 1955, pp. 9 sgg., 103 sgg. e *passim*; Nipperdey, Rürup, *Antisemitismus*, pp. 152 sgg.; Yves Chevalier, *L'Antisémitisme. Le Juif comme bouc émissaire*, pref. di François Bourricaud, Paris, Éd. du Cerf, 1988, pp. 17 sgg., 209 sgg.; Rosemary Radford Ruether, *Antisémitisme et théologie chrétienne*, in «Les Temps modernes», 47 (ottobre 1991), pp. 88-107; Yehuda Bauer, *Vom christlichen Judenhaß zum modernen Antisemitismus. Ein Erklärungsversuch*, in «Jahrbuch für Antisemitismusforschung», 1 (1992), pp. 77-90; Moro, *L'atteggiamento dei cattolici*, pp. 305 sgg.; Yosef Hayim Yerushalmi, *L'antisémitisme racial est-il apparu au XX^e^ siècle? De la «limpieza de sangre» espagnole au nazisme: continuités et ruptures*, in «Esprit», 190 (marzo-aprile 1993), pp. 9 sgg., 24 sgg.

7. Yerushalmi, *L'antisémitisme racial*, pp. 5-35.

> Le Calvaire a séparé en deux la race juive: d'une part, les disciples qui ont appelé à eux et se sont incorporé tous les chrétiens; de l'autre, les bourreaux, sur la tête desquels, selon leur vœu, est retombé le sang du Juste, leur vouant à une malédiction qui durera autant que leur rébellion. Mais cette portion maudite, qui est le Peuple Juif tel qu'il subsiste, visible et séparé de tous les autres peuples, garde, sous la malédiction et la juste vengeance de Dieu, sa force de cohésion et de résistance [...]: il reste tel que le déicide et le juste châtiment de ce crime infini l'ont fait: la proie immortelle de la haine qui le ronge et l'acharne, sans repos ni trêve, à lutter de toutes ses forces et par toutes les armes contre le Saveur qu'il a crucifié, contre le genre humain qu'il abhorre, mais surtout contre l'Église, héritière, à ses dépens, des bénédictions qu'il a refusées et méprisées.[8]

Non è un discorso singolare o raro nella pubblicistica cattolica a cavallo dei due secoli. Il suo autore, mons. Henri Delassus, per quarantacinque anni direttore de «La Semaine religieuse de Cambrai», insignito nel marzo 1911 del titolo di protonotario apostolico, ebbe l'onore, l'anno dopo, di ricevere una lettera autografa del papa in occasione delle sue nozze d'oro sacerdotali. Corrispondente di cardinali romani e di mons. Boccali, fidato segretario per molti anni di Leone XIII, fu uno dei più accesi, violenti e sistematici scrittori antisemiti nel campo cattolico: «L'antisémitisme – scrisse nel 1894 nella "Semaine" – doit être une seule et même chose avec le catholicisme, en ce sens que nous devons combattre les juifs, comme les francs-macçns, comme les socialistes, comme les anarchistes, pour la défense de la société civile, de la patrie et de la croix de Jésus-Christ».[9]

8. Henri Delassus, *La conjuration antichrétienne. Le Temple Maçonnique voulant s'élever sur les ruines de l'Église Catholique*, t. III, Lille, Desclée de Brouwer, 1910, pp. 1117 sgg.

9. Cfr. Pierre Pierrard, *Juifs et catholiques français. De Drumont à Jules Isaac (1886-1945)*, Paris, Fayard, 1970, pp. 114 sgg. (a p. 115 la citaz. della «Semaine»); Émile Poulat, *Intégrisme et catholicisme intégral. Un réseau secret international antimoderniste. La Sapinière (1909-1921)*, Tournai-Paris, Casterman, 1969, pp. 258 sgg.; Danielle Delmaire, *Antisémitisme et catholiques. Dans le Nord pendant l'affaire Dreyfus*, Lille, Presse Universitaire, 1991, pp. 159 sgg. Un riferimento ai suoi rapporti con mons. Boccali in ASV, Nunziatura di Parigi, Nunziatura Ferrata, b. 10, f. 565v (sua lettera del 17 agosto 1894 al nunzio). Secondo la sua testimonianza, era in costante corrispondenza con il cardinale Gotti, cui inviava regolarmente la «Semaine», ricevendone piena approvazione (ASV, SS, 1902, rubr. 248, fasc. 1, ff. 152v-155v). Avversario accanito dei democratici cristiani e degli "abbé démocrates", che accusava di introdurre nella Chiesa il veleno del liberalismo (documentazione della sua polemica dell'agosto 1894 con il «Moniteur de Rome» in Nunziatura Ferrata, ff. 557-573, e ASV, SS, 1894, rubr. 248, fasc. 2, ff. 53-55; una sua lunga lettera su

Delassus è uomo di pensieri estremi, di propositi oltranzisti. Ma il suo discorso sulla "razza maledetta" esprime convincimenti largamente comuni, profondamente iscritti nella tradizione di pensiero delle Chiese cristiane. Le separano dall'antisemitismo etnicistico e biologistico contemporaneo due elementi fondamentali: la piena salvaguardia dell'ebraismo antico, da cui nacquero Gesù, Maria, gli apostoli, i fedeli delle prime comunità cristiane,[10] e il riconoscimento che all'ebreo resta sempre aperta per redimersi, e tale deve restare, la strada della conversione al cristianesimo. La condizione insomma di "razza maledetta", intimamente segnata nella sua natura e consistenza morale, è una condizione storica, storicamente data e storicamente superabile (le voci discordi al riguardo restano, nel campo cristiano, marginali, sollevano casi individuali, mai o quasi mai si avventurano su di un piano generale), non è il prodotto della natura, che imprigiona irrimediabilmente in una condizione senza vie d'uscita. La differenza tra queste due concezioni, decisiva sul piano dei principi, diventa rilevante anche sul piano dei comportamenti in situazioni estreme. Ma nell'immediato, nella relativa normalità quotidiana di quegli anni tra i due secoli, rispetto al problema degli ebrei vivi e presenti, operanti e attivi nella società europea come ebrei, ortodossi o "assimilati" che fossero, le acque si confondevano pericolosamente. In linea teorica i cattolici antisemiti negheranno sempre che la loro lotta fosse «contro gli ebrei in quanto ebrei», rifiutando così una formula tipicamente ed esplicitamente razzistica, e, come si vedrà, la Santa Sede accetterà tali affermazioni. Ma l'idea che i cattolici e i cristiani in generale si facevano del destino degli ebrei, del loro ruolo, delle ragioni e del significato ineluttabile dei loro comportamenti, portava a scelte e a conclusioni pratiche non diverse. Il loro passaggio da popolo eletto a popolo riprovato, segnato dalla maledizione divina, implica infatti lo sta-

questo tema all'arcivescovo di Cambrai del novembre 1901 in ASV, SS, 1902, rubr. 248, fasc. 1, ff. 154-155v), venne a sua volta accusato di avversare la politica del *ralliement*, di restare attaccato alle dottrine sociologiche di mons. Freppel e di essere legato a uomini che rappresentavano «l'opposition du cardinal Pitra en pleine survivante» (vedi i promemoria presentati contro di lui alla Segreteria di Stato alla fine del 1901, ivi, ff. 156-169, f. 159r per la citaz.). Una ricostruzione (tendenziosa ma significativa) di tale scontro offre lo stesso Henri Delassus, *La Démocratie Chrétienne parti et école vue du diocèse de Cambrai*, Paris-Lille, Desclée de Brouwer, 1911, p. 62. Per i riconoscimenti e le onorificenze di cui fu fatto segno da parte di Pio X cfr. Emmanuel Barbier, *Histoire du catholicisme libéral et du catholicisme social en France. Du Concile du Vatican à l'avènement de S.S. Benoît (1870-1914)*, t. V, Bordeaux, Imprimerie Y. Cadoret, 1923, p. 285, nota 12.

10. Delassus, *La conjuration antichrétienne*, pp. 1115 sgg.

bilirsi per essi di una condizione comune che, sotto quell'unico segno di riprovazione, tutti li accomuna in opere e azioni nefaste per la Chiesa e per la società. L'ottica, come i giudizi e le accuse nei loro confronti sono e restano globali. La riprovazione degli ebrei, che nella tradizione patristica e medievale giustificava la loro condizione emarginata e sottomessa, si condensa, in seguito alla loro emancipazione, nell'individuazione di un loro ruolo storico negativo, dà respiro cosmico e offre una sanzione superiore alle lotte del presente.

La condanna divina ispira e determina il rifiuto religioso degli ebrei, un rifiuto peraltro che ha una sua precisa ricaduta, trova la sua necessaria traduzione nell'ambito politico e sociale: nei secoli passati, nelle forme dell'emarginazione, della discriminazione e della minorità civile, avviate dall'Impero cristiano e giunte al loro culmine nell'età della Controriforma; al presente, dopo l'emancipazione concessa agli ebrei dalla "rivoluzione", nella lotta contro quello che si considera il loro crescente predominio politico e sociale.

Per l'antisemitismo cattolico gli ebrei diventano il simbolo dell'odiosa modernità in marcia, gli ispiratori e i protagonisti dei processi di secolarizzazione, che smantellano, pezzo per pezzo, le istituzioni e i rapporti dell'antico regime di cristianità, gli artefici sotterranei di quella lunga "cospirazione" che ha condotto alla "rivoluzione": per il pensiero intransigente, anticristiana e satanica nella sua essenza. Ma tutto ciò può avvenire, le più fantasiose e orripilanti accuse possono avere libero corso e coinvolgere in un'unica ripulsa un intero popolo, perché dietro le spalle c'è quella lunga e diffusa elaborazione sugli ebrei, collettivamente considerati, sul loro destino comune, sulla loro funzione storica e le loro caratteristiche, durante un millennio e mezzo di storia cristiana. C'è una coerenza profonda, una continuità logica nell'antisemitismo cattolico, quale si manifesta alla fine dell'Ottocento, rispetto alla tradizione che lo precede. Non nel senso che quella tradizione dovesse necessariamente condurre a queste nuove posizioni, ma nel senso che queste nuove posizioni nulla perdono delle elaborazioni antiche, ad esse strettamente intendono collegarsi, in esse trovano la loro prima giustificazione.

Si trattò peraltro di un passaggio lento e complesso, in cui scelte politiche consapevoli si incrociarono con motivazioni e insorgenze sotterranee, che sembrano rinviare a nodi e depositi profondi dell'identità e della cultura cattoliche. Solo negli ultimi decenni dell'Ottocento in effetti, tra gli anni Settanta e Ottanta, emerse con chiarezza un antisemitismo che si può definire politico, tale cioè da caratterizzare movimenti e partiti di segno e orientamento diversi, che in esso trovarono la loro bandiera e la loro ragione d'essere, o comunque una componente importante della loro ideologia e della loro propaganda. La coincidenza non è certo casuale: la stagione in cui fanno la loro comparsa i partiti di massa, modernamente organizzati, vede anche la nascita dell'antisemitismo politico. Debitori largamente degli stereotipi antiebraici elaborati dalla tradizione cristiana, sia pure riproposti in termini più o meno secolarizzati, tali movimenti restano generalmente, se non sempre avversi, comunque estranei alla Chiesa di Roma. Ma fu solo in quegli stessi decenni che gli ebrei acquistarono nella polemica cattolica contro la civiltà moderna un posto sempre più decisivo e centrale: tutti i temi della tradizione antica vennero riproposti, aggiornati e rivisitati, per dir così, alla luce delle nuove tematiche secolarizzate elaborate contro gli ebrei. A tale polemica attinsero e si ispirarono i nascenti partiti cristiani, contribuendo largamente a loro volta al diffondersi e all'affermarsi di un antisemitismo politico.

Tali complesse caratteristiche dell'antisemitismo cattolico a cavallo dei due secoli, il suo aspetto composito e multiforme, rendono improponibile l'uso di formule o definizioni rigide per distinguerlo dall'antisemitismo secolarizzato contemporaneo, e pongono piuttosto il problema dei loro reciproci intrecci e interscambi e dei nessi che nell'uno e nell'altro rinviano alle tradizioni del passato: questioni tutte che attendono ancora per molta parte di essere affrontate e discusse.

# Considerazioni al margine di una recente edizione dell'*Historia septem tribulationum ordinis Minorum* di Angelo Clareno*

1. La recente edizione critica dell'*Historia septem tribulationum ordinis Minorum* di Angelo Clareno, curata da Orietta Rossini e introdotta e commentata da Hanno Helbling[1] si inserisce in una robusta e benemerita ripresa dell'attività di edizioni di fonti ad opera dell'Istituto storico italiano per il Medioevo, promossa da Gilmo Arnaldi negli anni della sua presidenza, sia portando a termine lasciti antichi sia avviando iniziative nuove.

L'edizione dell'*Historia* era attesa da tempo. Per decenni Angelo Clareno fu figura amata nell'Istituto. Se l'erano proposta Raoul Manselli ed Edith Pasztor, mentre del suo epistolario, così importante per la storia religiosa del primo Trecento, Arsenio Frugoni notava, nel 1954, «che ancora attende l'edizione completa», aggiungendo: «e possa io condurla a termi-

* Edito in *Ovidio Capitani: quaranta anni per la storia medioevale*, a cura di Maria Consilia De Matteis, Bologna, Pàtron, 2003, pp. 291-308.

1. Angeli Clareni *Opera*, II, *Historia septem tribulationum ordinis Minorum*, edizione critica a cura di Orietta Rossini, introduzione e commento di Hanno Helbling, Roma, Istituto storico italiano per il Medio Evo, 1999, pp. 329 (Fonti per la storia dell'Italia medievale, Rerum italicarum scriptores, 2). L'ha preceduta di qualche mese un'edizione della stessa opera, curata dal padre Giovanni Boccali. Come egli stesso dichiara, essa «non ha la pretesa di un'edizione pienamente critica, ma vuole migliorare di molto il testo datoci dai precedenti editori» (cfr. Frate Angelo Clareno, *Liber chronicarum sive tribulationum ordinis Minorum*, edizione a cura di p. Giovanni Boccali, ofm, con introduzione di Felice Accrocca e traduzione italiana a fronte di p. Marino Bigaroni, ofm, Assisi, Edizioni Porziuncola, 1999, p. 87, Pubblicazioni della Biblioteca francescana Chiesa nuova, Assisi, 8). Improvvisa abbondanza, verrebbe da aggiungere, di un testo lungamente atteso: ma attestazione anche della totale mancanza, non dirò di un qualche coordinamento, ma di una pur minima informazione sulle iniziative editoriali in corso nell'ambito degli studi storici.

ne» (uscirà, com'è noto, nel 1980, a cura di Lidia von Auw).[2] Ed è superfluo ricordare i tanti contributi dedicati alle drammatiche vicende della storia francescana tra Duecento e Trecento dovuti a studiosi legati all'Istituto.

Non sono filologo e accennerò dunque soltanto ai problemi connessi all'edizione del testo e ai criteri di essa. Le argomentazioni proposte nell'introduzione appaiono persuasive e rinviano al corposo saggio pubblicato dalla stessa autrice nell'«Archivum franciscanum historicum».[3] I quattro manoscritti latini che tramandano il testo dell'*Historia* e i tre volgari presi in considerazione corrispondono a due rami di una tradizione che peraltro risulta fortemente contaminata: ciò accentua inevitabilmente i problemi e le difficoltà di scelta, nei confronti di un testo che già di per sé non manca di volute oscurità e di allusioni criptiche. Di alcuni dubbi e perplessità rispetto alle lezioni proposte mi limito ad offrire qualche esempio in nota.[4]

Bella e pregnante l'introduzione di Helbling, nel senso che offre una valida guida per collocare l'*Historia* nella visione storico-escatologica di Angelo. Qua e là si può rilevare un eccesso di sommarietà nel commento, soprattutto per ciò che riguarda i troppo scarsi rinvii ai testi della tradizione francescana che Angelo riprende o ai quali si riferisce.[5] È indubbio

2. Angeli Clareni *Opera*, I, *Epistole*, a cura di Lydia von Auw, Roma, Istituto storico italiano per il Medio Evo, 1980, pp. XC-381 (Fonti per la storia d'Italia, 103). Per l'auspicio di Frugoni cfr. Arsenio Frugoni, *Celestiniana*, in «Studi storici», 6-7 (1954), p. 148.

3. Cfr. Orietta Rossini, *I codici del Chronicon di Angelo Clareno*, in «Archivum franciscanum historicum», 87 (1994), pp. 349-415.

4. Liber II, p. 105 (ultima riga), correggerei il «nec» in «ne»: «ne dimitterent iter quod iam ceperunt [...] recommendavi Domino et ministris fratrum religionem» (anche l'edizione Boccali, 1, 327, presenta «nec»); Liber VI, p. 222 (rr. 12-13) (Tommaso di Castro Mili riprova la condanna di Pietro di Macerata e di Pietro di Fossombrone e viene a sua volta condannato), così il testo offerto: «Qua confessione coram omnibus facta, ex vi legi illius similitudinem mahometice legis habentem, confestim detinetur» – correggerei invece così: «ex vi legis illius, similitudinem mahometice legi habentis» (anche Boccali, 5, 319 presenta «habentem»); Liber VI, p. 232 (terz'ultima riga): il «sentirent» va certamente corretto in «sentiret», così come è un evidente caso di refuso non corretto l'«a Christus doctus» (per «a Christo») del Liber VIII, p. 307 (16ª riga). Nell'apparato, molto ricco di varianti, poteva essere utile indicare le lezioni offerte dai due precedenti editori, Tocco ed Ehrle, mentre in alcuni casi, di fronte a passi incomprensibili o irrimediabilmente corrotti, l'uso della *crux* poteva essere opportuno.

5. Alcuni esempi di integrazione: Liber I, p. 64 (rr. 6-7), «tunc dilecta Dei religio in tantum erit malis diffamata exemplis, quod bonos pudebit exire in pubblicum» è calco evidente di II Cel., 157, rr. 6-7; nella stessa pagina, in fine, il caso dei pescatori che raccolgono

che a questo riguardo la ricerca potrà essere allargata. E tuttavia vorrei aggiungere anche che è di gran lunga preferibile poter disporre di un testo sostanzialmente valido pur accompagnato da un commento relativamente incompleto, piuttosto che dover attendere ancora per anni un commento "perfetto", che del resto difficilmente potrà mai essere tale. Con certi perfezionismi editoriali gli *Scriptores* dei *Monumenta Germaniae Historica* non avrebbero mai visto la luce!

Non intendo comunque insistere su questo discorso, come sui problemi di redazione e di committenza che l'*Historia* pone. Con le considerazioni che seguono vorrei piuttosto soffermarmi sul posto che l'*Historia* occupa nel percorso religioso di Angelo e nella storia dei Minori: e sulla sua importanza dunque, non solo per chiarire le posizioni dell'autore, il senso e il perché del lacerante contrasto che lo oppose alla Comunità, ma anche come fonte di non secondario spessore per la conoscenza delle vicende complessive dell'ordine nel primo secolo della sua storia.

2. Non a torto l'*Istoria* è tradizionalmente affiancata all'*Expositio super regulam*.[6] Scritta quest'ultima tra il 1321 e il 1323, mentre l'*Historia* dovrebbe collocarsi tra il 1323 e il 1326.[7] Due opere chiaramente rivolte

una moltitudine di pesci, molti cattivi e pochi buoni, e sono dunque costretti a selezionarli, si ispira e rielabora I Cel., 28, rr. 9-13; il lungo passo del Liber I, pp. 73-74, in cui Cristo consola Francesco per la decadenza della *religio* rielabora e riprende in varie parti *ad litteram* II Cel., 158; Liber II, p. 90 (in fine), l'annuncio di Francesco che «tempora multarum tribulationum et seductionum appropinquat» richiama l'ultimo discorso di Francesco in I Cel., 108, r. 16 e II Cel., 216, r. 10 («est super vos tentatio maxima et tribulatio appropinquat»); Liber II, p. 108, r. 8, la definizione di Francesco «alterius saeculi homo» si ritrova già in I Cel., 36 e 82, Leg. 3 Soc., 54, Legmai., IV, 5; Liber VI, p. 216 (a conclusione del martirio di fra Ponzio Botugati), il «maledicta sit hec porca malefica que fratrem [...] Pontium, mansuetudine et innocentia agnum [...] interfecit», chiaramente allude all'episodio accaduto nel corso di un soggiorno di Francesco a San Verecondo ricordato da II Cel., 111 e Legmai., VIII, 6.

6. Cfr. Angelo Clareno, *Expositio super regulam fratrum Minorum*, a cura di p. Giovanni Boccali ofm, con introduzione di Felice Accrocca e traduzione italiana di p. Marino Bigaroni ofm, Assisi, Edizioni Porziuncola, 1995, pp. 888 (Pubblicazioni della Biblioteca francescana Chiesa nuova, Assisi, 7). Per una sua analisi e inquadramento nell'opera del Clareno, oltre all'ampia introduzione di Felice Accrocca, cfr. Gian Luca Potestà, *Angelo Clareno dai poveri eremiti ai fraticelli*, in «Nuovi studi storici», 8 (1990), pp. 153 sgg.

7. Cfr. Potestà, *Angelo Clareno*, pp. 153 e 195. In un recentissimo saggio lo stesso Potestà tuttavia ha prospettato l'ipotesi di una stesura in due tempi dell'*Historia*, la prima non oltre il pontificato di Clemente V mentre l'ampliamento/rielaborazione finale sarebbe

ai suoi seguaci: l'*Expositio* per illustrare loro tutto lo spessore ecclesiale della loro scelta (l'ampio ricorso ai padri greci va letto anche da questo punto di vista),[8] l'*Historia* per dare loro il senso della difficile vicenda che erano chiamati a vivere, sviluppando idee e concetti già presenti nella sua *Epistola excusatoria* a Giovanni XXII (1317)[9] ma in un'ottica e secondo prospettive molto diverse.

L'*Historia* (come del resto almeno in parte l'*Expositio*) si colloca dunque in un contesto tutto particolare, di grande difficoltà per Clareno e i suoi e per l'intero movimento degli Spirituali. Era ormai pienamente fallito il lungo tentativo, culminato nel concilio di Vienne, di trovare una sistemazione canonicamente valida per coloro che volevano praticare *ad litteram* l'osservanza della regola e del Testamento – ed era una sistemazione alternativa alla prospettiva, giudicata dai più ormai impossibile, di un radicale rinnovamento dell'ordine. Per di più Giovanni XXII, fin dal primo anno del suo pontificato, aveva duramente colpito i vari gruppi di Spirituali, avviando una repressione che sarà di lunga, anche se intermittente, durata. Il contesto dunque era di piena rottura con la Comunità e con la Santa Sede.[10] Ma la situazione era ulteriormente complicata dal fatto che la discussione sorta intorno alla povertà di Cristo e degli apostoli (se avessero cioè posseduto o meno beni in comune) aveva determinato uno scontro e poi la rottura tra la dirigenza della comunità e la Santa sede stessa.[11] È da tale

successivo al dicembre 1322 (cfr. Gian Luca Potestà, *La duplice redazione della Historia septem tribulationum di Angelo Clareno*, in «Rivista di storia e letteratura religiosa», 38, 2002, pp. 1-38).

8. Cfr. Jean Gribomont, *L'Expositio d'Ange Clareno sur la Règle des Frères Mineurs et la tradition monastique primitive*, in *Lettura delle fonti francescane attraverso i secoli: il 1400*, a cura di Gerardo Cardaropoli e Martino Conti, Roma, Antonianum, 1981, pp. 389-424; Potestà, *Angelo Clareno*, pp. 163 sgg.

9. Cfr. Angelo Clareno, *Epistole*, 49, pp. 236-253. Per il contesto e un'analisi della lettera cfr. Potestà, *Angelo Clareno*, pp. 123 sgg.

10. Per un rapido riepilogo di tali misure cfr. Gratien de Paris, *Histoire de la fondation et de l'évolution des frères mineurs au XIII^e^ siècle*, Bibliographie mise à jour par Mariano d'Alatri et Senus Gieben, Roma, Istituto storico dei cappuccini, 1982, pp. 489 sgg. (Bibliotheca seraphico-capuccina, 29); vedi inoltre Raoul Manselli, *Spirituali e beghini in Provenza*, in «Studi storici», 31-34 (1959), pp. 113 sgg.

11. Cfr. Andrea Tabarroni, *Paupertas Christi et apostolorum. L'ideale francescano in discussione (1322-1324)*, in «Nuovi studi storici», 5 (1990), pp. 128; Potestà, *Angelo Clareno*, pp. 169 sgg.; una rapida sintesi dell'intera vicenda offrono anche Roberto Lambertini e Andrea Tabarroni, *Dopo Francesco: l'Eredità difficile*, Torino, Edizioni Gruppo Abele, 1989, pp. 90 sgg.

situazione, e perciò da tale punto di osservazione che Clareno ripercorre la storia passata. Angelo apre il libro VIIII (breve, che tratteggia la VII tribolazione attualmente in corso) menzionando la disputa sulla povertà di Cristo e degli apostoli, e osserva: «Dei nutu pro veritate steterunt fratres minores», ma ciò stava avvenendo dopo che essi avevano avversato, e mentre continuavano ad avversare coloro che quella povertà praticavano, non accontentandosi di un «nomen sine re».[12]

Ma così il campo dei protagonisti dell'assalto alla verità di Cristo si articola ulteriormente e si arricchisce. Prima erano sempre i frati tralignanti dalla loro professione che irretivano e ingannavano papi e prelati, come aveva cominciato a fare Elia con Gregorio IX.[13] Lo stesso Bonifacio VIII viene presentato come ingannato («deceptus») da Giovanni di Murrovalle e dagli altri frati che perseguitavano il gruppo di fra Liberato e di fra Angelo rifugiatosi in Grecia (Acaia).[14] Ora invece è il papa stesso e la curia intorno a lui che impugnano la prassi e il principio della povertà evangelica e del suo ruolo nella storia della salvezza.[15]

Il contesto della vicenda è chiaramente escatologico, in termini desunti sostanzialmente dall'Olivi, in un quadro di lotte finali proprie della VI età, di apparente trionfo di Babilonia e della bestia, anche se i momenti del loro ulteriore svolgimento restano imprecisati e oscuri, proposti in pagine cui il linguaggio apocalittico permette un discorso coperto, fatto di cenni velati, oscuramente iniziatici.[16] Ciò che è chiaro tuttavia è che la Chiesa ne risulta pienamente coinvolta: oggetto dell'attacco diretto dell'antico serpente, essa è stata costretta a sostenere «varia bella et gravia [...] ab iis qui se domesticos dicunt, et carnaliter et superbe adversus eam et in ipsa regnare volunt», sino al finale apparire della grande tribolazione, «qualis non fuit ab initio seculi [...] in qua inundat iniquitas [...] et fidei et caritatis evacuatio apparet fere in omnibus».[17] Da questo punto di vista la salvezza e la salvaguardia dell'eredità di Francesco non costituiscono una questionc chc riguarda semplicemente l'ordine da lui fondato, ma coinvolgono e investono il destino stesso e la presenza del cristianesimo nella storia. Per questo «tempus amarissimum, tempus istud pessimum est in quo tacendum

12. *Historia*, pp. 303-304.
13. Ivi, pp. 132 sgg.
14. Ivi, pp. 236 sgg.
15. Ivi, pp. 288 sgg. e 303 sgg.; Cfr. Potestà, *Angelo Clareno*, pp. 209 sgg.
16. *Historia*, pp. 271 sgg.; Potestà, *Angelo Clareno*, pp. 209 sgg.
17. *Historia*, p. 279.

et orandum», come Angelo scriverà nel dicembre del 1330 a Filippo di Maiorca, per dissuaderlo a tentare qualcosa con Giovanni XXII.[18] Ed è appunto alla luce di questa situazione di estrema amarezza e desolazione, di fuga, nascondimento e silenzio, mentre Cristo sembra dormire e la Chiesa si disfà, che Angelo ripercorre la storia dell'ultimo secolo. Perché è il suo percorso, le tappe che l'hanno scandito, a svelare il senso e il perché della condizione cui si è giunti. Come rileva Helbling nella sua introduzione, è la storia che rende manifesto il significato teologico di quel percorso,[19] così come sono i fatti della storia a rendere evidente la misura della corruzione cui sono giunti i Minori. Angelo lo enuncia esplicitamente nel Lib. VII:

> Ad intelligendum autem quomodo a veritate, iustitia, pietate et caritate defecerunt presertim in quinta et sexta tribulatione communiter omnes persequentes eos, qui ad fundatoris intentionem et perfectionem sectandam consurgere satagebant, et pravitatem et imperfectiones et defectus et ignorantias eorum, qui persecutiones intulerunt, veritatem historiae rerum gestarum scire non modicum confert.[20]

Il nucleo forte dell'opera di Angelo Clareno sta dunque qui: nel mettere pienamente in luce, attraverso la parabola dei Minori così com'egli la ricostruisce, le ragioni, il perché, della drammatica condizione presente, tale da investire la Chiesa intera. Sia pur brevemente è tale aspetto che deve essere visto più da vicino, prima di passare a considerare l'apporto di conoscenza che essa offre alla storia del primo secolo dei Minori (o per dirla, in termini più antichi e tradizionali: la sua credibilità come fonte storica).

3. I due primi libri dell'*Historia* sono dedicati a illustrare la vita e soprattutto la santità di Francesco. Il suo ruolo salvifico è quello che la tradizione minoritica gli aveva unanimemente assegnato, profilando il suo percorso biografico in termini che avevano il loro punto d'arrivo nella sua

18. Angelo Clareno, *Epistole*, 29, p. 142.

19. Helbling, *Einleitung*, pp. 5 sgg.

20. *Historia*, pp. 271 sgg. Merita di rilevare che si tratta di uno dei tanti passi che l'edizione della Rossini rende comprensibile rispetto al testo offerto da Ehrle (*Die Spiritualen, ihr Verhältnis zum Franciskanerorden und zu den Fraticellen*, 3, *Die «Historia septem tribulationum ordinis minorum» des fr. Angelus de Clarino*, in «Archiv für Literatur und Kirchengeschichte des Mittelalters», 2, 1886, p. 135) e mantenuto anche da Boccali, ed. cit., 6, 152, p. 672.

conformazione/trasformazione nel Cristo.[21] Già per Tommaso da Celano nella *Legenda* (*Vita prima*) Francesco aveva il compito di riportare l'annuncio e la vita del vangelo in un mondo dimentico di Dio. Basti ricordare come egli commenti la sua decisione di divenire «evangelii minister in fide et veritate»: «Non licebat de caetero facere moram quia letalis morbus iam in tantum excreverat et multorum sic occupaverat artus ut, aliquantisper medico retardante, abriperet vitam, vitali spiritu intercluso».[22] Variamente modulato e via via arricchito di riscontri figurali e profetici e dal significato che le stimmate assumono a questo riguardo, tale compito era stato ininterrottamente riproposto dall'agiografia francescana e dall'apologetica minoritica.[23] Tale visione corrispondeva del resto almeno in parte alle funzioni pastorali e di governo ecclesiastico che Roma, già sullo scorcio degli anni Venti, era venuta attribuendo all'ordine.

Ma l'inserimento di quel compito in un contesto escatologico, di rinnovamento collettivo della Chiesa ed insieme di scontro supremo, poteva complicare terribilmente le cose. Non c'è dubbio che per Angelo, come prima di lui per Pietro di Giovanni Olivi, la missione di rinnovamento evangelico assegnata a Francesco e all'ordine quale si profila nella sesta età che la Chiesa sta vivendo investe la Chiesa intera a cominciare dalla sua gerarchia.[24] Da questo punto di vista si potrebbe dire che il percorso storico-teologico che Angelo delinea nella sua *Historia* porta a piena

21. Cfr. Stanislao da Campagnola, *L'angelo del sesto sigillo e l'«alter Christus»*, Roma, Antonianum, 1971, in particolare pp. 127 sgg.; vedi anche Giovanni Miccoli, *Francesco e la Verna*, in *Itinerarium montis Alvernae*, Atti del Convegno di studi storici, La Verna, 5-8 maggio 1999, a cura di Alvaro Cacciotti, vol. I, in «Studi francescani», 97, 3-4 (2000), pp. 21-55.

22. I Cel., 8, rr. 5-8; il concetto è ripreso in I Cel., 36, rr. 18-23.

23. Sul momento, a questo riguardo cruciale, dello scontro alla metà del Duecento con i maestri di Parigi cfr. Lambertini, Tabarroni, *Dopo Francesco*, pp. 51 sgg. Vedi anche Roberto Lambertini, *Apologia e crescita dell'identità francescana (1255-1279)*, in «Nuovi studi storici», 4 (1990), pp. X-196.

24. Cfr. *Historia*, pp. 76 («tota religio [...] electa est ad spiritualiter suscipiendum et pariendum Christum Jesum in diversorio Ecclesie in fine dierum tamquam altera in spiritu Virgo Maria»); 123 («perfectionem et vitam evangelicam, a Christo per Franciscum in Ecclesiam solemniter introductam et innovatam»);143 («illam pauperem, nudam, humilem, piam et pacificam Christi vitam, quam per Franciscum in Ecclesia in finibus temporum innovavit Pater misericordiarum et luminum»); 160 («ad innovationem vite [Christi] in Ecclesia»). Non a caso, del resto, Angelo ricorda che, secondo l'insegnamento dell'Olivi, anche i vescovi, in quanto successori degli apostoli, erano tenuti alla pratica dell'*usus pauper* (*Historia*, p. 211).

espressione e dà sistemazione coerente ad un insieme di idee, prospettive e giudizi già emersi in ambito minoritico fin dal momento in cui vi erano penetrate idee di derivazione gioachimita.[25] Ma forse dire così non sarebbe del tutto esatto. Non è un percorso intellettuale che la *Historia* mette in luce. Perché, mi pare, è la condizione ecclesiale in cui Angelo scrive a conferire alla ricostruzione dell'*Historia* un'angolatura, una compattezza e una coerenza del tutto particolari.

La questione infatti non era più solo quella di difendere nell'ordine, contro tendenze e sviluppi giudicati lassisti, devianti o peggio, il modello e l'insegnamento offerti da Francesco, per garantire in un tempo ancora indeterminato nelle sue precise scansioni cronologiche il compimento pieno della sua missione. La questione era di capire perché si era giunti alla condizione terribile del presente. Ed è da questo punto di vista che la parabola dell'ordine diventa l'elemento decisivo e illuminante. Non solo infatti la maggioranza di esso era venuta meno al suo compito di riportare nella Chiesa la vita evangelica, per rinnovarla, a cominciare dalla sua gerarchia, secondo tale modello. Quella maggioranza aveva operato in un senso esattamente opposto, il compito originario che il Cristo aveva affidato a Francesco e ai suoi si era rovesciato nel suo contrario. Perciò la storia dell'ordine, nella ricostruzione del Clareno, non mostra solo il progressivo tradimento della propria vocazione e l'abbandono della propria missione da parte della maggioranza di esso, ma mette in luce anche (e vorrei dire soprattutto) il lento profilarsi di un'attività di segno contrario, che si attua sia attraverso la persecuzione sempre più feroce di quanti a quella vocazione intendevano restare fedeli, sia nell'opera di sviamento, corruzione e degenerazione esercitata nel corpo della Chiesa.[26] L'opera della mag-

25. Cfr. Gian Luca Potestà, *Maestri e dottrine del XIII secolo*, in *Francesco d'Assisi e il primo secolo di storia francescana*, a cura di Attilio Bartoli Langeli ed Emanuela Prinzivalli, Torino, Einaudi, 1997, pp. 313 sgg.

26. Per l'opera di corruzione svolta progressivamente dai frati sordi agli insegnamenti di Francesco e dimentichi della sua eredità cfr. *Historia*, pp. 87 (i frati che si oppongono a Francesco tentano di distruggere l'opera realizzata da Cristo per suo mezzo «pro animarum nostrarum salute certa et totius Ecclesie edificatione»); 90 («mala multa fient per eos in religione et in Ecclesia»); 123 (spingeranno «clerum et saeculares [...] ad persequendum et odiendum et negandum eam [scil. perfectionem et vitam evangelicam]»); 125 (per opera loro «Christi et Petri humilis successores erubescent de paupertate et humilitate, desolationis tempore appropinquante»); 160 (sono «sibi et aliis multorum malorum occasio»); 257 (il clero e il popolo attingono dai frati «incitamenta, exempla et confomenta [...] superbie, mendacii et odii»). Già nel terzo *verbum* di Corrado di Offida (cfr. Paul Sabatier, *Verba fra-*

gioranza dell'ordine si profila perciò, nel discorso di Clareno, come una vera e propria opera diabolica, che alla fine si configura come preparazione all'avvento dell'anticristo.

La visione del prete Bartolomeo, cui si svela la cospirazione diabolica per inquinare l'ordine e distoglierlo dalla sua missione immettendo in esso uomini malvagi, succubi dei demoni, che corromperanno i frati e quanti con essi saranno in rapporto, offre la chiave di lettura dell'intera vicenda.[27] E non a caso ricorrente è il rilievo dell'opera di corruzione che i frati compiono attorno a loro, fin dalle prime sconsolate profezie di Francesco, così come in termini di furia diabolica vengono caratterizzate le persecuzioni feroci che essi muovono a quanti intendevano restare fedeli alla loro professione.[28] Da questo punto di vista il presentare per un lungo tratto di quella storia i papi come ingannati o inconsapevoli di ciò che stava avvenendo non rappresenta solo «un modo frequente di scusare le supreme autorità»,[29] ma corrisponde anche al fatto che lenta e progressiva

*tris Conradi. Extrait du Ms. I/25 de S. Isidore*, in *Opuscules de critique historique*, I, Paris, Librairie Fischbacher, 1903, pp. 375 sgg.) l'abbandono da parte dei frati della loro via originaria va ben oltre i confini dell'ordine e coinvolge nel disastro la cristianità intera: i Minori, occhio del mondo per vedere il Cristo, si convertono nel contrario: «et quando hunc oculum perdiderit, non erit fides» (cfr. al riguardo Edith Pásztor, *Falsi e tradizioni apocrife nella questione francescana*, in *Fälschungen in Mittelalter*, Teil V, *Fingierte Briefe, Frommigkeit und Fälschung, Realienfälschungen*, V, Hannover, Hahn, 1988, p. 451, MGH, *Schriften*, Bd. 33). Tali idee, del resto, non erano estranee a Pietro di Giovanni Olivi che rileva chiaramente le catastrofi che colpirebbero la Chiesa e il mondo se la «vita evangelica» dovesse andare dissolta (cfr. David Flood, *Pierre Jean Olivi et la règle franciscaine*, in *Franciscains d'Oc. Les spirituels 1280-1324*, in «Cahiers de Fanjeaux», 10, 1975, pp. 148 e 153 n. 23). Per l'operare dei persecutori come demoni o ispirati dai demoni cfr. *Historia*, pp. 199 («filii tenebrarum»); 200 (Bonagrazia di San Giovanni in Persiceto è indotto, «suggestionibus [...] sathanicis», a perseguitare Pietro di Giovanni Olivi); 205 (la persecuzione contro l'Olivi è mossa «a tenebrarum spiritibus»); 215 (i persecutori di Ponzio Botugati sono «bestiis crudeliores et serpentibus nequiores»); 220 sg. (i cinque ministri che si accordano contro Pietro da Macerata e Pietro da Fossombrone sono spinti «a spiritu maligno, agitante et cribrante statum Ecclesie [...] et hominum corda»); 287 (a proposito della persecuzione degli Spirituali di Provenza dopo la morte di Clemente V «ex his que passi sunt didicerunt odientium et persequentium potius agitationem esse demonum quam operationem humanam»); 299 («sicut canes»); 300 («imitantes canes et lupos rabidos, qui in rabiem conversi nihil aliud quam mordere appetunt», a proposito di coloro che perseguitano e disperdono i cultori della memoria dell'Olivi).

27. *Historia*, pp. 100 sgg.

28. Cfr. n. 26.

29. Così Helbling, in *Historia*, p. 134, n. 18.

è l'opera di inquinamento e corruzione svolta dai frati. I fatti della storia passata così come la violenza, ferocia e desolazione della storia presente trovano nello schema interpretativo offerto dalla riflessione escatologica dell'Olivi la loro collocazione persuasiva, ma sono a loro volta quei fatti, come pure la desolazione presente, a sollecitare quella riflessione e per dir così ad imporla, perché altrimenti l'intera vicenda resterebbe indecifrabile e inspiegabile. Tale relazione stretta e necessaria tra gli episodi via via narrati e lo schema interpretativo che li inquadra e li dispone secondo un processo di crescente drammaticità, tale relazione va tenuta costantemente presente nel valutare la storicità reale di ciò che Angelo racconta, come dicevo sopra la sua "credibilità" quale cronista del primo secolo dell'ordine. È inutile attendersi perciò da parte sua una presentazione se non in termini di durissimo giudizio morale e di tradimento, con una coloritura che diverrà sempre più negativa, di quanti sostenevano la necessità di una lettura e di un'applicazione della regola corrispondenti allo sviluppo e alle nuove funzioni pastorali assunte dall'ordine. La tentazione diabolica alla rilassatezza, a seguire l'«umana prudenza» si profila per Angelo fin dagli ultimi anni della vita di Francesco: egli accentua così aspetti e giudizi che gli provenivano dalla tradizione leonina e dei compagni, stabilendo una ricorrente analogia tra la durezza e l'infedeltà degli ebrei al tempo di Cristo e la maggioranza dell'ordine che recalcitra a seguire la strada indicata da Francesco.[30]

Ma se inevitabilmente segnati dalla costante contrapposizione tra chi tradisce e chi è fedele sono tutti gli episodi che egli raccoglie e racconta via via, non per questo essi andranno rigettati come privi di fondamento. La questione, inevitabile e sempre presente del resto nel lavoro storiografico, sarà di volta in volta di cercare di discernere, al di sotto dell'interpretazione proposta, l'eventuale nucleo storico di essi. Non è un'operazione che potrà essere sempre portata a buon fine. Non per questo, ovviamente, essa può essere elusa.

4. Per la vita di Francesco, le sue profezie e le vicende iniziali dell'ordine fino alla morte del fondatore (i primi due libri dell'*Historia*) Angelo è largamente tributario di temi e memorie che variamente risalgono (o vengono fatti risalire) alla tradizione leonina e dei compagni, risistemati secondo il proprio schema interpretativo generale. Colloqui con il Cristo

30. Cfr. *Historia*, pp. 119 sgg., e 216 sgg.

e profezie sul destino dell'ordine ne occupano una gran parte, sia per illustrare il ruolo nella Chiesa di Francesco e dei Minori sia per rilevare che, malgrado il tralignare dei più, un «pusillus grex» rimarrà fedele, assicurando così la continuità nella storia del compito cui Francesco era stato chiamato.[31] Angelo ha ovviamente anche il problema di inserire pezze giustificative di quella che nel 1294 era stata la scelta di Pietro di Macerata e sua, di staccarsi cioè dall'ordine per poter vivere nell'integrale osservanza della regola e del Testamento.[32] A questo fine chiaramente risponde l'episodio del «frater sanctus de Alemannia, in theologia magister» che chiede a Francesco di poter separarsi dal consorzio degli altri frati nel caso gli dovessero impedire di osservare la regola secondo l'intenzione che il Signore aveva rivelato a Francesco.[33] Il troppo evidente motivo autogiustificativo e autoapologetico dell'episodio rende vano ogni tentativo di cercare di definirne la storicità reale. Ma questa stessa ricerca e costruzione di conferme e spiegazioni del lungo percorso di cui Angelo viveva gli ultimi drammatici sviluppi lo porta anche a recuperare vicende e situazioni che la tradizione agiografica francescana aveva completamente rimosso e obliterato. È il caso della crisi che investì l'ordine durante il viaggio di Francesco in Oriente, e di cui, com'è noto, l'unica testimonianza cronistica rimasta è offerta, con una certa ricchezza e vivacità di particolari, da Giordano di Giano.[34] Angelo non sembra conoscere Giordano, né pare molto informato sui particolari e i caratteri della vicenda. Ne parla come della prima tribolazione e dunque nei termini corrispondenti al suo ricorrente schema dualistico che contrappone i fedeli alla regola ai frati infedeli, persecutori accaniti dei primi.[35] Da questo punto di vista il suo racconto non permette di aggiungere nulla di credibile a quanto già si sa grazie alla cronaca di Giordano. È un recupero, questo offerto dall'*Historia*, che resta tuttavia

31. Cfr., ad es., ivi, pp. 53 sgg., 61 sgg., 71 sgg., 85 sgg.

32. Per questa vicenda cfr. Frugoni, *Celestiniana*, pp. 125 sgg.; Potestà, *Angelo Clareno*, pp. 27 sgg.

33. *Historia*, pp. 98 sgg. Cfr. anche *Expositio super regulam*, 10, 76 sgg., ed. cit., pp. 666 sgg.; *Legenda vetus*, 3, 1-5, in Paul Sabatier, *Sancti Francisci Legendae Veteris fragmenta quaedam*, in *Opuscules de critique historique*, I, Paris, Librairie Fischbacher, 1903, pp. 96-97.

34. Cfr. Giordano di Giano, *Chronica*, edidit, notis et commentario illustravit Heinrich Boehmer, Paris, Librairie Fischbacher, 1908, pp. 4 sgg. (Collection d'études et des documents sur l'histoire religieuse du Moyen Âge, 6).

35. Cfr. *Historia*, pp. 81 sgg.

ugualmente importante e significativo, proprio perché il suo racconto risulta indipendente da Giordano. Ci attesta ancora una volta il tenace persistere nella vita dell'ordine di una memoria, sia pure appannata e scolorita, di fatti che l'agiografia francescana aveva accuratamente cercato di cancellare. È una spia importante che ci aiuta a leggere il suo racconto per tutta quella parte di cui Angelo non è stato testimone diretto, e dunque fino alla IV tribolazione inclusa (generalato di Bonaventura).

A considerarlo come fonte di notizie, numerose ed evidenti sono le semplificazioni, né mancano le reticenze. Semplifica, o non sa, o a volte sorvola su particolari che potevano risultare imbarazzanti. Confonde le prime successioni di ministri generali, ponendo Giovanni Parenti dopo Elia ed Alberto.[36] Del tutto incredibile, se non altro perché incompatibile con la successione dei tempi e dei fatti accertati, è il racconto della persecuzione di Antonio.[37] Presenta ministri e custodi come sostenitori e alleati di Elia, perché nel suo schema interpretativo è la dirigenza dall'ordine la prima responsabile del tralignamento, mentre sappiamo da Giordano e da Salimbene che proprio dai ministri provinciali era venuta la principale opposizione ad Elia, quella comunque che l'aveva fatto cadere.[38] Evita di citare la «Quo elongati», ma nelle pagine finali della *Historia* ricorda come su insinuazione diabolica i frati «testamentum annullari (fecerunt)».[39] Glissa sulla penetrazione delle idee gioachimitiche all'interno dell'ordine alla metà del secolo e sulla grave crisi provocata dall'*Introductorius in evangelium aeternum* di Gerardo di Borgo San Donnino, anche se lascia chiaramente intendere di conoscere l'insieme di quegli avvenimenti: non solo infatti si sofferma a lungo sui processi che ne seguirono, ispirati per lui dai frati che combattevano lo zelo per la regola e per il Testamento di Giovanni da Parma e dei suoi socii, ma osserva anche che i promotori di quei processi

36. Ivi, p. 145.

37. Ivi, p. 141. Per l'utilizzazione apologetica e le deformazioni subite dalla figura di Antonio nella storiografia minoritica cfr. Antonio Rigon, *Dal libro alla folla. Antonio di Padova e il francescanesimo medioevale*, Roma, Viella, 2002, pp. 109 sgg., e Maria Teresa Dolso, *Antonio di Padova nella «Chronica XXIV generalium Ordinis Minorum»*, in *Cultura, arte e committenza al Santo nel Trecento*, Atti del Convegno internazionale, Padova, 24-26 maggio 2001, in «Il Santo. Rivista francescana di storia dottrina arte», 42 (2002), pp. 201-240.

38. *Historia*, p. 142. Sull'opposizione ad Elia cfr. Giulia Barone, *Da frate Elia agli Spirituali*, in «Fonti e ricerche», 12 (1999), pp. 54 sgg.

39. *Historia*, p. 304.

presero a pretesto un'altra questione: «Captata alterius questionis occasione, [...] tamquam heretice pravitatis labe infectos persecuti sunt et severe punierunt».[40] Sostanzialmente attendibile è il suo racconto di quei processi: come mi è già capitato di rilevare molti anni fa, esso trova infatti conferma in tutta una serie di ammissioni, più o meno esplicite o reticenti, di Salimbene e di altri.[41]

5. Un ben più sicuro valore di testimonianza storica assume comunque il suo racconto a partire dalla V tribolazione, per vicende cioè nelle quali Angelo si è trovato ad essere o testimone o protagonista. Le semplificazioni e le forzature, come anche le omissioni e le reticenze sono frutto del suo schema di interpretazione complessiva e della condizione in cui si trova a scrivere, ma pienamente reale è la violenza dello scontro e della persecuzione che variamente e ad intermittenza imperversa all'interno dei Minori tra gli ultimi decenni del Duecento e i primi del Trecento. Di tale violenza estrema, che coinvolge progressivamente le autorità e le istituzioni della Chiesa, Angelo porta numerosi eloquenti esempi in pagine vivissime e delle quali sarebbe del tutto arbitrario, mi pare, pretendere di negare la storicità.[42] Ed è appunto la ferocia di tale violenza e di tale repressione estesa ai frati e ai loro fedeli a costituire per lui la prova più evidente di vivere in un tempo escatologico, in cui l'opera di Satana ha pervaso la Chiesa.[43] La costruzione escatologica dell'Olivi assume nell'*Istoria* tutta la terribile concretezza offerta dalla pesante realtà dei fatti che stanno accadendo.

Ma Pietro di Giovanni Olivi non è soltanto colui che offre ad Angelo l'inquadramento teologico e i criteri per leggere il proprio tempo. Egli

40. *Historia*, p. 175 (vedi anche p. 186).

41. Cfr. *La storia religiosa*, in *Storia d'Italia*, II, *Dalla caduta dell'Impero romano al secolo XVI*, Torino, Einaudi, 1974, pp. 777 sgg. (ora anche in *Francesco d'Assisi e l'ordine dei Minori*, Milano, Biblioteca francescana, 1999, pp. 98 sgg.).

42. Potrebbero essere pagine istruttive per quanti rivendicano l'operato, religiosamente e socialmente positivo, dell'inquisizione e la sua inevitabilità, richiamandosi alle norme e ai costumi del tempo (cfr., ad es., Gabriele Zanella, *L'inquisizione medievale: tra ideologia e metodologia*, in *L'inquisizione romana: metodologia delle fonti e storia istituzionale*, Atti del Seminario internazionale, Montereale Valcellina, 23-24 settembre 1999, a cura di Andrea Del Col e Giovanna Paolin, Trieste, EUT, 2000, pp. 26 sgg.). Non a caso del resto, ad attestare la persistenza di idee e di modi di sentire diversi, Angelo contrappone alla ferocia dei persecutori la carità di Cristo, a segnare anche da questo punto di vista il loro tralignamento (cfr. *Historia*, pp. 222 sgg.).

43. Cfr., ad es. *Historia*, p. 223. Vedi Potestà, *Angelo Clareno*, pp. 199 e 207 sgg.

è anche la figura che campeggia nel suo racconto come il vero erede di Francesco, «lumen ex lumine Christi»,[44] profetato da tempo da venerandi vaticini,[45] colui che, ardente di zelo «de bono statu sui ordinis et totius Ecclesie»,[46] si batte contro i conculcatori della professione minoritica e per questo incorre, da vivo e da morto, nella loro ricorrente persecuzione. Angelo è attento a mettere in luce il significato dell'«usus pauper» sostenuto dall'Olivi e ne coglie la centralità nel suo discorso riformatore.[47] Evita tuttavia di soffermarsi sugli aspetti che lo distinguevano dagli Spirituali italiani, ed è del tutto reticente dunque sulle posizioni da lui assunte all'indomani della rinuncia di Celestino V.[48] Sono silenzi e omissioni che è difficile pensare dovuti a mancanza di informazione. Corrispondono piuttosto allo schema dualistico, fatto di fronti compattamente contrapposti, che egli applica alla storia dell'ordine.

Non mi soffermerò a ricordare ulteriormente i tanti episodi, importanti ma anche minori, la folla di personaggi e la complessità della rete di relazioni di cui Angelo offre notizia. Al faticoso sforzo di scoprire il senso profondo e la direzione dei processi in corso, greve di riferimenti, allusioni e simboli tratti dalla letteratura apocalittica,[49] si alternano, nelle pagine dell'*Historia*, scene drammaticamente potenti, che danno piena misura delle profonde lacerazioni che si venivano compiendo nel corpo ecclesiastico.[50] Il lungo soggiorno presso la curia avignonese, pur tanto detestato,

44. *Historia*, p. 199. In una lettera dei suoi ultimi anni indirizzata a Roberto da Mileto Angelo scriverà dell'Olivi come di colui in cui il «Pater misericordiarum et luminum decreverat [...] ponere spiritum fundatoris», aggiungendo di aver scelto per questo di seguirlo e conformarsi a lui «tanquam nunctio signato primi lapidis angularis Francisco» (*Epistole*, 43, ed. cit., p. 204).

45. *Historia*, pp. 195 sgg.; per i diversi vaticini cfr. Potestà, *Angelo Clareno*, pp. 204 sgg.

46. *Historia*, p. 204.

47. Ivi, in particolare pp. 143-148.

48. Cfr. Al riguardo Livarius Oliger, *Petri Johannis Olivi de renunciatione papae Celestini V. Quaestio et epistola*, in «Archivum franciscanum historicum», 11 (1918), pp. 309-373; Jacques Paul, *Les Spirituels, l'Église et la papauté*, in *Chi erano gli spirituali*, Atti del III Convegno internazionale, Assisi, 16-18 ottobre 1975, Assisi, Società internazionale di studi francescani, 1976, pp. 239 sgg.

49. Cfr. *Historia*, in particolare pp. 272 sgg.

50. Vedi, ad es., la grande scena dell'udienza davanti a Giovanni XXII dei sessantaquattro frati dei conventi di Narbona e Béziers, venuti a reclamare i loro diritti e a difendersi dalle accuse dei capi dell'ordine: *Historia*, pp. 292 sgg. (cfr. al riguardo Manselli, *Spirituali e beghini*, pp. 134 sgg.).

deve aver rappresentato un'occasione unica per raccogliere informazioni sulle questioni e i personaggi che ad Angelo stavano a cuore, quando non era stato egli stesso spettatore o protagonista di alcuni momenti forti dello scontro in atto. Sono pagine che restano fondamentali per cogliere l'estrema tensione emotiva che lo caratterizzava. Per concludere tuttavia vorrei accennare ancora ad alcuni problemi più generali che il racconto di Angelo pone.

Non vi è dubbio che il fronte degli zelatori della regola e del Testamento deve essere ed è per lui, rispetto ai loro persecutori, un fronte unitario, unito nel sentire, nei programmi e nelle prospettive. Gli eventuali scarti sono dovuti a consigli sbagliati anche se dati in buona fede, come nel caso dei frati toscani fuggiti in Sicilia al seguito di Enrico di Ceva nelle more del concilio di Vienne (ma ben più duro giudizio aveva formulato in una lettera coeva al fatto scritta ai suoi seguaci).[51]

In realtà quel fronte può essere presentato e visto in termini unitari solo grazie all'ottica e per le condizioni in cui Angelo scrive. Né Angelo stesso del resto manca di offrire indizi su diversità di comportamenti e di situazioni che avevano caratterizzato i suoi stessi protagonisti (penso in particolare alla sua presentazione di Corrado di Offida e alle ragioni non del tutto plausibili che egli porta per spiegare perché Corrado, contrariamente ai suoi seguaci, fu risparmiato dalla persecuzione di Giovanni di Murrovalle).[52] D'altra parte la storiografia di quest'ultimo mezzo secolo ha chiarito molte cose e messo in luce non irrilevanti differenze di prospettiva e di impianto tra i diversi gruppi che vennero definiti come "spirituali".[53] Gli elementi comuni di critica agli sviluppi assunti dall'ordine presentavano indubbiamente traduzioni operative diverse, non sempre dipendenti soltanto da diversità di situazioni e circostanze. La scelta della fuga e dell'isolamento eremitico di Angelo Clareno si nutre anche degli scritti

51. Cfr. *Historia*, pp. 283 sgg. (per il giudizio precedente cfr. Angelo Clareno, *Epistole*, 25, ed. cit., pp. 117-132). Sulla vicenda Potestà, *Angelo Clareno*, pp. 95 sgg.

52. Cfr. *Historia*, pp. 232 sgg.

53. Cfr. Raoul Manselli, *Divergences parmi les Mineurs d'Italie et de la France méridionale*, in *Les mendiants en pays d'Oc au XIII*e *siècle*, «Cahiers de Fanjeaux», 8 (1973), pp. 358 sgg.; Stanislao da Campagnola, *Dai «viri spirituales» di Gioacchino da Fiore ai «fratres spirituales» di Franccsco d'Assisi. Una tipologia religiosa*, in Id., *Francesco e francescanesimo nella società dei secoli XIII-XIV*, Assisi, Edizioni Porziuncola, 1999, in particolare pp. 171 sgg. Ma vedi anche le osservazioni di Barone, *Da frate Elia agli Spirituali*, pp. 176 sgg.

della spiritualità monastica orientale alla luce dei quali egli legge la proposta cristiana di Francesco.[54] Non era questa la posizione dell'Olivi, né sembra questa la prospettiva dei frati provenzali.[55] Diversità di non piccolo peso sono rilevabili rispetto al giudizio sulla Chiesa e l'autorità papale. Su tali aspetti Angelo tende a glissare, così come cancella le proprie oscillazioni del passato, in cui chiaramente, d'accordo con Ubertino, aveva identificato in Bonifacio VIII l'anticristo mistico.[56] Ma credo anche che a questo riguardo si deve tener conto del ricorso da parte sua (come in genere in questi ambienti) ad un linguaggio prudente e coperto, che solo gli iniziati potevano pienamente comprendere. Non era infondata, a questo riguardo, l'accusa che gli muoveva Alvaro Pelagio, di ricorrere cioè a «locutiones extranee et velate» che «enigma continent».[57] Anche in questo caso è solo con Giovanni XXII che la situazione arriva a una chiarificazione, anche se Angelo si guarda bene dall'assumere quella nettezza di posizioni che figurerà nei processi di certi suoi seguaci.[58] E tuttavia la frase che egli rivolge a Giovanni XXII nel corso del drammatico colloquio che precede il suo arresto, può essere letta come espressiva della mutazione sostanziale che per lui era ormai avvenuta sul trono di Pietro: «Pater sancte, vos audistis mendacia fratrum, et veritatem, quam vobis dico, non sustinetis audire».[59] «Erat autem hora quasi sexta», aggiunge Angelo, e l'editore rinvia in nota a Joh. 4,6, che con tale precisazione oraria apre l'incontro del Cristo con la

54. Cfr. Potestà, *Angelo Clareno*, pp. 69 sgg. e 163 sgg. Ma vedi anche Id., *Storia ed escatologia in Ubertino da Casale*, Milano, Università cattolica del S. Cuore, 1980, pp. 220 sgg.

55. Cfr. Manselli, *Spirituali e beghini*, pp. 39 sgg.; vedi anche Raoul Manselli, *Pietro di Giovanni Olivi Spirituale*, in *Chi erano gli spirituali*, pp. 183 sgg.; Flood, *Pierre Jean-Olivi et la règle franciscaine*, pp. 139 sgg.; David Burr, *Olivi e la povertà francescana*, in «Fonti e ricerche», 4 (1989), p. 69 e n. 23.

56. Cfr. la testimonianza inequivocabile di Ubertino da Casale, *Arbor vitae crucifixae Jesu*, Venetiis, 1485 (rist. anast. a cura di Charles Till Davis, Torino, Bottega d'Erasmo, 1961), V, cap. VIII, c. 465a. Cfr. al riguardo Frugoni, *Celestiniana*, pp. 142 sgg., e Potestà, *Storia ed escatologia*, pp. 161-164.

57. Così in Angelus Clarinus, *Ad Alvarum Pelagium. Apologia pro vita sua*, ed. Victorin Doucet, in «Archivum franciscanum historicum», 39 (1946), pp. 94 sgg. Per la discussione tra i due cfr. Potestà, *Angelo Clareno*, pp. 251 sgg.

58. Cfr. Manselli, *Spirituali e beghini*, pp. 143 sgg. e 179 sgg.; vedi anche Mariano d'Alatri, *Movimenti religiosi e popolari umbri: il beato Tomasuccio e l'inquisizione*, in Id., *Eretici ed inquisitori in Italia. Studi e documenti*, II, *Il Tre e il Quattrocento*, Roma, Istituto storico dei Cappuccini, 1987, pp. 222 sgg.

59. *Historia*, pp. 291 sgg.

samaritana.[60] Se il calco è voluto, con implicita allusione a quell'episodio, resta indecifrabile, se non a prezzo di troppe forzature, la sua portata. Ma, pur se meno letterale, anche un altro riferimento scritturale è possibile, carico di più pregnante significato se lo si collega a quel rifiuto di udire la verità che Angelo rinfaccia al papa: penso cioè a Matteo 27,45, a quella «hora sexta» a partire dalla quale, per annunciare l'imminente morte di Cristo, «tenebrae factae sunt super universam terram». Se questa è l'allusione voluta, sono evidenti le implicazioni che, nella sua cripticità, essa poteva assumere agli occhi di lettori avvertiti e predisposti.

6. Un ulteriore problema generale che emerge dal racconto dell'*Historia* riguarda i caratteri dello scontro allora in atto come le ragioni della sua estrema violenza. E proprio la ricorrente violenza della repressione, spesso attuata sempre cercata, evidenzia la complessità dello scontro ma aumenta le domande sul perché di esso. Il racconto di Angelo, se si prescinde dalla sua interpretazione complessiva, offre tanti episodi staccati in un arco di più di quarant'anni, episodi che solo l'ispirazione diabolica dei persecutori unifica in un unico processo. Una tale spiegazione enfatizza ulteriormente la radicalità della contrapposizione, ma lascia tutte aperte le domande sulle ragioni del carattere estremo da essa assunto. L'oggetto della contesa, almeno in partenza, è in qualche modo interno ai Minori: riguarda l'osservanza della povertà indicata nella regola e il giudizio da dare sullo sviluppo assunto dall'ordine, riguarda insomma, per dirla in una formula, la sua identità. È evidente però che le implicazioni di tale contrasto travalicarono ad un certo momento questi ambiti: sollevano questioni che investono la Chiesa intera, la sua struttura gerarchica e il suo modo di essere. Un momento chiave è stato ben individuato venticinque anni fa da Jacques Paul:[61] l'equivalenza di regola e vangelo e la centralità in essi della povertà, da decenni elementi cardine della riflessione e dell'apologetica minoritica, diventano un fattore esplosivo nel momento in cui vengono inseriti in un contesto di riflessione ecclesiologica, riproposti e ripensati cioè in funzione della Chiesa; e diventano un fattore esplosivo in quanto

60. Ivi, p. 292, n. 139.

61. *Les Spirituels, l'Église et la papauté*, in particolare pp. 260 sgg. Vedi anche Yves Congar, *Les positions ecclésiologiques de Pierre Jean-Olivi d'après les publications récentes*, in *Franciscaines d'Oc*, pp. 155-164, e le considerazioni di Ovidio Capitani, *Il francescanesimo e il papato da Bonaventura a Pietro di Giovanni Olivi: una riconsiderazione*, in Id., *Figure e motivi del francescanesimo medievale*, Bologna, Pàtron, 2000, pp. 36 sgg.

sembrano mettere radicalmente in discussione, nonostante tutte le cautele e le distinzioni via via introdotte nella polemica, l'intero suo assetto presente. Mi domando tuttavia se tale constatazione basta a spiegare tutto, se cioè la consapevolezza che tale era la posta in gioco stia effettivamente alla base delle diverse iniziative repressive via via assunte, nell'arco di quei quaranta e più anni oggetto delle ultime tre tribolazioni. Lo insinuano nelle loro accuse al concilio di Vienne i procuratori della Comunità ma si tratta, almeno per ciò che riguarda gli scritti e le posizioni di Pietro di Giovanni Olivi, di un'accusa strumentale: enuncia una potenzialità, esprime tutta la loro avversione, ma non individua ancora un fatto largamente riconosciuto né una tendenza ormai comune agli Spirituali, soprattutto non basta a spiegare le persecuzioni e le ostilità feroci del passato.[62] Quell'accusa funzionerà pienamente per Giovanni XXII, che non a caso però andrà ben oltre la repressione dei gruppi spirituali per colpire i presupposti stessi della scelta e dell'identità minoritiche. Ma per gli anni precedenti è soprattutto altrove credo che si deve cercare. Se infatti già all'indomani del Lione II, nella discussione tra i frati delle Marche entra in ballo l'autorità del papa, cui si nega da parte di alcuni che possa portare modifiche alla regola, in quanto analoga al vangelo e suggerita a Francesco dallo Spirito Santo,[63] non sembra questa la questione centrale dei dibattiti e delle contrapposizioni dei decenni seguenti. Era in gioco l'ordine, il suo status, il giudizio da dare su di esso. Era questa la vera questione di fondo, che la discussione se l'«usus pauper» fosse parte integrante o meno della professione regolare, e dunque della «perfectio evangelica» che dell'ordine era connotato distintivo, concentrava in una formula semplice ma non priva di ambiguità. David Burr ne ha analizzato efficacemente portata e implicazioni.[64] Ma ciò che per i frati della Comunità effettivamente contava era il fatto che l'ordine si presentava fedele al proprio voto, osservava la regola e le dichiarazioni pontificie, e dunque in quanto tale non abbisognava di riforma. Se è vano cercare in Angelo Clareno una rappresentazione equanime delle motivazioni dei

62. Cfr. le considerazioni di Raimondo di Fronsac e di Bonagrazia da Bergamo sulle conseguenze per l'istituzione ecclesiastica contenute nell'affermazione che l'«usus pauper est de substantia votis perfectionis apostolice» (affermazione non solo «falsa et erronea», ma «impingens in statum universalis ecclesie») (Franz Ehrle, *Zur Vorgeschichte des Concils von Vienne*, in «Archiv für Literatur und Kirchengeschichte des Mittelalters», 3, 1887, pp. 154 sgg.).

63. Cfr. Gratien de Paris, *Histoire de la fondation et de l'évolution*, pp. 378 sgg.

64. Cfr. Burr, *Olivi e la povertà francescana*, in particolare pp. 57 sgg. e *passim*.

suoi avversari, è lui stesso a dirci che queste erano le considerazioni che stavano alla base della loro posizione.[65] È tale fiera rivendicazione di totale fedeltà ai caratteri fondanti la religio minoritica il nocciolo duro della loro difesa e la ragione insieme del loro attacco contro gli zelatori, non a caso definiti «ordinis destructores et diffamatores».[66]

E tuttavia confesso di restare interdetto. È da qui e per questo il carattere estremo della loro ostilità, il loro odio, e la violenza e ferocia della loro repressione? È solo per difendere se stessi, il proprio *status* e genere di vita? Interrogarsi su questo può apparire ingenuo a quanti risolvono ogni questione del genere richiamandosi alle concezioni e ai costumi del tempo: un *passe-partout* che, in realtà, ci dice ben poco. Diceva poco allo stesso Angelo che è costretto a demonizzare i propri avversari per capirci qualcosa. Che ostilità estrema e violenza ci siano mi pare indubbio. La testimonianza di Angelo è inequivocabile e difficilmente contestabile a questo riguardo. «Furor [...] fratrum communium erat implacabilis contra eos»,[67] scrive Angelo, ricordando la persecuzione cui i frati di Siria avevano sottoposto il gruppo fuggito in Armenia, né egli esita a definire i procedimenti usati contro Tommaso di Castro Mili «un'offesa alla natura, alla legge, alla grazia».[68] Di odio, odio implacabile, egli parla più volte e in diverse circostanze[69] e terrificante è la descrizione delle condizioni di detenzione di Ponzio Botugati perché si era rifiutato di consegnare alcuni trattati di Pietro di Giovanni Olivi.[70] Così come sinistramente allusiva è la risposta di Ubertino a Giovanni XXII che lo invitava a provare a tornare per breve tempo tra i frati: «Che io debba abitare anche un solo giorno tra costoro e non avrò più bisogno che né voi né altri provvediate a me in questa vita».[71] Sono solo alcuni esempi, eloquenti di per sé, di atteggiamenti e comportamenti consolidati. Parlare solo di durezza e rigore nel ricorso al principio

65. Cfr. *Historia*, pp. 281 sgg., dove sono riprese pressoché alla lettera alcune affermazioni di Raimondo di Fronsac e di Bonagrazia da Bergamo nella loro replica ai quattro articoli presentati da Raimond Geoffroy (Ehrle, *Zur Vorgeschichte des Concils von Vienne*, pp. 152 sgg.).

66. Cfr. *Historia*, p. 268 (vedi anche p. 221).

67. Ivi, p. 227.

68. Ivi, p. 222.

69. Ivi, pp. 201, 203, 230, 241, 287.

70. Ivi, pp. 215 sgg.

71. Ivi, p. 305 (ma vedi anche, per pericoli del genere in cui gli Spirituali sarebbero incorsi, p. 285).

di autorità, richiamare la ricorrente, ma peraltro non univoca accusa di eresia che affiora di tanto in tanto, non mi pare sufficiente. Mette in luce al più le categorie normative concettuali cui si volle ricorrere, ma non svela le radici profonde, i perché di quell'ostilità, della ricerca accanita alla repressione fisica. Il problema tuttavia esiste: impone di tentare una risposta anche se manca una documentazione esplicita cui fare riferimento. Non è una mancanza da poco. Apre al rischio di forzature indebite e di anacronismi. È un rischio tuttavia che va corso in piena consapevolezza. Per dirla con quel grande francescanista che fu Théophile Desbonnets «c'est probablement l'anachronisme volontaire qui permet à l'histoire d'être autre chose que de la poussière remuée».[72]

Ai primi del Novecento un religioso che non mancava di esperienza di lotte fratesche ha parlato dell'«odium theologicum» come del «più efferato del mondo», che «non ha confini né di verità né di carità né di civiltà».[73] Lo spunto è accattivante, ma suggerisce una risposta in termini ancora troppo generali. Penso che essa vada almeno in parte cercata all'interno della storia stessa dei Minori, nell'altissimo concetto della loro identità, nella volontà costantemente espressa di comporre e mantenere in coerente unità i connotati che il fondatore aveva voluto imprimere loro con le condizioni che l'impegno ecclesiale aveva creato per l'ordine. Per decenni, dalla metà del secolo, di fronte alla polemica dura dei maestri secolari, alle ironie e ai dubbi, periodicamente riaffioranti, dei domenicani, essi avevano rivendicato l'eccellenza assoluta della loro scelta, il carattere esclusivo della «perfectio evangelica» che li contraddistingueva. Avevano strappato a Niccolò III una bolla, la *Exiit qui seminat*, che ne confermava sostanzialmente la pretesa, «ad compescendum quorundam mordaces insultus contra regulam».[74] La vittoria poteva sembrare decisiva. Ma con l'agitazione degli Spirituali il discorso si riapriva con prospettive ben più minacciose: perché l'assalto veniva dall'interno, perché erano frati

72. Cfr. Théophile Desbonnets, *Le saint François de la Communauté des origines au Concile de Vienne*, in *Francesco d'Assisi nella storia - secoli XIII-XV*, vol. I, a cura di Senus Gieben, Roma, Istituto storico dei Cappuccini, 1983, p. 21.

73. Così Giovanni Genocchi in alcune sue lettere, cit. in Francesco Turvasi, *Giovanni Genocchi e la controversia modernista*, Roma, Edizioni di Storia e Letteratura, 1974, p. 337.

74. Cfr. *Chronica XXIV generalium ordinis Minorum*, «Analecta franciscana», t. III, Ad Claras Aquas (Quaracchi), 1897, p. 369; sul contesto della sua pubblicazione cfr. Burr, *Olivi e la povertà francescana*, pp. 150 sgg., e n. 50.

dell'ordine ad accusare di palese contraddizione la maggioranza, con rilievi e argomenti che ricordavano quelli dei loro avversari (non è un caso che Raimondo di Fronsac e Bonagrazia da Bergamo ricorrano nella loro risposta, pur senza citarli esplicitamente, a testi delle polemiche passate, come l'*Epistola de tribus questionibus*, di Bonaventura).[75] Ma così non solo veniva riaperto un discorso che si voleva considerare chiuso, perché si rischiava anche di scoprire il fianco a nuovi attacchi di avversari esterni sempre in agguato. I fini tra costoro e gli Spirituali erano del tutto diversi: ma gli uni e gli altri rimettevano in discussione e minacciavano di distruggere un equilibrio identitario con tanta fatica raggiunto. Che fossero dei Minori a farlo riusciva doppiamente intollerabile. Frati della Comunità e Spirituali si gloriavano dello stesso fondamento, la «perfectio evangelica», unica ed esclusiva nella Chiesa del presente. Ma proprio questa comune rivendicazione di esclusività e di eccellenza li rendeva nemici acerrimi nel momento in cui i comportamenti che ne derivavano divergevano radicalmente. La violenza senza remissione della repressione nasce anche da qui. L'esaltazione del proprio stato di vita porta al limite estremo la violenza contro chi dall'interno contesta la fondatezza e la legittimità di essa, sulla base dei comportamenti reali, e dunque in riferimento al momento delicatissimo del rapporto dell'ordine con la società circostante. Era un tarlo che rodeva l'efficacia stessa della presenza storica del movimento francescano. La crisi gravissima apertasi con Giovanni XXII mostra che in qualche modo le preoccupazioni dei frati della Comunità non erano infondate. Ma nemmeno Angelo Clareno ha torto quando, commentando quella vicenda e la sorte dei capi della Comunità, scrive sarcasticamente: sono caduti nella trappola che avevano preparato per gli altri.[76]

L'*Historia septem tribulationum*, con la sua testimonianza, evidenzia l'aspetto forse più drammatico della storia del movimento francescano, ciò che ha costituito la ragione profonda delle sue debolezze, e insieme della sua sempre riproposta vitalità: quel voluto impegno di continuità e di fedeltà, che animava entrambe le parti in conflitto, ma che portava in sé e su entrambi i versanti, per i termini stessi in cui via via si era venuto e si veniva esprimendo e realizzando, la ricorrente deformazione unilaterale, per

75. Cfr. Ehrle, *Zur Vorgeschichte des Concils von Vienne*, p. 148, rr. 14-21, da confrontare con il passo coincidente dell'*Epistola de tribus questionibus*, in S. Bonaventurae *Opera omnia*, VIII, Quaracchi, Collegio S. Bonaventura, 1898, pp. 332 sgg.
76. *Historia*, p. 306.

non dire la smentita, dei suoi caratteri originari; e dunque, di conseguenza, per l'esaltazione irrigidita del proprio stato che i contendenti operavano, l'aspra necessità di contrapposizioni e di lacerazioni irremissibili, incapaci di ritrovare una composizione che non contemplasse l'annullamento e la scomparsa della parte avversa.

# Gli scritti di Francesco come fonti per la storia delle origini minoritiche*

È di Paul Sabatier – lo si riconosce ormai da tutti – il merito di aver riportato gli scritti di Francesco al centro degli studi sulle origini dei Minori. Ancora pochi anni prima, in un libro peraltro denso di erudizione, Karl Müller li giudicava di così scarso interesse conoscitivo da poterli trascurare «quasi del tutto».[1] Ma la faccenda non riguarda solo la storiografia professionale. Sarebbe questione di non piccolo peso, sia per la storia delle famiglie religiose che a Francesco si richiamano, sia, più largamente, per la storia stessa dei modi e dei termini con cui la pratica cristiana si espresse e si configurò nelle società europee del basso Medioevo, cercar di capire le ragioni che ne fecero per secoli meri scritti edificanti di ascesi e di pietà, oscurandone l'importanza e lo spessore:[2] importanza fondamentale per poter cogliere i caratteri e le modalità di attuazione della proposta cristiana di Francesco, non priva indubbiamente di elementi comuni ad altre esperienze religiose contemporanee ma anche così specifica e nuova per la straordinaria compattezza e coerenza dei termini in cui cercò di realizzarsi; spessore inconsueto di riflessione teologica e spirituale, capace di innestare, in inscindibile unità, la concretezza dei comportamenti via via assunti

* «Il testo viene riprodotto così come è stato letto a Roma, 10-12 aprile 2002, congresso internazionale a 25 anni dalla edizione degli *Opuscula* di K. Esser. Le note sono ridotte all'essenziale». Edito in *Verba Domini mei. Gli* Opuscula *di Francesco d'Assisi a 25 anni dalla edizione di Kajetan Esser ofm*, Atti del Convegno internazionale, Roma, 10-12 aprile 2002, a cura di Alvaro Cacciotti, Romae, Editionum Antonianum, 2003, pp. 149-171.

1. *Die Anfänge des Minoritenordens und der Bußbruderschaften*, Freiburg in B., Mohr, 1885, p. 3, n. 1.

2. Alcune ulteriori osservazioni al riguardo in Giovanni Miccoli, *Gli scritti di Francesco*, in *Francesco d'Assisi e il primo secolo di storia francescana*, Torino, Einaudi, 1997, pp. 54 sgg.

o suggeriti sulla scelta di fondo che ne costituiva e ne doveva costituire la costante ispirazione. Gli studi su tali scritti contano ormai centinaia e centinaia di titoli. Né credo siano ancora esaurite le sorprese che essi sono in grado di offrire, soprattutto nella misura in cui si sappia non perdere di vista il filo sotterraneo che li rende un tutto unitario, malgrado la varietà delle occasioni e delle circostanze cui devono la loro stesura.

Non è di tali aspetti tuttavia che sono stato invitato a parlare qui. Il punto di vista che mi è stato proposto è infatti – o quantomeno così l'ho inteso – del tutto particolare e più limitato. Perché si tratta di prendere in esame gli *Scritti* per ciò che offrono di indicazioni e suggerimenti riguardo allo svolgimento storico delle origini minoritiche, ossia al progressivo raccogliersi, formarsi e articolarsi intorno a Francesco e al nucleo iniziale dei suoi seguaci di un numero crescente di uomini e donne che diedero vita in pochi anni ad un ordine religioso maschile e ad una comunità conventuale femminile, capostipite a sua volta di una congregazione o ordine religioso che troverà nelle Povere Dame di San Damiano il suo punto di riferimento.

È troppo ovvio ricordare che alla base di tutto ciò stavano la scelta e la proposta cristiana di Francesco, incentrate sul «sequi vestigia Christi», sull'impegno cioè di riproporre nella società del suo tempo il modo di vita e i comportamenti che, per lui, avevano caratterizzato l'intero percorso terreno di Cristo; e dunque, a partire da ciò che fu la sua incarnazione, la scelta di vivere povero tra i poveri, senza possessi e beni, vivendo del lavoro delle proprie mani o, come gli altri poveri, di mendicità quando il lavoro non fosse bastato a procacciare i mezzi necessari di sussistenza, senza garanzie e fisse dimore, rinunciando ad ogni strumento di potere e di affermazione di sé, per tornare ad offrire così, in primo luogo con la propria testimonianza di vita, un modo di essere che rovesciava i criteri, i valori e i comportamenti consueti nella società, secondo l'esempio appunto lasciato da Cristo, «qui cum dives esset super omnia, voluit ipse in mundo cum beatissima Virgine, matre sua, eligere paupertatem».[3]

Gli scritti di Francesco offrono, per la varietà stessa di situazioni e circostanze cui si riferiscono, l'insistita riproposizione di questo tema di fondo, ripensato e rimodulato nei termini confacenti alle condizioni del momento, con la concretezza eloquente di un modo di essere costantemente chiamato ad esprimere il proprio modo di sentire. Se la scelta del «sequi

3. *EpFid* II 5.

vestigia Christi» e di «vivere secundum formam sancti evangelii» costituì il punto d'arrivo di quei due-tre anni di ricerca che Francesco visse tra la decisione di abbandonare il secolo e la scoperta della sua vocazione definitiva, non è illegittimo pensare che le molteplici modalità concrete con cui tradurre quella scelta vennero via via precisandosi negli anni successivi, com'è attestato del resto dal processo di dilatazione discorsiva che caratterizzò il formarsi della *Regula prima*. Così come si può tranquillamente ammettere che l'aggregarsi a lui del primo gruppo di seguaci avvenne nella sostanziale adesione agli elementi di fondo di quella scelta, cui il carisma misterioso di quel piccolo uomo dovette conferire una persuasività, un fascino e una capacità di attrazione tutte particolari.

Non è tuttavia sui diversi aspetti costitutivi della proposta di Francesco appena ricordati che intendo soffermarmi qui, anche se sono essi che costituirono l'ossatura su cui si innestarono e presero corpo la formazione e la crescita del gruppo, il progetto cioè che, per Francesco, doveva essere alla base della *fraternitas* e poi dell'ordine dei Minori. Ne ho scritto più volte, ed è irritante per sé e per gli altri continuare a ripetersi.[4] Dando dunque per acquisita la centralità di tali aspetti nella storia di Francesco e dei suoi, è da un altro punto di vista e con altri intenti di ricerca che ho ripreso l'esame dei suoi scritti, altre sono le domande che ho cercato di rivolgere loro.

Sono un punto di vista e domande volti a cercare di cogliere ciò che quegli scritti offrono, direttamente o indirettamente, di indicazioni e notizie sui caratteri e sui problemi che la crescita del gruppo assunse e venne ponendo, sui suoi scarti e sulle sue difficoltà, sulle sue dinamiche interne e sulle sue interazioni con il contesto circostante: tutti quegli elementi insomma, marginali se vogliamo rispetto al progetto di Francesco, e che tuttavia sono parte integrante, e per tanti aspetti decisiva, del primo quindicennio della storia dei Minori.

Si tratta di un'analisi e di un censimento non poco complessi e che possono condurre a conclusioni infondate o arbitrarie. Affiancati all'illu-

4. Cfr. tra gli altri, *La proposta cristiana di Francesco d'Assisi*, in *Francesco d'Assisi. Realtà e memoria di un'esperienza cristiana*, Torino, Einaudi, 1991, pp. 33-96; *Un'esperienza cristiana tra Vangelo e istituzione*, in *Dalla "sequela Christi" di Francesco d'Assisi all'apologia della povertà*, Atti del XVIII Convegno internazionale, Assisi, 18-20 ottobre 1990, Spoleto, Centro italiano di studi sull'alto Medioevo, 1992, pp. 3-40; *Gli scritti di Francesco*, pp. 35-69; *Francesco e la Verna*, in *Itinerarium montis Alvernae*, Atti del Convegno di studi storici, vol. I, a cura di Alvaro Cacciotti, in «Studi francescani», 97, 3-4 (2000), pp. 21-55.

strazione dei caratteri della sua proposta, gli scritti di Francesco infatti pullulano di messe in guardia, rimproveri, comandi, raccomandazioni, su comportamenti da evitare, su atteggiamenti da cui rifuggire. Non credo possano essere tutti regolarmente letti e assunti come indizio o segnale di fenomeni in corso nella *fraternitas* e poi nell'ordine. Ma credo anche che in non pochi casi sia proprio così. Il problema di discernere il certo o il probabile dall'incerto e improbabile si pone dunque costantemente e non sempre permette soluzioni sicure. Né tale cernita, in funzione della storia dei Minori, può essere limitata alla rilevazione dei divieti o delle "inserzioni in negativo". Perché non ci si può non domandare se e in quale misura i mutamenti che il gruppo subì nel corso del tempo, sia da un punto di vista quantitativo sia per il fatto di divenire un ordine religioso, si riflettano e presentino ricadute negli scritti di Francesco, in riferimento alle funzioni cui lui e i suoi frati erano chiamati e al loro modo di porsi e interagire nella società.

Stabilita così una delimitazione al mio campo di indagine, credo doveroso aggiungere tuttavia due ulteriori osservazioni preliminari. Se è vero, come scrisse il padre Esser, che «seul celui qui entretient des questions trouvera des réponses»,[5] è altrettanto certo che sono molte più le domande e le questioni che quei testi fanno nascere rispetto alle soluzioni che possono offrire. In effetti, dall'esame che ho condotto, non credo si possa dire che ho ricavato cose nuove, ma piuttosto la messa in evidenza di alcuni aspetti, qui considerati da un punto di vista che definirei meno consueto.

Se ci si chiede quali elementi e quali notizie offrano gli scritti di Francesco intorno alla crescita, all'articolarsi e al disporsi del gruppo nel tempo e nello spazio è indubbiamente alla *Regula sine bulla* o *Regula prima* ossia al testo che non è suo soltanto, che ci si deve in primo luogo rivolgere per cercare una risposta. I fondamentali studi di David Flood sulla formazione del testo, cui vanno aggiunte le tante osservazioni preziose di Théophile Desbonnets, l'hanno mostrato con chiarezza.[6] Il progressivo giustapporsi

5. Kurt Esser, *Présentation*, in David Flood, Willibrord Van Dijk, Thaddée Matura, *La naissance d'un charisme. Une lecture de la première Règle de saint François*, Paris, Éditions Franciscaines, 1973 (Présence de saint François, 24), p. 6.

6. Cfr. David Flood, *Die Regula non bullata der Minderbrüder*, Werl/Westf., Dietrich-Coelde-Verlag, 1967 (Franziskanische Forschungen, 19), p. 168; Id., *La genèse de la Règle*, in Flood, Van Dijk, Matura, *La naissance d'un charisme*, pp. 25-84; Théopile Desbonnets, *De l'intuition à l'institution. Les franciscains*, Paris, Éditions franciscaines, 1983, in particolare pp. 41-48.

in esso, quasi per stratificazioni successive, di quanto venne via via collettivamente deciso per far fronte alle varie evenienze della vita in termini che restassero fedeli al proprio proposito, ma anche per rispondere alle sollecitazioni provenienti dalla curia romana e dalla società, non rappresenta soltanto una documentazione fondamentale per cogliere i termini e le caratteristiche con cui il progetto di «vivere secundum formam sancti evangelii» andava prendendo corpo nella società, ma offre anche – ed è ciò che qui mi interessa rilevare conformemente al punto di vista assunto per la mia ricerca – un significativo complesso di indicazioni sui mutamenti in corso nella *fraternitas* come sulle spinte e le tensioni interne e sulle influenze e le pressioni esterne che ne condizionarono l'andamento.

Poco o nulla si può dire con sicurezza delle ricadute che le deliberazioni del Lateranense IV ebbero sulla regola.[7] Altri aspetti però sono del tutto evidenti e sono stati più volte rilevati. È fuor di dubbio, ad esempio, che l'*annus probationis* previsto per le nuove reclute dal capitolo II della regola[8] – passo decisivo nel costituirsi della *fraternitas* in ordine religioso – non fa che recepire le disposizioni della «Cum secundum consilium» del 22 settembre 1220, frutto a sua volta di perplessità e critiche di ambienti ecclesiastici per l'incontrollata libertà dei Minori, perplessità e critiche di cui la lettera di Giacomo di Vitry della primavera di quello stesso anno costituisce un'esplicita testimonianza.[9] Il capitolo sul lavoro, articolato in una serie di giustapposizioni successive, offre indirettamente indicazioni preziose sullo sviluppo e sul reclutamento del gruppo, ma anche sulle modalità che ancora ne caratterizzavano la vita. Disponendo infatti, con una di quelle inserzioni in negativo frutto delle esperienze in corso, che i frati «in quibuscumque locis steterint apud alios ad serviendum vel laborandum», non siano né «camerarii neque cancellarii neque praesint in domibus in quibus serviunt, nec recipiant aliquod officium, quod scandalum generet

7. Flood, *Die Regula non bullata*, pp. 125 sgg. Flood individua tuttavia un riecheggiamento di temi del concilio nei capitoli XVIII-XX e tracce dei suoi orientamenti nei capitoli XVI e XVII (pp. 128 sgg.): le sue osservazioni, acute come sempre, non mi sembrano però decisive.

8. *RegNB* II 8.

9. Cfr. *Lettres de Jacques de Vitry*, ed. Robert Burchard Constantijn Huyghens, Leiden, Brill, 1960, pp. 131 sgg. Cfr. Roberto Rusconi, *«Clerici secundum alias clericos»: Francesco d'Assisi e l'istituzione ecclesiastica*, in *Frate Francesco d'Assisi*, Atti del XXI Convegno internazionale, Assisi, 14-16 ottobre 1993, Spoleto, Società internazionale di studi francescani, 1994, p. 90.

vel animae suae faciat detrimentum»,[10] esso ci informa di più cose: in primo luogo che l'itineranza, senza sedi stabili, costituiva, al momento della stesura di quei divieti, il modo di vita prevalente tra i membri del gruppo. Solo così si spiega infatti il riferimento ai vari luoghi in cui i frati venivano a trovarsi «apud alios» a servire e a lavorare. E ciò doveva avvenire a uno stadio di sviluppo già relativamente avanzato, e con un reclutamento di personaggi dotati di una certa cultura e autorevolezza, se era potuto succedere che tra i lavori proposti figurassero compiti di direzione e uffici che presupponevano competenze non secondarie.

Che un tale processo fosse ampiamente in corso nella seconda metà degli anni Dieci, per cui si erano aggregati al gruppo chierici fomiti di cultura, che aspiravano del tutto naturalmente a posti di direzione e di comando e ad un'attività stabile di predicazione, è attestato anche dal capitolo XVII, là dove si prescrive che «nullus minister vel praedicator approprièt sibi ministerium fratrum vel officium praedicationis sed quacumque hora ei iniunctum fuerit, sine omni contradictione, dimittat suum officium».[11] La presenza di condizioni e tendenze del genere è del resto chiaramente riproposta nelle raccomandazioni a non gloriarsi della propria predicazione e dei consensi ottenuti né a confidare nella "sapienza del mondo" e nella brillantezza delle parole,[12] toccando quindi tasti che ritornano più volte nelle *Admonitiones*;[13] così come in questo stesso capitolo sembra riflettersi il crescente successo sociale dei Minori, se Francesco avverte il bisogno di rilevare con forza che a Dio soltanto e alla sua grazia va attribuito il bene che si riesce a compiere, mettendo in guardia tutti i suoi frati dal gloriarsi e dall'esaltarsi per ciò che stanno ottenendo.[14]

La stratificazione stessa di norme, prescrizioni, ammonimenti, divieti via via inseriti e giustapposti nel testo della *Regula prima* nel decennio intercorso tra l'approvazione ad opera di Innocenzo III delle poche e semplici parole che ne costituivano il nucleo originario[15] e la sua definitiva stesura del 1221, offre lo specchio della diversità di condizioni e di accoglienza che accompagnarono lo sviluppo e la crescita dei Minori nel corso di quegli anni. Riflettono una condizione di precarietà e di itineranza la lar-

10. *RegNB* VII 1.
11. Ivi, XVII 4.
12. Ivi, XVII 5-6, 9-11.
13. *Adm* VII; XIX 3; XX 3; XXI 2-3.
14. *RegNB* XVII 5-7, 17-18.
15. *Test* 15.

ga libertà di cui i frati possono godere nel cibo[16] – ma una norma in questo senso resta anche nella *Regula bullata*[17] – e soprattutto i ricorrenti richiami alla «necessitas» e al «tempus manifestae necessitatis» come fattori che possono fortemente condizionare la loro vita, con un'ampiezza di conseguenze e in termini che scompaiono in seguito. Chiaramente espressiva di una condizione iniziale che è ancora di irrisione e rifiuto da parte dell'ambiente circostante suona anche la raccomandazione che chiude nel capitolo II le indicazioni sull'estrema povertà che deve caratterizzare le vesti dei frati: «Et licet dicantur hypocritae, non tamen cessent bene facere».[18] E se già altri passi della *Regula prima*, come alcuni appena ricordati, sono evidente indizio di una situazione che nel frattempo era profondamente cambiata, clamoroso da questo punto di vista è il mutamento che nella *Regula bullata* Francesco, pochi anni dopo, è costretto a registrare in un contesto di discorso che è lo stesso della *Regula prima*:

> Et fratres omnes vestimentis vilibus induantur et possint ea repeciare de saccis et aliis peciis cum benedictione Dei. Quos moneo et exhortor, ne despiciant neque iudicent homines, quos vident mollibus vestimentis et coloratis indutos, uti cibis et potibus delicatis, sed magis unusquisque iudicet et despiciat semetipsos.[19]

I frati devono continuare a vestire, come un tempo, abiti estremamente poveri. Ma il rischio non è più che la gente intorno li derida chiamandoli ipocriti. La situazione si è rovesciata e il rischio, ora, è che siano i frati ad assumere atteggiamenti di superiorità e di critica verso quanti non sono e non fanno come loro. Nell'ottica di Francesco era una messa in guardia del tutto ovvia e scontata: ma il fatto che fosse impensabile pochi anni prima attesta la profonda dislocazione avvenuta nei rapporti dei Minori con la società circostante, non ultima ragione che ne aveva imposto la trasformazione in un ordine religioso, condotto, almeno in parte, secondo i criteri tradizionali che la secolare e consolidata esperienza regolare inevitabilmente suggeriva. Dei risultati delle pressioni esercitate in questo senso sui Minori – pressioni probabilmente non solo esterne, ma che nascevano anche dal loro stesso interno – già la *Regula prima* offre numerosi indizi. L'istituzione dell'anno di noviziato appena ricordata ne costituisce un esempio visto-

16. *RegNB* III 13; IX 13; XIV 3.
17. *RegB* III 14.
18. *RegNB* II 15.
19. *RegB* II 16-17.

so. Ed è secondo quest'ottica, credo, che vanno esaminati anche i rapporti con le donne quali risultano dai non molti cenni che figurano negli scritti di Francesco. Anche qui si tratta di una questione già ampiamente discussa, in particolare da Roberto Rusconi, Optatus van Asseldonk e Jacques Dalarun,[20] ma non sono i soli. E dunque mi limiterò a richiamarne alcuni tratti essenziali.

La *Regula prima* dedica alla questione il capitolo XII. Esso si presenta come un singolare impasto di divieti. Tutti i frati, «ubicumque sunt vel vadunt», devono guardarsi «a malo visu et frequentia mulierum». Nessuno deve intrattenersi in colloquio o andare per strada da solo con donne, né mangiare a tavola da uno stesso piatto con esse.[21] Sono divieti che chiaramente fanno riferimento ad una condizione di itineranza e agli usi di un'ospitalità temporanea. Vengono inoltre esclusi rapporti che implichino un coinvolgimento diretto nelle loro scelte religiose: nessuna donna infatti potrà essere ricevuta «ad obedientiam [...] ab aliquo fratre»; e se resta ammesso il «consilium spirituale», nessun frate tuttavia dovrà intromettersi nelle sue decisioni successive: «sed dato sibi spirituali consilio, ubi voluerit agat poenitentiam».[22] Di mano in mano che la presenza di sacerdoti nella *fraternitas* acquistò una qualche consistenza, con il conseguente profilarsi di forme di attività pastorale, si ritenne inoltre opportuno inserire una precisazione che attenuava il drastico divieto di avere, da soli, colloqui con donne: «Sacerdotes honeste loquantur cum eis dando poenitentiam vel aliud spirituale consilium».[23] Tale scontata concessione non infirmava tuttavia il tassativo divieto di aver parte o di farsi coinvolgere direttamente nelle loro scelte di vita religiosa.

David Flood ha messo in relazione l'insieme di tali misure con la necessità della giovane comunità dei Minori di distinguersi nettamente dai

20. Cfr. Roberto Rusconi, *L'espansione del francescanesimo femminile nel secolo XIII*, in *Movimento religioso femminile e francescanesimo nel secolo XIII*, Atti del VII Convegno internazionale, Assisi, 11-13 ottobre 1979, Assisi, Tipografia Porziuncola, 1980, pp. 263-313; Optatus van Asseldonk, *"Sorores minores". Una nuova impostazione del problema*, in «Collectanea franciscana», 62 (1992), pp. 595-634; Jacques Dalarun, *Francesco: un passaggio. Donna e donne negli scritti e nelle leggende di Francesco d'Assisi*, postfazione di Giovanni Miccoli, Roma, Viella, 1994.

21. *RegNB* XII, 1-2. Per un'analisi del capitolo cfr. Dalarun, *Francesco: un passaggio*, pp. 29 sgg.

22. *RegNB* XII, 4.

23. Ivi, XII 3.

contemporanei movimenti evangelici che univano uomini e donne in una comune esperienza, suscitando sospetti e condanne da parte delle gerarchie ecclesiastiche.[24] L'ipotesi è persuasiva. La preoccupazione di Francesco di rilevare, ribadire e preservare con cura la piena ortodossia dei suoi risulta del resto attestata nei suoi scritti. È una preoccupazione su cui ritornerò, ma che è indizio in ogni caso della sua consapevolezza che confusioni e compromissioni in questo campo erano in costante agguato; e forse risultato anche dei consigli e degli avvertimenti di quanti, nella curia, avevano a cuore i percorsi e i destini di un gruppo che poteva risultare strumento prezioso di presenza e di azione nella società.

Non credo tuttavia che tali considerazioni siano sufficienti per dare pienamente conto della portata delle implicazioni presenti nel capitolo XII della *Regula prima*. La volontà di evitare ogni rapporto e coinvolgimento stabile anche con le donne avviate ad una vita di penitenza non può infatti non aprire la questione delle relazioni di Francesco e dei Minori con Chiara e quelle tra le «sorores minores» che diverranno le Povere Dame di San Damiano. Se infatti la stessa larga itineranza dei frati, ben al di là dell'ambito assisiate, implicava occasioni e possibilità di relazioni e contatti con donne che, pur orientate a una scelta religiosa, nulla avevano a che fare con le damianite, è evidente tuttavia che i rapporti di Francesco e dei suoi con queste ultime vanno anch'essi situati in tale contesto e all'interno di un processo complessivo.

Già il fatto che il capitolo sia costruito per la gran parte su una serie di divieti suggerisce una condizione di rapporti tra i frati e le «mulieres religiosae» che si era presentata, e forse ancora in parte si presentava, in termini ben diversi. Che le cose in effetti stessero così lo confermano i casi ben noti di donne accolte «ad obedientiam» dallo stesso Francesco,[25] e i termini unitari, riferiti cioè a un movimento percepito come un'esperienza comune di uomini e di donne, usati da Giacomo da Vitry per presentare i «fratres» e le «sorores minores» incontrati a Perugia.[26] Ma è soprattutto la *Forma vivendi* che Francesco scrisse per il gruppo femminile raccoltosi intorno a Chiara a delineare una situazione del tutto contraddittoria con il

24. Cfr. Flood, *Die Regula non bullata*, p. 127.

25. Cfr. *ReCl* VI 1 («Paulo post conversionem ipsius, una cum sororibus meis obedientiam voluntarie sibi promisimus»); cfr. al riguardo anche la testimonianza della sorella Beatrice in *PrCa* XII 4, nonché *LegCl* 12; *3Cel* 181 (per il caso di Prassede).

26. *Lettres de Jacques de Vitry*, pp. 75 sgg.

capitolo XII della *Regula prima*. Chiara la ricorda nel capitolo VI della sua regola. Le parole con cui essa introduce lo scritto di Francesco definendolo, appunto, «forma vivendi», implicano, mi pare, l'esistenza di un testo più ampio: perché le parole attribuite a Francesco non dettano i termini di una «forma vivendi» ma consistono in realtà in una promessa che trova la sua ragione nella scelta di vita compiuta da quelle donne, peraltro solo sommariamente richiamata:

> Quia divina inspiratione fecisti vos filias et ancillas altissimi summi regis Patris caelestis, et Spiritui Sancto vos desponsastis eligendo vivere secundum perfectionem sancti evangelii, volo et promitto per me et fratres meos semper habere de vobis tamquam de ipsis curam diligentem et sollicitudinem specialem.[27]

Come ha notato Jacques Dalarun, Francesco, per definire quelle donne, ricorre a una terminologia molto vicina a quella usata comunemente per Maria.[28] Si tratta di qualificativi che rinviano, è sempre Dalarun a notarlo, a quell'intrico di rapporti parentali con il Cristo (*sponsi*, *fratres*, *matres*) cui si riferisce l'*Epistola ad fideles*, e che coinvolge insieme i «masculi» e le «feminae» «che fanno le opere del Padre e ne sono figli»,[29] qualificativi a loro volta corrispondenti alle formule impiegate nell'antifona mariale dell'*Officium passionis Domini*.[30] E già il rincorrersi di tali riferimenti suggerisce aspetti non trascurabili di scelte comuni e di comuni coinvolgimenti. Ma ancora più decisiva a questo riguardo, per i rapporti che lascia trapelare, è l'impegnativa promessa nei confronti di quelle donne che Francesco assume per sé e per i suoi, di averne cioè «curam diligentem et sollicitudinem specialem», ricorrendo dunque a una formulazione che presenta l'ennesimo caso di dittologia nei suoi scritti, con l'intento evidente di rafforzare al più alto grado il concetto espresso.[31] Né Francesco si limita a questo: perché egli precisa anche che l'attenzione che dedicherà a quelle donne sarà la stessa che egli ha per i suoi. È un'analogia che attesta nessi e incontri quanto mai stringenti e ravvicinati: ulteriormente evidenziati dalla scelta di vita di quelle donne («vivere secundum perfectionem sancti evan-

27. *FormViv* 1-2; *ReCl* VI 2-3.

28. Dalarun, *Francesco: un passaggio*, pp. 37 sgg.

29. *EpFid* II 49-53; cfr. Dalarun, *Francesco: un passaggio*, pp. 45 sgg.

30. *OffPass* I 2; Dalarun, *Francesco: un passaggio*, pp. 37 sgg.

31. Cfr. Giovanni Pozzi, *Lo stile di san Francesco*, in «Italia medioevale e umanistica», 41 (2000), pp. 9 sgg.

gelii»), la stessa, mi pare di poter dire, sua e dei suoi frati, una scelta che è appunto la ragione di quella promessa.

Tutto sembra indicare insomma che la situazione qui delineata configura un contesto di rapporti opposto e contraddittorio a quello disegnato nel capitolo XII della *Regula prima.* E dunque mi sembra difficile non concludere che quel capitolo non soltanto intendeva evitare confusioni con i movimenti evangelici contemporanei suscettibili di creare sospetti di eterodossia, ma mirava anche più precisamente, e probabilmente almeno in parte per le stesse ragioni, ad interrompere drasticamente quei legami che avevano unito alle origini i «fratres» e le «sorores minores»: legami fatti di rapporti privilegiati e di consonanze molto strette, che ancor più fanno risaltare il carattere in qualche modo lacerante del successivo processo di distacco.

È superfluo rilevare che ci si muove in un ambito di vicende povero in realtà di dati e notizie precise. La *Forma vivendi* e il capitolo XII della *Regula prima* segnano indubbiamente le diverse tappe di un percorso che non mancherà tuttavia di scarti e momenti contraddittori. Un'ulteriore tappa ne è offerta dal capitolo XI della *Regula bullata*, giustamente definito da Roberto Rusconi «di netto sapore canonistico».[32] L'accento batte sempre sulla netta separazione dalle donne, come il succedersi di frasi tutte introdotte dalla congiunzione negativa chiaramente sottolinea: «Praecipio firmiter fratribus universis, ne habeant suspecta consortia vel consilia mulierum, et ne ingrediantur monasteria monacharum».[33] I frati tuttavia appartengono ad un ordine religioso canonicamente eretto: e dunque un'eccezione è prevista per coloro soltanto che godranno di una speciale licenza della Sede apostolica, per svolgere, è da credere, l'incarico di visitatori e di assistenza pastorale nei monasteri femminili.

Una linea di fondo era così segnata: ne usciva la conferma della netta separazione dei Minori dai movimenti religiosi femminili, anche se era concessa, a certe condizioni, la cura pastorale verso comunità di donne. Ma forte e non scontata restava la cautela al riguardo, perché tale concessione era riservata a Roma e non, come sembrerebbe ovvio, alla dirigenza dell'ordine. Che le ragioni di tale cautela fossero soprattutto legate agli antichi, speciali rapporti che i Minori avevano intrattenuto con le «sorores» di San Damiano mi sembra pienamente confermato dall'interpretazione

32. *L'espansione del francescanesimo femminile*, p. 282.
33. *RegB* XI 1-2.

che la *Quo elongati* offrirà, a pochi anni dalla morte di Francesco, del capitolo XI della *Regula bullata*.

La questione posta a Gregorio IX dalla delegazione di frati era di sapere se il divieto di entrare nei monasteri di donne senza una «licentia specialis» della Sede apostolica riguardava indistintamente tutti i monasteri femminili, oppure, come finora avevano inteso i «fratres», solo quelli «pauperum monialium inclusarum» (la terminologia rinvia senza ombra di dubbio a San Damiano e ai monasteri ad esso collegati); tanto più che in tal senso si sarebbe espressa una costituzione emanata dai ministri provinciali al tempo dell'approvazione della regola, quando ancora era vivo Francesco.[34]

Il divieto riguarda tutti i monasteri, risponde Gregorio IX, rispettando così la lettera del capitolo XI. Ma la distinzione che egli introduce subito dopo ne precisa e ne limita drasticamente la portata. Gregorio IX distingue infatti tra i monasteri femminili in genere e quelli abitati dalle «pauperes moniales inclusae». Evitando i locali più propriamente destinati alle monache («claustrum, domos et officinas interiores»), frati idonei e maturi potranno frequentare le altre parti dei primi – come del resto possono fare gli «homines saeculares» – per predicarvi o chiedere l'elemosina, con il semplice permesso dei loro superiori. Ma ciò, precisa il papa, non vale per i secondi, per i quali resta necessaria la licenza speciale della Sede apostolica («exceptis semper predictarum monasteriis inclusarum, ad que nulli datur accedendi facultas sine licentia sedis apostolice speciali»).[35]

È una distinzione significativa, che non mi pare possa intendersi riferita solo al particolare regime di vita di quei monasteri (numerose ormai, com'è noto, erano le congregazioni monastiche femminili in cui una più rigida "clausura" era stata introdotta da tempo), né all'eccellenza tutta speciale, di nascondimento, preghiera, contemplazione, che da Roma si voleva implicita in quella loro scelta. È una distinzione che, alla luce di tutto ciò che la precede, è difficile non intendere anche come volta a mantenere una rigorosa separazione proprio tra quelle monache e i «fratres». Il fatto che tale distinzione si colleghi ad una tradizione interna all'ordine, attestata dalla costituzione dei ministri provinciali, suggerisce l'idea che anche il divieto del capitolo XI della *Regula bullata* avesse il fine primario

34. Cfr. *Quo elongati*, in Herbert Grundmann, *Die Bulle «Quo elongati» Papst Gregors IX.*, in «Archivum franciscanum historicum», 54 (1961), pp. 24 sgg.
35. Ivi.

di interrompere e chiudere i particolari rapporti che continuavano a legare i Minori (alcuni Minori?) alle damianite. Sette anni dopo la situazione non è cambiata. Per esse, ed esse soltanto, si sente la necessità di mantenere in vigore uno speciale divieto che non vale, o non vale più, negli altri casi. Perché? Perché lo chiedevano i frati? Una parte certamente sì, come suggeriscono la domanda stessa della delegazione e la costituzione dei ministri provinciali cui si fa riferimento, ma una parte probabilmente no, se si considera che tutte le questioni sottoposte a Gregorio IX si riferiscono a discussioni e contrapposizioni non irrilevanti verificatesi nel corso del precedente capitolo: proprio perché non si era riusciti a risolverle ci si era decisi a portarle davanti al pontefice.

Gregorio IX si schierò con i primi. Ma negare che i frati potessero intrattenere con le «pauperes dominae» persino lo stesso tipo di rapporti che intrattenevano con le altre monache attesta che il problema non era di fuggire le tentazioni della carne, evitando comunque di frequentare monasteri femminili se non a certe condizioni, ma che piuttosto vi era qualcosa in quel rapporto che ancora intrigava, che aveva stabilito legami e determinato comportamenti difficili da interrompere, che creava imbarazzi e difficoltà ad un ordine decisamente avviato ormai su altre strade rispetto alle origini. Mi pare insomma che la drasticità di quella norma si possa intendere solo in riferimento a quelli che erano stati i legami, sarei tentato di dire nella primitiva *fraternitas*, tra «fratres» e «sorores pauperes». Nella *Quo elongati* perciò, piuttosto che la prima manifestazione della riluttanza dei frati a prendersi cura delle suore di Chiara (quasi un preambolo insomma di quella discussione sulla "cura monialium" che imperverserà nei decenni successivi), penso si debba vedere espressa ancora una volta l'esigenza di ribadire in ogni modo l'interruzione di un legame e di un rapporto originari la cui memoria continuava ad operare, ed era così tenace, così difficile da cancellare, da imporre ancora, dopo non pochi anni, il ricorso ad un divieto tutto speciale.

Fu un processo di separazione e di distacco, l'ho già rilevato, certamente non privo di scarti, resistenze e difficoltà. Non mi soffermerò a ricordare le sparse testimonianze cronistiche e documentarie che attestano la persistenza di legami e rapporti tra frati e damianite anche al di fuori di incarichi istituzionali e ben oltre gli anni Venti.[36] Ma vi è anche un altro

36. Cfr. Giovanni Miccoli, *Postfazione* a Dalarun, *Francesco: un passaggio*, pp. 232 sgg.

scritto di Francesco che non manca di porre ulteriori problemi a questo riguardo. Si tratta di quell'«ultima voluntas» che egli indirizzò alle «dominae» di San Damiano, poco prima della morte, e che Chiara testualmente citò, sempre nel VI capitolo della sua regola:

> Ego frater Franciscus parvulus volo sequi vitam et paupertatem altissimi Domini nostri Jesu Christi et eius sanctissimae matris et perseverare in ea usque in finem; et rogo vos, dominas meas, et consilium do vobis, ut in ista sanctissima vita et paupertate semper vivatis. Et custodite vos multum, ne doctrina vel consilio alicuius ab ipsa in perpetuum ullatenus recedatis.[37]

Nel confrontare questo testo con la *Forma vivendi* Jacques Dalarun ha rilevato, nello stesso linguaggio usato, la spia dell'avvenuto distacco: non più «cura diligens» e «sollicitudo speciali» ma solo un «consilium», come già la *Regula prima* aveva stabilito.[38] Ma indubbiamente vi è anche dell'altro, ad attestare che Francesco non aveva perduto la memoria dell'antica promessa. Non è un caso, credo, che come nel Testamento maggiore, indirizzato a tutti i suoi fratelli, anche qui, rivolgendosi alle "sue signore", egli enunci preliminarmente caratteri e termini della sua scelta, per richiamare poi, in evidente connessione con essa, l'impegno delle une e degli altri. «Ego frater Franciscus parvulus volo sequi [...] et rogo vos, dominas meas, et consilium do vobis». È lo stesso andamento discorsivo del Testamento maggiore: «Et ego manibus meis laborabam et volo laborare, et omnes alii fratres firmiter volo quod laborent».[39] «Et firmiter volo obedire ministro generali [...] et alio guardiano quem sibi placuerit mihi dare [...]. Et omnes alii fratres teneantur ita obedire guardianis suis».[40] In entrambi i casi Francesco ricorda la propria scelta per richiamare le une e gli altri alle loro. In entrambi i casi egli si pone in qualche modo quale legittimo punto di riferimento.

Indubbiamente, da questo punto di vista, il confronto tra *Ultima voluntas* e *Testamentum* fa risaltare ancor di più la differenza di tono che Francesco usa verso le «dominae» rispetto a quello impiegato per i «fratres»: «rogo», «consilium do vobis», da una parte; «firmiter volo», «teneantur», dall'altra. Siano antiche memorie di un approccio suggerito dalla letteratura cortese e cavalleresca, sia il rifiuto di esercitare un'autorità sulle donne

37. *UltVol* 1-3; *ReCl* VI, 6-9.
38. Cfr. Dalarun, *Francesco: un passaggio*, p. 39.
39. *Test* 20.
40. Ivi, 27-30.

penitenti, come la *Regula prima* aveva stabilito, vi è evidentemente qualcosa che impedisce a Francesco di rivolgersi alle «sue signore» (e non «sorelle») nei termini con cui si rivolge ai suoi «fratres». Ma non mi pare che ciò infirmi il significato profondo di quell'andamento discorsivo. Al di là dei legami ormai allentati, Francesco continua a sentirsi coinvolto nella comune scelta degli uni e delle altre, avverte una personale responsabilità in entrambe le direzioni.

Lo conferma del resto l'oscuro imperativo con cui lo scritto si conclude: «Et custodite vos multum ne doctrina vel consilio alicuius ab ipsa [scil.: sanctissima vita et paupertate] in perpetuum ullatenus recedatis». Difficile pensare a una raccomandazione generica, priva di riferimenti concreti. La messa in guardia è imperativa e fa riferimento a possibili interventi di non secondario né disprezzabile spessore, se Francesco ritiene di qualificarli con termini come «doctrina» e «consilium». Penso sia vano chiedersi a quale o a quali personaggi Francesco pensasse. È indubbio che tentativi di indirizzare anche le damianite, come altre esperienze monastiche femminili, sempre più nel solco del modello benedettino furono in opera alla fine degli anni Venti,[41] ed è probabile che tentativi del genere fossero avvenuti anche prima. Ciò che tuttavia soprattutto conta è la consapevolezza di Francesco che tendenze miranti ad allontanare le «dominae» dalla povertà che avevano scelto erano in atto o comunque prevedibili. Anche a questo riguardo l'analogia con il *Testamentum* si fa stringente. I perentori ordini di Francesco a non considerare le case abitate come possessi né a chiedere lettere alla curia romana[42] si oppongono a fenomeni e orientamenti che trovavano favore e appoggi sia all'interno dell'ordine sia a Roma, in evidente contraddizione con le caratteristiche che egli aveva ritenuto essere costitutive di una scelta di povertà evangelica. Superfluo ricordare sull'emergere di tali orientamenti alcune inequivoche attestazioni delle fonti agiografiche. Emerge, dunque, anche da questo punto di vista, un'attenzione che, in Francesco, ancora accomuna «fratres» e «dominae», suscitata dalla percezione di comuni pressioni cui entrambi i gruppi erano sottoposti. Un ulteriore indizio, mi pare, che persisteva in Francesco la memoria di comuni radici, di reciproci legami, di un comune percorso, al di là del distacco che si era compiuto; ma attestazione anche che un'opera

41. Cfr. Marco Bartoli, *Chiara d'Assisi*, Roma, Istituto storico dei Cappuccini, 1989, pp. 172 sgg.

42. *Test* 24-26.

di "normalizzazione" delle esperienze nate dalla scelta e dalla proposta di Francesco era chiaramente in atto.

La parabola delle relazioni dei Minori con le donne, e con le «mulieres religiosae» in particolare – e tra costoro figuravano ovviamente anche Chiara e le sue compagne – costituisce un aspetto significativo del processo che accompagnò la trasformazione della originaria *fraternitas* in ordine religioso. È tale progressiva trasformazione infatti che determinò l'abbandono di quelle esperienze e di quei comportamenti che alle origini avevano permesso di stabilire stretti legami con le donne raccolte a San Damiano, ma anche con le altre «mulieres religiosae» che i «fratres» avevano accolto «ad obedientiam». Preoccupazioni curiali, pericoli di confusione con i contemporanei movimenti evangelici in odor di eresia, il penetrare tra i frati di schemi monastici di giudizio verso le donne (le *Vitae patrum* erano lette nei capitoli, ci ricorda la *Legenda trium sociorum*),[43] influirono variamente e condizionarono tale processo, che, al suo punto d'arrivo, comportò la rigida conventualizzazione delle donne e un disciplinamento realizzato almeno in parte secondo i canoni della tradizione regolare per i «fratres», condotti progressivamente a modificare stili di vita, equilibri interni, rapporti con la società circostante.

Tentare, attraverso gli scritti di Francesco, di fissare con precisione le diverse tappe e i diversi momenti che scandirono e determinarono queste modifiche, solo in rari casi è possibile. Molto più eloquenti al riguardo – Roberto Rusconi l'ha mostrato anni fa[44] – sono le bolle che la curia, dalla fine degli anni Dieci, cominciò ad indirizzare con crescente frequenza alla nuova "religio". Risalenti per la maggior parte agli ultimi anni della sua vita, gli scritti di Francesco corrispondono infatti ad una fase in cui la *fraternitas* aveva già conosciuto una prima imprevista espansione, allargando la propria presenza al di là degli stessi confini della cristianità, e trasformandosi per conseguenza in un ordine religioso cui doveva presiedere una regola ben definita e stabilita una volta per tutte. Perciò gli scritti di Francesco, direi, riflettono e registrano i profondi mutamenti avvenuti, ne segnalano i pericoli e ne combattono gli aspetti considerati devianti, ma anche fanno proprie e ne accolgono, come un frutto della grazia, le opportunità. Non permettono tuttavia di stabilire se e in quale misura la svolta istituzionale connessa al costituirsi della *fraternitas* in ordine reli-

43. *3Soc* 59.
44. *«Clerici secundum alios clericos»*, pp. 88 sgg.

gioso fosse percepita da Francesco in tutta la sua portata. Né sempre i fatti e le prospettive che ne risultano sono leggibili in una ben definita chiave di valutazione. L'impressione che se ne ricava rispetto alle condizioni dell'ordine è di un giustapporsi e intrecciarsi di aspetti contraddittori in cui ad un insperato e positivo dilatarsi di compiti, funzioni e responsabilità fanno riscontro devianze e scarti che in quello stesso dilatarsi hanno le loro radici e la loro ragion d'essere.

Un testo come l'*Epistola ad fideles* evidenzia con estrema chiarezza – l'ha messo bene in luce Raimondo Michetti in pagine penetranti e persuasive[45] – non solo la straordinaria ampiezza che Francesco era venuto ormai assegnando alla sua missione di annuncio e testimonianza, inquadrata in una precisa visione della storia della salvezza, ma anche la sua volontà e consapevolezza di dovere, per questo, rivolgersi direttamente a tutti i cristiani, ben al di là dunque dell'ambito del suo ordine e di quelle stesse schiere di penitenti che in vario modo erano con esso in contatto. Lo attesta, al di là dell'intestazione esplicita, la molteplicità di interlocutori che via via si profilano nel corso della lettera, diversi per condizione di vita e di scelte compiute, tutti accomunati però in quell'unico progetto di salvezza aperto dall'incarnazione di Cristo.

Questo aprirsi ad un quadro universale, che abbraccia l'umanità intera, si trova riproposto in quell'inno di preghiera e di lode offerto dal capitolo XXIII della *Regula sine bulla*, dove l'appello a nome proprio e dei suoi frati a perseverare «in vera fide et poenitentia [...] quia aliter nullus salvari potest»[46] si rivolge a tutte le categorie della società, disposte, a partire dagli ecclesiastici, in una catena che, nella sua stessa minuta, onnicomprensiva elencazione delle diverse condizioni umane, evocate singolarmente o con ritmo binario, sembra quasi paventare il rischio di inavvertite omissioni.[47]

Nell'*Epistola ad fideles* l'ordine in quanto tale non risulta specificamente nominato: i suoi appaiono come riassorbiti all'interno della più ampia ecumene cristiana. Ritornerò sul possibile significato di questa apparente assenza. Non credo tuttavia possa esserci dubbio che, agli occhi di Francesco, l'ordine era chiamato a svolgere e a continuare la sua stessa

45. Raimondo Michetti, *Lettera ai fedeli - A*, in Francesco d'Assisi, *Scritti*, a cura di Aristide Cabassi, Milano, Editrici francescane, 2002, pp. 467 sgg.

46. *RegB* XXIII 7.

47. Cfr. Jacques Le Goff, *Le vocabulaire des catégories sociales chez François d'Assise et ses biographes du XIII^e^ siècle*, in Id., *Saint François d'Assise*, Paris, Gallimard, 1999, pp. 125 sgg.

missione. Non a caso del resto, rivolgendosi a tutti i suoi frati in quella lettera che risale con ogni probabilità all'ultimo periodo della sua vita, Francesco ricorderà loro che il Signore li mandò «in universo mundo, ut verbo et opere detis testimonium voci eius et faciatis scire omnes quoniam non est omnipotens praeter eum».[48] Era quanto del resto viene prospettato nelle due lettere ai custodi (che i dubbi sull'attuale stesura della seconda non bastano a mettere in discussione), chiamati ad operare verso i chierici e verso le potestà secolari sempre secondo una linea di azione e di intervento che ha nella lode di Dio e nella venerazione per l'eucarestia il proprio fine primario.[49]

Sono inviti e aperture che costituiscono un evidente indizio che Francesco si sentiva investito da Dio di una missione che a lui, e proprio a lui, era stata affidata; un'idea che trovava se non la sua piena ragione certo la sua clamorosa conferma nello stesso straordinario raccogliersi intorno a lui di crescenti schiere di seguaci. Esplicitamente, nel suo *Testamento*, Francesco presenta come un dono della grazia l'arrivo dei primi fratelli, cui era seguita, mostratagli dal Signore, la scelta, per la propria vita, del modello del vangelo. La lettura della propria conversione, delle proprie scelte, della nascita e del formarsi della *fraternitas* (è all'antica qualifica che Francesco ritorna nel suo ultimo scritto) è svolta tutta sotto il segno della grazia, l'intero percorso si configura come frutto della volontà di Dio. È un aspetto questo che non può essere trascurato se si vuole cercare di capire come Francesco considerasse, negli anni Venti, gli avvenimenti che vedevano lui e i suoi assurti a un ruolo di inaspettati protagonisti nella Chiesa e nella società, di cui lo stesso successo di massa che salutava la sua comparsa e la sua parola offre inequivocabile attestazione (le famose testimonianze sulla sua predica bolognese ne costituiscono un raro ma preciso segnale).[50] Il criterio che egli elabora per giudicare tali svolgimenti comporta dunque in primo luogo un atteggiamento di accoglienza, di positiva accettazione, perché il dilatarsi del gruppo implicava inevitabilmente l'allargarsi del suo campo d'azione, dava ulteriore forza e apriva nuove possibilità ai compiti

48. *EpOrd* 9.
49. *EpCust* I 2-3; *EpCust* II 4-7.
50. Cfr. Leonardus Lemmens, *Testimonia minora saeculi XIII de* S. *Francisco Assisiensi*, Ad Claras Aquas, Typ. Collegii Sancti Bonaventurae, 1926, pp. 9 sgg. (per la testimonianza di Tommaso da Spalato); *Les sermons et la visite pastorale de Federico Visconti archevêque de Pise (1253-1277)*, sous la direction de Nicole Bériou, Roma, École française de Rome, 2001, p. 789 (per la testimonianza di Federico Visconti).

che egli aveva pensato per sé e per i suoi. Da questo punto di vista è difficile non ritenere che il costituirsi dell'ordine e lo stesso sostegno romano fossero avvertiti da Francesco come un fatto provvidenziale, la conferma (o l'indicazione?) che a lui e ai suoi competeva portare a tutti quei «nova signa caeli et terrae, quae magna et excellentissima sunt apud Deum et a multis religiosis et aliis hominibus minima reputantur».[51]

Non è questo però l'unico versante che gli scritti di Francesco suggeriscono rispetto alle vicende dei Minori. Nel momento stesso in cui attestano la loro espansione e dunque il positivo allargarsi del loro campo di azione e delle loro responsabilità, essi segnalano anche pericoli, deviazioni, insidie, l'emergere di atteggiamenti e tendenze giudicati negativamente che non è possibile considerare come mere indicazioni di astratte potenzialità future. Il *De vera laetitia* offre, sotto il velo dell'apologo, la testimonianza indubbia del formarsi tra i frati di una linea antagonistica rispetto a Francesco: rispetto al modo in cui egli pensava il ruolo dell'ordine e i caratteri della sua presenza nella società.[52] Né conclusioni diverse suggerisce il *Testamento*, sia nella nostalgica rievocazione dell'originario modo di essere dei fratelli, di cui con forza si rivendica la necessaria persistenza, sia nella drasticità dei divieti che ne completano il discorso. L'inconsueta durezza che affiora qui come in altri pressoché coevi scritti di Francesco configura una situazione giudicata di estrema emergenza, rispetto alla quale l'unica via d'uscita sembra essere la repressione.

Si tratta di un aspetto – e Grado Merlo l'ha da tempo opportunamente sottolineato[53] – non facilmente inquadrabile nell'insieme della proposta e degli orientamenti di Francesco. Segnala la gravità delle sue preoccupazioni per la vita dell'ordine, l'esistenza di contrasti la cui soluzione, quasi a volerli sottrarre al controllo dei frati, viene non a caso affidata al giudizio del cardinale protettore.[54] Un'emergenza, credo si debba aggiungere, che peraltro si presenta negli scritti di Francesco con molteplici facce, non unificabili cioè sotto un unico segno. Vi sono frati che non osservano la

51. *EpCust* I 1.

52. Cfr. Miccoli, *Un'esperienza cristiana*, pp. 10 sgg. e 37 sgg.

53. Grado Giovanni Merlo, *Tensioni religiose agli inizi del Duecento*, Torre Pellice, Società di studi valdesi, 1984, p. 11 sgg.; cfr. anche Kurt-Victor Selge, *Franz von Assisi und Hugolino von Ostia*, in *San Francesco nella ricerca storica degli ultimi ottanta anni*, IX Convegno del Centro di studi sulla spiritualità medioevale, Todi, 13-16 ottobre 1968, Spoleto, Centro italiano di studi sull'alto Medioevo, 1971, pp. 214 sgg.

54. *Test* 33.

regola (e non sempre si riesce a stabilire quali siano le infrazioni al riguardo), e che per questo Francesco non vuole considerare cattolici,[55] ma ve ne sono altri giudicati tali non in relazione all'inosservanza della regola,[56] e altri ancora «qui vagando vadunt, postposita regulae disciplina»,[57] dove è nel vagare (riproposizione di un costume antico?) l'elemento centrale dell'accusa. E poi vi sono predicatori e prelati che ritengono loro dovute le funzioni di comando,[58] e altri, parrebbe, che si attardano in pratiche ascetiche e in consuetudini conventuali considerandole a torto costitutive della loro scelta religiosa (se è così che vanno lette le messe in guardia della VI e XIV *Admonitio*),[59] e altri ancora che Francesco presenta troppo tronfi ormai della loro cultura per accettare i criteri originari di presenza minoritica.[60] E vi sono soprattutto frati, l'ho appena ricordato, che chiaramente si muovono secondo una prospettiva di impegno pastorale che li porta a mettere la sordina o ad abbandonare certi modi di essere che Francesco considera costitutivi del «sequi vestigia Christi», caratteristica fondante la vita sua e dei suoi.[61]

Questo insieme di indicazioni sembra insomma configurare l'emergere o il persistere nell'ordine di tendenze e spinte che nel discorso di Francesco risultano tutte devianti e che perciò vengono in qualche modo unificate nell'unico, insistito richiamo al dovere dell'obbedienza e dell'osservanza della regola, di cui il *Testamento* intende mostrare le radici e il significato.[62] Ma le diverse figure che si intravedono dietro a tali richiami profilano già situazioni e orientamenti divergenti che gli anni e i decenni successivi porteranno in piena luce.

Un'attenzione particolare, da questo punto di vista, meriterebbe, mi pare, l'*Epistola toti ordini missa*, l'altro grande testo che Francesco indirizzò a tutti i suoi frati presenti e futuri, in un tempo che appare segnato già dall'approssimarsi della morte: non ne costituisce un totale fraintendimento il titolo di *Testamentum beati Francisci* che un manoscritto ritenne di

55. *EpOrd* 44.
56. *Test* 31.
57. *EpOrd* 45.
58. *RegNB* XVII 4; *Adm* XIX 3-4.
59. *Adm* VI 3; XIV 2-4.
60. *VPLaet* 11.
61. *Test* 24-26; *VPLaet* 4-6.
62. *Test* 34.

poter apporre ad essa.[63] Non è questa la sede per analizzarla nel dettaglio. Non vi è dubbio che la lettera sviluppa e articola alcuni aspetti fondamentali della visione religiosa di Francesco, come nell'ampia parte dedicata all'eucarestia, che nel suo quotidiano riproporsi dà continuità alla presenza e all'insegnamento di Cristo nella storia,[64] così come nell'*oratio* che la chiude il tema del *sequi vestigia Christi*, emblema della sua scelta di vita, figura come elemento centrale e prima ragione della preghiera.[65] Si connette chiaramente alla trattazione dedicata al mistero eucaristico il fatto che buona metà del corpo della lettera è rivolta ai suoi «fratelli sacerdoti»:[66] un gruppo peraltro – non si può dimenticarlo – che tutte le attestazioni disponibili mostrano allora relativamente esiguo nell'insieme dell'ordine. Basta quella connessione a spiegare l'ampio spazio che Francesco dedica loro e l'insistenza tutta particolare con cui si sofferma sul modo di essere che i «fratres sacerdotes» devono fare proprio?

Sull'atteggiamento che i frati, tutti i frati, devono avere verso i sacerdoti, tutti i sacerdoti, anche se peccatori, Francesco non mostra esitazioni né dubbi. Le parole del *Testamento*, ma anche della *Regula prima* e delle *Admonitiones* non si prestano ad equivoci: piena dev'essere la venerazione e la sottomissione nei loro confronti, perché essi ed essi soltanto amministrano agli uomini il corpo e il sangue di Cristo.[67] Nel rivolgersi ai sacerdoti del suo ordine, ai suoi «fratelli sacerdoti», Francesco tuttavia articola diversamente il discorso. Non si può non constatare infatti che per lui proprio il fatto di essere i tramiti del compiersi quotidiano del mistero eucaristico impone loro un modo di essere che deve corrispondere sino in fondo, vorrei dire più di tutti gli altri frati, a quel modello di sottomissione e di umiltà che il Figlio di Dio ha offerto con la sua incarnazione e che costantemente ripropone nell'eucarestia.[68] La totale spogliazione e umiliazione di sé del Cristo ne sollecita un'analoga da parte del sacerdote che lo accoglie nelle sue mani:

> Totus homo paveat, totus mundus contremiscat et caelum exultet, quando super altare in manibus sacerdotis est Christus. Filius Dei vivi! O admiranda altitudo et

63. Cfr. Kurt Esser, *Die Opuscula des hl. Franziskus von Assisi*, zweite, erweiterte und verbesserte Auflage besorgt von Engelbert Grau, Grottaferrata-Roma, Collegii S. Bonaventurae ad Claras Aquas, 1989, p. 237.

64. *EpOrd* 26-29.

65. Ivi, 50-51.

66. Ivi, 14-33.

67. *RegNB* XIX 3; *Adm* XXVI 1-4; *Test* 6-10.

68. *EpOrd* 26-29.

stupenda dignatio! O humilitas sublimis! O sublimitas humilis, quod Dominus universitatis, Deus et Dei Filius sic se humiliat, ut pro nostra salute sub modica panis formula se abscondat! Videte fratres humilitatem Dei et effundite coram illo corda vestra, humiliamini et vos, ut exaltemini ab eo. Nihil ergo de vobis retineatis vobis, ut totos vos recipiat, qui se vobis exhibet totum.[69]

È un ordine di considerazioni che potrebbe riguardare ogni sacerdote, ma che qui è rivolto ai sacerdoti dell'ordine, riguarda essi ed essi soltanto: l'umiltà e la spogliazione totale di sé, che deve essere la loro, trova la sua duplice ragione nel privilegio di essere i tramiti dell'eucarestia ma anche nell'avere scelto come modello per la propria vita il modo di essere che è implicito in essa.

Da qui la domanda: vi è, in questo insistere di Francesco su tale aspetto, l'individuazione da parte sua di un pericolo nei rapporti interni dell'ordine, del pericolo cioè del costituirsi in esso di gerarchie rigidamente fissate, di forme di preminenza contraddittorie ai criteri e ai principi costitutivi della *fraternitas*? Affermarlo con certezza sarebbe una forzatura, ma l'ipotesi interpretativa mi sembra pienamente legittima. Non si tratta infatti soltanto di una questione che Francesco aveva ben presente, come altri interventi suoi evidenziano chiaramente.[70] Il costituirsi nell'ordine di rapporti irrigiditi e deformati poteva infatti essere suggerito anche da un meccanico trasferimento al suo interno di quell'atteggiamento di venerazione e di sottomissione verso i sacerdoti che Francesco aveva richiesto a tutti i suoi frati. Era un corto circuito che andava evitato. Lo spazio tutto speciale e il tipo di raccomandazioni che l'*Epistola toti ordini missa* dedica ai «fratres sacerdotes» troverebbero così una loro plausibile spiegazione; dando a loro volta attestazione di tendenze che stavano prendendo corpo tra i Minori, secondo una linea che non molti anni dopo diverrà pienamente vincente.

Non sono certamente tutte qui, in questa sommaria carrellata, gli spunti e le indicazioni che gli scritti di Francesco offrono sulle origini e le vicende dei Minori tra gli anni Dieci e Venti. Per questo, come per altri problemi, lo scavo andrà continuato. Un aspetto tuttavia mi preme sottolineare: i molti elementi che quegli scritti mettono in luce sulla crescita e l'espansione del gruppo iniziale e sulle divaricazioni, le difficoltà, i mutamenti che le accompagnarono, attestano nello stesso tempo la contraddittorietà con cui Francesco ne percepì e ne visse i molteplici aspetti e gli svolgimenti. An-

69. *Ibidem*.
70. *RegNB* XVII 4; *Adm* XIX 3.

che l'ordine, come la *fraternitas*, era una sua creatura, Francesco lo sentiva come un'opera che si era realizzata intorno a lui per volontà e con la grazia di Dio. Non mancavano tuttavia i segni che esso stava staccandosi da lui, che altre erano le strade che stava prendendo. Ciò tuttavia non poteva mettere in discussione la missione di cui egli si sentiva investito: una missione che, se aveva nell'ordine il suo naturale strumento, andava, per i termini stessi che la contraddistinguevano, anche al di là di esso. Il fatto che nell'*Epistola ad fideles* manchi un'esplicita menzione dei suoi, dell'ordine in quanto tale, ne offre, mi pare, un tacito indizio. Non diversamente, anche se da un altro punto di vista, suonano quelle memorabili parole con le quali, secondo Tommaso da Celano, Francesco morente prese congedo dai frati: «Ego quod meum est feci; quod vestrum est, Christus edoceat».[71] Il suo compito egli l'aveva svolto; gli orientamenti e i problemi dell'ordine non erano più nelle sue mani.

71. *2Cel* 214.

# Una storiografia inattuale?*

Mi scuserete se il mio intervento sarà disorganico, una chiacchierata un po' confusa, con divagazioni e riprese del discorso, seguendo almeno in parte i pensieri e i ricordi che mi si affollavano alla mente mentre ascoltavo le relazioni di queste giornate. Qualcuno, quando mesi fa se n'è avuta notizia, ha osservato che comunemente si tratta di iniziative che si prendono quando l'interessato è morto. Per parte mia, lo confesso, preferisco di gran lunga che la si sia presa me vivo. E dunque, per cominciare, sono doverosi, e più che doverosi, alcuni ringraziamenti.

In primo luogo a chi ne ha avuto l'idea e si è assunto il primo carico dell'organizzazione, ossia a Giuseppe Battelli e a Daniele Menozzi, due carissimi amici prima che colleghi e compagni di lavoro, e questo spiega molto del perché della loro iniziativa. E poi a tutti coloro che hanno accettato il pesante onere delle relazioni: è stato per me emozionante sentirmi leggere e vorrei dire sezionare con tanto impegno e rigore. Mi perdonerete tuttavia se non risponderò alle domande e ai rilievi critici che qua e là mi sono stati mossi, quasi sempre pienamente fondati. Dirò solo che certe durezze di giudizio riscontrate in alcuni miei scritti sono certamente criticabili: ma lo farci soprattutto perché nascevano da considerazioni affrettate. D'altra parte durante queste giornate troppe volte in questa sala è risuonato il nome Miccoli perché debba continuare a farlo anch'io, insistendo su cose dette e scritte. Altro dunque è il taglio che vorrei dare a questo mio

* Intervento conclusivo al convegno tenutosi a Roma, presso l'Istituto storico italiano per il Medioevo, nel settembre 2004 in occasione dei settant'anni di Giovanni Miccoli; pubblicato in *Una storiografia inattuale? Giovanni Miccoli e la funzione civile della ricerca storica*, Roma, Viella, 2005, pp. 11-19.

breve discorso, anche se, inevitabilmente, non vi mancherà un sotterraneo filo autobiografico.

E poi ancora il mio ringraziamento va alle istituzioni che hanno reso possibile l'attuazione di questo incontro: l'Università di Trieste, la Scuola Normale Superiore di Pisa e l'Istituto storico italiano per il Medioevo; e a questo stesso Istituto e al suo presidente, Massimo Miglio, devo un doppio ringraziamento per aver messo a disposizione questa sala per chi, come me, è in fondo un mezzo medievista. Un ringraziamento infine non certo formale a tutti coloro che a queste giornate hanno voluto partecipare.

Tutti i relatori sono stati con me molto cari e gentili, parlando del mio lavoro e del suo significato. In non pochi momenti, come vi ho detto, il loro impegno mi ha dato una vera emozione. E tuttavia vi assicuro che ascoltandoli mi venivano via via in mente anche tutte le carenze mie, i limiti di ottica che caratterizzano più volte il quadro delle mie ricerche, un limite almeno in parte legato al mio stesso modo di lavorare, fatto di approssimazioni a problemi specifici e di approfondimenti successivi, troppe volte risolti soltanto nelle dimensioni di uno o più saggi. E mi venivano anche in mente le molte cose iniziate e lasciate a metà, a cominciare da quel progetto dei primi anni Sessanta di scrivere un storia della vita religiosa della Firenze del Quattrocento, che mi ha condotto per molti mesi a raccogliere materiali su materiali nell'Archivio di Stato di Firenze: è stato quello il mio primo ingresso in un archivio, un ingresso fallimentare e non solo per gli eventi esterni che ne hanno causato l'interruzione, ma anche perché quell'ingresso era del tutto privo di una bussola, mancava in realtà di idee precise su ciò che dovevo e volevo cercare.

Non è stato il solo progetto abortito. Perché pochi anni dopo si sono aggiunti i mancati volumi su Muratori storico, tradottisi in un cumulo inutile di fotocopie e di appunti, e i non pochi anni di lavoro trascorsi nell'archivio patriarcale di Udine in vista di una storia del clero friulano dalla Restaurazione al secondo dopoguerra. È stato il mio primo vero lavoro sistematico in un archivio, condotto secondo un progetto complessivo e una linea sufficientemente chiara di spoglio e selezione dei documenti. E tuttavia anch'esso non è arrivato ad una conclusione. Mi ha insegnato però una cosa che considero preziosa: perché leggendo nei fascicoli personali del clero e nelle varie miscellanee che ne raccolgono la corrispondenza con la curia arcivescovile le molte lettere di vecchi e giovani preti traboccanti delle loro speranze, difficoltà, incertezze e delusioni, ne ho ricavato quel senso di *pietas* che mai dovrebbe mancare nei nostri incontri con gli uomini e le donne che ci hanno preceduto. Ed ho capito meglio perché un vecchio maestro definiva il moralismo storiografico il più squallido di tutti i moralismi.

Due altri casi, questa volta di lavori mancati piuttosto che parzialmente avviati, vorrei qui ricordare: la ricorrente fascinazione per il Cinquecento religioso, rimasta purtroppo quasi del tutto tale anche se mi è stata occasione di indimenticabili letture di lavori altrui, e quello che da alcuni decenni è una sorta di chiodo fisso, l'urgenza cioè per la storiografia italiana contemporaneistica del ventennio fascista di dotarsi di un complesso di edizioni di fonti, sul modello di quanto è stato fatto in Germania per gli anni del Terzo Reich, che, senza ovviamente voler sostituirsi alle ricerche archivistiche, potesse offrire una piattaforma comune di riferimento in grado di ovviare alla frequente arbitrarietà delle selezioni documentarie con cui molte ricerche su quei decenni sono condotte, soggette sovente come sono a più o meno espliciti condizionamenti ideologici e a prospettive sottilmente apologetiche o propagandistiche.

Gli incontri di queste due giornate si sono svolti nell'austera sala dell'Istituto storico italiano per il Medioevo. Scrivendone al suo presidente l'ho chiamata la mia antica casa, non solo per averla frequentata spesso tra gli anni Cinquanta e Sessanta, ma perché considero fondamentale per il mio modo di lavorare la formazione medievistica ricevuta. Doveroso a questo punto il ricordo dei miei maestri. Ma non doveroso soltanto: perché è anche dolce ricordare quelle figure care che evocano un mondo ormai lontano e riportano agli entusiasmi e alle speranze della prima giovinezza. Ottorino Bertolini insegnava all'Università di Pisa, Augusto Campana, Arsenio Frugoni e Delio Cantimori alla Scuola Normale. Di tutti in forma diversa ho scritto, e non mi soffermerò qui sui loro particolari orientamenti, né su tutto ciò che erano capaci di dare anche al di fuori del loro diretto insegnamento dalla cattedra. Erano maestri molto diversi per formazione e interessi di studio, ma con un importante elemento comune: l'assoluto privilegiamento, nello studio della storia, per la raccolta e l'analisi delle fonti, sulla base del principio che l'unica scientificità della ricerca storica consiste nella costante verifica su di esse delle proprie affermazioni e interpretazioni. Ma a questo, nel loro insegnamento, si accompagnava anche, presente nel loro stesso approccio ai problemi affrontati, un'altra indicazione preziosa: il senso cioè che la ricerca deve nascere da domande forti, da problemi reali, che l'avviarsi su terreni incogniti che essa sempre comporta non può risolversi nella raccolta di pezze di appoggio alle proprie idee o convinzioni, che del tutto impreviste possono risultare le risposte che ci vengono offerte.

A questi maestri negli anni successivi si è aggiunto Gustavo Vinay, per il quale gli incontri con gli uomini del passato erano sempre incontri reali, dominati dallo sforzo di capirli nelle loro più intime pieghe. Per me, come credo per gli altri che vi hanno partecipato – e di essi è qui presente Ovidio Capitani –, i dieci anni passati al suo fianco nella redazione di «Studi medievali» restano un periodo indimenticabile di continuo nuovo apprendistato.

Erano anni, quelli della mia prima formazione, molto diversi dagli attuali. Non dirò della situazione generale. Si usciva da una guerra terribile, incombeva intermittente l'incubo della minaccia atomica. E pur tuttavia si aveva il senso, oggi diremmo l'illusione, largamente comune, di una storia che era nelle nostre mani, che cambiamenti profondi erano possibili e alla nostra portata. Ma non insisterò su questo. Mi domando piuttosto se quella storiografia, se quel metodo di lavoro che si apprendeva allora, con l'idea di un suo ruolo, di una sua funzione civile, non sia del tutto inattuale. E non alludo, sia chiaro, a ciò che si studia e si produce in cerchie relativamente ristrette, spesso con risultati di alto livello, anche se l'Università sta perdendo sempre più, mi pare, il carattere di centro e luogo di ricerca, com'era un tempo: un processo forse inevitabile, in un'Università divenuta di massa, cui però si sarebbe dovuto sopperire potenziando gli Istituti di ricerca esterni ad essa, mentre oggi sta avvenendo l'esatto contrario.

Alludo piuttosto a quel singolare fenomeno per cui la pressione e la strumentalizzazione politica nei confronti della ricerca storiografica e la banalizzazione della storia attraverso i grandi strumenti di comunicazione appaiono inversamente proporzionali al crescente disinteresse dei giovani per la storia quale realmente si è svolta. E la storia che comunemente si ammannisce è comunemente in bianco e nero, propone giudizi certi e semplificati sul passato, quasi a consolazione delle difficoltà e delle profonde incertezze nel discernere gli andamenti reali del presente. Né forse è un caso che ciò avvenga in una situazione in cui la lotta tra il bene e il male ha fatto la sua ricomparsa in tanti discorsi dei protagonisti della politica. Di tale difficoltà a leggere le vicende del passato, ad opera dei mass media, se non in termini semplificati, ho fatto diretta esperienza quando di volta in volta per il mio volume su Pio XII è stata generalmente cercata o proposta una lettura di apologia o di condanna.

Un'altra profonda diversità rispetto al passato nella formazione e nello svolgimento degli studi di storia è data dal fortissimo accentuarsi della specializzazione. Credo che generalmente i giovani storici siano oggi tecnicamente molto più agguerriti e preparati di quanto non lo fossimo noi. La forte tendenza ad una crescente specializzazione nasce indubbiamente da molteplici fattori. Vi è stato un profondo allargamento dei settori e degli ambiti d'indagine, con la conseguente articolazione delle tematiche e l'enorme crescita della letteratura secondaria, che ha accompagnato tra gli anni Sessanta e Settanta il primo formarsi di un'Università di massa. E vi hanno contribuito anche la stessa crescente precarietà di condizione della ricerca, le strozzature del reclutamento, che spingono e stimolano alla ricerca puntuale, al contributo immediatamente fruibile all'interno delle scarse prospettive offerte dalla situazione delle Università e dei pochi Istituti di ricerca. Ma l'eccessiva specializzazione è frutto anche dell'impianto che si è voluto dare al corso di laurea in storia, che ha previsto fin dall'inizio degli studi una rigida separazione fra le tradizionali ripartizioni delle diverse epoche storiche. Si corre così il rischio di un progressivo restringersi dell'ottica, di un venir meno delle domande sui grandi perché, sui nodi forti dei variegati processi storici.

La distinzione all'interno di tali processi, di cui parla Hobsbawm, tra aspetti significativi e banalità insignificanti, sarà teoreticamente debole (non è un caso che un grande personaggio che ha scritto pagine affascinanti sulla storia e sul nesso passato-presente abbia sostenuto che «nulla di ciò che è avvenuto dev'essere mai dato per perso»): credo tuttavia che la validità di quella distinzione sia quasi sempre empiricamente verificabile.

Permettete che a questo riguardo introduca un breve ricordo personale. Nel 1956 era fresco di stampa un mio lungo saggio pubblicato negli *Studi Gregoriani* di Giovanni Battista Borino: in esso cercavo di dimostrare che due erano state le sinodi lateranensi indette da Niccolò II contro le ordinazioni simoniache e non una soltanto come comunemente si credeva. Ne diedi un estratto anche a Ernesto Sestan, che gettando un'occhiata al titolo mi chiese, guardando alla mole del saggio e non senza credo una punta di finto candore, se era poi così importante stabilire che quelle sinodi erano state due. Non ricordo cosa risposi, ma certo la risposta non fu molto convinta né tanto meno persuasiva. Per il mio orgoglio di fresco autore fu tuttavia una lezione che non dimenticai.

Ripensando alle condizioni di lavoro che ci erano offerte cinquant'anni fa non posso non sentirmi un privilegiato rispetto ai giovani ricercatori di oggi, rispetto a quanti si sono avviati alla ricerca in questi ultimi anni. Erano condizioni largamente comuni a quelli della mia generazione, che permettevano di praticare questo nostro bellissimo mestiere senza il senso di precarietà, di incertezza per il domani, di mancanza di prospettive, che pesa così duramente sui tanti che continuano, nonostante tutto, coraggiosamente a praticarlo. E sono tanti, e sono bravi, e quella loro condizione attuale presenta più che mai il rischio di uno sperpero di energie, di una perdita secca di giovani forze intellettuali.

Un mestiere bellissimo, il nostro, intellettualmente gratificante come pochi, che per di più allora veniva sentito, veniva considerato come importante per la società intera. Anche da questo punto di vista oggi non è più così.

Non è più così per tante ragioni che sarebbe banale cercare di riassumere. Ma ciò corrisponde anche a quella estraneità alla storia, a quel disinteresse per la storia che sembrano caratterizzare per tanta parte la nuova generazione. Conseguenza del fatto che i legami tra le generazioni si sono allentati, per non dire spezzati, conseguenza anche dei fallimenti degli ideali e delle ideologie di cui le generazioni precedenti, noi delle generazioni precedenti, sono/siamo stati portatori.

E dunque ci si potrebbe domandare se e in che misura oggi lo scrivere di storia abbia ancora un senso che non sia il piacere e il gusto tutto individuale di chi lo pratica. A questa domanda so bene che molto, troppo della mia risposta è condizionato dal mio passato, dal fatto che questo mestiere l'ho scelto, mi è piaciuto molto e continua fortunatamente a piacermi, e che dunque la mia risposta ha anche una componente autoreferenziale ineliminabile, è un atto di fedeltà a se stesso.

Detto questo continuo tuttavia a pensare che studiare la storia e lo scrivere di storia siano qualcosa che non risponde solo ad una scelta privata, non è funzionale solo al gusto privato, a quel qualche "pallino" che ne può essere la specifica ragione. Continuo a pensare che finché esisterà una società dove le persone aspirino a cercare di essere minimamente consapevoli, anche la storia, lo studio della storia, come insieme di domande cui rispondere con onestà intellettuale, di questioni da risolvere con spirito di verità, non potrà non esistere, dovrà continuare ad esistere. Perché nonostante i tanti profondi e rapidi mutamenti avvenuti, tanto, troppo del passato continua ad essere iscritto nel nostro presente perché ci si possa prendere il lusso di ignorarlo. Perché l'ignorarlo corrisponde solo ad interessi particolari, di manipolazione sotterranea e di inquinamento del costume civile.

Se dovessi indicare ciò che mi ha costantemente attirato nei processi della storia, se dovessi tentare di trovare una cifra comune, un comune elemento di fondo nei miei temi di ricerca, direi che sono state le grandi alternative mancate, il cercare di scoprire in alcuni passaggi cruciali del passato la presenza, da una parte, di potenzialità reali che non hanno avuto crescita, che sono state emarginate o sconfitte, riassorbite o piegate ad esiti e fini diversi da quelli che si profilavano alle origini, e, dall'altra, il formarsi, tangibile, palpabile nelle scelte allora compiute, di prospettive terribilmente gravide di esiti nefasti nell'immediato futuro. Quando nel corso di una ricerca ci si incontra, o si ha l'impressione di incontrarsi, con uno di tali momenti, è difficile sfuggire, credo, non dirò solo all'emozione della supposta scoperta, ma anche alla penosa sensazione di quanto nella storia resti comunque responsabilità diretta di precise scelte individuali o collettive.

Sta in questa attenzione il nesso che unisce i miei lavori sulla riforma gregoriana, sulle origini francescane e sulla proposta cristiana di Francesco, e quegli contemporaneistici, su Chiesa, "questione ebraica" e antisemitismo fra Ottocento e Novecento. Non so quanto l'attenzione per questi aspetti sia stata una scelta consapevole, consapevolmente perseguita. Ciò che oggi mi sembra chiaro, dotato di una sua non forzata coerenza, non era certo così, 30 o 40 o 50 anni fa. Probabilmente l'attenzione per questi aspetti nasceva dalla mia originaria formazione cattolica, dall'interesse per la storia della Chiesa, un interesse che è continuato anche quando non mi sono più sentito in grado di accettarne molti aspetti, di farne pubblicamente parte. Nonostante questo mi auguro, spero, di aver continuato ad occuparmene con lealtà intellettuale e sforzo di verità, senza cercare nella storia del suo passato più o meno prossimo giustificazione e supporto per quelle mie scelte e per la mia nuova condizione.

Ma credo anche che quell'attenzione fosse favorita dal clima civile e politico dei primi decenni del dopoguerra, nei quali, nonostante una realtà gravata dalla minaccia atomica e dalle durezze della guerra fredda, con tutte le sue ripercussioni sul sistema politico italiano, forti apparivano o sembravano le presenze di alternative possibili, di potenzialità e prospettive aperte a positivi sviluppi.

Mi domando spesso se sono gli occhi della vecchiaia che mi fanno apparire molto più terribilmente chiusi, poveri o privi di alternative, gli anni che stiamo vivendo. Ma non mi addentrerò in questo discorso. Sta ai giovani dare una risposta e cercare di cambiare eventualmente le cose.

Un'ultima osservazione sull'Università, oggi così profondamente diversa da quella che era quando vi sono entrato. Quella punta non dirò di nostalgia, ma sì di irresistibile tendenza a selezionare e a vedere solo gli aspetti positivi degli anni della propria giovinezza, una tendenza che così spesso si insinua in chi è giunto alla vecchiaia, può certamente farmi velo nel dire che l'Università di allora era migliore, era un'Università che dava molto di più di quanto non sappia o non riesca a fare oggi a chi allora vi entrava. Molti dei cambiamenti avvenuti erano ineluttabili. Aggiungerei anche che avevano molte potenzialità positive. Il processo che l'ha portata a divenire di massa, invece che centro esclusivo di una ristretta élite sociale, non solo era inevitabile ma giusto e necessario.

Ciò che rimprovero a tutta l'accademia, ciò che come membro di essa mi rimprovero e di cui mi sento pienamente corresponsabile, è stata l'incapacità di opporsi ai tanti processi degenerativi che hanno accompagnato tale trasformazione, il non aver saputo porsi con la necessaria incisività e forza come interlocutore serio (e cosciente dei propri doveri verso la società e gli stessi studenti) rispetto ad un potere politico assai sovente distratto (o interessato solo a parole) nei confronti dei problemi dell'istruzione pubblica, dell'istruzione superiore e della ricerca, il non aver saputo opporsi e rifiutare la tendenza, oggi prevalente, a considerare l'Università se non con il metro della redditività immediata, della concorrenza e del profitto immediatamente tangibile.

E mi pare anche che, rispetto al passato vi sia stato un degrado nei rapporti interni all'Università, nel costume dei rapporti interni. Non dirò altro su questo, perché non voglio fare il censore a buon mercato né sentirmi dire l'ammonimento del «Medice, cura te ipsum». Perché non posso non aggiungere di sapere che troppo spesso non ho saputo evitare, né ho saputo sottrarmi ai rischi che, da questo punto di vista, l'ambiente presenta. So però che, se talvolta e in qualche modo vi sono riuscito, o almeno ne sono stato cosciente, lo devo soprattutto a chi da 35 anni ormai mi è stata sempre vicina.

# Gli storici italiani del Novecento e la religione*

Sono stato molto incerto su come impostare e svolgere questo mio intervento di introduzione generale. Il tema infatti del nostro incontro è in realtà non poco complesso e si presta a molteplici approcci. Il programma dei lavori inoltre si presenta straordinariamente fitto e non invita, soprattutto chi apre, a discorsi troppo articolati e distesi, se non altro per rispetto ai numerosi colleghi che devono parlare dopo di lui. Mi limiterò perciò ad enunciare il più schematicamente possibile alcune almeno delle diverse questioni e difficoltà implicite nel nostro tema e gli svariati percorsi di ricerca che ne potrebbero conseguire.

A voler essere pignoli (e la pignoleria, si sa, cresce con la vecchiaia), già la portata semantica dei due principali lemmi che formano il titolo delle nostre conversazioni è molto meno scontata di quanto potrebbe a prima vista sembrare. Sia il parlare di "storici" infatti, sia il parlare di "religione" non implica di per sé riferimenti univoci e concordanti.

Per ciò che riguarda gli "storici" si potrebbe anche ritenere che su ciò che comporta l'essere storico e studioso di storia vi sia un sostanziale accordo di massima, se non fosse che particolarmente in questi ultimi anni è emersa una diffusa pubblicistica ammantata di storia per affermare le proprie finalità politiche o religiose. Non è certamente un fatto del tutto nuovo: ricorrente infatti, in particolare nella cultura italiana, è stato ed è un uso strumentale della storia a sostegno della propria propaganda. Ciò

* «Il testo viene stampato così come è stato letto a Pisa, con l'aggiunta di poche note essenziali di rinvio». Intervento introduttivo al convegno «Gli storici italiani del Novecento e la religione. Giornate di studio», Pisa, 24-25 giugno 2010, edito in *Storici e religione nel Novecento italiano*, a cura di Daniele Menozzi e Marina Montacutelli, Brescia, Morcelliana, 2011, pp. 9-20.

che mi pare nuovo è la diffusione e intensità di tale pubblicistica e il suo concentrarsi su pochi temi legati tra loro da un più o meno esplicito filo sotterraneo, come avviene per la numerosa produzione intrisa di nostalgie borboniche, asburgiche o papaline, non di rado variamente connessa a gruppi cattolici tradizionalisti o di ispirazione lefebvriana. E nuova soprattutto è la tetragona certezza con cui i suoi autori pretendono di fare opera di storia. In realtà siamo con tutta chiarezza nell'ambito della pubblicistica settaria e non certo della storiografia, se si vuole restare fedeli alle sue regole elementari, che non credo proprio sia necessario riepilogare qui. Il nostro programma del resto si propone di prendere in considerazione esclusivamente storici professionalmente qualificati come tali. Tale scelta comporta però il rischio di eludere così aspetti non irrilevanti per capire il peso che la storia e la memoria storica, più o meno alterate e contraffatte, hanno nella formazione degli orientamenti collettivi. Quella distinzione tra pubblicistica e storiografia infatti è normalmente assente nel sentire comune ed è ovviamente assente tra i protagonisti di quelle nostalgiche campagne. Ne deriva la scontata conseguenza che nella grande stampa e nei mezzi di comunicazione di massa, a fronte di discorsi e ricostruzioni quanto mai disparati, sempre più spesso i risultati della ricerca storica risultano classificati, senza ulteriori distinguo, nell'ambito delle opinioni.

Non insisterò su questi aspetti, che peraltro meriterebbe considerare più da vicino, se non altro in quanto espressione di orientamenti della nostra società che non credo vadano sottovalutati. Aggiungerò soltanto l'impressione di un'eccessiva cedevolezza (quando non è addirittura personale coinvolgimento) da parte degli "addetti ai lavori" nei confronti di queste tendenze, che d'altra parte godono indubbiamente di appoggi autorevoli, estranei al campo degli studi.

Inevitabilmente più articolato è il discorso relativo alla "religione". Non a caso il *Grande dizionario della lingua italiana* del Battaglia riporta sotto questa voce un arco molto vario di significati, che vanno da quelli più ovvi e scontati che riguardano i «rapporti tra l'uomo e la divinità» con tutte le conseguenze che ne derivano, ad altri più generici e di più recente emersione (ma non per questo da trascurare), che si riferiscono a quelle concezioni della vita e del mondo in cui determinati valori o realtà, come la patria, la classe, l'arte, o la scienza, vengono affermati come supremi e assoluti.

In riferimento al suo significato più comune la "religione" e la pratica religiosa si realizzano normalmente e si inquadrano in una o più istituzioni (le Chiese o confessioni appunto), dalle quali ricevono le proprie regole e i propri orientamenti. E dunque, se si parla della "religione" in Italia e della vita religiosa italiana, è evidente che esse trovano la loro realizzazione ed espressione prevalente nell'ambito del cristianesimo, e in termini largamente maggioritari nell'ambito della Chiesa cattolica, secondo quella varietà di manifestazioni e di orientamenti che ne ha caratterizzato la presenza sociale in questi ultimi secoli.

Tale prevalenza non comporta però che non si debbano considerare come espressione di atteggiamenti religiosi, per quanto sostanzialmente estranei al cristianesimo, determinate manifestazioni di adesione e partecipazione a ideali politici e sociali che hanno avuto largo e massiccio corso anche nella società italiana, quanto meno a partire dal tardo Settecento. Che si tratti di atteggiamenti di tipo religioso lo suggeriscono innanzi tutto le modalità dei loro modi di essere. Con il profilarsi e l'avvento dei movimenti e dei partiti di massa si assiste infatti non solo all'emergere e al solidificarsi di ideologie e visioni del mondo contrapposte, ma anche al loro progressivo irrigidirsi in dottrine sacralizzate e intangibili e alla sacralizzazione degli strumenti chiamati ad esprimerle e ad affermarle nella storia. Dietro i totalitarismi contemporanei, pur così diversi per origini, tradizioni e finalità, stanno, condotte all'estremo, le logiche delle nuove religioni politiche secolarizzate dello Stato, della razza, della nazione, del partito, della classe, con i loro dogmi, le loro liturgie, i loro riti di passaggio, il culto dei loro martiri. Furono tutte variamente presenti e operanti nelle vicende e nelle lotte di cui anche il nostro paese fu largamente teatro.

Si trattò di componenti (è un'ovvietà il rilevarlo) che in determinati momenti della nostra storia (il ventennio fascista, i primi decenni repubblicani, con lo scontro che fu anche religiosamente ispirato e caratterizzato tra Democrazia cristiana e Partito comunista) furono decisive nel delineare il volto e gli orientamenti della società italiana; così come le loro sconfitte o il loro tramonto hanno lasciato conseguenze e tracce nello spirito pubblico che ancora segnano pesantemente gli atteggiamenti collettivi. Gli indizi al riguardo non mancano: basti pensare al greve disincanto per la cosa pubblica e alla diffusa sfiducia verso l'azione politica che caratterizzano il nostro presente.

È inutile ribadire mi pare la vastità e la varietà dei campi di ricerca che le considerazioni fin qui prospettate inevitabilmente aprono. Sono d'altra parte un insieme molto vario di aspetti e di prospettive che vanno tenuti presenti quando si voglia tentare un bilancio sul posto che la religione e la dimensione religiosa hanno avuto nelle ricerche che gli storici italiani hanno dedicato allo studio delle vicende della nostra società. Ed è appunto un bilancio di questo tipo che si è inteso tentare con queste nostre giornate, prendendo in considerazione un gruppo significativo di storici del secolo scorso.

La presentazione di una serie di percorsi individuali giustapposti darà indubbiamente precisione e concretezza al quadro che ne risulterà. L'impostazione scelta presenta tuttavia un rischio di cui è opportuno, credo, essere consapevoli: il rischio cioè di lasciare in ombra questioni connesse ai contesti molto diversi tra loro in cui quegli storici hanno operato, e dunque di perdere di vista il fatto che l'attenzione alla religione e alla vita religiosa propriamente intese, e al loro impatto negli sviluppi e negli orientamenti della società (tutti aspetti non riducibili – è opportuno sottolinearlo – al peso e all'influenza politica esercitati dall'istituzione ecclesiastica), fu ben lontana dall'essere costante nello svolgersi della storiografia italiana, ma presenta piuttosto intensità e caratteri molto diversi, che solleciterebbero a uno sforzo di precisarne e distinguerne tappe e periodi e di capirne le ragioni.

Non mi pare ci possano essere dubbi che tale sia stata la realtà delle cose, chiaramente percepita del resto da quanti di tali questioni si stavano occupando. Non era certamente per caso se nei primi anni Cinquanta del secolo scorso, in apertura di un volumetto dedicato all'*Italia religiosa* Raffaele Pettazzoni non esitasse a rilevare come dell'Italia, in confronto alla sua storia politica, letteraria o artistica, ben poco si fosse studiata la storia religiosa.[1] Così come vorrà pur dire qualcosa degli orientamenti e dei caratteri generali della nostra storiografia se pochi anni dopo Delio Cantimori, nella prefazione al volume di Giuseppe Alberigo sui *Vescovi italiani al concilio di Trento*, lamentasse come la storia della Chiesa fosse in Italia una disciplina largamente trascurata, in quanto riservata per gli uni a una ben determinata categoria di persone «particolarmente scelte» (ossia a membri del clero), mentre per altri andava senz'altro ridotta «a un aspetto della storia generale»:

> come se i monopoli e i privilegi – osservava Cantimori – non fossero ancor più dannosi nell'attività culturale e scientifica, anche, a lungo andare, per coloro che li detengono, e come se il negare l'esistenza di un particolare aspetto della realtà storica tentando di diluirlo nella generalità servisse per conoscerlo, capirlo e giudicarlo storicamente.[2]

1. Cfr. Raffaele Pettazzoni, *Italia religiosa*, Bari, Laterza, 1952, p. 5.

2. Cfr. Delio Cantimori, *Prefazione* a Giuseppe Alberigo, *I vescovi italiani al Concilio di Trento (1545-1547)*, Firenze, Sansoni, 1959, p. VIII.

Non furono da parte sua osservazioni isolate, ma i prodromi di un assai più articolato discorso sull'importanza culturale e civile degli studi di storia religiosa e della Chiesa, da sottrarre alla pavida ipoteca dei "clericali" e all'ottuso ostracismo dei "laici", un discorso che troverà ampio spazio e ricchezza di argomentazioni nelle periodiche lettere al «caro Rossi», pubblicate nel corso dei primi anni Sessanta sulla rivista genovese «Itinerari».[3]

Pettazzoni e Cantimori registravano orientamenti per varie ragioni largamente diffusi, reagivano a un clima allora prevalente su molteplici versanti. Sempre nei primi anni Sessanta una titolatissima rivista italiana di storia generale, quasi organo ufficiale della nostra storiografia, poteva rifiutare discussioni e recensioni di libri di storia della Chiesa non immediatamente connessi alla storia politica e civile, giudicandole ininteressanti per la cultura storiografica; mentre in ambito confessionale la pretesa del monopolio ecclesiastico restava conseguente al sospetto di intrusioni giudicate indebite, al timore degli scandali e all'impianto apologetico complessivo che ne ispirava le ricerche.

Erano situazioni e atteggiamenti assai duri a morire. Ancora nei primi anni Settanta, la nuova *Storia d'Italia* Einaudi, che pur concedeva ampio e autonomo spazio alla storia religiosa in ambito medievale e moderno, ne escludeva una trattazione separata per il periodo successivo, in quanto totale ne sarebbe stato il trapasso nella storia politica o in quella culturale. Era la singolare riproposizione di presupposti ed enunciati di ispirazione crociana, tanto più significativa in quanto si inseriva in un impianto che per il resto non li rispecchiava affatto.[4]

Un ulteriore eloquente indizio della scarsa considerazione (o comunque della marginalità) con cui in quella cerchia di studiosi ancora si guardava alla storia della vita religiosa e alla sua efficacia storica è offerto dal saggio nel quale Giulio Bollati, a chiusura del primo volume di quella *Storia*, prendeva in esame «il carattere degli italiani come problema storico». Dirò preliminarmente, a scanso di equivoci, che, a mio giudizio, si tratta di uno dei saggi più belli del volume. Un saggio tuttavia che singolar-

3. Cfr. Delio Cantimori, *Conversando di storia*, Bari, Laterza, 1967, in particolare pp. 9-71.

4. Cfr. *Presentazione dell'editore*, in *Storia d'Italia*, I, *I caratteri originali*, Torino, Einaudi, 1972, p. XXXIV. In riferimento a tale esclusione cfr. *Introduzione*, in *Storia d'Italia. Annali* 9, *La Chiesa e il potere politico dal Medioevo all'età contemporanea*, a cura di Giorgio Chittolini e Giovanni Miccoli, Torino, Einaudi, 1986, pp. XVII sgg.

mente ignora pressoché del tutto la domanda di come e in quale misura la "religione" può entrare (o è a suo tempo entrata) in una siffatta questione. Del famoso passo di Machiavelli nei *Discorsi sopra la prima deca di Tito Livio* si ricorda la sua accusa alla Chiesa di Roma di aver impedito l'unità dell'Italia, ma non l'altra, assai più pertinente al tema in discussione, di aver fatto diventare gli italiani «senza religione e cattivi».[5] È un'omissione significativa. Svela un orizzonte mentale in cui le questioni religiose sembrano confinate del tutto ai margini, in una zona senza tempo, non suscettibili perciò di divenire oggetto di storia.

Sul versante opposto Joseph Lortz, introducendo il suo manuale di *Storia della Chiesa* che ebbe in quegli stessi anni larga diffusione, enunciava concetti e avanzava pretese che facevano piazza pulita di ogni possibilità di una storia religiosa ed ecclesiastica non confessionalmente ispirata e diretta: «Per presentare la storia della Chiesa, così come si svolse realmente, in quella guisa cioè nella quale essa realmente si configurò sotto la volontà del Signore della storia, è necessario il presupposto che si realizzi l'atteggiamento cristiano centrale: essere uditori».[6]

L'atteggiamento richiesto allo storico rispetto alla sua materia era di una *Einfühlung* così totale da configurarsi e divenire una vera e propria conversione! Si può ritenere che si tratti di atteggiamenti in gran parte superati sia in ambito "laico" sia in ambito confessionale; e dunque il come e il perché di un tale superamento dovrebbe essere anch'esso occasione di analisi e di ricerche specifiche; in una formula riassuntiva: dovrebbe essere anch'esso oggetto di storia.

In riferimento a tale superamento fino a pochi anni fa non avrei esitato a parlare di un vero e proprio generale progresso nei nostri studi di storia della vita religiosa e della Chiesa, particolarmente evidente nell'ambito della storia moderna e contemporanea (la storia medievale presenta com'è ovvio una tradizione da tempo assai più ricca). In questi ultimi tempi però si sta assistendo a un ritorno in forze di atteggiamenti apologetici e controversistici, non limitati alla pubblicistica cui ho accennato sopra ma largamente tracimanti anche nella storiografia definibile come accademica. La definizione (a dir poco forzata e svisante) di «lotta anticattolica» con cui si pretende di caratterizzare i processi che portarono all'unificazione ita-

5. Cfr. Giulio Bollati, *L'italiano*, in *Storia d'Italia*, I, *I caratteri originali*, p. 996.

6. Cfr. Joseph Lortz, *Storia della Chiesa nello sviluppo delle sue idee*, Alba, Edizioni San Paolo, 1966, p. 4.

liana corrisponde agli irrigidimenti confessionali che accompagnano l'attuale presenza della Chiesa in Italia. Ma anche il carattere e il tono delle rinnovate diatribe connesse al pontificato di Pio XII ne offrono un vistoso esempio.[7]

L'attenzione al peso che la dimensione religiosa ha avuto nelle ricostruzioni che gli storici hanno offerto delle vicende della società italiana costituisce il terreno d'indagine proposto nelle righe di presentazione che accompagnano il programma del nostro convegno. Non credo sia superfluo ricordare tuttavia che anche altre sono le piste di ricerca che un tema come il nostro potrebbe suggerire, e ciò tanto più alla luce del fatto che sono i percorsi individuali dei singoli che dovranno essere presi in esame. Dovendo infatti parlare di storici e religione è del tutto legittimo domandarsi quale posto ha avuto la loro posizione personale rispetto alla religione nell'orientare i loro interessi e l'impianto e i caratteri della loro ricerca. Questo in effetti è stato il tema affrontato una quindicina di anni fa in un'inchiesta avviata da Jean Delumeau fra un folto gruppo di studiosi, tutti francesi e tutti, in maniera più o meno esclusiva, impegnati in ricerche di storia del cristianesimo. Le domande cui dovevano rispondere erano semplici ed essenziali: «Le nostre convinzioni religiose hanno influenzato la nostra pratica della storia?». «La nostra familiarità con la storia religiosa ha influenzato le nostre prese di posizione come credenti» (o in materia di religione)?[8]

Mi pare indubbio che si tratta di domande capitali non solo per chiunque si occupi di storia della vita religiosa e delle Chiese; perché sono domande che riguardano il peso e l'influenza che i presupposti ideali, la visione del mondo e gli orientamenti generali esercitano nella ricerca, nella scelta dei suoi temi e soprattutto nei suoi svolgimenti. Sono domande capi-

7. Riguardo al preteso carattere "anticattolico" del Risorgimento, rivendicato con insistenza da versanti tradizionalisti, si vedano le pertinenti osservazioni di Francesco Traniello, *Ma l'Italia non nacque "contro" la Chiesa*, in «Avvenire», 12 marzo 2010. Sulle componenti politiche di tali tendenze "storiografiche" cfr. la bella rassegna di Gabriele Turi, *Storia di lotta e (ora) di governo*, in «Passato e presente», 80 (2010), pp. 101-122. Per le tendenze che ispirano le recenti "rivalutazioni" di Pio XII un evidente esempio, nella sua stessa sommarietà, è offerta dal volume *In difesa di Pio XII. Le ragioni della storia*, a cura di Giovanni Maria Vian, Venezia, Marsilio, 2009, pp. 167. Cfr. anche ciò che ho scritto in *Pio XII e lo sterminio degli ebrei*, in «Micromega», 6 (2008), pp. 117 sgg.

8. Cfr. Jean Delumeau, *Le dernier séminaire*, in *L'historien et la foi*, a cura di Id., Paris, Fayard, 1996, p. 8 (d'ora in poi *L'historien et la foi*).

tali se non si vuole accantonare e perdere di vista il fatto che lo studio della storia è in primo luogo un impegno di conoscenza in termini di verità, per quanto limitata e parziale possa essere. Domande capitali dunque, anche se forse manca talvolta la chiarezza e la pulizia intellettuale per affrontarle. Per questo insieme di considerazioni merita perciò soffermarsi sia pur brevemente su alcuni aspetti almeno delle risposte che a quelle domande sono state date.

Gli studiosi cui Delumeau si era rivolto erano tutti, anche se in modi diversamente impegnati, credenti, ma le stesse questioni, con minime varianti, avrebbero potuto essere poste e si potrebbero porre anche a storici agnostici o atei. Nella grande varietà e ricchezza delle diverse risposte alcune affermazioni sono comuni e ricorrenti. Si conviene generalmente che per lo storico non esistono una storia sacra e una storia profana, una storia riservata agli occhi di chi ha fede e un'altra per chi ne è privo. Rare perciò sono le voci di chi sembrerebbe ammettere una qualche legittimità all'aspirazione dello storico credente di "divinare" i disegni del Creatore sul mondo e sulla storia,[9] o di chi pensa che nella storia di un'istituzione come la Chiesa si debba (e dunque si possa) distinguere ciò che deriva da una logica puramente umana e ciò che deriva invece dal soffio dello Spirito.[10] Più comune e diffusa è l'affermazione che «Dio è fuori dal campo di competenza dello storico»,[11] che non è Dio che egli vede nella storia ma solo uomini che credono in lui,[12] né manca chi, a segnare drasticamente l'ottica diversa rispetto al magistero ecclesiastico con cui lo storico guarda alla Chiesa e alla sua influenza nella storia, arriva ad affermare che «gli uomini che pretendono di essere i soli e autentici interpreti della volontà di Dio sono pericolosi per la specie».[13] Si è pressoché concordi nell'affermare che esiste un solo metodo storico, che lo studioso applica in piena e totale autonomia da ogni autorità che non sia la fedeltà al proprio mestiere, riconoscendo al più a chi ha o ha avuto un'esperienza personale di fede una maggiore sensibilità nell'affrontare vicende e questioni che le sono connesse. Nelle risposte non a caso ritorna più volte il giudizio di Renan (troppo autobiograficamente celebrativo tuttavia per essere esauriente e persua-

9. Francis Rapp, *Simple témoignage d'un tala*, ivi, p. 270.
10. Michel Lagrée, *Chemins de traverse*, ivi, p. 144.
11. Jean Quéniart, *Enseigner l'histoire religieuse: risques et enjeux*, ivi, p. 261.
12. Marc Lienhard, *Du chantier historique à l'engagement aujourd'hui*, ivi, p. 173.
13. Marcel Bernos, *Historien et chrétien*, ivi, p. 17.

sivo) secondo il quale «per fare la storia di una religione è necessario non credervi più in una maniera assoluta ma è necessario avervi creduto».[14]

Se la disciplina e i suoi attrezzi vengono di solito caratterizzati in termini univoci, non per questo si rinuncia però a conferire alla propria ricerca finalità connesse al proprio credo e alla propria posizione nella Chiesa. Con frequenza perciò emerge il tema di ciò che lo storico credente può fare per la fede e per la Chiesa, e assai comune è l'attribuzione alla storia della qualifica di «istanza critica per la fede».[15] Ma non manca la recisa affermazione «di non avere mai cercato nello studio del passato una sia pur parziale conferma delle proprie credenze di oggi, che hanno, fortunatamente, altre radici che non siano gli imprevisti della storia». È un'affermazione di François Lebrun, emerito dell'Università di Rennes.[16] Mi scuserete una breve intrusione personale se aggiungo che, per quanto mi riguarda, si tratta di un'affermazione che, pur se collocato su posizioni diverse dalle sue, faccio con piena convinzione mia, persuaso come sono che non è dai fatti e dalle vicende della storia che vanno ricavate le proprie posizioni e le proprie scelte ideali, meno che mai un'eventuale conferma di esse, anche se uno studioso di cui conosco la serietà ha ritenuto di poter suggerire di leggere le mie ricerche «come una lunga elaborazione» delle ragioni del mio distacco dalla Chiesa.[17]

Con non minore frequenza emerge una constatazione efficacemente riassunta da Alain Cabantous, dell'Università di Paris-Nanterre: «Con tutta evidenza, ieri come oggi, la Chiesa "garante del deposito della fede" teme una storia che non rappresenti uno strumento di giustificazione apologetica delle sue opere e delle sue decisioni».[18] Siamo ben lontani da una visione e da una pratica della storia per le quali, come osserva René Rémond, «gli storici del fatto religioso hanno a lungo considerato che il loro ministero consisteva principalmente nel confutare le obiezioni, nel fare giustizia di certi pregiudizi, nell'opporre alle leggende nere le bellezze del cristiane-

14. Cfr. ad esempio Pierre Riché, *L'historien du Moyen Âge et la foi chrétienne*, e Jean Pierre Massaut, *L'histoire, lieu théologique*, ivi, rispettivamente p. 299 e p. 192.

15. Cfr. ad esempio Alain Cabantous, *Le vent souffle où il veut*, ivi, p. 36; Jean Delumeau, *L'historien chrétien face à la déchristianisation*, ivi, pp. 95 sgg.; Massaut, *L'histoire, lieu théologique*, p. 188; Claude Savart, *Le dialogue de l'histoire avec la foi*, ivi, p. 318.

16. Cfr. François Lebrun, *Une familiarité avec le fait religieux*, ivi, p. 154.

17. Così Roberto Pertici, *Variazioni sulla storiografia di Giovanni Miccoli*, in «Humanitas», 62 (2007), p. 519.

18. Cabantous, *Le vent souffle*, p. 21.

simo e i servizi resi all'umanità».[19] Sono considerazioni e consapevolezze che attestano come, in tale ordine di idee, si sia ormai pienamente abbandonato quell'impianto, assai diffuso un tempo, che guardava alla storia della Chiesa come a "riserva di munizioni" per controversie politiche o ecclesiastiche ispirate e dominate da istanze confessionali. Ma mi domando anche, guardando al contesto italiano, se non si stia assistendo al riemergere di posizioni antiche, collegato almeno in parte a un rinnovato tentativo del magistero di rivendicare un proprio controllo in questo settore della ricerca.

Nel messaggio inviato il 16 aprile 2004 al presidente del Pontificio comitato di scienze storiche Giovanni Paolo II sembra suggerire un atteggiamento del genere quando, pur sottolineando che «la Chiesa [...] è un fenomeno storico e quindi oggetto eminente della scienza storica», rivendica con forza il fatto che lo sviluppo degli aspetti più specifici e caratterizzanti i modi di essere della Chiesa nella storia (dottrina, vita sacramentale, ordinamenti) deve essere considerato come il frutto di una sua organica e necessaria evoluzione, ispirata e guidata dallo Spirito Santo, funzionale al fedele adempimento delle finalità che Cristo le ha assegnato.[20] È la piena riproposizione dell'impianto che aveva contrapposto Roma alla ribellione luterana, ma è anche un postulato di fede che in qualche modo pretende di sottrarre dagli oggetti della libera ricerca, perché già definiti nelle loro ragioni e nei loro caratteri, le componenti più essenziali e specifiche della Chiesa stessa. Tali componenti infatti, alla luce di quelle affermazioni, non sono realmente soggette ai condizionamenti che di volta in volta le vicende della storia hanno esercitato sulla Chiesa, i suoi istituti e le sue strutture, perché ciò che i suoi «organi legittimi» hanno deciso e decidono, in riferimento alla sua dottrina, alla vita sacramentale e ai suoi ordinamenti, «è guidato dallo Spirito Santo», e dunque libero, per definizione, dalle contingenze dei processi storici. Ne risulta non solo l'enfatizzazione, consueta nell'insegnamento di Giovanni Paolo II, dell'autorità e del ruolo del magistero, ma anche la negazione della "storicità" dei suoi pronunciamenti e delle sue determinazioni, e dunque l'intangibilità della tradizione.

19. René Rémond, *Ce que la foi apporte à l'historien*, in *L'historien et la foi*, p. 295.

20. Cfr. *Insegnamenti di Giovanni Paolo II*, XXVII/1 2004 (gennaio-giugno), Città del Vaticano, LEV, 2006, pp. 465-468. Per una più ampia analisi del testo cfr. ciò che ho scritto in *In difesa della fede. La Chiesa di Giovanni Paolo II e di Benedetto XVI*, Milano, Rizzoli, 2007, pp. 211 sgg.

Secondo questa prospettiva la storia della Chiesa (e del suo peso e della sua influenza nella vita di una società) torna ad essere più che mai una storia puramente *événementielle*, fatta di vittorie, persecuzioni, guerre, battaglie, decreti – anche di errori, esito esclusivamente però di personali deviazioni e debolezze (una storia insomma delle variazioni superficiali, esterne, del suo organismo) –, perché il resto, il midollo profondo (la fede, la dottrina, la pietà, gli ordinamenti e i rapporti fondamentali) restano nella sostanza quelli che sono sempre stati, non suscettibili di cambiamento, sottratti alle contingenze del tempo e perciò a un'analisi che si ponga come analisi storica (e non teologica, o dottrinale, o simili). Quando Delumeau, in riferimento ai processi di scristianizzazione, afferma in un pregnante intervento che le Chiese dovrebbero «riflettere sulle ragioni dell'ostilità di cui sono l'oggetto e, più generalmente, sulle cause che spiegano i fenomeni di distacco dal cristianesimo che si accentuano sotto i nostri occhi»,[21] evoca un punto centrale e tocca un nervo scoperto della lunga tradizione apologetica che tutela le Chiese da tali domande: perché, nell'emergere di quegli atteggiamenti ostili e di quei fenomeni, non sono esse che possono venir chiamate in causa ma, per definizione, «l'insidia dell'antico nemico», che non manca di servirsi delle debolezze degli stessi uomini di Chiesa.

Si tratta di posizioni antiche rispetto alle quali gli studiosi interpellati da Delumeau restano in genere profondamente estranei, spesso esplicitamente contrari, nella piena consapevolezza del peso di una lunga tradizione apologetica e controversistica della quale è necessario liberarsi per poter praticare realmente un'autentica ricerca storica, che non travalichi in ambiti che non sono suoi, non ricorra a linguaggi come quello della fede che non le competono, né persegua determinazioni che restano precluse al suo sguardo. Sono esigenze ribadite nella maggior parte degli interventi di risposta alle domande poste da Delumeau. Credo opportuno sottolineare il fatto che si tratta di esigenze affermatesi solo in questi ultimi decenni, espressione anch'esse di quei processi di secolarizzazione sui quali assai controverso e oscillante resta il giudizio delle Chiese. Lo rilevava, in riferimento alla storiografia e al cattolicesimo tedeschi, un recentissimo articolo di «Stimmen der Zeit», la gloriosa rivista dei gesuiti tedeschi: in esso viene messo in luce il significato di chiusura di diatribe secolari e di decisiva

21. Delumeau, *L'historien chrétien*, p. 94.

svolta assunto dal discorso con cui Konrad Repgen aveva aperto a Passau, nel 1981, l'assemblea generale della Görres-Gesellschaft:[22]

> Lo storico cattolico adopera lo stesso strumentario metodologico del non-cattolico. I procedimenti di cui egli si serve per rispondere ad un problema e le regole che egli osserva nello svolgimento della sua ricerca, sono gli stessi di ogni altro storico [...]. Il cristiano non può dispensarsi da nessuna di tali regole, per quanto scomode possa trovarle.

Sono punti d'arrivo largamente comuni, che hanno alle spalle lunghi percorsi frastagliati e conflittuali. Penso si possa dire che molta parte della storiografia italiana li condivide, dopo esserne stata ampiamente coinvolta. Tuttavia non mi pare illegittimo riproporre, a conclusione di questo mio intervento, la questione cui già ho più volte accennato, se e in quale misura cioè la nostra attuale stagione storiografica non sia attraversata da vistosi fenomeni di rigetto e di ritorno indietro, corrispondenti d'altra parte, nell'ambito della storiografia religiosa, a quelle tendenze di restaurazione rispetto alle aperture del Vaticano II che caratterizzano molte prese di posizione del magistero romano.

22. Cfr. Hans Maier, *Entfremdung und Bewahrung. Die katholischen deutschen Historiker und die Moderne*, in «Stimmen der Zeit», 135, II (2010), p. 92.

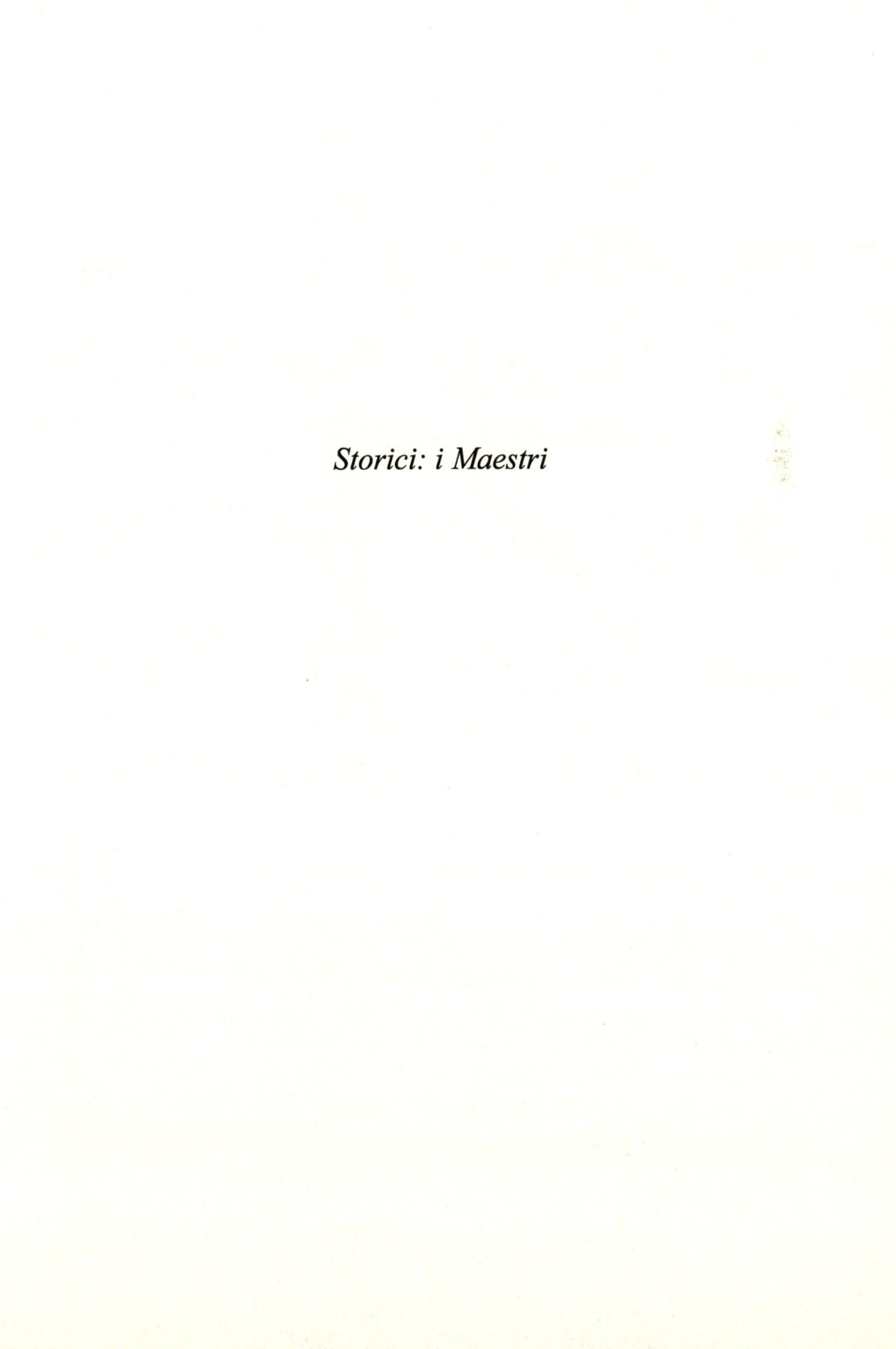

*Storici: i Maestri*

# Aspetti e problemi della ricerca e del metodo di ricerca di Ottorino Bertolini*

Nella bibliografia di Ottorino Bertolini vi è una lacuna di sette anni: fra il 1933 ed il 1940 non compaiono quasi pubblicazioni sue, non compaiono comunque suoi contributi originali di ricerca, com'era stato assiduamente prima e come fu costantemente in seguito.[1] Sono gli anni del lungo lavoro di studio e di preparazione del monumentale volume su *Roma di fronte a Bisanzio e ai Longobardi*.[2] Lo riconobbe egli stesso in una breve notizia sulla propria attività scientifica redatta nella primavera del 1943 in vista di un concorso universitario:[3] «Negli anni dal 1933 al 1940 non vi furono mie pubblicazioni solo perché volutamente rinunciai a stampare ricerche particolari, col proposito di dedicarmi più intensamente alla preparazione del volume su Roma, opera di non lieve impegno, che mi è costata non lievi sacrifici di ogni genere». Il riserbo, tipico in lui quando parlava o scriveva – così raramente del resto – di sé e del suo lavoro, non nasconde tuttavia la consapevolezza della drastica scelta compiuta, caratteristica peraltro, mi

* Edito con il titolo *Aspetti e problemi della ricerca e del metodo di ricerca di Ottorino Bertolini, con particolare riferimento alla storia altomedievale della Chiesa di Roma e alle origini del potere temporale dei papi*, in Pierre Toubert, Giovanni Miccoli, Gilmo Arnaldi, *L'opera storica di Ottorino Bertolini*, in «Archivio della Società romana di storia patria», 102 (1979), pp. 9-29.

1. Cfr. *Bibliografia degli Scritti di Ottorino Bertolini*, a cura di Ottavio Banti, in Ottorino Bertolini, *Scritti scelti di Storia medievale*, I, Livorno, Università degli studi di Pisa, 1968, pp. XXI-XXVII (una serie di completamenti a tale bibliografia, riguardanti gli anni 1923-1929 e 1966, nonché di aggiunte, per il periodo posteriore al 1968, sono stati preparati e mi sono stati gentilmente segnalati da Laila Bertolini).

2. Cfr. Ottorino Bertolini, *Roma di fronte a Bisanzio e ai Longobardi*, Bologna, Cappelli, 1941 (*Storia di Roma*, IX), pp. 886.

3. Cfr. *Notizie sull'operosità scientifica e sulla carriera didattica del Prof. Ottorino Bertolini*, p. 7 (tale concorso, bandito il 1° aprile 1943, fu espletato solo nel dopoguerra e vide Bertolini tra i vincitori). Devo anche questo testo alla cortesia di Laila Bertolini.

pare lo si possa dire, del suo modo di concepire e praticare il lavoro di studio e di ricerca: fatto sempre di scavi lunghi, sistematici, completi, privo di ogni concessione ad occasionalità frettolose, ed insieme profondamente alieno dalle mode e dalle divagazioni, tanto frequenti nel costume del lavoro scientifico della corporazione degli storici.

Furono sette anni di lavoro pressoché ininterrotto – i corsi tenuti in quello stesso periodo all'Università di Roma restano ad attestarne il sistematico avanzamento[4] –, in una continuità ed intensità di impegno che spiegano d'altra parte il livello e i risultati raggiunti, il complesso imponente dei testi esaminati e discussi, dei problemi affrontati e risolti. È un lavoro tutto concluso in un "racconto critico" esemplare per chiarezza e semplicità di discorso, ma che presuppone un'opera paziente di raccolta, di analisi, di critica, la cui ricchezza e vastità del resto, per numero di materiali ordinati e vagliati, è testimoniata anche dalle fondamentali appendici che corredano il volume. Da questo punto di vista *Roma di fronte a Bisanzio e ai Longobardi* è veramente un punto d'arrivo; ma insieme – ed anche questo è un aspetto caratteristico del modo di lavorare di Bertolini – è un essenziale punto di partenza per la sua successiva attività di ricerca: che per tanta parte costituisce una ripresa, un approfondimento, una revisione di quel lavoro e di quei risultati.

La storia di Roma altomedievale ed in essa del papato, le loro relazioni con il mondo germanico e con l'impero bizantino, le complesse e secolari vicende che all'interno di questo intricato nesso di rapporti portarono al costituirsi di un dominio temporale dei papi, rappresentano in effetti una delle costanti, uno dei grandi temi della ricerca storica di Ottorino Bertolini; anzi per certi aspetti si sarebbe tentati di dire che gli stessi suoi altri filoni di ricerca, pur autonomamente configurabili, come quelli sull'Italia meridionale longobarda e sul regno longobardo in genere o quelli sull'Italia bizantina, vennero sempre più chiaramente a disporsi in funzione dell'approfondimento e della comprensione di un complesso di vicende e di problemi che ha come suo centro ideale quello del costituirsi del dominio e del potere temporale dei papi, come esito ed insieme aspetto particolare del ruolo da essi svolto e della posizione da essi assunta tra Occidente ed Oriente nel periodo che va dalla scomparsa dell'Impero in Occidente alla seconda metà del secolo VIII.

4. Cfr. Laila Bertolini, *Notizie biografiche di Ottorino Bertolini* (testo dattiloscritto), p. 11, n. 9, dove è offerto un elenco completo dei temi dei corsi tenuti presso la Facoltà di lettere dell'Università di Roma, dal 1927-1928 al 1947-1948.

Nella notizia biografica del 1943 Bertolini riporta agli anni universitari torinesi e all'insegnamento di Pietro Fedele l'interesse per tale problema: «Già nel periodo universitario, sotto la guida di Pietro Fedele, mi ero avviato allo studio della formazione e dello sviluppo dei patrimoni della Chiesa di Roma sino alle origini del dominio temporale dei papi». Ma non era certo un interesse già precisato nei termini e nell'ampiezza che acquisterà in seguito; e nemmeno un interesse esclusivo, né forse ancora prevalente rispetto ad altre prospettive di ricerca: la stessa notizia ricorda, per il periodo universitario, accanto agli studi romani, quelli sulla storia del principato longobardo di Benevento, dal suo costituirsi con il duca Arichi II sino all'estinzione con la morte di Landolfo II. Argomento della sua tesi di laurea era stato lo studio della principale fonte annalistica per la storia di quel principato, gli *Annales Beneventani*: ripreso ed allargato nel primo dopoguerra, dopo il lungo servizio al fronte, la prigionia, il nuovo servizio al confine orientale, tale lavoro fu pubblicato nel 1923 nel «Bullettino del R. Istituto Storico Italiano per il Medio Evo».[5] A questo filone di studi e di interessi si collegano altre ricerche avviate in quegli anni e non giunte o giunte solo in parte a compimento, come il lavoro preparatorio per l'edizione del cartulario di S. Sofia di Benevento, e i progetti per un'edizione del codice diplomatico dei duchi e principi longobardi dell'Italia meridionale, della *Historia Langobardorum Beneventanorum* di Erchemperto, e, in collaborazione con G.B. Borino, della *Chronica monasterii Casinensis* di Leone Marsicano e Pietro Diacono.[6]

Del suo precoce interesse per la storia di Roma e del papato altomedievali restano, prima del grande volume degli anni Quaranta, soprattutto un certo numero di recensioni, pubblicate in gran parte sull'«Archivio della Regia Società romana di storia patria»: al volume dello Spearing, sul patrimonio della Chiesa di Roma al tempo di Gregorio Magno;[7] alle ricerche del Peitz, del Tangle e del Posner sul *Registro* di Gregorio Magno, di sistematica demolizione quella del primo, di riproposta e riaffermazione quelle degli

5. Cfr. *Bibliografia*, nr. 3.

6. Cfr. Ottorino Bertolini, *I documenti trascritti nel «Liber preceptorum Beneventani monasterii S. Sophiae» (Chronicon S. Sophiae)*, in *Studi di storia napoletana in onore di M. Schipa*, Napoli, ITEA Editrice, 1925, pp. 11-47, e *Studi sui diplomi dei duchi e principi longobardi dell'Italia meridionale. Un preteso giudicato del 1061 di Landolfo VI e Pandolfo IV principi di Benevento*, in «Archivio storico italiano», s. VII, 86, IX (1928), pp. 177-216 (= *Bibliografia*, nrr. 9 e 18).

7. *Bibliografia*, nr. 1.

altri, dei risultati raggiunti dall'Ewald;[8] al lavoro dello Hillebrand, sulla fine del pontificato di papa Silverio;[9] all'edizione dei *Dialogi* di Gregorio Magno ad opera del Moricca.[10] Sono recensioni ampie, condotte sempre con una larga verifica sulle fonti e ricche perciò di spunti e suggestioni tuttora importanti, che attestano il progressivo orientarsi di letture e studi verso quello che diverrà il suo campo privilegiato di lavoro e di ricerca, e significative anche per certi atteggiamenti di pensiero, per certi modi e criteri di discussione, che saranno caratteristica inconfondibile dello studioso maturo: ne riparlerò brevemente in seguito. Ma è evidente che si tratta ancora di poche e scarne tracce, i meri indizi, diremmo, di quella che diverrà un'opera fondamentale nell'ambito della storiografia altomedievale italiana ed europea.

Bertolini, come si è visto, ne riporta le origini al magistero di Pietro Fedele. Era un omaggio al maestro da poco scomparso,[11] era il riconoscimento dell'importanza di un rapporto e di un sodalizio del quale egli ci ha lasciato discreta ma esplicita testimonianza. Non avrebbe senso mettere in dubbio tale indicazione. Ma altro è individuare l'origine di uno spunto, il suggerimento di una prospettiva di lavoro, altro è riportare lo svolgersi ed il realizzarsi di questo lavoro sotto il segno di quella tradizione di magistero e di ricerca: perché si tratterebbe in tal caso di un giudizio e di un'interpretazione svisanti, e in sostanza riduttivi dell'originalità e dello spessore di una ricerca che si era fatta, strada facendo, tipicamente e profondamente sua.

L'ottica nazionale, nazionale italiana, e le conseguenti tematiche che ne derivano, di privilegiamento della tradizione della romanità come fattore essenziale nel formarsi, e nel persistere, e nel ricostituirsi di una coscienza e di un'identità nazionali, costituiscono un aspetto caratteristico dell'opera di Pietro Fedele.[12] Bertolini studente e giovane studioso, cresciuto in una famiglia di forti tradizioni risorgimentali, fu certamente sensibile e partecipe a tali tematiche. Le parole con cui Pietro Fedele concludeva nel marzo del 1915 la sua prolusione al corso su Cola di Rienzo all'Università

8. Ivi, nr. 4.

9. Ivi, nr. 5.

10. Ivi, nr. 14.

11. Pietro Fedele morì il 9 gennaio 1943. Di lui Bertolini scrisse con ampiezza due volte: *Pietro Fedele*, in «Bullettino dell'Istituto storico italiano per il Medio Evo e Archivio Muratoriano», 59 (1944), pp. IX-XXXIX, e *Ricordo di Pietro Fedele (nel ventesimo anniversario della sua morte)*, in «Studi Romani», 11 (1963), pp. 172-181 (= *Bibliografia*, nrr. 45 e 83).

12. Cfr. Bertolini, *Pietro Fedele*, pp. XXVII sgg.

di Roma, e che Bertolini citò nel suo ricordo del maestro scomparso,[13] riassumevano temi ed atteggiamenti che avevano coinvolto e coinvolgevano profondamente tutta una generazione di studiosi e di insegnanti, animandone le scelte culturali e civili:

> È ormai tempo che voi vi accingiate a scrivere italianamente la storia d'Italia, poiché nessuno più di voi, se vi sarete preparati con lungo ed amorevole studio, potrà intendere l'intrinseco valore della nostra civiltà e della nostra cultura, e le tradizioni e le aspirazioni per le quali la coscienza nazionale diviene nella storia una forza viva ed operosa.

Bertolini ricorda l'atmosfera di guerra di quei giorni e come quei giovani, che erano raccolti intorno alla cattedra del Fedele, presentissero ormai l'imminente partenza che li avrebbe portati dalle aule universitarie ai campi di battaglia: un'esperienza decisiva per molti, che anch'egli visse sino in fondo, con rigorosa serietà, e che rimase indelebile nel suo ricordo.

La prolusione del Fedele corrispondeva indubbiamente a tale atmosfera e a tali attese: anche per questo essa si proponeva di mostrare «che nell'età antica era esistita una nazione italiana; e che la coscienza della nazionalità in Italia [...] non si era mai smarrita durante il Medioevo».[14] Ma nel Fedele tale giudizio e tale prospettiva non erano solo frutto di un momento, di un'atmosfera particolari: perché costituivano qualcosa di saldamente ancorato a tanta parte della sua attività di erudito e di studioso, ultima manifestazione e propaggine, si sarebbe tentati di dire, della storiografia patriottica postrisorgimentale, che la situazione creata dal regime fascista avrebbe riproposto ed accentuato. Ma è proprio qui, intorno a questi giudizi e a queste prospettive, che la strada di Bertolini tese progressivamente a divergere da quella del suo maestro, non intendo come lavoro e risultati, che è ovvio, ma soprattutto come ispirazione ed impianto complessivo di ricerca.

E qui bisogna intendersi: credo si possa e si debba dire che il senso di una nazione, di una patria italiana, fu sempre forte e reale in Bertolini: mai sbandierato, né enfatizzato, secondo il suo costume riservato e alieno dalla retorica e da ogni riscaldamento a freddo, ma forte e radicato e realmente operante, negli anni eccezionali della guerra, ma anche in seguito, nella sua attività quotidiana nella scuola e negli Istituti di ricerca, un'attività

13. Ivi, pp. XXIX sgg.
14. *Ibidem*.

vissuta e sentita come servizio alla nazione ed allo Stato. Non intendo alludere, sia chiaro, a scelte politiche o di partito: ma a quel senso vivo di un impegno civile, che si esprime attraverso il sentirsi partecipe, e solidale, e corresponsabile con la storia, la cultura, i valori di una comunità nazionale. Sono questi alcuni aspetti autentici e reali, e costitutivi, aggiungerei, della personalità di uomo e di maestro di Ottorino Bertolini: tuttavia, distaccandosi da un atteggiamento di magistero e di studi al quale pur si richiamava, egli non sentì il bisogno di dar loro espressione attraverso il suo lavoro di ricerca, seppe evitare che la sua ricerca diventasse una prosopopea o una più o meno indiretta riproposizione di quei modi di vedere e di sentire; volle e seppe distinguere insomma l'esercizio minuto e paziente dell'analisi critica, volta alla ricostruzione dei fatti e delle grandi coordinate di un intero periodo storico, dalla passione civile e politica e dalle tradizioni culturali e ideologiche alle quali peraltro si sentiva legato e partecipe.

Anche per questo il volume su Roma mantiene nelle sue linee fondamentali una piena validità, anche per questo, credo, esso riesce così bene a sottrarsi a quel senso di limitato, di angusto, di provinciale che suscita oggi la lettura di molti degli scritti di storia, anche filologicamente degni, prodotti in quel periodo nel nostro paese: per quella monomaniaca ossessione dell'italianità che ne svia con ottiche deformanti e ne appesantisce di greve retorica l'impianto e il contenuto, giungendo fino ad alterare le possibilità stesse di una scienza e di una conoscenza storiche degne di questo nome. Bertolini seppe evitare tali pericoli e liberare la propria ricerca da questo clima e da questi condizionamenti. In *Roma di fronte a Bisanzio e ai Longobardi* non mancano, indubbiamente, nell'interpretazione di alcuni singoli fatti, suggestioni e tracce dovute a tali ottiche ed a tali tendenze:[15] ma restano suggestioni e tracce assolutamente marginali, che non incidono realmente nell'impianto del lavoro e nella ricostruzione complessiva di quelle vicende.

Non basta tuttavia fermarsi a tale constatazione. Né mi pare si possa affermare che la linea per cui Bertolini seppe realizzare certe distinzioni, liberandosi da suggestioni ed ottiche deformanti, vada ricercata in una ri-

15. Credo che vada interpretata almeno in parte in tale contesto l'opzione per una continuità del Senato romano anche posteriormente agli inizi del secolo VII (quando cessano, com'è noto, le attestazioni sicure in questo senso da parte delle fonti), quale figura ancora nel volume: cfr. ad es. *Roma*, pp. 454, 465, 525 sgg., 620; così come si spiegano in tale contesto di suggestioni e di influenze l'introduzione di concetti come «solidarietà nazionale» o «moto nazionale italiano» per caratterizzare vicende che negli studi posteriori riceveranno definizioni più articolate e sfumate (ivi, pp. 343, 404 sgg., 423, 440).

flessione metodologica generale sulla natura e le caratteristiche del lavoro storiografico. La lezione crociana, ed in genere l'approfondimento ed il dibattito metodologico-storiografico – che fu la strada liberatoria per altri studiosi della sua generazione[16] – non sembrano aver costituito un oggetto di specifico interesse e di specifica e diretta riflessione da parte sua. È altro il cammino per il quale egli pervenne al superamento di quelle ottiche e di quelle posizioni.

Schematicamente mi pare che esso possa essere individuato lungo due grandi direttrici: da una parte la pratica costante ed intensa con le ricerche, le tematiche, le prospettive di lavoro operanti nella storiografia europea e mondiale, dall'altra quella che chiamerei con formula sommaria la "lezione delle cose", la piena disponibilità cioè a ricavare dai fatti della storia, e dai problemi e dalle difficoltà di ricostruzione e di interpretazione posti dai suoi stessi temi di ricerca, le indicazioni utili per individuare l'ottica e i nessi, il contesto e le prospettive secondo i quali andavano costruite una conoscenza e una comprensione reali del loro svolgersi.

Bertolini, com'è noto, operò per parecchi anni come segretario del Comitato italiano di scienze storiche; come tale partecipò e preparò la partecipazione italiana alle adunanze plenarie annuali del Comitato internazionale dal 1929 al 1933, prese parte ai Congressi di Oslo (1928), Varsavia (1933) e Parigi (1938), e collaborò a numerose altre iniziative internazionali di quegli anni. Fu una presenza ed un'attività che non vanno certo sottovalutate e di cui resta traccia in alcune ampie rassegne da lui scritte per l'«Archivio storico italiano».[17] Ma il punto forse non sta tanto qui, quanto nella disponibilità e nell'apertura mentale con cui egli partecipò a quell'esperienza, quelle stesse che egli seppe mettere nei suoi studi, nell'analisi delle fonti, nella discussione critica della letteratura storiografica, sempre attentamente raccolta, esaminata, rivista. È significativo, al di là di alcune riserve ispirate da altri aspetti del discorso, l'evidente interesse con cui Bertolini registrava, nella sua cronaca del Congresso di Oslo, l'intervento e le affermazioni di Michel Lhéritier, segretario generale del Comitato internazionale di scienze storiche, nel corso delle discussioni avvenute nella sezione

16. Cfr. ad es. la precisa attestazione in questo senso di Giorgio Falco, di pochi anni più anziano di Bertolini e allievo come lui della scuola torinese del De Sanctis e del Fedele: *Cose di questi e di altri tempi*, in «Itinerari», 1 (1953), pp. 6 sgg. (poi anche in Giorgio Falco, *Pagine sparse di storia e di vita*, Milano-Napoli, Ricciardi, 1960, pp. 546-565).

17. *Bibliografia*, nrr. 20, 24, 27, 29, 30.

dedicata all'insegnamento della storia:[18] «Al di sopra della storia politica, economica, sociale, bisogna mettere la storia generale dell'umanità intera e della civiltà. La storia non deve essere più esclusivamente nazionale, soggettiva, subordinata all'interesse personale dello storico, del suo partito, del suo paese; ma scientifica, e quindi oggettiva, imparziale, serena».

In effetti la prospettiva dominante del suo volume su Roma è una prospettiva mediterranea ed europea.[19] Ed è tale perché solo in questo ampio e decisivo contesto si chiariscono i fatti e si comprende il maturare delle condizioni che portarono al lento e progressivo costituirsi di un dominio temporale e di un potere temporale dei papi (una distinzione questa che egli usò solo in anni più recenti ma che è chiaramente implicita già nel volume). La centralità di Roma e del papato nella storia altomedievale italiana acquista, nella ricostruzione di Bertolini, il suo autentico significato ed il suo reale spessore alla luce del quadro internazionale in cui trova i suoi punti di riferimento e la necessità e le condizioni per affermarsi. Da questo punto di vista la storia del costituirsi del dominio temporale dei papi è già pienamente, nel volume su Roma, una storia di dimensioni internazionali e di lungo periodo.

Ma la definizione dell'ampiezza del contesto in cui si svolsero quelle vicende e la determinazione dei complicati nessi e dei molteplici e successivi condizionamenti che concorsero a determinarle continuano a restare saldamente ancorate a quelle minuziose analisi interne, a quella minuta e puntuale critica delle fonti che è aspetto peculiare del lavoro storico e del magistero di Ottorino Bertolini, frutto ed eredità – ottimo frutto ed ottima eredità, è opportuno aggiungere – di quella scuola storica positiva di impianto filologico-erudito nella quale egli aveva svolto tutto il suo apprendistato. L'allargamento di prospettive, imposto dalla volontà di spiegare e di capire, e l'onestà intellettuale del ricercatore appassionato si saldano e si ricongiungono così con il rigore di metodo appreso alla scuola torinese di Gaetano De Sanctis e di Pietro Fedele.

A quei maestri e agli orientamenti di quella scuola Bertolini accennò varie volte, ma con particolare chiarezza di definizione nelle pagine da lui dedicate al ricordo dell'amico G.B. Borino, parlando delle convinzioni e

18. Ottorino Bertolini, *Il VI Congresso internazionale di Scienze storiche (Oslo, 14-18 agosto 1928)*, in «Archivio storico italiano», s. VII, 87, XI (1929), pp. 140 (= *Bibliografia*, nr. 20).

19. Cfr. per alcune puntuali osservazioni in questo senso Armando Saitta, *Introduzione* a Bertolini, *Scritti scelti*, pp. XII sgg.

dei propositi che animavano il giovane studioso nell'accingersi alla sua lunga e feconda attività di ricerca:[20] dalla scuola torinese egli aveva ricavato

> il fermo convincimento che pregiudiziale *sine qua non* a raggiungere risultati fecondi di analisi e di sintesi era la paziente, umile fatica dei singoli accertamenti critici e della raccolta sistematica dei testi, accompagnate da un'esauriente, costantemente aggiornata informazione bibliografica, da un rigoroso controllo per ogni contributo e volume di altri studiosi, e da un continuo succedersi di tentativi volti a prospettare la risposta scientifica a tutta una serie di interrogativi antichi e nuovi in un campo d'interpretazioni testuali, di determinazione di date e d'identificazione di persone tanto esteso ed irto di grovigli spinosi quanto, soprattutto in Italia, rimasto sino allora pressoché incolto.

Bertolini si riferiva in particolare alla scelta del Borino di studiare la storia della riforma della Chiesa nel secolo XI, ma si tratta con tutta evidenza di alcune convinzioni più generali – intorno alla necessità di un determinato sistema di lavoro –, che erano certamente anche sue.

Eppure resta a questo riguardo, mi pare, da chiarire ulteriormente un problema, che richiama in parte a quanto già si è accennato sui rapporti di Bertolini con la scuola filologico-erudita, dominante del resto anche a Roma, dove egli riprese, nel dopoguerra, il suo apprendistato e la sua attività di studio e di ricerca: il problema cioè suscitato da una duplice e in apparenza contraddittoria caratteristica della sua opera, così fedele al metodo di quella scuola ed insieme così autonoma da essa, autonoma ed originale nell'impianto e nello svolgimento del proprio discorso e del proprio problema.

È mia impressione che alcuni nuovi elementi per poter prospettare una risposta più esauriente di quella data finora vadano ricercati ancora una volta all'interno del lavoro stesso di Bertolini, nei modi e nei criteri con i quali egli venne costruendo e articolando, attraverso l'analisi delle fonti, la sua ricostruzione storica. L'accertamento minuto dei "fatti" e delle date attraverso l'accurata analisi testuale delle fonti per giungere o avvicinarsi alla "verità" storica oggettiva rappresentava l'aspetto costitutivo di quella scuola, al quale Bertolini continuò ad attenersi lungo tutta la sua attività

20. Ottorino Bertolini, *Giovanni Battista Borino*, in *Studi gregoriani*, IX, Roma, Abbazia di S. Paolo, 1972, pp. 6 sgg.; riferimenti alla scuola torinese anche in Ottorino Bertolini, *Prefazione* a Pierre Toubert, *Les structures du Latium médiéval*, I, Roma, École française de Rome, 1973, pp. VII sgg.

di studioso.[21] Ma i "fatti" in Bertolini non sono mai visti limitatamente al loro *hic et nunc* spaziale e cronologico, ma valutati anche nel loro divenire, in quanto ragione o condizionamento, col loro stesso prodursi, di eventi successivi. Non si tratta – è opportuno sottolinearlo – di una mera concatenazione cronologico-causale. Ciò che la ricerca di Bertolini riesce a determinare è il progressivo formarsi di un quadro, di un contesto complessivo, all'interno del quale i singoli fatti non solo trovano le loro condizioni ed i loro limiti ma, rappresentando a loro volta un nuovo apporto per l'ulteriore articolarsi di quelle condizioni e di quei limiti, divengono ragione del loro stesso modificarsi.

Non posso evidentemente in questa sede esemplificare in dettaglio: l'analisi di Bertolini è in realtà costantemente volta a cogliere questo complesso spessore dei singoli avvenimenti. Sono tipici al riguardo le osservazioni e i richiami che egli formula dopo aver narrato dell'arrivo e della morte a Roma del giovane re dei Sassoni occidentali Ceadwalla e dell'epigrafe che il papa Sergio I aveva fatto mettere sulla sua tomba.[22] Il Gregorovius aveva parlato di tale episodio in termini di presagio di «tutto un intero avvenire, con la sottomissione dell'Occidente germanico al potere spirituale del vicario di S. Pietro».[23] Ma Bertolini non si limita a considerazioni e confronti meramente ideali, e puntualizza e rende concreto e preciso il discorso:

> Si deve aggiungere che questo consolidarsi di vincoli spirituali tra Roma e l'Europa insulare nord-occidentale avrebbe manifestato tutta la sua importanza per le sorti della Città Eterna, quando l'attività del clero anglosassone si estese alla regione renana dell'Europa continentale occidentale, sotto gli auspici ad un tempo religiosi della Chiesa di Roma e politici [dei Carolingi]. Le fasi di tale attività allo scorcio del secolo VII e sul principio del secolo successivo, alla luce degli avvenimenti per i quali, a cominciare dalla metà del secolo VIII, l'Urbe fu spinta a riacquistare la sua autonomia politica [...] appaiono come i primi ancora invisibili segni dell'ampio ordito che si sareb-

21. Cfr. sul metodo di quella scuola le osservazioni dello stesso Bertolini in *Giovanni Battista Borino*, p. 4; emblematico di una tale impostazione il seguente titolo posto da Bertolini ad un suo saggio del 1957 pubblicato sull'«Archivio della Società romana di storia patria»: *I rapporti di Zaccaria con Costantino V e con Artavasdo nel racconto del papa e nella probabile realtà storica* (*Bibliografia*, nr. 67).

22. *Roma*, pp. 401 sgg.

23. *Ibidem*, e Ferdinand Gregorovius, *Storia di Roma nel Medioevo*, trad. di Vittoria Calvani e Pia Micchia, I, Roma, Newton Compton, 1972, p. 387.

be andato a mano a mano tessendo perché in lei avesse inizio una nuova era nella storia italiana e universale. Già nel 690 un monaco di Northumbria, Willibrord, chiedeva in Roma a Sergio I il consenso di recarsi a convertire le popolazioni pagane della Frisia [...]. Ma la Frisia era stata allora sottomessa da Pipino, il potente maggiordomo di Austrasia [...] e Willibrord, prima di presentarsi al papa, aveva avuto cura di prender contatto con lui e di sollecitarne la protezione. Il passo iniziale verso una collaborazione fattiva della Chiesa di Roma con la dinastia carolingia era mosso proprio mentre Bisanzio tornava a minare alle basi l'intesa cordiale con la Santa Sede così faticosamente ristabilita nell'ultimo decennio.

C'è sempre una sorta di molteplicità di risvolti insomma nella sua puntualizzazione rispetto ai "fatti" quali gli risultano dalle fonti: lo sforzo di precisare e di individuare quello che potremmo chiamare il singolo fatto in sé, si accompagna costantemente al tentativo di determinare il suo valore condizionante per il futuro, alla luce del complessivo degli avvenimenti, e dei nuovi fatti e delle nuove situazioni che esso condizionò o concorse a determinare.

L'individuazione e la precisazione dei diversi fattori, delle varie e complesse vicende e situazioni che intervennero a formare le condizioni per il costituirsi di un potere temporale dei papi sono, da questo punto di vista, esemplari di un tale metodo di lettura delle fonti e di ricostruzione storica, puntuale ed insieme di lungo periodo. Se infatti è alle lotte e alle alternative che si verificarono alla metà del secolo VIII, alle iniziative di Stefano II e di Adriano I, alle idee che maturarono intorno ad essi nei circoli lateranensi, che vanno riportate le prime esplicite manifestazioni di tale potere, quelle lotte, quelle iniziative, quelle idee possono venir adeguatamente comprese solo alla luce della complessa realtà politica, istituzionale, sociale, dei molteplici e intricati nessi, delle diverse situazioni via via determinatisi nei secoli precedenti. È questo, mi pare, sia pur ridotto ad una formula, il grande e definitivo risultato del volume su Roma di Bertolini: non però astrattamente teorizzato o affermato genericamente, ma puntualmente svolto, dimostrato, argomentato, in un tessuto narrativo che mantiene nelle sue linee portanti una piena validità.

Gilmo Arnaldi in una discussione spoletina di alcuni anni fa, intervenendo sulla lezione di Bertolini dedicata appunto alle origini del potere temporale e del dominio temporale dei papi, rilevò l'importanza e l'interesse dell'«apertura tardo-antica» – non consueta in chi tratta questo argomento – che Bertolini aveva dato al suo tema, rifacendosi alla legislazione dell'«imperium christianum» del IV e del V secolo come alle «premesse giuridiche ed ideologiche» di «questa vicenda per tanti aspetti così singolare».[24] Il rilievo di Arnaldi è indubbiamente esatto e pertinente, ma va aggiunto che tale «apertura», con l'impianto che ne consegue, è già chiaramente e consapevolmente presente nel volume su Roma. I numerosi saggi del trentennio successivo, che si collegano a tale tematica, ne approfondiscono molti aspetti, ma si muovono in sostanza nella direzione di una conferma – conferma attraverso importanti approfondimenti e precisazioni – della linea interpretativa che vi era proposta.

Bertolini aveva osservato, in riferimento alla situazione che venne a determinarsi a Roma tra la fine del VI e gli inizi del VII secolo, come «la legislazione imperiale e le particolari condizioni determinate dall'invasione longobarda, dal malgoverno bizantino, dalle calamità naturali, avessero via via imposto ai vescovi di Roma compiti sempre più gravi ed estesi, oltre la sfera religiosa, anche nel campo politico, amministrativo, economico»:[25] con frequenza egli rileva nel corso del volume il progressivo assorbimento all'interno dell'amministrazione papale di competenze e di settori d'intervento cui i poteri secolari non riuscivano più a far fronte.[26] Una ripresa particolare di tale problema, svolta sistematicamente per quanto riguarda i servizi assistenziali e caritativi, è costituita dall'ampio saggio *Per la storia delle diaconie romane nell'alto Medioevo sino alla fine del secolo VIII*, fondamentale anche per i nuovi apporti che arreca intorno alle origini, alle caratteristiche, alla storia interna di questi istituti, che solo verso la metà del secolo VIII estesero la loro attività anche agli approvvigionamenti.[27] Numerosi sono altresì i contributi che riprendono puntualmente il problema delle relazioni di Roma con Bisanzio, dai conflitti del secolo VII ai decenni decisivi che videro il divampare della lotta iconoclastica,[28] mentre due grossi blocchi di saggi sono specificamente

24. Cfr. *I problemi dell'Occidente nel secolo VIII*, I, Spoleto, Centro italiano di studi sull'alto Medioevo, 1973, p. 319.

25. *Roma*, p. 263.

26. Ivi, pp. 225 sgg., 270 sgg., 312 sgg., ecc.

27. Fu stampato originariamente nel 1947 nell'«Archivio della Società romana di storia patria» (*Bibliografia*, nr. 50).

28. Cfr. *Il patrizio Isacio esarca d'Italia*, in *Atti del II Congresso internazionale di studi sull'alto Medioevo* (7-11 settembre 1952), Spoleto, Centro italiano di studi sull'alto Medioevo, 1953, pp. 117-120; *I rapporti di Zaccaria con Costantino V*, pp. 1-21; *Riflessi politici delle controversie religiose con Bisanzio nelle vicende del secolo VII in Italia*, in

dedicati ai rapporti tra Roma e Ravenna da una parte, nel contesto della ripresa dell'offensiva longobarda e del progressivo distacco da Bisanzio – premesse per una rivendicazione anche sugli ultimi lembi dell'esarcato di un potere temporale dei papi[29] – e alle relazioni con i ducati longobardi di Spoleto e di Benevento dall'altra, in una prospettiva che tiene conto sia dei problemi specifici postisi ai re longobardi ad opera di queste malsicure appendici del regno, sia dei pericoli e delle minacce determinatisi in tal modo per Roma, che tuttavia proprio nei confronti dei due ducati vedrà realizzate alcune delle prime esplicite manifestazioni di autonomia politica del potere papale.[30]

Ma su di un aspetto in particolare di tale approfondimento mi sembra sia opportuno ancora soffermarsi, non solo per la sua importanza in sé, ma anche perché esso serve a chiarire ulteriormente alcune caratteristiche dell'impianto e della ricostruzione storica di Ottorino Bertolini. Sulla impossibilità per il papa in quanto vescovo di Roma di accettare di diventare vescovo longobardo era tradizionalmente fondato un aspetto centrale della spiegazione delle ragioni che avevano spinto i pontefici – preclusa la strada del ricorso all'aiuto di Bisanzio – a rivolgersi ai Franchi e a puntare insie-

*Caratteri del secolo VII in Occidente*, Spoleto, Centro italiano di studi sull'alto Medioevo, 1958, pp. 733-789; *Quale fu il vero obbiettivo assegnato in Italia da Leone III «Isaurico» all'armata di Manes, stratego dei Cibyrreoti?*, in *Polychordia, Festschrift F. Dolger*, «Byzantinische Forschungen», 2 (1967), pp. 15-49 (= *Bibliografia*, nrr. 63, 67, 68, 93).

29. Cfr. *Le prime manifestazioni concrete del potere temporale dei papi nell'Esarcato di Ravenna (756-757)*, in «Atti dell'Istituto veneto di Scienze, Lettere e Arti», 106, 2 (1947-1948), pp. 280-300; *Sergio arcivescovo di Ravenna e i papi del suo tempo*, in «Studi romagnoli», 1 (1950), pp. 43-88; *Gli inizi del governo temporale dei papi sull'esarcato di Ravenna*, in «Archivio della Società romana di storia patria», 89 (1966), pp. 25-35 (= *Bibliografia*, nrr. 51, 54, 91).

30. Cfr. *I papi e le relazioni politiche di Roma con i ducati di Spoleto e di Benevento*, in «Rivista di storia della Chiesa in Italia», 6 (1952), pp. 1-46; 8 (1954), pp. 22-60; 9 (1955), pp. 1-57; *Le relazioni politiche di Roma con i ducati di Spoleto e di Benevento nel periodo longobardo*, in *Atti del I Congresso internazionale di studi longobardi (27-30 sett. 1951)*, Spoleto, Centro italiano di studi sull'alto Medioevo, 1952, pp. 37-49. Vanno inoltre ricordati, anche se riguardano il periodo successivo, *Longobardi e Bizantini nell'Italia meridionale. La politica dei principi longobardi fra Occidente e Oriente dai prodromi della «renovatio» dell'Impero in Occidente con Carlo Magno alla sua crisi con Carlo III «il Grosso» (774-888)*, in *Atti del 3° Congresso internazionale di studi sull'alto Medioevo (14-18 ottobre 1956)*, Spoleto, Centro italiano di studi sull'alto Medioevo, 1959, pp. 103-124; *Carlomagno e Benevento*, in *Karl der Grosse. Lebenswerk und Nachleben*, I, Düsseldorf, Schwann, 1965, pp. 609-671 (= *Bibliografia*, nrr. 60, 62, 69, 87).

me sul costituirsi di un complesso territoriale autonomamente organizzato sotto il loro potere.[31] Bertolini si riallaccia a tali indicazioni, insistendo nel volume soprattutto sull'idea e la tradizione universalista della Chiesa di Roma, inconciliabile con la sudditanza a re di tradizioni particolariste quali erano i re longobardi.[32] La tenace resistenza romana, che nasceva dalla coscienza di una reale e profonda diversità di tradizioni civili e politiche e che vide perciò i gruppi dirigenti cittadini appartenenti alla nuova aristocrazia militare stringersi intorno ai pontefici, veniva così riportata da Bertolini ad un ordine di motivazioni cui non erano estranei, da parte dei papi, preoccupazioni specificamente attinenti al loro ufficio ecclesiastico e perciò alla loro missione religiosa qual era venuta storicamente definendosi.

È un punto questo capitale della sua analisi e della sua ricostruzione storica, che acquista ulteriore precisione e concretezza in tutta una serie di saggi più recenti: da quello, per tanti aspetti esemplare, destinato alla miscellanea in onore di mons. Pio Paschini, su *Il problema delle origini del potere temporale dei papi nei suoi presupposti teoretici iniziali: il concetto di «restitutio» nelle prime cessioni territoriali alla Chiesa di Roma (756-757)*, che, attraverso l'indagine su alcune locuzioni di derivazione biblica presenti nelle biografie e nelle lettere papali del periodo, individua la costruzione concettuale e le idee forza che i papi posero alle basi della loro azione politica;[33] alla relazione, tenuta nell'ambito del convegno organizzato nel settembre 1961 dalla «Rivista di storia della Chiesa in Italia», su *I vescovi del «Regnum Langobardorum» al tempo dei Carolingi*, che, puntualizzando la posizione relativamente secondaria cui erano confinati i vescovi nella legislazione longobarda (sullo stesso piano dei laici di condizione libera non investiti di pubbliche funzioni) e perciò nella stessa organizzazione politico-sociale del regno, arricchisce di tutta una serie di elementi concreti e di precise ragioni la profonda ostilità dei papi di Roma ad accettare di ridursi entro tale ambito, così contraddittorio alla tradizione e al contesto nel quale essi si trovavano inseriti;[34] al volumetto pubblicato dall'Istituto di studi romani su *Roma e i Longobardi*, che ripropone la trama complessiva di un rapporto-scontro decisivo al formarsi del potere tem-

31. Cfr., ad esempio, Louis Duchesne, *I primi tempi dello Stato pontificio*, trad. it. Torino, Einaudi, 1967, II ed., p. 22.

32. *Roma*, pp. 3 sgg., 445 sgg., 457, ecc.

33. *Bibliografia*, nr. 52.

34. Ivi, nr. 84.

porale dei papi;[35] sino a quella splendida sintesi rappresentata dalla lezione spoletina del 1972 su *Le origini del potere temporale e del dominio temporale dei papi*, che prospetta in un'organica e incisiva sistemazione le linee portanti della sua ricostruzione ed interpretazione dell'intera vicenda.[36]

Ma è proprio intorno a tali approfondimenti e precisazioni sull'impossibilità per i pontefici di Roma di accettare di ridursi a diventare vescovi longobardi pur dovendo rinunciare alla protezione di Bisanzio, che meglio emerge l'aspetto che forse più differenzia la ricerca di Bertolini dalla precedente storiografia: per lo stretto intreccio che egli riesce a stabilire tra ragioni politiche e motivazioni religiose nelle scelte concrete che portarono gradualmente i papi a rivendicare su Roma, e su ciò che era rimasto dei domini bizantini dell'Italia centrale prima delle ultime offensive longobarde, l'esercizio di un proprio diretto potere temporale. Egli esce così da un dilemma non privo di componenti controversistiche o apologetiche, tra quanti erano stati spinti a sottolineare le ambizioni secolari e temporalistiche dei papi o comunque il carattere tutto politico dell'intera vicenda e quanti ne avevano rilevato la preminente ispirazione religiosa, difendendo la purezza delle intenzioni dei pontefici.[37] L'uscita da tale dilemma non avviene però nei termini di un compromesso esteriore, o disponendo secondo una mera giustapposizione le motivazioni religiose accanto a quelle politiche, ma attraverso un rigoroso processo di esame interno delle fonti che, riconducendo l'analisi dal piano sdrucciolevole delle intenzioni – sempre in quanto tali sfuggenti e indimostrabili – a quello dei fatti e dell'orizzonte concettuale che li interpreta o li promuove, riesce ad evitare così ogni esito di tipo apologetico o controversistico, ed insieme ogni giudizio troppo immediatamente saldato ai propri presupposti ideologici generali.

C'è una pagina del volume su Roma che mi sembra a questo riguardo estremamente rivelatrice: in essa Bertolini discute il significato delle tre lettere che nel febbraio 756, mentre Roma era stretta da un nuovo assedio longobardo, invocarono il soccorso di Pipino re dei Franchi;[38] ne «apparivano autori, della prima il papa; della seconda il papa, l'alto clero, gli

35. Roma, Istituto di studi romani, 1972, p. 150.

36. In *I problemi dell'Occidente nel secolo VIII*, pp. 231-255.

37. Cfr. ad es. Gregorovius, *Storia di Roma*, I, pp. 443 sgg. e *passim*; Duchesne, *I primi tempi*, pp. 21 sgg.; Alfred von Reumont, *Geschichte der Stadt Rom*, II, *Von der Herrschaft Germanischer Völker bis zum Ende des grossen Schismas*, Berlin, Decker, 1867, pp. 118 sgg. (vedi comunque i riferimenti nella I parte dell'*Appendice* in *Roma*, pp. 724 sgg.).

38. *Roma*, pp. 563 sgg.

alti ufficiali, le forze armate ed il popolo di Roma; della terza S. Pietro». Bertolini considera tali lettere

> un sol tutto inscindibile, documento di altissimo valore, perché dà la più eloquente testimonianza dei fattori religiosi e secolari confluiti a guidare l'opera che la Santa Sede, d'accordo con le classi dirigenti laiche della Città Eterna, andava svolgendo per creare nella penisola il nuovo organismo politico autonomo, capace di tutelare i rispettivi interessi materiali e spirituali.

Tale giudizio segue ad una di quelle articolate traduzioni-parafrasi dei testi, caratteristiche dello stile narrativo di Bertolini, volta a rilevare i principali temi delle lettere. Ma ciò che più importa qui sono le osservazioni che egli muove ad alcuni giudizi formulati al riguardo dal Gregorovius. È un passo che vale la pena di rileggere quasi per intero:

> Il più noto degli storici di Roma medievale, il Gregorovius, qualificò la terza lettera una «singolare invenzione», una «strana finzione», in sostanza dunque un falso coscientemente perpetrato da Stefano II per colpire la credulità di Pipino e dei Franchi; la considerò «una delle più valide testimonianze del rozzo spirito non solo di quel secolo, ma anche della Chiesa stessa di allora, che non si peritò di abusare dei più santi motivi della religione per affari mondani» [...]. A torto. Non era affatto proposito del papa far credere a Pipino ed ai Franchi che la lettera usciva materialmente dalla penna del principe degli Apostoli: l'indirizzo precisava ben chiaro che per lui scrivevano la Chiesa di Roma e Stefano II suo presule. E ciò era del tutto conforme al concetto, da antico profondamente radicato sulla base del messaggio evangelico, che il principe degli Apostoli continuava nei secoli a vivere, ad agire, a presiedere nella propria sede, perpetuandosi nella persona del vescovo di Roma, suo successore e vicario, e che la chiesa di Roma ed il suo capo s'identificavano con S. Pietro: si ritenevano quindi nella legittima facoltà di parlare in suo nome, facendo parlare lui stesso direttamente in prima persona. Nessun falso, dunque; nessun inganno teso alla credulità dei Franchi e del loro sovrano; nessuna testimonianza di rozzo spirito nella Chiesa di Roma del secolo VIII, pur se allo spirito dei nostri tempi ciò può riuscir difficile a comprendersi. E neppure abuso dei più santi motivi della religione per affari mondani, ma logica applicazione del principio che la *res publica Romanorum* e il suo popolo erano dalla divina volontà commessi a S. Pietro, e quindi alla Chiesa di Roma ed al papa, e che perciò la loro era la causa stessa del principe degli Apostoli.

La risposta di Bertolini si muove tutta all'interno del testo in discussione. Alle osservazioni critiche e al giudizio del Gregorovius Bertolini risponde direttamente solo riguardo al grossolano fraintendimento che di un falso o meglio forse di una turlupinatura volesse trattarsi; per il resto, più che formulare una replica diretta, egli sposta in realtà il discorso su di un altro piano, quello della tradizione, della cultura, dell'orizzonte mentale e concettuale all'interno dei quali erano maturate, in quella forma, quelle prese di posizione. Il rilievo che esse costituivano la «logica applicazione» di una tradizione, di una cultura, di un orizzonte mentale e concettuale, maturati in un lungo deposito di generazioni, stabilisce l'ambito prioritario all'interno del quale valutarle e comprenderle, esime dal ricercare altre spiegazioni, confina al terreno di un "processo alle intenzioni" ogni tentativo di trovare altrove la ragione e il significato della forma che quell'appello aveva assunto. Ma tale tipo di critica storiografica, e di discorso interno alla fonte presa in esame, può realizzarsi positivamente in quanto la sua applicazione mira costantemente a recuperare tutto lo spessore storico dei problemi, dei fatti, delle situazioni, delle idee quale si era andato determinando nei secoli precedenti.

Bertolini riconosce chiaramente che il problema posto alla Chiesa di Roma dalla ripresa dell'espansionismo longobardo era un problema politico, sottolinea più volte che a problemi politici i circoli lateranensi erano chiamati a dare una risposta.[39] Essi la diedero ispirandosi tuttavia a motivazioni, a spunti, a preoccupazioni, a concetti di origine religiosa. È in primo luogo la constatazione di un fatto: un fatto reale però, non mero *topos* letterario, né tanto meno mascheratura di ambizioni temporalistiche o strumentalizzazione di formule e principi religiosi a fini politici. Sono persuasioni in Bertolini molto nette ed esplicite:[40] ma esse, sia chiaro, non si configurano come frutto di un'opzione ideologica né come esito di un atteggiamento sottilmente e aprioristicamente apologetico, in quanto disposto sempre a riconoscere ai papi, nella linea di fondo del loro procedere, una sostanziale fedeltà alla propria missione. Perché tali persuasioni risultano tutte risolte e fondate all'interno dell'analisi e della ricostruzione complessiva offerte da Bertolini. L'ispirazione religiosa nell'operare dei papi e dei circoli lateranensi è un fatto reale perché le motivazioni, gli spunti, le preoccupazioni, i concetti, attraverso i quali si manifesta, suggeriscono interventi, impongono iniziative e responsabilità che si radicavano

39. Cfr. ad es. *Roma*, pp. 521, 582, 702. Tale aspetto è ampiamente ripreso negli studi successivi: cfr. *Il problema delle origini del potere temporale dei papi*, pp. 512, 533; *Le origini del potere temporale*, pp. 239, 246 sgg.; *Roma e i Longobardi*, pp. 60 sgg., 85 sgg.

40. Cfr. in particolare, per l'ampiezza e la novità della trattazione, *Il problema delle origini del potere temporale dei papi*, pp. 103-171; ma cfr. anche *Le origini del potere temporale*, pp. 248 sgg., e *Roma e i Longobardi*, pp. 65 sgg.

profondamente nella tradizione affermatasi attraverso le vicende dei secoli e dei decenni precedenti.

Sta qui la forza della ricerca di Bertolini, in questo vivo senso della compatta solidarietà dell'intero procedere storico, che va tutto ricostruito e tenuto presente per capire e chiarire il profilarsi ed il costituirsi di nuove situazioni e realtà, e nel conseguente impegno di scavo largo, ed insieme attento e minuzioso, di tutte le fonti disponibili, evitando ogni sommaria semplificazione. E sta qui anche la ragione – nella consapevolezza della complessità degli intrecci e dei reciproci condizionamenti con cui è necessario misurarsi – del rilievo, dell'importanza che sempre risultano accordati nella sua ricerca al peso degli elementi organizzativi, direi quasi materiali, che a Roma e nella Chiesa di Roma accompagnano, sorreggono e talvolta anche spiegano, lo spessore, la consistenza, la portata di quel complesso di idee che, nelle nuove circostanze create dall'attacco longobardo e dalla defezione bizantina, suggerì ai papi di rivolgersi ai Franchi ed insieme impose loro la scelta di un esercizio diretto del potere temporale. Per questo penso si possa dire che nella ricostruzione di Bertolini il dominio temporale dei papi non è, *sic et simpliciter*, il baluardo necessario all'esplicazione della loro missione religiosa, ma non è nemmeno il frutto di ambizioni temporalistiche di circoli e di ambienti romani. Esso è l'esito maturo di una situazione che in quel contesto non permetteva alternative altrettanto in grado di corrispondere ai termini in cui i secoli precedenti erano venuti configurando le caratteristiche, le funzioni, il ruolo della figura e della missione del vescovo di Roma.

Avrei concluso, anche se avrei voluto dire molto altro ancora: soprattutto di ciò che è stato il magistero di Bertolini, il suo rapporto con gli studenti, con quanti lavoravano con lui e con lui facevano il loro apprendistato. Ma è sempre difficile ricordare in parole una presenza non soltanto autorevole, ma amica e paterna, senza rischiare di banalizzare e tradire quell'intimità di sentimenti e di memorie che solo restando personali mantengono intatto il loro valore e il loro significato. Bertolini, scrivendo di Pietro Fedele poco dopo la sua morte, ne iniziava il ricordo con una rigorosa analisi della sua produzione storiografica ed erudita: è un fatto che colpisce, quasi l'indicazione di un costume che va rispettosamente tutelato.

Tutta l'opera storiografica di Bertolini del resto è scarsa di dichiarazioni e professioni personali: centrata su alcuni problemi di fondo che lo accompagnano nell'arco di un cinquantennio, essa è tutta conclusa nell'analisi e nella ricostruzione minuta dei fatti, e nel racconto dispiegato delle vicende che egli si era proposto di studiare e di ricostruire. Penso tuttavia si debba aggiungere anche un'altra osservazione: il significato di tale attività infatti non sta solo nell'operosità eccezionale, nelle questioni affrontate nei risultati raggiunti, punti fermi, per tanti aspetti, di ogni futura ricerca che voglia muoversi in tale ambito di problemi; né sta solo nella fedeltà ad un costume di rigore scientifico di ricerca. Perché c'è in essa, costantemente presente, un senso profondo di rispetto, direi quasi di accettazione, per gli uomini e la storia degli uomini, il senso di una comunanza umana fondamentale, che fa sì che si possa parlare e giudicare di Martino o di Gregorio, di Teodato o di Totila, di Bonifacio o di Desiderio, delle loro azioni, dei loro coraggi, delle loro debolezze, sapendo che ad essi ci ricongiunge quell'elemento umano elementare che resta forse la ragione di fondo per cui è possibile, ed insieme necessario, riproporre e scrivere la storia del passato.

Bertolini tende ad evitare il giudizio, la presa di posizione, intorno all'andamento complessivo dei fatti: ne misura il peso, il significato, nel contesto delle vicende contemporanee e come condizionamento di quelle future, ma è scarsamente incline a individuarne gli eventuali risvolti negativi nella vita e nello sviluppo della società.[41] Quell'andamento complessivo egli lo spiega dall'interno, e per ciò stesso lo accetta, perché il fine dello studio della storia sembra tutto risolversi in lui nel proposito di conoscere e di capire. Ed è solo da questo punto di vista che si potrebbe forse parlare, per la sua storiografia, anche di una presenza provvidenziale, nel senso che il complesso delle vicende della storia sembra corrispondere, nel suo discorso, ad un'accettazione di fondo che permette solo un impegno di conoscenza e di comprensione. Il giudizio, quando è formulato, è individuale, in funzione cioè della caratterizzazione di una personalità individuale: perciò è anche giudizio morale, per quella comunanza umana elementare di cui si diceva, che diventa insieme un tramite reale di partecipazione intellettuale ed emotiva alle vicende del passato. Non è un caso che Bertolini concluda la sua commemorazione di Leone I con la citazione di un noto passo del Caspar:[42]

> Lo storico che consideri la storia del Papato da Innocenzo I a Leone Magno, può paragonarsi a chi percorre una regione di alte montagne. Da una vetta eminente discende d'un tratto; poi, lungo una cresta, risale ad una vetta dav-

41. Restano, da questo punto di vista, rilievi isolati quelli sulle lotte di consorterie e le ambizioni temporalistiche connesse al sorgere del dominio temporale dei papi: cfr. ad es. *Roma*, p. 675, *Roma e i Longobardi*, pp. 91 sgg.

42. *Leone I papa*, in «Archivio della Società romana di storia patria», 89 (1966), p. 23.

vero dominante: è Leone Magno, che si erge, non come un monte il quale repentinamente balzi in alto isolato, ma come una cima, che incoroni un massiccio montano.

Ricordando alcune frasi di una lettera di Bonifacio che manifestava al papa Zaccaria il suo desiderio di ritirarsi a riposare nelle selvose solitudini di Fulda, dove avrebbe voluto poter essere sepolto, Bertolini osserva: «Parole toccanti. Non si possono leggere senza un senso di profonda commozione».[43]

Sono rilievi semplici, diretti, che trovano il loro primo fondamento in quel profondo rispetto per gli uomini che è un aspetto saliente della personalità di Bertolini. Giovane studioso, egli osservava riguardo al tono aspro delle critiche che il Peitz aveva mosso alle ricerche dell'Ewald sulla formazione del *Registro* di Gregorio Magno:[44] «La rievocazione della fortuna degnamente toccata agli studi dell'Ewald [...] non pare sempre molto opportuna». E dopo una serie di importanti rilievi critici formulati all'edizione dei *Dialogi* curata dal Moricca, egli concludeva: «Senza dubbio è assai più facile criticare un lavoro che farlo, e abbiamo già detto che il compito del M. era tutt'altro che agevole».[45] È un atteggiamento di costante rispetto verso gli uomini del passato come verso gli uomini del presente, che corrisponde anche al suo modo di essere e di operare nella corporazione degli storici, alla volontà di rilevare e ricavare innanzitutto quanto si potesse ritrovare di positivo nel lavoro altrui. Sono gli aspetti migliori di un costume e di una tradizione universitaria che Bertolini seppe incarnare con straordinaria semplicità, dignità e rigore. Penso sarebbe difficile non riconoscere che quella tradizione oggi non basta più a risolvere i gravi problemi della nostra ricerca, dell'organizzazione degli studi, del loro significato e della loro funzione nella vita della società. Ma ciò non significa dimenticare che a quella tradizione, a uomini come Bertolini, dobbiamo quel poco di solido che resta nelle nostre dissestate Università, né può permettere di eludere il doveroso sforzo di conservare e tramandare i fondamentali insegnamenti che essi ci hanno lasciato.

43. *Il dramma di Bonifacio*, in «Bullettino dell'Istituto storico italiano per il Medio Evo e Archivio Muratoriano», 78 (1967), p. 43.

44. In «Archivio della Società romana di storia patria», 46 (1923), p. 443.

45. In «Archivio storico italiano», s. VII, 84, I (1926), p. 295.

# Gli *Incontri nel Medio Evo* di Arsenio Frugoni*

Arsenio Frugoni è nel panorama dei medievisti italiani giunti alla piena maturità negli anni Cinquanta una figura di spicco. Per chi, come me, s'affacciava allora agli studi, rappresentava – e non si tratta, credo, di una notazione meramente autobiografica – la personalità di gran lunga più rilevata, un punto di riferimento già essenziale per il crescere e il maturare della propria pratica di lavoro (sono persuaso del resto, ad attestare il carattere non effimero di quell'impressione, che solo un altro di quella generazione, da me conosciuto soltanto più tardi, Gustavo Vinay, potrebbe far modificare, in un più distaccato panorama del lavorio storiografico, e delle idee, delle tendenze, delle suggestioni e possibilità di quei decenni, l'impressione e il giudizio di allora). Influiva in questo la pubblicazione, nel 1954, del volume su Arnaldo da Brescia, subito avvertito da molti di un rilievo metodologico non consueto nella storiografia italiana. Ma vi contribuiva anche il suo approccio umano, fascinoso fin dal primo contatto, per quel suo uscire dai modi consueti nei rapporti tra studiosi affermati e giovani apprendisti, e per quel suo dialogare, nella conversazione come nei saggi o nei seminari, non per schemi generali o per concetti storiografici, ma per realtà, situazioni, e atteggiamenti, puntualmente individuati nella concretezza umana dei loro protagonisti: un "incontro" con la storia che appariva fecondo per uscire da una storiografia, nell'ambito della Chiesa medievale, tutta orientata – così mi pareva – su contenuti troppo disincarnati – il "Medioevo cristiano" – per non diventare apologia di un'idea o vagheggiamento di un improbabile futuro (e perciò predicazione, riflessio-

* Edito in «Studi medievali», s. III, 24 (1983), pp. 469-486.

ne edificante, "propaganda", prima e più che ricerca e conoscenza), o su istituzioni e miti così onnicompresentemente corposi – la "Santa Romana Repubblica" – da schiacciare ed escludere tutto ciò che non fosse alla loro misura; ma fecondo anche perché recuperava, insieme, la lezione migliore della scuola storica positiva, riuscendo così ad aprirsi in modo non estrinseco né ideologico a suggestioni e fermenti che maturavano nel contesto ecclesiale contemporaneo – per restare, per l'ultima volta, ad un ricordo personale, fu Frugoni a portarmi a Pisa e a farmi leggere, nei primi mesi del 1955, *Jalons pour une théologie du laïcat* del padre Congar, e ad indirizzarmi alla lettura di alcuni scritti medievistici del padre Chenu. Il suo magistero poteva risultare così come una felice convergenza di tradizioni storiografiche diverse, e però capace di superarle entrambe, soddisfacendo a quelle esigenze di precisione, concretezza e aderenza al reale che apparivano compromesse dalle generalità ideologizzanti della tradizione tardocrociana ma senza per questo appiattire e ridurre la propria lettura al dato estrinseco offerto dalle fonti, sistemato secondo la misura del proprio buon senso quotidiano.

La raccolta in volume di un nutrito gruppo di saggi suoi comparsi in varie sedi tra il 1950 e il 1970[1] (meno l'ultimo, *Il canto XXIII del Purgatorio*, pubblicato postumo nel 1972) offre l'occasione per ripercorrere alcuni aspetti della sua ricerca e della sua lezione storiografica – ma l'*Arnaldo*, esauritissimo da tempo, attende incredibilmente da anni una ristampa –, quella ricerca e quella lezione così repentinamente interrotte il 31 marzo 1970. Il volume risulta diviso – con qualche forzatura e rischio di fraintendimenti – in tre parti. «Homo spiritualis», la prima, raccoglie sei saggi sulla religione medievale: da quell'*Incontro con Cluny*, che aperse il convegno di Todi del 1958 e che offre una fondamentale lettura della *Vita Geraldi* di Oddone, a quello famoso su *Il giubileo di Bonifacio VIII* (1950), ai due contributi sui flagellanti (1963) e sui Bianchi del 1399 (1960), a *Ja-*

1. Arsenio Frugoni, *Incontri nel Medio Evo*, Bologna, il Mulino, 1979, pp. 428. Dei saggi che citerò darò tra parentesi, se si tratta di relazioni a convegni, l'anno in cui furono letti, rispettivamente l'anno di pubblicazione se si tratta di contributi comparsi su riviste. Un'acuta analisi della lettura critica e della "costruzione" della scrittura storiografica di Frugoni – pur se elusiva, mi pare, di alcuni suoi aspetti di fondo – offre, in riferimento a questo volume, Elisa Occhipinti, *Gli «Incontri nel Medioevo» di Arsenio Frugoni*, in «Società e storia», 5 (1982), pp. 163-179. Cfr., per la sua produzione storiografica, *Bibliografia degli scritti di Arsenio Frugoni*, raccolta a cura di Clara Gennaro, in «Annali della Scuola Normale Superiore di Pisa», s. III, 3 (1973), pp. 487-514.

*copone francescano* (1957) che conserva, insieme ad una tormentatissima lettura della sua vocazione e della sua presenza religiosa nelle sconvolte vicende del suo tempo, le uniche, forse, pagine scritte di Frugoni sull'esperienza di Francesco e della prima fraternità, – nonostante le lunghe letture e riflessioni e discussioni – non è dimenticabile un suo seminario pisano sul *Testamentum* – dedicategli nel corso degli anni. «Testi e immagini», la seconda, comprende quattro saggi certo notevoli per offrire un esempio dello smontaggio sistematico delle proprie fonti operato da Frugoni – si trattasse di una grande composizione pittorica come il Trionfo della morte nella chiesa dei Disciplini di Clusone (1957) o del famoso capitolo del Villani sulla ricchezza e la vita economica della Firenze del suo tempo (1965) – ma che proprio per questo potrebbe suggerire, a torto, di isolare e restringere arbitrariamente ad alcuni casi un approccio e un metodo che sono scelta costante e meditata nel suo lavoro storiografico. «Dante», la terza, documenta il settore più consistente ed ambizioso della sua ricerca degli ultimi anni: il saggio che la apre – *Dante e la Roma del suo tempo* (1965) – resta un modello difficilmente eguagliabile – non credo di sbagliarmi – di saggio monografico, puntuale, quasi pedante nella minuzia delle determinazioni, ed insieme tutto teso ed aperto, senza forzature o sovrapposizioni meccaniche, ai problemi della "grande storia", del giudizio e della ricostruzione complessiva.

Una raccolta di saggi, si sa, distribuiti per di più nell'arco di vent'anni, non può certo formare un complesso unitario ed organico – e per documentare più compiutamente gli orientamenti e i risultati delle ricerche di Frugoni in quello stesso periodo ne restano fuori alcuni di tutto rilievo, come *La fortuna di Arnaldo da Brescia*, pubblicato nel 1955, o *Momenti e problemi dell'"ordo laicorum" nei secoli X-XII*, stampato nel 1961, come alcune voci del *Dizionario biografico degli italiani* o alcuni contributi "minori" – penso soprattutto a quelli pubblicati su «Lo Spettatore italiano»: *Le «Meditationes» di Guigo*, la breve recensione ai *Prosatori minori del Trecento* del De Luca[2] –, "minori" di mole ma non certo come impegno di scrittura e di comunicazione, e attestazione in ogni caso di certe sue "passioni" insistite, di altri "incontri" con personaggi e reliquie del Medioevo religioso, densi di echi, anche se poveri di esplicite e distese tracce, nella sua indagine e nella sua riflessione storica. Né, direi, tutti i saggi raccolti

2. Rispettivamente in «Lo Spettatore Italiano», 8 (1955), pp. 284-286, e 7 (1954), pp. 388-389.

presentano lo stesso rilievo di problemi affrontati e di risultati raggiunti, né corrispondono sempre ai temi centrali della sua ricerca: ma – lo rilevò lui stesso introducendo nel 1954 un'altra raccolta di saggi suoi – «succede, nel mestiere dello storico, di incontrarsi in documenti, in testi, che sollecitano, per motivi profondi o del tutto episodici, una sosta e un esame: nasce così un appunto, un articolo, una recensione».[3] Tutti peraltro offrono esempi significativi di quella sua lettura delle fonti così serrata e instancabile nello smontare pezzo per pezzo i dati di una testimonianza, nel misurarne consistenza, significato e spessore, e così sorvegliata, parsimoniosa, si vorrebbe dire quasi avara, nel suggerire e proporre punti d'arrivo e risultati capaci di uscire dal circolo chiuso del testo esaminato, di andare al di là del vissuto personale del testimone.

Sta qui uno dei nodi della ricerca e della riflessione storiografica di Frugoni, ma anche, mi pare, la ragione di alcuni equivoci e fraintendimenti, e di interpretazioni non sempre esaurienti e felici – così mi parve quando le lessi, e ancor più mi pare dopo aver letto o riletto questi saggi e gli altri di Frugoni – ad opera di recensori ed interpreti pur a lui variamente vicini. La questione, è noto, prende le mosse dal suo *Arnaldo da Brescia* e dal rilievo che subito gli fu mosso: splendido, certamente, lo smontaggio di costruzioni false o troppo ipotetiche, ma l'Arnaldo della storia dove sta, ridotto com'è esclusivamente ai tanti "Arnaldi" che risultano dalla polemica o dalla riflessione di Bernardo di Clairvaux, di Ottone di Frisinga, di Giovanni di Salisbury, di Gerhoh di Reichersberg e degli altri testimoni noti o ignoti che scrissero di lui? E si è parlato perciò di mancanza di «una fase positiva e costruttiva»,[4] di un «personaggio» che, «così delineato, non può essere ancora storicamente vivo, perché esso vive solo nel suo ambiente e nel significato che assume la sua azione nello sviluppo storico successivo»;[5] e si è detto anche che «Arnaldo da Brescia potrebbe benissimo non essere mai esistito, e le notazioni fatte sugli atteggiamenti "storiografici" di Bernardo di Chiaravalle, di Ottone di Frisinga, del Ligurinus manterrebbero – per il

3. Cfr. Arsenio Frugoni, *Incontri nel Rinascimento*, Brescia, La Scuola, 1954, p. 7.

4. Cfr. Pietro Zerbi, *A proposito di tre recenti libri di storia. Riflessioni sopra alcuni problemi di metodo*, in «Aevum», 31 (1957), p. 507.

5. Cfr. Cinzio Violante, recensione a Arsenio Frugoni, *Arnaldo da Brescia nelle fonti del secolo XII*, in «Lo Spettatore Italiano», 8 (1955), p. 113. Ribadisce nella sostanza la posizione di allora, pur con attenuazioni e parziali ripensamenti, Cinzio Violante, *Ricordo di Arsenio Frugoni, storico*, in «Annali della Scuola Normale Superiore di Pisa», s. III, 3 (1973), pp. 440-461.

Frugoni – una grandissima parte della loro validità».[6] «Medaglioni di squisita fattura», dunque, quelli di Frugoni, «profili acutissimi» di personaggi importanti,[7] ma nella linea di un giudizio che sottolinea la forza di penetrazione psicologica dello studioso, la sua «partecipazione personale [...] allo spirito del testo»; e Ovidio Capitani, con immagine felice, ha parlato, da questo punto di vista, di un suo *mitsingen* con l'autore preso in esame, che nasceva dalla sua «capacità di immedesimarsi nel processo logico e nella temperie sentimentale del cronista».[8] Ma da qui prende corpo anche un'altra definizione di lui come «storico di anime»,[9] e ancora di «contatto di anime» si è parlato a proposito della sua ricerca, perché «in ogni fonte, la più rozza, la più bruta, vibrava un'anima umana con la sua volontà spasmodica di sopravvivere e di eternarsi, con il suo bisogno di lanciare un messaggio di grande o piccolo rilievo – non importa – ma vivo, sentito, sofferto».[10]

Anche lasciando stare le anime, per lo "studio" delle quali vale ancora, credo, l'ammonimento paolino sugli "abscondita tenebrarum" e i "consilia cordium", sono tuttavia notazioni e rilievi che non mancano certo di una loro verità, che colgono alcuni aspetti reali del lavoro e dell'atteggiamento storiografico di Frugoni. Eppure vi è in essi qualcosa che lascia insoddisfatti, e non di quella insoddisfazione che sempre o quasi si prova quando si sente parlare di una persona a lungo frequentata, senza ritrovarla, in quei discorsi, così come la si è conosciuta ed amata: perché è proprio di quel lavoro e di quell'atteggiamento storiografico che quei giudizi eludono o trascurano un aspetto essenziale, una parte integrante e fondamentale, onnipresente direi, quanto meno dagli anni Cinquanta, nelle ricerche e nella riflessione storiografica di Frugoni. Voglio dire che non intendo affatto riferirmi a un "così l'ho conosciuto io", che lascia sempre, in questi casi, un largo margine di insoddisfatta inverificabilità, ma alle sue cose scritte

6. Cfr. Ovidio Capitani, *Dove va la storiografia medioevale italiana?*, in «Studi medievali», s. III, 8 (1967), p. 651 (ora anche in Id., *Medioevo passato prossimo. Appunti storiografici: tra due guerre e molte crisi*, Bologna, il Mulino, 1979, p. 255). In dissenso su questo punto Violante, *Ricordo di Arsenio Frugoni*, p. 448.

7. Violante, recensione a Arsenio Frugoni, *Arnaldo da Brescia*, p. 113.

8. *Dove va la storiografia medioevale*, p. 650, rispettivamente p. 254.

9. Raoul Manselli, *Arsenio Frugoni, un saggista?*, in «Annali della Scuola Normale Superiore di Pisa», s. III, 3 (1973), p. 440.

10. Id., *Ricordo di Arsenio Frugoni*, in *La scuola nell'Occidente latino dell'alto Medioevo*, Spoleto, Centro italiano di studi sull'alto Medioevo, 1972 (Settimane di studio del Centro italiano di studi sull'alto Medioevo, XIX), p. 41.

e stampate, dette, ridette e riproposte in tanti momenti diversi della sua produzione storiografica.

Nella famosa prefazione all'*Arnaldo*, Frugoni parte da una critica radicale della precedente storiografia: le biografie di Arnaldo sono costruite combinando insieme le diverse testimonianze – pur di qualità e provenienza profondamente diverse – «come se si trattasse di tessere perfette di un mosaico» e «con una infinita fiducia nella Provvidenza, tanto benevola nel confronto degli storici da offrire loro, sempre, tutti gli elementi per una soddisfacente ricostruzione biografica»: e non ci si è chiesti perciò cosa fossero quelle così varie testimonianze, lasciate «da gente [...] di diversa capacità e possibilità di memoria, da gente che a quel personaggio si accostava, testimone di se stessa, coi più diversi atteggiamenti, partecipe o complice o vittima o spettatrice o ripetitrice occasionale».[11] Rispondere a questa domanda è in realtà essenziale per poter cogliere ciò che ci resta, il poco che ci resta, dell'Arnaldo della storia: e ne «risulterà come uno di quei frammenti di scultura antica, dai tratti però, m'illudo?, di una suggestività vigorosa, liberato dalle contraffazioni delle aggiunte posteriori».[12]

Il ritorno alle fonti, dunque, interrogandosi in primo luogo sulla qualità, le caratteristiche, i perché di ciascuna testimonianza, costituisce la verifica preliminare di ciò che è ancora possibile conoscere di Arnaldo, della sua personalità storica: che non è riducibile esclusivamente ad un clima generale o ad una cultura e ad un'atmosfera, quando si voglia parlare di un uomo, di una volontà, di proposte e lotte che furono puntuali, ma che nemmeno è estrapolabile surrettiziamente in un ritratto o in un racconto senza considerare le fonti che ne parlano per quello che sono: letture, cioè, interpretazioni, reazioni rispetto ad una personalità e a vicende precise, viste, assunte, tradotte, presentate, secondo gli orientamenti, la cultura, gli interessi di ogni testimone.

Arnaldo, certo, è un caso particolare; perché nessuno scritto suo ci è rimasto, pur essendo numerosi i personaggi di grande rilievo che parlarono di lui. Ma al di là del caso particolare e di una "costruzione" della ricerca adeguata al caso particolare, Frugoni pone di fatto, nel suo discorso, un problema antico ma centrale nello studio della storia: il problema cioè della netta, irriducibile distinzione tra la storia (le *res gestae*) e la storiografia

11. *Arnaldo da Brescia nelle fonti del secolo XII*, Roma, Istituto storico italiano per il Medio Evo, 1954 («Studi storici», 8-9, 1954), p. VII.
12. Ivi, p. IX.

(l'*historia rerum gestarum*). Ogni pretesa di non tenerne conto, ogni tentativo di annullarla, scontano risultati di assoluta arbitrarietà. L'analisi e l'interpretazione razionale delle reliquie del passato – sia pure intese nella più larga accezione possibile – se hanno in esse il loro tramite necessario vi trovano anche il loro limite insuperabile. Tale consapevolezza costituisce la condizione sottesa al lavoro e alla ricerca storiografica di Frugoni, quale risulta dai contributi maggiori (*Arnaldo*, *Celestiniana*) come dai saggi raccolti nel recente volume. «Leggenda, bella ma senza validità storica» l'incontro della Veronica con Gesù Crocifisso: «almeno per quanto, tra i resti delle testimonianze dell'immenso accadere, l'uomo può ricostruire la storia, con i mezzi razionali della sua metodologia».[13] È una conclusione che propone una cautela significativa, rilevando un limite preciso per gli occhi dello storico, che altri occhi possono anche ignorare o superare: ma solo ponendosi su un altro piano, facendo però appello ad altri strumenti o ad altre condizioni di atteggiamento e di ascolto. La ricerca storica, per poter non riconoscere e rispettare i propri limiti ed entro a questi umilmente ma saldamente ridursi, deve ricorrere ad integrazioni e supporti che si richiamano ad altre origini, siano posizioni di fede, o scelte ideologiche, o, più banalmente, la fantasia e la mancanza di serietà o di mestiere dei suoi cultori: dove «gratuità e perentorietà si sposano spesso in [...] interpretazioni, che vorrebbero essere prese sul serio e magari discusse».[14]

Frugoni è scarso, nei suoi scritti, di dichiarazioni o di professioni storiografiche generali. L'unico saggio suo sulla ricerca storica che conosco, destinato ad un repertorio enciclopedico da lui ideato e diretto, si presenta, com'era richiesto dalla sede cui era destinato, come una sintesi articolata e vivace, una messa a punto di risultati e tendenze variamente operanti nel campo della storiografia, ma che solo in termini generici, direi, lascia intendere la posizione e gli orientamenti del suo autore.[15] Eppure vi sono in esso alcuni scatti significativi, spia evidente, mi pare, di un orientamento generale che nel concreto delle tante ricerche condotte ha cercato le sue risposte e la sua traduzione. Gli echi crociani – si stemperano e si riqualificano nei richiami a Bloch e a Febvre e alla lezione delle prime *Annales*:

13. *«La Veronica nostra»* (1950), in *Incontri nel Medio Evo*, p. 336.

14. *Dante e la Roma del suo tempo*, ivi, p. 306.

15. Cfr. Arsenio Frugoni, *Vita e storia*, in *AZ Panorama. Gli Stati e le civiltà. Enciclopedia monografica della storia*, Bologna, Zanichelli, 1961, pp. 315-320; un parziale rifacimento di questo saggio è *La Storia, coscienza di civiltà*, Roma s.d. [ma 1963] (cfr. Gennaro, *Bibliografia degli scritti*, pp. 506, nr. 119 e 508, nr. 135).

«Il buono storico somiglia all'orco delle fiabe: ovunque fiuta carne umana lì è la sua selvaggina».[16] E perciò lo storico «vuole [...] cogliere gli uomini [...] al di là delle forme sensibili del paesaggio, degli arnesi o delle macchine, degli scritti in apparenza più freddi e delle istituzioni in apparenza più completamente staccate da coloro che le hanno create. Chi non vi riesce non sarà che un operaio dell'erudizione»:[17] come quei «manovali» che portano «al cantiere una "cosa qualsiasi" raccolta per strada [...]. Di fronte ai mucchi delle "cose qualsiasi", da questi artigiani accumulate con insensata sollecitudine, lo storico è spesso costretto a ricominciare tutto».[18]

È questo sforzo di «comprendere» la vita, «la vita sua e quella degli uomini»,[19] che sta alla base di quel «totale impegno di "intelligenza" del testo», che O. Capitani ha rilevato giustamente come elemento caratteristico di ogni lavoro di Frugoni.[20] Ma non direi con lui che vi è sotteso – in quell'approccio al passato così tormentosamente ancorato alle singole testimonianze che gli si offrono – il riconoscimento della «sostanziale incomunicabilità dei vari elementi della realtà», né che vi si esprime, «unico filo che lo lega a secoli tanto andati nel tempo [...] la coscienza di un'invariabile, immutabile, solitaria condizione psicologica dell'uomo».[21] O meglio non è questo l'aspetto rilevante e primario, significativo da un punto di vista storiografico. Capitani ha perfettamente ragione – ed è l'unico a rilevarlo – nel negare l'«*opinio communis* che lega il Frugoni al Morghen sul piano degli interessi storiografici»:[22] ma soprattutto perché vi è nel Morghen la convinzione di disporre di una chiave interpretativa decisiva per comprendere l'andamento generale della sua storia, ed insieme la volontà e la fermissima fiducia di portare, attraverso la storia del passato – ed è lascito evidente della lunga frequentazione di Ernesto Buonaiuti –, una memoria ed un messaggio che contano; una convinzione, una volontà e una fiducia profondamente estranee, direi, allo scavo storiografico di Frugoni: che ha fondamentalmente in se stesso, nello sforzo di capire per sé e per gli altri i frammenti di esperienze e le parziali realtà che emergono dal passato, la propria ragione e la propria giustificazione. E d'accordo ancora una vol-

16. *Vita e storia*, p. 319.
17. *Ibidem*.
18. *Ibidem*.
19. *Ibidem*.
20. *Dove va la storiografia medioevale*, p. 650, rispettivamente p. 254.
21. Ivi, p. 651, rispettivamente p. 255.
22. *Ibidem*.

ta con Capitani penso anch'io si possa affermare che non è il «bisogno di comprendere globalmente, comecchessia, il suo presente» il principale incentivo che spinge Frugoni a studiare la storia del passato:[23] ma una disponibilità assai meno definita, priva già di tante illusioni, che legge e studia il passato attenta in primo luogo alla misura di ciò che ancora vi si può conoscere e comprendere, perché non ricerca più in esso un senso complessivo da dare alla propria storia, perché, mi pare di poter dire, non dispone più di strumenti in grado di dare, alla storia, un senso complessivo.

Ma tutto questo non significa – e qui sta il punto di fondo e la forza, e vorrei dire l'attualità di Frugoni – ridursi nella propria ricerca a tanti momenti di ascolto frammentari e staccati, ai pochi incontri parziali e sporadici che ci sono consentiti nel grande naufragio di memorie, atti, volontà, vicende, istituzioni, rappresentato dalla storia. La consapevolezza dei propri limiti è la condizione per dare precisione e consistenza ai risultati della propria ricerca, per conferirle un'identità reale, per conseguire una validità di discorso storiografico che non debba cercare in altri criteri la propria giustificazione. «La persuasività di una interpretazione non pare possa dipendere che dalla qualità della valutazione critica»: è un'affermazione presente nel suo *Jacopone francescano*, riguardo alla scarsità di dati esplicitamente biografici offerti dal laudario e alla necessità di chiedere ad esso gli elementi fondamentali per poter «ritrovare nella storia del movimento francescano la singolare figura di Jacopone francescano».[24] Ma tale affermazione costituisce in realtà la divisa costante del Frugoni scrittore e studioso di storia. Per questo la consapevolezza dei propri limiti non rinuncia a nessuna domanda, prima di dover verificare quali e quante sono le risposte impossibili. Come non vi è in Frugoni nessuno scoraggiato abbandono dell'impegno alla ricostruzione larga, al giudizio e all'interpretazione complessiva. Ma la sua volontà è di fondarli sugli strumenti e sui tramiti reali di conoscenza che del passato ci sono offerti, e non su intuizioni o su divinazioni, né su scelte e convinzioni che si servono del passato soprattutto per trovare conferme a se stesse.

La prefazione all'*Arnaldo* si conclude con alcune osservazioni che sono a questo riguardo significative. La volontà di cogliere e comprendere nei limiti del possibile «il significato della esperienza di Arnaldo», l'opera di pulizia e di restauro della sua personalità rispetto alle contraffazioni e

23. *Ibidem*.
24. *Jacopone francescano*, in *Incontri nel Medio Evo*, p. 45.

alle aggiunte di interpreti interessati o maldestri, hanno anche – rileva Frugoni – «una mira più lontana»:[25]

> L'abbandono di una complicata serie di pseudoproblemi di origini o di problemi irrisolubili per mancanza di fonti, e il rifiuto in genere della soddisfatta eresiologia filologico-combinatoria, vogliono anche essere un invito a considerare il fatto delle eresie e dei movimenti religiosi nel quadro della grande storia. Se è vero che l'*evangelismo*, come ci ha suggerito recentemente p. Chenu, è il problema del rapporto della Grazia e della Natura come fu sentito nel secolo XII, questo vuol dire che la storia della teologia deve farsi storia di problemi formulati in concretezza storica. Ma non significa che l'*evangelismo* sia meramente un capitolo di tale storia. È l'espressione di una crisi della società. Solo nella valutazione completa e globale dei problemi di quella società l'*eresia* troverà dunque il suo posto [...]. L'interpretazione del nostro "Arnaldo", liberato dalle distrazioni dell'eresiologia e del filologismo, vuole essere un contributo anche in questo senso.

Fu un contributo che, per gli aspetti qui richiamati, non ebbe nella sostanza un seguito puntuale nelle sue ricerche, sempre più orientate verso i secoli XIII e XIV – anche se, leggendo l'*Arnaldo* alla luce di tale intenzione, vi si scopriranno spunti, indicazioni e nessi che sono rimasti generalmente trascurati nelle discussioni successive e che sono di non piccolo rilievo per la più ampia storia di quella crisi che Frugoni richiamava nella sua prefazione. Ma questa volontà e questo bisogno di individuazioni reali e verificate – ripulite dalle aggiunte e dalle divagazioni arbitrarie – sulle quali poter prospettare e costruire schemi più ampi di interpretazione, condizione essi stessi a loro volta di nuova e più puntuale comprensione, in una circolarità mai conclusa, restano costantemente presenti nei lavori più impegnati di Frugoni. Tipici in questo senso l'apertura e lo svolgimento del saggio *Sui flagellanti del 1260*:

> Non la scoperta di nuove testimonianze sul movimento perugino dei flagellanti, dopo quelle messe in evidenza da V. Ansidei, e le altre venute ad aggiungersi per le ricerche di E. Ardu, mi induce a riprendere l'argomento, che ha avuto trattazione nel Convegno internazionale, svoltosi fra il 25 e il 28 settembre 1960, a Perugia, appunto su «Il movimento dei disciplinati nel settimo centenario dal suo inizio». Ma una avvertita utilità di interpretare puntualmente quei testi, e insieme di riordinare, accogliendo o rifiutando, una

25. *Arnaldo da Brescia*, p. X.

serie di ipotesi, di suggestioni, che hanno cercato giustificazione in quei testi, e nella documentazione cronistica del movimento in altre zone.[26]

L'analisi delle fonti si costruisce così lentamente in un racconto attento a chiarire l'andamento dei fatti, fissando il certo, isolando ciò che è solo lettura dotta o edificante di contemporanei, eliminando l'arbitrario o il troppo ipotetico delle interpretazioni successive. «La pratica della flagellazione [...] offerta pubblicamente come esempio e invito» da predicatori penitenziali, trova a Perugia, già forse prima della Pasqua (4 aprile 1260) – «se fu presente l'idea di rievocare la passione di Gesù nella decisione che portava la pratica ascetica occulta a farsi pubblico spettacolo» – «uomini disposti a capirla, a farla propria, entrando nel gruppo degli attori». Da qui prende corpo una devozione che diventa rapidamente fatto collettivo, nel senso che il gruppo dei penitenti – Frugoni, non a torto sempre diffidente verso l'esclamativo apologetico o edificante degli scrittori medievali, è attento a recuperare, attraverso spie marginali, la misura reale del fenomeno – si pone come «pubblico spettacolo», «rappresentazione», «predica visiva», «che si ripeteva per tutta la città», fino ad imporsi all'attenzione delle stesse autorità del comune.[27] La presenza misteriosa ma certa di un frate Rainerio dietro alla duplice delibera del consiglio comunale di indire prima un ciclo di quindici giorni di astensione dal lavoro e poi di altri dieci, nel corso del mese di maggio, «propter utilitatem divotionis que fit comuniter in predicta civitate et comitatu Perusii»[28] – «e però quel "comuniter", nota Frugoni, non dovrà essere inteso come un *di solito* o *largamente*, ma piuttosto nel senso, che era la caratteristica della devozione, di un *insieme* e *pubblicamente*»[29] – rinvia ad uno dei «religiosi» promotori di quella devozione: che riprende impetuosa in ottobre, uscendo da Perugia verso Roma e verso Bologna, e diffondendosi con un suo rilancio a catena di città in città, fino al suo riprodursi, l'anno dopo, nelle regioni al di là delle Alpi: e però in situazione diversa è una devozione profondamente diversa a riprodursi – forse per «esperienza vista mentre si svolgeva in Italia, e ripetuta nelle contrade transalpine, senza perciò la solita continuità di marcia dei flagellanti»; e sono pagine brevi, ma di vero grande respiro, quelle che ne rilevano e ne spiegano le caratteristiche e le ragioni.[30]

26. *Sui flagellanti del 1260*, in *Incontri nel Medio Evo*, p. 179.
27. Ivi, pp. 182 sgg.
28. Ivi, pp. 179 sgg.
29. Ivi, p. 182.
30. Ivi, pp. 193-195.

Ma l'aspetto che più mi preme richiamare, perché significativo di quell'impianto di costruzione storiografica cui accennavo sopra, è la risposta che egli dà alle domande sul perché allora quella devozione e quel suo trascinante successo autunnale. Insoddisfacenti, perché prive di documentazione effettiva e frutto di letture individuali o di fraintendimenti, risultano le risposte che vogliono legarla ad un preciso evento, atteso o successo («certo sincronismo – osserva Frugoni – può essere solo superficialmente suggestivo»).[31] Non sono le attese gioachimitiche presenti solo alla consapevolezza di singole interpretazioni – a muovere allora quelle masse (e Frugoni riprende qui i risultati della relazione tenuta dal Manselli al convegno perugino),[32] ma non sono nemmeno gli esiti sanguinosi di Montaperti a sommuovere nell'autunno i penitenti in una nuova urgenza di espiazione e di pace: perché, se «la minacciosa situazione dopo Montaperti» può aver sollecitato una ripresa di quella devozione, essa, «così come aveva avuto grandioso svolgimento a Perugia prima di Montaperti, non può neppure ora essere spiegata nell'ambito di una improvvisa reazione alla nuova situazione».[33] Dove i riferimenti precisi non reggono – se tutto ci si può chiedere, vi sono però pretese di risposte possibili solo per una scarsa disciplina intellettuale e di metodo – solo un riferimento più generale ad una situazione complessiva, ad un costume, ad un atteggiamento religioso di più largo periodo, che trovano peraltro puntuale riscontro nelle caratteristiche del fenomeno preso in esame – può offrire una spiegazione che, senza esaurire la domanda, collochi il discorso sull'unico terreno ancora disponibile alle verifiche della ricerca, aprendo così, d'altra parte, quella reale e mai conclusa circolarità fra ricerca puntuale e ricostruzione complessiva che è garanzia di una storiografia capace di trovare nei suoi strumenti e nelle sue regole la propria validità. Così, per Frugoni, la devozione dei flagellanti del 1260

> è risposta, anche là dove le scissioni cittadine non si polarizzano nella lotta mortale di Gebellia e Guelfa, le due donne della famosa leggenda ricordata da Saba Malaspina, a quella tragica, diffusa insicurezza per la propria vita e i propri beni, che la vita cittadina, d'altra parte così stimolante attività e responsabilità, riservava, nella sfida continua delle fazioni e degli uomini al potere,

31. Ivi, p. 198, n. 34.

32. Ivi, pp. 185 sgg. (cfr. Raoul Manselli, *L'anno 1260 fu anno gioachimitico?*, in *Il movimento dei disciplinati nel settimo centenario dal suo inizio*, Perugia, Deputazione di storia patria per l'Umbria, 1962, pp. 99-108).

33. *Sui flagellanti del 1260*, p. 187.

e nell'intreccio dei loro legami tra città e città vicine. Una realtà, questa, che spiega perché le schiere dei flagellanti, tra le mura delle città, guadagnassero compagni con il loro esercizio di mortificazione, ma chiedendo sempre riconciliazione e pace. E la riconciliazione era prova di sicura conversione, ma spettacolo di per sé esaltante, come lo stesso esercizio cruento della flagellazione. E però, in chi si riconciliava, e prometteva pace, aveva d'improvviso vinto l'esempio di quei martiri, testimoni sanguinanti della vanità della gioia, della ricchezza, del potere, innocenti e volontarie vittime del peccato del mondo che espiavano sulla loro carne, imitatori di Cristo in una società cristiana ma invece distratta dalla Croce e dal Giudizio. La volontà di dare esempio e testimonianza è l'anima del movimento. In chi vi partecipa si esprime, come in un orgasmo di punizione e di rinnovamento, violento e liberatore, la contraddizione, direi, tra la fede escatologica dei *novissimi* e l'adesione a un costume di vita estraneo ad essi, in un tempo in cui non è avvenuta ancora la mediazione attraverso una religiosità meno drammatica, ma comprensiva: diciamo per simboli, francescana e non monastico-eremitica. Sussulti di una religiosità in crisi che esorcizzava la paura delle passioni terrene con una "compunctio" subitanea, sferzante e clamante, con l'offerta della più totale rinuncia.[34]

La citazione è lunga, ma permette di cogliere, meglio di ogni altro discorso analitico, quel sorvegliatissimo intreccio tra uno scavo tutto interno alle proprie fonti e l'apertura, la tensione, lo sforzo verso ricostruzioni e sintesi più ampie – ma a quello scavo profondamente corrispondenti, capaci di ulteriormente chiarirlo e tali insieme da poter trovare conferma in esso – che costituisce una componente essenziale della costruzione storiografica di Frugoni. Gli esempi potrebbero agevolmente moltiplicarsi, anche se qui non posso che richiamarne sommariamente alcuni: si tratti del movimento dei Bianchi, quella «misurata penitenza» che riporta, per capire «cosa si muovesse nelle coscienze», non solo alla lunga crisi dell'istituzione ecclesiastica e alla «scomparsa delle grandi idee guida», ma soprattutto al «corrispettivo» che «quella scomparsa ha [...] nella coscienza individuale, dove si è prodotto uno scompenso profondo»;[35] o del saggio sul grande affresco di Clusone, dove la puntualità dell'analisi e dei rilievi iconografici è costantemente intrecciata, in un «rilancio» continuo, coi problemi della sensibilità e degli atteggiamenti religiosi di un intero periodo;[36] o, in

34. Ivi, p. 188.

35. *La devozione dei Bianchi del 1399*, in *Incontri nel Medio Evo*, pp. 204 sgg.

36. *I temi della Morte nell'affresco della Chiesa dei Disciplini a Clusone*, ivi, pp. 217-249.

altro ambito di questioni, dell'analisi del lungo capitolo celebrativo della Firenze del suo tempo scritto dal Villani, che, attraverso la minuziosa determinazione della diversa natura delle cifre e dei dati offerti dal cronista, permette a Frugoni di riprendere persuasivamente il problema del ciclo parabolico della storia di Firenze e dell'impatto e del peso decisivo della «grande peste» sulla sua crescita e sul suo sviluppo.[37]

Ma a questo proposito vorrei ricordare ancora il saggio, cui già ho accennato, su *Dante e la Roma del suo tempo*. Ciò che lo muove nelle prime pagine è ancora una volta un'opera di pulizia: eliminare le aggiunte, le ipotesi che diventano dati di fatto, le invenzioni di tanti interpreti – «di questo passo, le scoperte e le illuminazioni dei patetici "ricercatori di traccie" sono davvero disarmanti, nella certezza di consonanza perfetta con quella che dovette essere l'impressione autentica di Dante, in una particolare circostanza»[38] –, per poter determinare l'esperienza reale di «cose viste» che ebbe Dante della Roma del Trecento: ma una Roma che era anche il teatro dei grandiosi resti e delle desolate rovine dell'antichità, e la «città sacra» dei cristiani, e la sede della «minacciosa volontà di dominio» di Bonifacio VIII. E così il saggio si apre e si allarga in uno splendido crescendo, volto a cogliere via via la concreta realtà romana di quegli anni, e il problema della storia di Roma come venne configurandosi a Dante, ed il significato sempre più decisivo che assunse per lui l'incontro con la curia di Bonifacio VIII:

> Per quell'incontro, con l'incarnazione del male, mostruosa perché nello stesso Vicario di Cristo, la polemica antiromana spirituale, che Dante forse aveva a Firenze accostato, acquista una nuova concretezza. L'immagine di una Roma santuario, di una nuova Gerusalemme custode del messaggio evangelico, nelle sue reliquie, nella diretta tradizione apostolica, che i pellegrini cercavano, è cancellata dalla vergogna di una corte e di una curia che Bonifacio governa [...]. Uno spettacolo che è irrisione della "vita apostolica" quale condussero gli apostoli [...]. Dante, nella sua meditazione, si chiarirà certo che quella corruzione è cominciata da lontano, dal tempo di papa Silvestro. Ma in quella presa di coscienza, la personalità di Bonifacio ha un ruolo culminante. Per Dante, fiorentino impegnato nella cronaca della sua Firenze, Bonifacio poteva essere la sconfitta di una sua personale vicenda; diverrà l'incontro con la storia, con il momento più drammatico nella scansione della storia dell'umanità. Da ciò, quel misurare su Bonifacio, frequente

37. *G. Villani, «Cronica», XI, 94*, ivi, in particolare pp. 272-277.
38. *Dante e la Roma del suo tempo*, p. 306.

nel poema – non per la ragione soltanto della sua collocazione temporale – il bilancio dell'abisso, che si è aperto fino a lui, e dopo di lui per gli immediati successori della "exhorbitatio" avignonese, e contro di lui quel proclamare la speranza, la certezza del rinnovamento totale. E da ciò, quell'addensarsi dei ricordi della esperienza romana, episodici, di cose e di uomini, intorno al ricordo sconvolgente e centrale di Bonifacio, della Roma, per lui, cloaca del sangue e della puzza.[39]

Sono pagine dense, tutte intessute di puntuali rinvii danteschi, che vanno capite e studiate per intero. Ma si vedano ancora le considerazioni conclusive, che ripropongono per l'ennesima volta la cautela – ed il senso della cautela – del Frugoni studioso e scrittore di storia:

> A me basta, nel discorrere della Roma del tempo di Dante, aver suggerito, negli accenni a incontri concreti della "alma Roma antica" "che fè i Romani al mondo reverendi" (*Par.* XIX 102) e fu stupore per i barbari; della Roma basilicale e cimiteriale, "che si murò di segni e di martiri" (*Par.* XVIII 123), città santa dei pellegrini; della Roma decretalistica e empiamente crociata e incivile dell'età di Bonifacio, talune suggestioni, forse operanti in Dante, in quel suo svolgersi di esperienze intellettuali, morali, politiche, religiose.
> Ma occasioni o verifiche, rivelazioni o conferme? Questo è un po' sempre il problema che si presenta a chi si propone di valutare il significato dell'incontro, con cose e con uomini, di ognuno. La storia di Dante, della sua vita e delle sue opere è così avara di dati, e così complessi e carichi di tradizione la storia e il mito di Roma, che la risposta al problema, per Dante, nonostante tutto quello che ho cercato di raccogliere e di capire, ha più che mai bisogno di quel "forse".[40]

L'impegno di comprendere quella realtà complessa di un incontro, di una vicenda e di un pensiero, maturati in circostanze e in un contesto dove le lunghe pause oscure sono assai più numerose dei momenti di luce, non può non precisare alla fine il limite entro il quale le risposte ritrovate mantengono una loro validità. Saranno state «occasioni o verifiche, rivelazioni o conferme?»: voler individuare oltre non è possibile. Perché vi è per l'occhio dello storico una "verità" della storia che è tale solo a un determinato livello, senza essere ulteriormente precisabile nelle sue origini, nei suoi nessi, nelle sue motivazioni. L'individuazione e l'accettazione di tale limite fa parte integrante del lavoro dello studioso di storia.

39. Ivi, pp. 319 sgg.
40. Ivi, pp. 319 sgg.

«Dunque, poiché non sappiamo rinunciare a capire...».[41] È un'affermazione che è spia di un atteggiamento profondo, una scelta di fedeltà al mestiere. Ma "capire" significa in primo luogo partire dal di dentro di una testimonianza, perché è questo il solo percorso che ci offra una garanzia di non effimera attendibilità. «Non dovremmo chiedere alle cronache o ai dispacci degli informatori aragonesi che cosa accadde a Perugia, per spiegare l'accusa di Dante, se questa accusa noi vogliamo comprendere nella misura in cui viene fissata da Dante stesso».[42] Il rifiuto non è del confronto e del collegamento tra le diverse testimonianze, ma di un loro confronto e di un loro collegamento arbitrari. Ed è da questo punto di vista che si deve anche saper rinunciare a rispondere, o saper limitare e circoscrivere la propria risposta, per poter dare legittimità di fondazione ai propri risultati storiografici.

Frugoni, in una sua lettera citata da P. Zerbi, definì sé stesso un "crociano".[43] Né mancano pagine sue sulla funzione dello storico «coscienza del [proprio] tempo» che si muovono chiaramente lungo quella linea.[44] Eppure ciò che propriamente resta in lui di "crociano" non mi pare vada oltre, nel concreto delle sue ricerche, all'acuto senso delle individualità, individualità delle testimonianze, individualità delle esperienze reali nella vita degli uomini – non è un caso, appunto, che tra gli scritti storici del Croce che egli preferiva figurasse *Il marchese di Vico Galeazzo Caracciolo* –; cui si accompagna peraltro, con sempre più insistita presenza, il problema della validità e dei limiti della conoscenza e della comprensione storica, non detto a parole, ma posto e affrontato nel concreto operare delle sue ricerche. È il problema di recuperare e riprecisare una nuova identità per la ricerca storica, di darle una fondazione in se stessa, nei suoi criteri e nei suoi metodi, un problema che se risponde in primo luogo a esigenze di pulizia intellettuale e a correttezza di mestiere, trova peraltro le sue radici profonde nella crisi e nel venir meno dei grandi schemi teologici e filosofici di interpretazione e lettura complessiva della storia, rimasti così tenacemente presenti, più o meno sotterraneamente, ad animare e a sorreggere il lavoro dello "storico". Costruire una ricerca storica che abbia in se stessa le

41. Cfr. Arsenio Frugoni, *Subiaco francescana* (1953), in *Incontri nel Medioevo*, p. 65.

42. Id., *Dante tra due conclavi. La lettera ai Cardinali italiani* (1967), ivi, p. 351 (il testo, per evidente errore di stampa, inizia con «Noi» invece del corretto «Non»).

43. Cfr. Pietro Zerbi, *Arsenio Frugoni*, in «Rivista di storia della Chiesa in Italia», 25 (1971), p. 647 (la lettera è dell'ottobre 1957).

44. Cfr. ad es. *Vita e storia*, p. 320.

sue giustificazioni: è il "problema" di Frugoni, che lo colloca di fatto su di una linea profondamente diversa da quei riferimenti ideali – Croce, lo storico "coscienza dell'umanità" – cui pure non manca talvolta di continuare a richiamarsi. Per questo, direi, la ricerca storica di Frugoni non è più, o non è principalmente, una risposta, cercata nella storia, al "problema" – personale o collettivo non importa – che lo storico ha nella mente, in un rivolgersi al passato per coglierne «quegli elementi soltanto che giovano a far luce sul suo problema» o meglio questo "problema" non è più vincolato fondamentalmente al presente dello studioso, alla sua vita e al suo mondo – nel senso cioè di un presente che "crea" il suo passato per trovarvi le risposte che cerca –, ma diviene primariamente, e assai più propriamente, problema di storia, dove ciò che conta è lo sforzo di analisi, conoscenza e comprensione reale, senza forzature e anacronismi, di vicende, esperienze, situazioni, irrimediabilmente travolte e disperse. Il recupero della memoria storica – un recupero che va definito e precisato nelle sue possibilità e nei suoi limiti, qualificandosi già così in termini radicalmente diversi della mera raccolta erudita di dati – è l'operazione primaria che compete allo studioso di storia.

Non vorrei forzare – e lo studio, certo, dovrebbe essere assai più largo e approfondito di quanto non si è fatto qui –, ma l'impressione, a volte, era ed è come di un'incertezza, una difficoltà, una sofferenza, in Frugoni, ad abbandonare una definizione ed un'immagine di storico che pur non corrispondeva più alla realtà del suo lavoro, né, aggiungerei, al contesto generale in cui la ricerca storica era chiamata a svolgersi: da ciò, forse, una contraddizione interna non risolta, di cui appare indizio la sfasatura tra le poche professioni storiografiche generali e il suo operare concreto, che, nei contributi maggiori, batte, e con grande consapevolezza, altra strada. Ma al di là dei tanti risultati raggiunti, delle conoscenze e delle interpretazioni acquisite, è proprio questo che rende, mi pare – perché il problema è oggi più che mai dell'intera "disciplina" –, così attuale e stimolante la sua lettura. I critici e gli interpreti di Frugoni non se ne sono mostrati in genere particolarmente avvertiti e sensibili: ma non è un buon segno, per una storiografia, non saper riconoscere i suoi problemi.

# Aspetti della riflessione storiografica di Delio Cantimori fra guerra e dopoguerra*

Una breve premessa è opportuna, a delimitare e definire l'ambito di questo mio intervento. Delio Cantimori non fu certamente né un filosofo della storia, né un teorico della storiografia e della politica: ma non lo fu né lo volle essere per scelta consapevole e faticosamente acquisita, in funzione cioè di quello studio della storia che dalla metà degli anni Trenta divenne il suo campo privilegiato di lavoro. Tale scelta, e le ragioni e le condizioni di tale scelta, egli le venne chiarendo lungo gli anni, nel costante approfondimento di una riflessione che aveva come principali punti di riferimento gli specifici problemi – di raccolta di materiali, di analisi, di interpretazione – delle ricerche proprie ed altrui, ed il contesto generale – culturale e civile – in cui queste andavano ad inserirsi.

Un momento importante di tale riflessione mi sembra costituito dagli anni della guerra e del dopoguerra, quando essa fu arricchita, ed insieme complicata, dalla sua milizia, prima a fianco e poi (dal 1948) nelle file del partito comunista: perché questa stessa milizia, per i termini in cui si configurò, venne ad accentuare, in quella riflessione, gli aspetti generali ed oggettivi di una vera e propria proposta di linea, per la revisione ed il superamento della propria tradizione culturale e della figura di intellettuale ad essa connessa. Tra il 1955 ed il 1956 due interventi di Cantimori di puntuale ed esplicita polemica con alcuni studiosi di storia e giovani intellettuali comunisti non solo attestarono pubblicamente il sostanziale isolamento, per non dire l'avvenuta sconfitta, di tale proposta (come proposta complessiva o generale, non affidata esclusivamente all'operare quotidiano di singoli)

* Edito in *Storia e storiografia. Studi su Delio Cantimori*, Atti del Convegno, Russi (Ravenna), 7-8 ottobre 1978, a cura di Bruno Valerio Bandini, Roma, Editori Riuniti, 1979, pp. 26-60.

ma segnarono anche, per molti aspetti, la maturata impossibilità per essa di trovare, secondo quella prospettiva, cittadinanza, spazio e propulsione reali all'interno del partito comunista. La decisione del dicembre 1956 di uscire dal partito, non rinnovando la tessera di iscrizione, costituisce l'esito di una difficoltà di rapporti e di situazioni che nasceva in primo luogo da tale stato di cose. Da questo punto di vista quella decisione volle anche tutelare, sul piano individuale, uno stile e una linea di lavoro, ma non è apparentabile ad altre analoghe, prese da numerosi intellettuali nel corso di quegli stessi mesi. All'interno di tale interpretazione, o per meglio dire di tale sommario schema complessivo, come contributo all'approfondimento di alcuni suoi aspetti, si inseriscono le osservazioni che seguono.

Le prime due annate di «Società» (1945 e 1946) sono fitte di contributi di Cantimori: con tutti i limiti propri a indicazioni di questo tipo, non è forse superfluo rilevare che sono ben undici, su una produzione complessiva sua, in quei due anni, di ventiquattro titoli.[1] Negli anni successivi tale presenza si diraderà sensibilmente, nonostante sia proprio a partire dal 1947 che Cantimori compaia tra i redattori della rivista. Ma di ciò ben poco so, né serve molto congetturare. Tra quei primi contributi figurano alcuni scritti di grande rilievo, forse tra i suoi più importanti ed espliciti nel definire la propria posizione in ordine ai problemi della ricerca storica e nel prospettare una linea di lavoro e di ricerca volta a costruire una prima base nella direzione di un rinnovamento della nostra cultura storica, come frammento, sezione, parte, del più generale rinnovamento della cultura nazionale. La loro lettura congiunta permette quindi di definire con chiarezza la posizione di Cantimori nei primi anni del dopoguerra ed insieme gli intendimenti e le prospettive con cui venne in quel periodo orientando e costruendo il suo lavoro. Ma va tenuto ben fermo, mi pare, per meglio comprendere tale lavoro, il presupposto preciso che lo inquadra, quale ci viene offerto dalla stessa scelta di campo da lui compiuta in quegli anni: il trattarsi cioè di un lavoro di rinnovamento culturale, consapevolmente inserito in un'opera ed attività più vaste, di rinnovamento sociale, politico e civile della nostra società.

Nel 1945 Cantimori aveva ormai dietro le spalle gli esiti maggiori di alcuni dei suoi principali e tipici filoni di ricerca: il grande volume sugli

1. Cfr. *Bibliografia degli scritti di Delio Cantimori*, a cura di Leandro Perini e John Alfred Tedeschi, in Giovanni Miccoli, *Delio Cantimori. La ricerca di una nuova critica storiografica*, Torino, Einaudi, 1970 (d'ora in poi: *Delio Cantimori*), pp. 394 sgg.

*Eretici italiani del Cinquecento* e quello su *Utopisti e riformatori.* A giudicare dagli scritti, dai corsi universitari, dai programmi e dai progetti solo parzialmente attuati, sembra di poter dire che in quei primi due-tre anni del dopoguerra il suo impegno prevalente di lavoro si indirizzasse verso lo studio del pensiero marxiano e dei critici e degli interpreti di Marx – sulla linea, del resto, di quel programma editoriale, composto tra il febbraio 1943 e la primavera 1944, alla cui compilazione Cantimori aveva collaborato e la cui realizzazione egli doveva dirigere, che, sotto la formula «Pensiero sociale moderno», annunciava un ampio scavo in questa direzione[2] – e verso lo studio e l'approfondimento, già iniziato sistematicamente da alcuni anni, dell'opera storiografica e metodologica di alcuni grandi esponenti della cultura tedesca dell'Ottocento, quali il Droysen, preambolo frequente, allora ed in seguito, con la sua *Istorica*, di molti corsi cantimoriani,[3] ed il Burckhardt, di cui analizzò ed espose, in un seminario pisano del 1946-47, le *Weltgeschichtliche Betrachtungen*.[4] In entrambi i casi si trattava di opere che, pur differenti tra loro, presentavano un impianto ed un taglio di discorso sostanzialmente estranei ai problemi e ai dibattiti della cultura storiografica italiana, mirando a saldare strettamente la riflessione e la discussione generale sul pensiero storico e sulle tradizioni storiografiche con i concreti problemi del lavoro e della ricerca. È significativo il fatto che proprio il Droysen, la cui produzione era stata con una qualche sbrigatività inserita dal Croce nel filone della storiografia di tendenza, come «opera pratica e politica»,[5] figuri invece nell'analisi di Cantimori come colui che, nel suo discorso critico e metodologico, sembrava

> a volte ricordare la consapevolezza dello storico e la coscienza professionale del professore di storia, il quale non è capace di prescindere, nella sua attività, dalla sua passione politica [...] mentre dall'altra parte, consapevole della distinzione fra le due attività, sente l'esigenza di presentare ai discepoli questioni scientifiche e non prese di posizione politiche.[6]

2. Di tale catalogo sembra esistere soltanto, com'è noto, la bozza di stampa; per alcune notizie sulla sua impostazione cfr. *Delio Cantimori*, pp. 203 sgg.

3. Cfr. *Corsi e seminari di Delio Cantimori (1935-1966)*, a cura di Giovanni Miccoli e Leandro Perini, in *Delio Cantimori*, pp. 344, 354, 356, 358, 360 sgg.

4. *Corsi e seminari*, pp. 343 sgg.

5. *Teoria e storia della storiografia*, Bari, Laterza, 1948 (VI ed.), pp. 245 sgg. (ma vedi anche p. 27).

6. Cfr. Giovanni Gustavo Droysen, *Sommario di istorica*, traduzione e nota di Delio Cantimori, Firenze, Sansoni, 1943, p. 83.

Il problema di precisare e distinguere tra pubblicistica, e analisi e ricerca scientifica, ribadendo e sottolineando nel concreto peculiarità e differenze, ritorna con grande frequenza negli scritti di Cantimori di questi anni. In questo ambito assumono indubbiamente un particolare rilievo l'analisi, lo studio e la critica dell'opera di Max Weber: ma più forse per l'individuazione di un limite (polemico, di classe), e del perché di quel limite, all'interno di una distinzione pur enunciata in quell'opera come programma, che quale preciso suggerimento o indicazione delle strade da percorrere per fondarla criticamente.[7] Proprio nel Droysen invece, nel suo «intendere indagando», nel suo «comprendere mediante la ricerca, il confronto, l'analisi – insomma mediante la critica razionale e conseguente»,[8] egli venne ritrovando, con una chiarezza che andò precisandosi via via, la prima esplicita e consapevole proposizione di alcuni concetti e di alcune ulteriori distinzioni che gli appariva urgente recuperare ed approfondire non solo per il futuro stesso degli studi di storia ma anche per la consapevolezza e la pulizia della vita politica e civile: quali il concetto di «scienza storica come distinta da storiografia e dall'opera degli storici o scrittori classici di storia»;[9] una distinzione molto netta, per la quale egli amerà chiamarsi e definirsi «studioso di storia» piuttosto che «storico»; una distinzione che non si riferiva solo alla necessità di fondare criticamente il proprio lavoro, con piena consapevolezza dei suoi strumenti e dei suoi limiti, ma che costituiva anche uno dei presupposti impliciti nel suo distacco dal pensiero e dalla tradizione storiografica dell'idealismo e nella sua critica e nella sua profonda estraneità ad ogni atteggiamento di «rievocazione» storica più o meno onnicomprensiva, fatta di *Einfühlung* e di alto sentire, come anche nella sua critica a quella storiografia «senza aggettivi», «che si presenta come eclettica e in sostanza indifferente, per la serena accettazione di ciò che via via si presenta e accade», da lui identificata, pur nell'ammirazione e nel rispetto per tanti dei suoi esponenti, nella scuola romana del Volpe e dei suoi discepoli e continuatori.[10]

7. Cfr. per alcune indicazioni *Delio Cantimori*, pp. 230 sgg.

8. Cfr. *Interpretazioni tedesche di Marx nel periodo 1929-1945*, in Delio Cantimori, *Studi di storia*, Torino, Einaudi, 1959, p. 142 (si tratta di un corso pisano del 1946-1947).

9. Cfr. *Corsi e seminari*, p. 356.

10. Cfr. *Note sugli studi storici in Italia dal 1926 al 1951*, in Delio Cantimori, *Storici e storia*, Torino, Einaudi, 1971, p. 272 (si tratta di un testo datato «gennaio 1952» pubblicato postumo). Rilievi in sostanza analoghi nella sua recensione a Federido Chabod, *Scritti su Machiavelli*, in «Rivista storica italiana», 76 (1964), p. 837.

In quest'ambito, non tanto di studi storici, quanto piuttosto di analisi e di riflessioni di uno studioso di storia su lavori altrui,[11] dal punto di vista dei problemi di specificazione, caratterizzazione ed orientamento, e del significato della ricerca storica, e dell'importanza per essa, e delle caratteristiche, dello studio della storia della storiografia, si collocano i saggi di «Società» (come in genere una buona parte degli scritti pubblicati da Cantimori nei primi anni del dopoguerra). Per certi aspetti si potrebbe dire, di questo insieme di contributi, che in essi Cantimori tende a procedere per punti di vista, alternativamente opposti, che gli permettono, da un lato, di attenersi ai risultati ed ai problemi delle ricerche puntuale oggetto di esame, senza scivolare nella teoria e nelle formulazioni generali, ma anche di precisare, dall'altro, quasi con successive approssimazioni, una sua proposta in positivo, saldamente ancorata però alle difficoltà ed alle esigenze reali dell'indagine e della comprensione storica. Così, negli *Appunti sullo storicismo*,[12] egli critica Antoni e la pura storia della storiografia – costruita secondo alcuni grandi schemi ideali nell'intento primario di cogliere il pensiero e la concezione storica degli studiosi presi in esame – sulla base di un'esigenza di specificità e di concretezza, non astrattamente enunciata, ma puntualmente tradotta in osservazioni, rilievi, indicazioni di fatti, situazioni e vicende, obliterate o trascurate in una ricostruzione condotta secondo quei criteri e quegli intendimenti; ma in una lunga recensione di pochi mesi dopo critica Febvre ed il suo libro su Margherita di Navarra per l'estrema individualizzazione e puntualizzazione, tali da vanificare nessi e collegamenti più ampi:

> Il Febvre è preoccupato di farci capire che quegli uomini del secolo XVI – del Quattrocento e del primo Cinquecento – erano differenti da noi e come erano differenti; e questo lo fa in maniera magistrale. Ma non ci dice, né sembra ritenere importante dirci, come da quella situazione si sia passati alla nostra, per quali strade, attraverso quali crisi, quali ritorni, e via dicendo. Si rimane insomma fermi a una forma, più sottile, più fine, coltissima, di rievocazione storica, che non può finire di soddisfarci, se non da un punto di vista, infine, letterario.[13]

È significativa una sorta di convergenza o saldatura nel giudizio di Cantimori su quelle ricerche che pur partono da punti di vista assai distanti e risultano condotte secondo procedimenti e linee differenti di indagine:

11. Così Cantimori stesso in *Prefazione* a *Studi di storia*, pp. XIX sgg.
12. In «Società» 1, 1-2 (1945), pp. 129-172 (ora in *Studi di storia*, pp. 5-45).
13. Ivi, 1, 3, p. 271 (ora in *Storici e storia*, p. 229).

una convergenza o saldatura che si esprime nell'individuare in entrambe i risultati di «un eccessivo distacco dalla considerazione concreta e realistica dei fenomeni storici», l'opposto appunto (vale la pena, credo, di notarlo), di quanto egli costantemente sottolinea del pensiero di Marx nei corsi pisani di quegli stessi anni.[14] L'Antoni da una parte evita di considerare quegli uomini di cultura e di studio «in rapporto con il mondo culturale, con la società, con la reale vita politica [...] e con le reali radici e problemi di essa, con la storia del paese nel quale e per il quale essi lavoravano»,[15] e giunge così a generalizzazioni e semplificazioni che «appiattiscono, schiacciano sullo stesso piano dell'infinito la concreta, rugosa e rilevata realtà storica» riproponendo schemi sociologici di lontana origine teologica;[16] d'altra parte «la sempre maggiore astrattezza e sottigliezza delle interpretazioni storiografiche» e lo «spostamento degli interessi storiografici», pur fertili di nuove suggestioni ed illuminazioni come documenta così bene il libro del Febvre, gli sembrano tradursi in una contemplazione ed in un frammentarismo egualmente incapaci di conoscenza critica:

> In fin dei conti, che cosa si vuol dire quando si insiste tanto che quegli uomini non erano come noi, e via dicendo? Si rimane un po' perplessi. Non è la constatazione che l'altro da noi è altro da noi, ma è la comprensione del rapporto con esso, quello che importa. Altrimenti la storia ci si frantuma fra le mani, e con essa la vita della società umana.[17]

La recensione al Febvre si conclude con un richiamo non certo ovvio, né consueto, direi, per il carattere estrinseco dell'accostamento, allo stile di Cantimori:

> A tale storiografia potrebbe applicarsi il giudizio di Calvino (del 1544) su ambienti come quelli prediletti dal Febvre: «Il y a la troisieme espece, de ceux qui convertissent à demy la Chrestienté en Philosophie: ou pour le moins ne prenent pas le choses fort à cueur [...]. Davantage il y en a une partie d'eux, qui imaginent des idées Platoniques en leurs testes, touchant la façon de servir Dieu, et ainsi excusent la pluspart des folles superstitions qui sont en la Papauté, comme choses dont on ne se peut passer».[18]

14. *Storici e storia*, p. 232. Per i rilievi sul pensiero di Marx cfr., ad es., *Interpretazioni tedesche di Marx*, pp. 155, 177, 178 sgg., 189 sgg., 198, ecc.

15. *Studi di storia*, p. 35.

16. Ivi, p. 16.

17. *Storici e storia*, p. 232.

18. Ivi, pp. 232 sgg.

Si tratta di un passo della famosa *Excuse à messieurs les Nicodemites* del 1544.[19] Non mi pare ci possano essere dubbi: è un'attitudine al ripiegamento, alla compiacenza intellettuale, la rinuncia a un operare critico conseguente, che Cantimori intende così rilevare in quella storiografia. Ma è un rilievo che ci riporta chiaramente, mi pare, al significato che assume in Cantimori lo studio della storia quale «scienza critica per eccellenza» – come ebbe a scrivere un giorno[20] –, ma ai fini di una più lucida visione delle cose del mondo e di un intervento consapevole in esse, a quel problema insomma, della funzione civile della ricerca, così costantemente sotteso al suo concreto lavoro.

All'inizio degli anni Trenta la "scoperta" del Febvre aveva mostrato a Cantimori l'inanità dell'uso di certi schemi generali per studiare ed intendere la realtà di vicende storiche complesse quali l'età del Rinascimento e della Riforma, e indicandogli insieme i pericoli di anacronismo e di deformazione presenti «nelle logomachie sulla presenzialità della storia, sul presente nella storia»,[21] gli aveva offerto una prima indicazione di metodo, di lavoro per il superamento e la critica dei "sistemi" e delle categorie storiografiche, soprattutto dell'impostazione e dell'atteggiamento storicistico-idealista, quali gli si erano configurati negli anni universitari pisani. In uno dei suoi ultimi saggi, scritto nel 1966 per le edizioni Einaudi ad introduzione di una raccolta di scritti del Febvre, Cantimori ricordava quelle lontane "conquiste" e "scoperte", ma concludeva insistendo piuttosto su alcuni tratti comuni che avevano unito quelle esperienze intellettuali maturate a cavallo dei due secoli, in Francia come in Italia ed in altre parti d'Europa:

> Dalla capitale della luce intellettuale, dalla Parigi della fine del secolo, arrivava anche nella più ignara provincia, attraverso la *Revue des Deux-Mondes*, l'annuncio che occorreva una fede, un entusiasmo, qualcosa di nuovo. Questo particolare è qui forse sufficiente a indicare un fenomeno generale e solo in minima parte chiarito dagli studiosi, c a richiamarne alcuni termini. Entro questo orizzonte generale, la ricerca di vitalità storiografica del giovane Febvre attraverso il Michelet, del giovane Croce attraverso il Vico [...] hanno caratteri comuni, che non è certo ancor facile identificare e definire

19. In Ioannis Calvini, *Opera*..., VI («Corpus reformatorum», XXXIV), Brunsvigae, Schwetschke, 1867, c. 600.

20. In un appunto privato del 25 novembre 1955 (cfr. n. 67).

21. *Prefazione* a Lucien Febvre, *Studi su Riforma e Rinascimento*, Torino, Einaudi, 1966, p. XIV (ora in *Storici e storia*, p. 236).

nei particolari [...]. Fu un fenomeno generale, al quale sono stati dati vari nomi, ma che non è ancora stato chiarito in tutto e per tutto, proprio nei suoi caratteri generali, cioè comuni nelle varie nazioni, popoli, culture, nonostante le diverse formulazioni e definizioni [...]. Tutti, in un modo o in un altro, con maggiore o minore chiarezza e consapevolezza, antipositivisti: unione nella negativa, difficile assai da definire distinguendo. Tuttavia, forse qualche lettore capirà l'interrogativo, il dubbio che rimane e che si spera verrà chiarito, su quel periodo così ricco di rivoluzioni intellettuali, stranamente tanto poco connesse, di fatto, con i movimenti rivoluzionari organizzati.[22]

È poco più di un accenno, ma offre, mi pare, una prospettiva importante per un riesame nel profondo delle nostre ascendenze storiografiche. Non è questo però il punto che qui mi interessa rilevare: perché nelle analisi e nei giudizi del 1945 non figura ancora – se non troppo implicitamente per poterla affermare davvero presente – questa prospettiva. La convergenza nella motivazione della duplice presa di distanza dall'Antoni e dal Febvre e dalle diverse tradizioni e scuole storiografiche e di ricerca da essi rappresentate, nasce dalla rilevazione di esiti conoscitivi in qualche modo ugualmente inadeguati ed insoddisfacenti, non dall'indicazione di caratteri o di motivi di partenza comuni. Tale convergenza è il punto di arrivo di minute e puntuali analisi interne delle opere prese in esame: della loro ricostruzione complessiva, dei risultati raggiunti, dei giudizi, del contributo di conoscenza nuova da esse arrecato. In nessun momento risulta attenuata la consapevolezza della diversità profonda che nelle intenzioni e nel metodo caratterizza quelle due diverse tradizioni e scuole. È una convergenza perciò che può realizzarsi solo dal punto di vista di una critica storiografica attenta a comporre in una sintesi concreta (da attuarsi cioè nell'effettivo lavoro di indagine e di ricostruzione storica) le esigenze di individualizzazione e specificazione, in grado di evitare l'anacronismo di attualizzazioni falsificanti, con la necessità di costruire schemi più generali di giudizio e di periodizzazione, quali strumenti indispensabili per stabilire quei nessi e quelle relazioni che costituivano per Cantimori un momento ineliminabile per un'indagine storica capace di assolvere il proprio ruolo critico e civile, senza tuttavia cadere nella pubblicistica e nella riproposizione più o meno mascherata di apriorismi ideologici generali.

La conferma che in tale direzione si rivolgessero in quegli anni i principali sforzi della riflessione storiografica e metodologica di Cantimori vie-

22. Ivi, p. XXVIII, rispettivamente pp. 252 sgg.

ne, mi pare, dalla lettura di un altro famoso intervento suo, pubblicato su «Società» nel 1946, di presentazione ed analisi del volumetto dello Jedin, *Katholische Reformation oder Gegenreformation?*, uscito in quello stesso anno a Lucerna. Alcune considerazioni iniziali del saggio assumono il valore di una dichiarazione programmatica, che sviluppa in positivo tutta una serie di critiche e di rilievi formulati negli articoli e nelle recensioni precedenti e già in parte rilevati. È una pagina che è utile perciò citare con una certa ampiezza:

> Dopo tante chiacchiere pseudostoriografiche è un vero sollievo leggere una ricerca storiografica diretta a formulare esattamente e quindi a situare su un piano più vasto e generale, mediante la definizione concettuale, i risultati di ricerche positive, di indagini condotte "filologicamente" su situazioni concrete, senza quelle deviazioni che consistono nel risalire di presupposto in presupposto, arbitrariamente, e con quella netta distinzione fra momento storiografico e momento "pubblicistico" o, come lo Jedin si esprime, di *Weltanschauung*, che si ritrova così spesso oggi, sotto le più varie mascherature. Anche per questo, per la esemplificazione metodologica che questo scritto ci offre, crediamo opportuno soffermarci un po' a lungo su di esso. Lo Jedin non ignora le posizioni pubblicistiche, che ripetono cioè nella ricerca storica e nella interpretazione di essa, o anche, mediante di essa, i motivi delle concezioni generali, delle posizioni generali, qui politico-religiose.

Segue a questo punto un breve riepilogo delle posizioni di cattolici e protestanti nei confronti dei concetti di Riforma e di Controriforma quali vengono schematizzate dallo Jedin. Poi Cantimori così continua:

> Su questo piano si può battagliare all'infinito, fino a che uno dei due non si converta; si possono scrivere scorci più o meno interessanti di storia generale, ma non si fa un passo avanti; e non si farebbe un passo avanti neppure variando e articolando le due posizioni fondamentali che qui lo Jedin ha espressamente semplificato e schematizzato. Si continuerebbero in forma moderna le vecchie controversie. E la controversistica, anche se compiuta con il sussidio della storia, non è storia; può avere utilità anche per la storia, può promuovere dal di fuori il lavoro dello storico, ma non è indagine storica. Lasciamo da parte la questione se tali posizioni o impostazioni siano al di là della storia, come sembra ritenere lo Jedin, o al di qua, come si potrebbe sostenere; ma non possiamo rinunciare ad osservare che da esse, quando i loro motivi originari siano esauriti per il procedere degli eventi e il mutare degli uomini, non si può attendere più nessuna fecondità, ma viene invece una abitudine al sofisma o la tendenza a confondere la ricerca e l'indagine

della storia con la manifestazione o la "dimostrazione" di una particolare concezione o opinione.[23]

Non sono in Cantimori affermazioni nuove, ma qui sono ribadite con particolare forza ed esplicitezza a sottolineare la validità e l'importanza dell'esempio. L'individuazione e la puntualizzazione delle varie e complesse origini dei concetti storiografici, per liberarsi criticamente dal condizionamento delle diverse tradizioni che in essi confluiscono, e per verificare la loro reale rispondenza alle «esigenze di metodo», «ai bisogni di orientamento generale e di definizione complessiva per poter procedere nel lavoro,[24] è parte integrante e costitutiva della ricerca di Cantimori fin dall'antico saggio sulla storia del concetto di Rinascimento, pubblicato agli inizi degli anni Trenta.[25] Ma qui la linea si riprecisa, diventa più esplicita, quasi a ribadire con chiarezza i caratteri specifici dell'indagine storica rispetto ad interventi di altro genere. La strada dell'erudizione e della filologia, per superare il punto morto del condizionamento e della contrapposizione ideologici ammantati di storiografia, si prospetta come un passaggio obbligato per la maturazione e l'avanzamento della cultura storica italiana.

> Noi non condividiamo tanti presupposti dell'autore – aveva rilevato Cantimori nel concludere il suo saggio sullo Jedin – non c'è bisogno di dirlo; ma dobbiamo pur ricordare che in sede di giudizio storico, e non pubblicistico, non possiamo fare a meno di sottolineare la importanza di quest'opera: essa non è la più importante di questo studioso, [...] ma è altamente istruttiva, come modello (nella prima parte) di ricerca "storiografica"; ed è importante come impostazione storiografica nel senso di una linea di ricerche e di indagini da seguire e da far proseguire; e come equilibrio e profondità di giudizio: e anche come apertura di mente e come indizio di una modernità (seria e non programmatica, si badi bene) di impostazione e di lavoro, che ci fa vedere finalmente in questa storia una storia e non una "comparsa" giuridico-controversistica travestita in termini storiografici. Ci aiuta a comprendere meglio e più chiaramente: perciò le siamo grati.[26]

23. *Riforma cattolica*, in «Società», 2 (1946), pp. 820 sgg. (ora in *Studi di storia*, pp. 538 sgg.).

24. Ivi, p. 822 (rispettivamente p. 539).

25. *Sulla storia del concetto di Rinascimento*, in «Annali della Scuola Normale Superiore di Pisa», s. II, 1 (1932), pp. 229 sgg. (per altri riferimenti cfr. *Delio Cantimori*, pp. 64 n. 3, e 82 sgg.).

26. *Studi di storia*, p. 553.

Non si trattava, penso sia inutile insistervi, né di un giudizio né di una proposta ovvi o scontati: basta per rendersene conto leggere le pagine che Walter Maturi dedicava a questo libretto dello Jedin e all'intervento di Cantimori, nel suo ampio panorama degli studi italiani di storia moderna e contemporanea destinato ad una raccolta di scritti in onore di Benedetto Croce, dove tutto si limita al riconoscimento che, «divisi da fedi religiose, filosofiche, politiche e sociali opposte, v'è un terreno sul quale gli storici moderni si fanno cavallerescamente il saluto dell'armi e si riconoscono un fondo comune, il terreno filologico».[27] La lettura è quanto meno riduttiva: la scelta dell'erudizione e della filologia non rappresentava infatti per Cantimori l'individuazione di una sorta di terreno neutro e separato, sconnesso per dir così dalla riflessione storiografica e dal giudizio storico, e nel fondo irrilevante per essi; non era una scelta irenica, volta ad evitare lacerazioni e contrasti; era un modo per dare gambe, concretezza, incisività e autonomia di apporti e di movimento alla ricerca storico-critica, era una linea per contribuire alla crescita della consapevolezza politica e civile, era un metodo di analisi, di discussione e di superamento della tradizione culturale idealistica, ma evitando di ricadere – come Cantimori ebbe a dire recensendo nel 1948 su «Rinascita» un libro postumo dell'Omodeo – in «uno degli aspetti che meno soddisfano in quella corrente», nella tendenza cioè «a discutere le ideologie per sé prese e considerate nei loro principi informatori filosofici generali, e quindi spesso a scambiare la storia delle idee e delle dottrine, staccate dal resto e per sé prese, con la storia nel suo complesso».[28]

La formulazione di tale linea di lavoro e la persuasione dell'utilità e della validità di essa corrispondevano in Cantimori a convinzioni lentamente maturate nella pratica delle ricerche, e dalla necessità di trovare risposta ai nuovi problemi nati dalle ricerche condotte inseguendo i suoi eretici attraverso le biblioteche di mezza Europa, ma rispondevano anche al bisogno di penetrare e comprendere le ragioni e la realtà dei grandi movimenti di massa contemporanei, non tanto ai fini di un orientamento e di una scelta ideali, che riportano piuttosto a motivazioni di fondo, morali e politiche, non riducibili al piano e alle conclusioni della ricerca e dello studio, quanto nel senso, così nettamente formulato fin dalla metà

27. *Gli studi di storia moderna e contemporanea*, in *Cinquant'anni di vita intellettuale italiana 1896-1946*, a cura di Carlo Antoni e Raffaele Mattioli, I, Napoli, ESI, 1950, p. 226.

28. *Studi di storia*, p. 77.

degli anni Trenta, che «non basta aver mostrato la vanità dell'argomento dell'avversario perché l'avversario non esista più».[29] Da questo punto di vista penso si debba dire che quella volontà di analisi interna, puntuale, minuta, diremo l'applicazione della filologia più asettica – «senza passione politica o religiosa immediatamente rilevantesi»[30] – anche ai fenomeni moralmente più aberranti del suo tempo, nasceva prima e più che da necessità di mascheratura e di operare sotterraneo, dalla persuasione che, se un giudizio morale o politico poteva essere sufficiente, sul piano personale, a fondare un distacco o una condanna, restava tuttavia il problema per lo studioso e per l'uomo di cultura di saper dare alle lotte e alle vicende della società anche un proprio contributo originale e specifico, che non poteva limitarsi alla semplice prosopopea di quel giudizio; e si saldava insieme al suo profondo fastidio per quegli atteggiamenti di superiorità intellettuale, convinti di poter affrontare con essa, e con mere formulazioni di disprezzo e di condanna per la rozzezza delle masse, i problemi gravi e terribili di un'età in profonda trasformazione.

Esigenze di lavoro e di ricerca, esigenze di chiarezza, di comprensione, di orientamento: sono i due poli all'interno dei quali si muove, dall'inizio degli anni Trenta, gran parte della riflessione storiografica e metodologica di Cantimori, accompagnando, o anticipando o seguendo, fino agli anni della guerra, la stesura di tutta una serie di contributi non dimenticabili su aspetti, situazioni e vicende del mondo contemporaneo, secondo quella linea di "educazione" e preparazione civile e politica delle nuove generazioni, cui egli accennò in qualche scritto suo di quel periodo,[31] in corrispondenza ai problemi che con varietà di accenti e di prospettive animarono il dibattito e la discussione degli intellettuali italiani nei foschi anni del declinante fascismo. Non è un caso tuttavia, credo, come rilevava recentemente Marisa Mangoni, che sulle ultime pagine di «Primato», a segnare una ben diversa prospettiva, Carlo Morandi indicasse «in storici di formazione crociana l'esempio di una vera cultura storica, che non si era piegata alle deformazioni propagandistiche, e alla quale occorreva guardare come

29. Cfr. la recensione a Ernesto Codignola, *Il rinnovamento spirituale dei giovani*, in «Leonardo», 5 (1934), p. 367.

30. Così nella recensione a Giulio Cogni, *Il razzismo*, ivi, 8 (1937), p. 137 (considerazioni analoghe nella *Prefazione* a Renzo De Felice, *Storia degli ebrei italiani sotto il fascismo*, Torino, Einaudi, 1961, pp. XIV e XIX).

31. Cfr. in particolare *Appunti sulla propaganda*, in «Civiltà fascista», 8 (1941), pp. 55 sgg. Per alcuni altri riferimenti e considerazioni cfr. *Delio Cantimori*, pp. 163 sgg.

a una sorta di magistero».[32] Eugenio Garin ha ricordato, in anni ormai lontani, gli scritti e le riflessioni di Giaime Pintor e come nel suo itinerario, anche se a volte in forme troppo ellittiche ed oscure, si consumasse «non solo tutta la cultura idealistica e neoromantica, che aveva accompagnato le origini del fascismo, ma anche quanto dell'esistenzialismo era stato [...] avvio a nuovi irrazionalismi e a nuove mistiche».[33] L'insistenza di Pintor sulla razionalità, sulla «freddezza di giudizio», sulla «chiarezza delle idee e l'onestà dei propositi» contrapposte ai «miti eroici» e alle elucubrazioni di «mistici, taumaturghi e profeti»,[34] richiamano rilievi e atteggiamenti che erano anche di Cantimori. Ma non so se si possa dire che quella scelta di superamento, non meramente politico o ideologico, ma intellettuale, e civile, e nel costume e negli atteggiamenti di fondo, fosse fatto reale e di molti, e resistente e operante realmente, al di là delle tante formule, dei progetti, delle brillanti escogitazioni, delle rotture affermate, più che effettivamente e pazientemente perseguite. Qui certo non è possibile approfondire ed insistere: ma mi sembra si debba rilevare, in Cantimori, una precisa peculiarità di discorso e di atteggiamento, un concreto e riservato operare, scarno di proclamazioni generali, che già sottolineano la sua relativa solitudine intellettuale, e la difficoltà perciò, per non dire impossibilità, di elevarlo a simbolo o a esponente significativo della parabola di una generazione di intellettuali e di studiosi.

Quelle esigenze e persuasioni, già in qualche modo delineate in Cantimori fin dalla seconda metà degli anni Trenta, si precisarono ulteriormente, ma anche si rafforzarono e si accrebbero, di fronte alle prospettive, ma anche alle difficoltà e alle lotte, aperte nella società italiana all'indomani della Liberazione. È alla luce di queste premesse, ed in questo contesto, che vanno studiati e capiti gli aspetti peculiari della sua collaborazione e del suo lavoro con il partito comunista, cui si era avvicinato già alla fine degli anni Trenta (ma l'iscrizione, come ho già ricordato, è del 1948). Non è il caso qui di analizzare nuovamente – ho cercato di farlo in altra sede e l'ha fatto in un recente libro Michele Ciliberto, con molte osservazioni nuove

32. Cfr. *Premessa* a *Primato 1940-1943*, antologia a cura di Luisa Mangoni, Bari, Laterza, 1977, p. 16.

33. Cfr. Eugenio Garin, *La cultura italiana tra '800 e '900*, Bari, Laterza, 1962, p. 268.

34. Cfr. Giaime Pintor, *Il sangue d'Europa (1939-1943)*, a cura di Valentino Gerratana, Torino, Einaudi, 1965, pp. 102 sgg. (vedi anche Garin, *La cultura italiana*, pp. 264 sgg.).

che bisognerà considerare e discutere più di quanto non si sia fatto finora[35] – la complessa e lenta maturazione che portò Cantimori a tale scelta. Basti osservare che si trattava veramente di quel «passaggio ad altri lidi», di quel «rifiuto netto di un passato errore, pur se pieno di ricordi e ricco anche di cose buone» che egli teorizzava alcuni anni più tardi come necessario, sia per potersi ricongiungere ad esso «spassionatamente», studiando quella cultura e le condizioni di quella cultura che era stata per tanta parte anche sua, sia per poter «comprendere e giudicare la realtà storica nella quale si deve operare», ma senza «rimanere impigliati nelle esitazioni e nelle ambagi del passato».[36]

Cantimori, lo si è già ricordato, non credeva nello «storico senza aggettivi», come non credeva nella «storia vera e propria», nella «storia pura», nella «storia serena», che vuole tutto abbracciare e tutto comprendere; rilevava che una riva per camminare, un centro, una linea sono necessari, se non altro per non «soggiacere a quel che il fluire storico può, nella forma di imposizione o tendenza politica, imporle: nazionalismo, imperialismo, conservatorismo, rivoluzionarismo astratto, e via dicendo».[37] Del resto, alcune sue diffidenze ed asprezze per certe aspirazioni o proposte di storia totale o globale, nascevano anche dalla pretesa, che in esse risultava implicita, di voler ignorare o negare il punto di vista, l'ottica particolare, la sponda insomma da cui ogni studioso, ne sia o meno consapevole, muove (quando non rappresentassero, in altra prospettiva, la volontà di risolvere ideologicamente i problemi dello studio e della ricerca).[38] Era questa stessa consapevolezza che gli faceva scrivere, nel 1959, nel presentare la sua raccolta einaudiana di scritti, con accentuazione forse in parte diversa, ma senza alterare la sostanza del discorso, che «in fin dei conti, nessuno studioso di cose storiche può fare a meno di una qualche metodologia, come non può

35. Cfr. *Delio Cantimori*, in particolare pp. 203 sgg.; Michele Ciliberto, *Intellettuali e fascismo. Saggio su Delio Cantimori*, Bari, Laterza, 1977, spec. pp. 197 sgg. (ma l'intero saggio ha per molti aspetti come centro tale problema): per alcuni rilievi critici all'impostazione ed ai giudizi di Ciliberto cfr. Luisa Mangoni, *Cantimori e il suo tempo*, in «Rinascita», 8 luglio 1977, pp. 24 sgg., e Gianpasquale Santomassimo, *Intellettuali e fascismo. Un saggio su Delio Cantimori*, in «Italia contemporanea», 30 (1978), n. 131, pp. 89 sgg.

36. *Un esame di coscienza dei filosofi italiani*, in *Studi di storia*, pp. 764 sgg. (lo scritto risale al 1955).

37. *Note sugli studi storici*, p. 276.

38. Su quest'ultimo aspetto cfr. in particolare il suo intervento nella rubrica *Pro e contro*, in «Movimento operaio», 7 (1956), pp. 320-335.

fare a meno di criteri d'interpretazione o addirittura di una filosofia, o concezione del mondo o ideologia». Ma non a caso aggiungeva subito dopo, a segnare la necessità di un costante autocontrollo critico: «La differenza fra quelli che ne riconoscono l'inevitabilità e quelli che assumono di esserne privi si riduce a una maggiore consapevolezza critica dei primi, che tengono al suo posto il furibondo cavallo ideologico, e a una indifferenza critica dei secondi, che possono avere anche le loro buone ragioni».[39]

Nel 1959 l'immagine riassume, ma anche maschera e riduce, il serrato lavorio di riflessione e di precisazione critica con cui Cantimori era venuto costruendo quell'impegno di controllo e di disciplina rispetto alle proprie opzioni generali, cui si legava, per lui, la possibilità di dare una autonoma base scientifica di razionalità alla ricerca storica. Era un lavorio cui corrispondeva, da una parte, come si è già rilevato, la critica del pensiero idealistico e crociano, dei suoi esiti concreti nel campo dello studio e della ricerca:

> Troppo spesso, e proprio dagli anni seguiti alla *Teoria e storia della storiografia* (1921), lo studio delle questioni storiche è stato [...] compiuto come esemplificazione di casi, dimostrazione di tesi, prevalendo sulla ricerca e sulla esposizione dei fatti quella "interpretazione" in base a premesse di concezioni generali, espresse o inespresse, che è certo un momento inevitabile e necessario, ma non perciò è detto debba essere il momento preponderante dell'opera dello studioso di storia, anzi![40]

Ma quel lavorio, d'altra parte, si saldava anche alla necessità, in positivo, di dare forza e capacità di penetrazione al proprio discorso, alla propria analisi storica, al di là delle contrapposizioni e dei condizionamenti ideologici. Non è un caso che il corso pisano del 1946-47 sulle interpretazioni tedesche di Marx si aprisse con questa premessa che è una dichiarazione insieme di metodo e di costume e una definizione-delimitazione di un campo specifico di autonomo contributo e di lavoro:

> La cautela (critica) e la diffidenza (per le idee generali) non costituiscono [...] negazione di quei valori, negazione di quelle filosofie, né tanto meno di quelle convinzioni, di quelle fedi: sono soltanto la consapevolezza del carattere della ricerca storiografica, se si vuole del suo limite, in quanto ricerca, ma un limite che costituisce la sua forza, la sua energia specifica; consapevolezza

39. *Prefazione* a *Studi di storia*, pp. XI sgg.
40. *Per un programma*, in *Studi di storia*, p. 747 (lo scritto è del 1955).

> che la ricerca storiografica non può accettare, né di fatto né di diritto, alcun dato se non dopo una accurata analisi e valutazione critica della sua qualità, della sua veridicità, della sua coerenza interna ecc.; consapevolezza che la ricerca storiografica è legata all'empiria dei fatti e dei dati accertati e soppesati, che essa è filologia, nel senso che il momento filologico non può essere mai trascurato dallo storico.[41]

La consapevolezza della necessità del superamento della "impostazione filosofica", della "controversia filosofica", per promuovere un avanzamento della cultura e degli studi, si legava alla sua stessa esperienza personale di lavoro e di ricerca – e di costruzione dell'esposizione e della analisi – intorno agli eretici italiani; un superamento, come ebbe a ricordare in alcune significative pagine preparate per la traduzione tedesca del suo libro, non limitato però al piano ed alla pratica della ricerca, perché con quella esperienza, e con i contatti, colle relazioni, con gli incontri collegati a quell'esperienza, si cominciò «a chiarire anche in altro senso la coscienza morale e politica», e si cominciò «a capire che la riforma, il rinnovamento morale, politico, sociale non era semplicemente rivoluzione in un cervello o in molti cervelli».[42] Nel luglio 1947, in una lettera a Giuseppe De Luca – l'interlocutore è importante e significativo[43] –, Cantimori formulò rilievi ed osservazioni in gran parte analoghi:

> Concordo con Lei sul male che ha fatto la controversia "filosofica" agli studi italiani, non solo ai nostri di storia e storia religiosa, ma anche a quelli di storia della filosofia. Ho sperimentato personalmente la fallacia di tanti schemi, e l'ho sperimentata a mie spese, poiché quando mi accorsi che l'interpretazione "filosofica" della storia permetteva facili, troppo facili, sovrapposizioni e interpretazioni in un senso o nell'altro, avevo passato vari anni in quel la-

41. *Interpretazioni tedesche di Marx*, p. 142.

42. Il testo manoscritto, rinvenuto tra le carte Cantimori (ne devo la segnalazione a Corrado Vivanti), risale con ogni probabilità a parecchi anni prima dell'effettiva comparsa della traduzione tedesca (già pronta nella primavera del 1942) e non corrisponde che in minima parte al *Vorwort* che le fu effettivamente premesso (cfr. *Italienische Häretiker der Spätrenaissance*, trad. di Werner Kaegi, Basel, Schwabe, 1949, pp. V-IX). La prima parte di tale testo – «una specie di curriculum come quello che si usa mettere in calce alle dissertazioni di laurea» secondo la definizione dello stesso Cantimori – è importante per la sua biografia intellettuale.

43. Di De Luca, Cantimori scrisse un ricordo pubblicato in «Studi medievali» (ora in *Storici e storia*, pp. 386-396); sull'importanza ed i compiti dell'erudizione nell'opera di De Luca cfr. Romana Guarnieri, *Don Giuseppe De Luca tra cronaca e storia (1898-1962)*, Bologna, il Mulino, 1974, pp. 105 sgg.

voro; e dovetti ricominciare da capo le ricerche, e la composizione del lavoro in qualche risultato non generico. Sono d'accordo pienamente con Lei sulla importanza della ricerca erudita: Le dirò di più, che cominciai a "superare" la mia vecchia avversione alle parole erudito, erudizione, proprio dopo la lettura dei suoi articoli [...]. Ricordo che mi proposi di fare qualcosa in quel senso; ma il fatto sta che neppure a Pisa, dove l'ambiente sembrava adatto, sono riuscito a fare qualcosa, fino agli ultimi tempi; cioè, non sono riuscito, fino agli ultimi anni, a spingere i giovani sulla via delle ricerche erudite; e, quel che è peggio, l'insegnamento universitario mi ha tolto tanto tempo, che il mio lavoro personale di ricerca in biblioteca e in archivio è diventato saltuario. Ora comincio ad avere qualche speranza, c'è qualche giovane che lavora in biblioteca e in archivio, per effetto del mio insegnamento. Ma quanti danni fa la troppa "filosofia", l'ho sperimentato: e nel tempo che ho perduto a uscirne e a imparare da solo, e non più giovanissimo, a lavorare sul serio, e nelle difficoltà, nelle resistenze incontrate, nell'insegnamento, da parte dei giovani, naturalmente attirati dalla "filosofia", dalla polemica, dalle idee generali, e dalla facilità intrinseca di tutto ciò.[44]

È una linea dunque che nasce da un'esperienza di lavoro e da un'esigenza di serietà. Ma è una linea, per i termini in cui si propose, che volle corrispondere anche alle prospettive di azione e di egemonia del partito comunista nella società e nella cultura italiana, una linea di egemonia reale, capace di controllare criticamente e di superare le tradizioni culturali del passato senza riproporre schemi, atteggiamenti, metodi di lavoro e conseguenti antagonismi che, pur con altro segno e sotto altra impresa, finivano col muoversi sempre sull'antico piano, contraddicendo perciò al superamento effettivo di quelle posizioni e perpetuando una figura e una pratica di cui pur pretendevano di contrapporsi.

Non dimenticate mai – è un suo ammonimento agli studenti pisani del 1946 – che superamento vuol dire soprattutto assimilazione, "inveramento", approfondimento, e non negazione astratta, o fare la mosca cocchiera sul lavoro degli altri, anche se avversari, semplicemente per un "cambiamento del punto di vista" che dà l'illusione di essere arrivati a una nuova comprensione.[45]

Vi è una concezione, in questo, della natura, dei tempi, delle caratteristiche del lavoro culturale, come settore specifico, particolare, direi quasi

44. Devo la copia di questa e di altre lettere che Cantimori indirizzò a G. De Luca nei primi anni del dopoguerra (una decina circa) alla cortesia della signorina Maddalena De Luca.

45. *Interpretazioni tedesche di Marx*, p. 177 (un concetto analogo a p. 196).

sezione dell'operare umano, attraverso il quale si poteva e si doveva dare un contributo puntuale, limitato – ma significativo ed importante proprio per il suo limite e grazie al suo limite – al rinnovamento della società; vi è la consapevolezza della necessità, su questa base, di fissare ben ferma una distinzione fra ricerca e lotta politica immediata, per evitare che l'urgenza, le difficoltà, l'asprezza della lotta politica, la stessa volontà giacobina di anticipare in tutti i suoi aspetti la "nuova società", non finissero per riprodurre, magari inconsapevolmente, atteggiamenti intellettuali e linee e metodi di lavoro culturale che si richiamavano in realtà, nel profondo, a quella vecchia società che si voleva combattere; vi è l'avvertenza infine delle tentazioni, delle tendenze, dei condizionamenti anche interni al partito ed alla stessa tradizione cui esso si richiamava, che spingevano e premevano in altra direzione.

È in questo contesto che andrebbe inquadrato e studiato il suo serrato, costante lavoro di collaborazione con Giulio Einaudi, particolarmente intenso dal 1945 in poi, come anche la sua attività di professore e di insegnante. Altro è il filo del discorso che mi preme seguire, e perciò ne accenno soltanto. Ma vanno tuttavia ricordati e tenuti presenti anche questi altri aspetti della sua attività, non solo perché essenziali nella sua biografia, ma per il loro preciso collegarsi ai giudizi e ai problemi che animarono la sua linea di ricerca e di riflessione storiografica.

Non credo si possa negare – e me lo faceva osservare recentemente Marisa Mangoni, in un seminario condotto insieme, con puntualità di rilievi e di spunti – che uno strumento eccezionalmente privilegiato per studiare e seguire gli orientamenti e le posizioni del partito comunista intorno ai problemi della cultura (e soprattutto l'evolversi e il mutare di quegli orientamenti e di quelle posizioni) possa, essere offerto proprio da un esame dei fascicoli di «Società». Eccezionale per molti aspetti, anche se certamente non esclusiva, è la freschezza e l'apertura dei primi numeri, con uno sforzo attento di capire i punti di vista altrui e di discuterli e di criticarli pacatamente (si veda, tanto per fare un esempio generale, la rassegna *Riviste politiche* che continua per alcuni anni,[46] senza voler impancarsi ad ogni pie' so-

46. Cfr. in particolare «Società», 1, 1-2 (1945), pp. 343-355 (significativa, tra l'altro, la conclusione di tale prima rassegna, non firmata, che prende in considerazione «Rinascita», «Socialismo», «Il Commento», «La città libera», «La Nuova Europa» e «Realtà politica»: «Nel complesso la stampa politica periodica di partito o ispirata a un partito non si può certo definire troppo brillante. Si nota in generale la mancanza di un vero e profondo accurato esame della situazione italiana. Si fanno molte disquisizioni teoriche, sul marxismo, sullo storicismo, sopra il superamento dell'uno o dell'altro, sopra la concezione cristiana

spinto in lezioni di intelligenza e di ortodossia marxista. Penso che riferirsi ad un'atmosfera e ad un clima generale sia quanto meno insufficiente: sono una linea, un metodo, e perciò in qualche modo una scelta, che operano e muovono in questa direzione. Numerosi sono in effetti nelle prime annate di «Società» le affermazioni, i giudizi, i rilievi che sembrano corrispondere alle proposte e alle preoccupazioni di Cantimori (non intendo, sia chiaro, suggerire una sua influenza, un suo peso particolari, ma rilevare piuttosto una non secondaria consonanza di discorsi).

Non posso certo dilungarmi: ma è significativo, ad esempio, che la discussione e la polemica di Cesare Luporini con il «Politecnico» – di tono e di linea non poco diversi, è opportuno rilevarlo, rispetto a quelle condotte quasi parallelamente in quei mesi – insista, contro la perentoria richiesta di una "nuova cultura", sulla necessità di «una paziente consapevolezza analitica e storica», senza pretendere di «affrettare una maturazione che è ancora lontana», e rilevi insieme la vanità di proclamare una «cultura sintetica», «quando tutto, e in tutte le direzioni, ci richiama all'esercizio, il più paziente insieme ed il più ardito, dell'analisi, quando è proprio il volto falso delle sintesi dominanti [...] che dobbiamo frantumare, dissolvendolo nei suoi componenti».[47] E rievoca certe frasi di Cantimori su se stesso e su altri giovani e meno gio-

del lavoro o sopra il liberismo economico e noi ci rallegriamo di questo fervore ideologico che si sostituisce agli anni dell'esaltazione obbligatoria di una sola idea, ma vorremmo che accanto a queste discussioni la stampa dei partiti dimostrasse come questi si accingono ad affrontare i compiti della rinascita del paese. Chi per esempio si è curato davvero e profondamente della questione meridionale [...]? Chi si occupa veramente dei problemi che la Costituente dovrà risolvere, della nuova Costituzione italiana, della necessaria riforma istituzionale, della riforma agraria? Chi esamina con uno sforzo organico i problemi delle autonomie locali e di quelle della Regione, della riforma dell'istituto della Provincia o della sua abolizione? [...] Ci sono naturalmente le eccezioni individuali, ma noi vorremmo che l'esame di tutti questi problemi non fosse affidato alla buona volontà degli individui, bensì ad un lavoro collettivo e coordinato dei migliori uomini delle singole correnti politiche e che le riviste fossero appunto la palestra naturale dove manifestare e combattere soluzioni e progetti. Nell'enorme congerie di carta stampata attualmente in Italia, l'amore per l'astrattezza, che nasconde un'incapacità reale alla concretezza, domina incontrastato. Leviamoci di dosso questa vecchia abitudine di tutto generalizzare, schematizzare e teorizzare e ricordiamoci che la teoria deve essere al servizio della pratica, spiegazione e chiarificazione per meglio operare e non fine a se stessa, se non vogliamo che le dottrine politiche divengano formule vuote, compagne della nostra meritata miseria», p. 355); 1, 3 (1945), pp. 298-305; 1, 4 (1945), pp. 293-298; 2 (1946), p. 271; 2 (1946), pp. 566-569 (solo in alcuni fascicoli la rubrica appare a cura di Giovanni Pieraccini e Romano Bilenchi).

47. Cesare Luporini, *Rigore della cultura*, in «Società», 2 (1946), p. 13.

vani studiosi «che cercano di mettersi sulla strada marxistaleninista» – ma aggiungeva subito dopo: «Non so quale di essi potrebbe essere dichiarato, come storico, veramente su quella linea»[48] – l'invito, pur così diverso nel tono, di Bianchi Bandinelli «agli intellettuali italiani che oggi aderiscono o aderiranno domani al partito comunista [...] di considerarsi soltanto i preparatori, i precursori della vera intellettualità comunista».[49]

Ma il testo in alcuni suoi aspetti forse più esplicito nel compendiare e nel riassumere almeno parzialmente queste tendenze in una linea argomentata, e che, per il suo carattere, assume il significato di un programma di metodo, è il lungo corsivo che apre il primo fascicolo del 1947 di «Società».[50] Certamente non è un testo tutto di facile interpretazione, non tanto in ciò che dice ma nel significato e nel peso che assume all'interno degli orientamenti e dello "stato" della rivista. Per certi versi, e soprattutto nella sua prima parte, nella enunciazione esplicita della durezza e della gravità dello scontro mondiale in atto, in cui la cultura è chiamata a schierarsi e a "prender partito", lo si potrebbe leggere come il preannuncio di un "serrate le file", e della maggior rigidezza, e successiva chiusura, e mutare di tono e di metodo di discorso, che caratterizzeranno progressivamente, anche se non esclusivamente, i nuovi fascicoli di «Società». Non è tuttavia un collegamento necessario: sarebbe infatti abbastanza assurdo pensare che anche quanti non condivisero i settarismi e le chiusure che verranno, non riconoscessero la gravità dello scontro in atto, così com'era evidente, già per il fatto di continuare a scrivere su «Società», il loro schierarsi ed il loro prender partito in esso. La questione va perciò lasciata in sospeso.

Qui mi preme piuttosto richiamare l'attenzione sul metodo di lavoro che in quel corsivo veniva teorizzato, che richiama singolarmente, come già ho avuto occasione di rilevare in altra sede,[51] la linea di discussione critica e di superamento dello storicismo idealista che Cantimori veniva concretamente portando avanti. Il rifiuto delle «discussioni troppo genera-

48. *Note sugli studi storici*, p. 279.

49. Ranuccio Bianchi Bandinelli, *Saluto agli intellettuali italiani*, in «Società», 2 (1946), p. 22.

50. Cfr. *Nuova serie*, ivi, 3 (1947), pp. 3-10: al titolo, esplicitamente programmatico, e al contenuto del corsivo corrispondeva il fatto che da questo numero figura dirigere la rivista un "comitato di redazione" composto da Giorgio Berti, Ranuccio Bianchi Bandinelli, Romano Bilenchi, Delio Cantimori, Ambrogio Donini, Ludovico Geymonat, Cesare Luporini, Emilio Sereni.

51. Cfr. *Delio Cantimori*, pp. 228 sgg.

li», perché «difetto fin troppo evidente della nostra cultura», il proposito di non «precipitare alla sintesi, dove c'è quasi tutto da scavare», e di lavorare perciò, «con scrupolo filologico e metodo analitico» su quegli aspetti e settori della realtà finora lasciati in ombra o trascurati, infine la perentoria affermazione: «Non intendiamo in "Società" metterci a discutere formulazioni marxiste contro la cultura idealistica. Questo sarebbe troppo facile, poiché la stessa cultura idealistica ci ha insegnato il gioco, e ne abbiamo visto le orrende applicazioni sotto il fascismo e in pro di esso»,[52] riportano nella sostanza a quella linea già rilevata.

Entrare nei dettagli è impossibile: ma non mi pare contestabile il fatto che nell'impostazione e nel lavoro di «Società», come nella discussione culturale del partito, tale linea venne progressivamente sopraffatta, messa da parte, accantonata. Non credo sia sufficiente richiamarsi alla durezza dello scontro politico e sociale in atto, al radicalizzarsi delle contrapposizioni, alla violenza dell'attacco mosso al partito comunista e alle forze di sinistra in genere. Né può bastare ricordare il netto prevalere, nel dibattito culturale, di quella concezione e pratica del marxismo come dottrina e ortodossia che si riassume sotto il nome di ždanovismo. Certo, gli esiti precisi di questa impostazione si avvertono, pesanti, anche in «Società»: basterebbe ricordare il taglio, il tono ed il contenuto di una serie di recensioni ed interventi di argomento storiografico che richiamano per tanti aspetti il taglio e lo stile del famoso e famigerato intervento *Contro l'oggettivismo della scienza storica* pubblicato alla fine del 1948 su «Voprosy istorii» e tradotto nel primo fascicolo del 1949 anche su «Società».[53] Ma mi sembra vi sia anche qualcosa di più sottile e complesso, che è importante indicare, sia pure sommariamente, anche per poter meglio rendersi conto degli orientamenti e delle tendenze storiografiche operanti in Italia in anni più vicini. Mi sembra cioè che dietro quelle urgenze e quelle necessità reali che spingevano e costringevano all'arroccamento, sotto quelle forme e quegli atteggiamenti di ortodossismo di altra e diversa origine e motivazione, riemergano anche, e trovino modo e spazio per riprodursi e continuare e perpetuarsi, il vecchio costume e la vecchia impostazione della cultura e del mondo intellettuale italiano, persuaso, nel suo dottrinarismo, delle capacità onnicomprensive delle proprie formulazioni ideologico-culturali, il vecchio gusto per il protagonismo delle parole e delle idee generali, il vec-

52. *Nuova serie*, p. 9.
53. «Società», 5 (1949), pp. 98-110.

chio sarcasmo settario e semplificatore di chi si crede depositario di verità e soluzioni universali e indiscutibili.

Dietro il rivoluzionarismo verbale, la polemica spesso violenta, il rifiuto più radicale, riemergeva cioè, sotterranea ma reale, una continuità, una saldatura effettiva con la tradizione ed il costume intellettuale di quel vecchio mondo che si rifiutava e si combatteva a parole. Sta anche qui, mi pare, la ragione dell'esplicito rifiuto espresso da Cantimori nei due interventi pubblici del 1955 e 1956 di considerare con particolare ottimismo lo stato della storiografia marxista e "di sinistra" in Italia. «È veramente "subalterno", nel campo degli studi storici, credersi a una svolta perché si partecipa all'attività degli "egemoni"». È un concetto espresso molto esplicitamente in entrambi gli interventi.[54] Ma il tema che in essi ritorna con maggiore insistenza è la critica della tendenza – che con accenti e forme diverse gli appare ormai largamente diffusa tra intellettuali e studiosi "di sinistra" – a sostituire la professione ideologica alla ricerca e alla discussione spregiudicata:

> Si finisce col credere che sia sufficiente inalberare lo stendardo della verità per raggiungere la verità, che basti possedere il buon metodo o metodo giusto (come se un metodo si potesse possedere una volta per sempre e non fosse da cimentare e rinnovare sempre nella realtà sul materiale di lavoro, sul lavoro) per fare, in quattro e quattr'otto, l'opera che si deve fare.[55]

A questo proposito Cantimori ricorda la richiesta che gli fu fatta a Roma, all'indomani della liberazione, «da un giovane politico di coltura e intelligenza fuori del comune» (si trattava, come ha attestato Eugenio Garin, di Mario Alicata)

> di rifare in sei mesi, dal punto di vista marxista-leninista, la *Storia della storiografia italiana nel secolo XIX* del Croce [...]. Poteva essere l'euforia della

54. Cfr. l'intervento nella rubrica *Pro e contra*, p. 324, e *Epiloghi congressuali*, in *Studi di storia*, pp. 840 sgg. (stampato originariamente in «Società», 11 [1955]). Si tratta di un problema almeno in parte diverso e che manca peraltro di riscontri che non siano lettere o ricordi personali, e troppo labili perciò senza una raccolta adeguata e sistematica in questa direzione: ma credo che a questi motivi (mancato superamento reale, revisionismo sommario) vadano ricollegati almeno in parte anche la sua diffidenza ed il suo fastidio per alcuni aspetti della critica allo "stalinismo" quale venne affermandosi nel movimento comunista dopo il XX congresso; tali cioè da riproporre nel caso italiano e nell'ambito degli intellettuali atteggiamenti di fondo e caratteristiche di un'impostazione e di un costume intellettuali che corrispondevano ad una tradizione dottrinaria e dogmatica solo apparentemente superata.

55. *Pro e contra*, pp. 329 sgg.

liberazione, poteva essere l'entusiasmo di quell'estate e della lotta in corso in un uomo che aveva già visto varie volte la riuscita, la vittoria del suo "giacobinismo". L'imbarazzo e l'impaccio dello specialista diventarono preoccupazione e qualcosa di simile allo spavento, quando, col passar degli anni, vide tale concezione e tale principio d'azione essere fatto proprio da tante altre persone ch'egli ammirava e stimava per tante ragioni, giovani e anziani, oscuri e illustri, e quando li vide più tardi prendere un nome e una specie di consapevolezza teorica nello ždanovismo.[56]

Penso sia superfluo anche soltanto riassumere l'analisi che Cantimori fa del tipo di traduzione che tale fenomeno ebbe negli studi storici: un fenomeno che in forma «slavata, composta, burocratica e generalizzata» egli vedeva ripresentarsi e perpetuarsi nei suoi interlocutori del 1956.[57] Ma ciò che in tal modo egli criticava e metteva in discussione era anche il rapporto politica-cultura, era l'atteggiamento del partito verso gli intellettuali e la ricerca: la subalternità, la strumentalizzazione, il contenimento, apparivano l'esito inevitabile di una considerazione prevalentemente ideologica ed immediatamente politica della ricerca culturale, il frutto di un'impostazione che affondava profondamente le sue radici nella storia del costume intellettuale europeo. Vi è un appunto di Cantimori del luglio 1947, destinato ad un amico, che mi pare molto significativo:

> Questi uomini politici veri e propri, moderni, preparati ed educati *ad hoc*, nonché vocati (uomini politici di vocazione e di professione) considerano le cose della cultura *politicamente*. Che cosa significa? In funzione di opportunità politica. Quando sono *geniali* come dice B[urckhardt] della Staël: evocano il romanticismo contro l'illuminismo e contro la democrazia. Oppure Mussolini si allea con Croce e con Gentile (e Croce che è mente pulita se ne va presto). Inoltre in funzione di propaganda. Infine: siccome essi considerano che la cultura sia ideologia, cioè qualcosa di *formale* rispetto a una *sostanza* (economica, sociale, morale, ecc.), considerano *formalmente* anche gli uomini di studio. Tu che sei storico... Tu che sei giurista... Tu che sei letterato... E non capiscono che la *spontaneità* della cultura e dei problemi culturali è disciplinabile (e disciplinanda) ma non basta *un atto di volontà*, è molto più *molteplice* e meno unitaria e meno *unificabile* che la *spontaneità* sociale, politica, ecc.».[58]

56. Ivi, pp. 330 sgg.
57. Ivi, p. 331 (per un'analisi di tutto l'intervento cfr. *Delio Cantimori*, pp. 288 sgg.).
58. L'appunto, ritrovato tra le carte Cantimori, mi è stato segnalato da Corrado Vivanti.

È evidente la complessità e la pregnanza di alcune espressioni: la «spontaneità» della cultura rinvia chiaramente alle definizioni del Burckhardt, e perciò ad un tipo di sistemazione concettuale che vuole essere in primo luogo "funzionale" all'indagine e alla comprensione critica delle vicende storiche.[59] Ma è altro che qui importa rilevare: ancora una volta l'approccio al problema del rapporto politica-cultura non è teoretico; è storico-empirico: per questo Cantimori può stabilire nessi e collegamenti altrimenti impensabili. Su «Società» egli aveva ribadito con grande insistenza, e soprattutto cercato praticamente di mostrare e di attuare, il

> dovere che tutti abbiamo di distinguere pulitamente fra propaganda, polemica, azione politica mediante l'oratoria in tutte le sue forme e con tutti i suoi tranelli, e indagine, ricerca e giudizio storici, critici, filologici, scientifici: dovere che abbiamo tutti, modesti ricercatori e filologi come grandi studiosi, giovani e vecchi, ignoti e illustri. Altrimenti non ci si intende più, non ci si può più intendere.[60]

Da ciò il suo costante impegno a individuare ed indicare puntualmente i giudizi, le affermazioni, le ricostruzioni che appaiono eludere la volontà di tale distinzione, e il suo sforzo di capirne e spiegarne il perché, e di mostrare le conseguenze di deformazione e di annebbiamento delle capacità di vedere e di intendere che ne derivano.

Sono questa impostazione e questa prospettiva che gli apparvero progressivamente messe in pericolo dalla sua militanza all'interno del partito comunista. Nell'autunno del 1956, nella lettera su «Movimento operaio» più volte ricordata, Cantimori, alludendo chiaramente a se stesso, così delineò in poche frasi, nel contesto dell'affermarsi dello ždanovismo, una parabola personale che fu lunga, complessa e tormentata:

> Quel povero professore mio conoscente del quale parlavamo, a un certo punto fu propriamente spaventato e sconcertato: la passione furibonda, la rabbia generosa, l'indubbio ingegno di uno di quei giovani, dotato di vera intelligenza storica, esalavano un tale intenso aroma di energia e di giovinezza, una tale severità nello affaticamento delle ricerche, delle discussioni, delle competizioni, che l'anziano a un certo punto sorprese in sé il contagio di questa malattia: la deformazione pedagogica dell'uomo di scuola che non vuol per-

59. Cfr. ad es. Jacob Burckhardt, *Meditazioni sulla storia universale*, trad. di Delio Cantimori, Firenze, Sansoni, 1959, pp. 29 e 58 sgg. (e pp. XXXIX sgg. dell'*Introduzione*).

60. Cfr. la recensione a Luigi De Rosa, *Gian Carlo Sismondi e la sua opera*, e agli *Studi su G.C.L. Sismondi*, in «Società», 3 (1947), p. 292.

dere contatto coi giovani, stava per comunicarsi al suo lavoro di ricerca e di indagine, non dirò spregiudicata, ma libera e disinteressata. Cosicché il mio conoscente, nel discutere con qualcuno di quei giovani, col quale fosse in rapporto personale, correva il pericolo di dimenticare la buona norma «sacrificio di sé (o "martirio") non fa prova di verità», di accettare senza accorgersene postulati e assiomi e formalismo come criteri di giudizio.[61]

Non a caso, nel 1959, il riconoscimento dell'inevitabilità, in uno studioso di storia, di una filosofia o concezione del mondo o ideologia, presenta un accento diverso rispetto a precedenti, analoghe formulazioni: l'allusione al furibondo cavallo ideologico, da tenere a freno, non era certamente estrinseca; corrispondeva alla consapevolezza di una grave difficoltà reale, di una "minaccia" continua che non sempre era stata controllata; quella della lettera a «Movimento operaio» è una testimonianza esplicita che va accolta senza bisogno, in quella sede, di altri riscontri. L'averla formulata parlando di se stesso in terza persona non costituisce tuttavia un semplice vezzo letterario: era un modo trasparente per evitare di essere trascinato ulteriormente nella contesa, era un modo per esplicitare la propria posizione sulla politica culturale del partito, ma cercando di evitare insieme che tale esplicitazione fosse trasformata, se proposta da lui in prima persona, in occasione di discussioni e polemiche strumentali.

C'è insomma una consapevolezza, ma anche una volontà, di isolamento in questa scelta. Era in corso il sommovimento suscitato dal XX Congresso, lo ždanovismo era formalmente superato – ma Alicata precisava sul *Contemporaneo*, concludendo nel giugno 1956 un lungo dibattito, che il partito comunista italiano era stato toccato solo parzialmente da esso[62] –, la «battaglia delle idee», come scriveva Caracciolo sull'«Unità», preparava «nuovi avanzamenti, cui la ricerca darà corpo», per la storiografia marxista italiana,[63] ma Cantimori si ritira in disparte, denunciando un ripetersi di linee e di atteggiamenti che egli aveva a lungo cercato di combattere positivamente. Nell'intervento su «Movimento operaio» Cantimori aveva citato alcuni brani di una lettera di un giovane amico che notava uno scarto tra la mobilitazione, il desiderio di fare, l'impegno di discussione e

61. *Pro e contra*, pp. 330 sgg.

62. Cit. in Alberto Asor Rosa, *La cultura*, in *Storia d'Italia*, IV/2, *Dall'Unità ad oggi*, Torino, Einaudi, 1975, p. 1624.

63. Alberto Caracciolo, *Gli studi marxisti sull'Italia moderna*, in «l'Unità», 20 settembre 1956.

di lavoro, «in quel contesto di lavoro comune che è il movimento operaio italiano nel corso delle sue lotte e del suo sviluppo», quali montavano fra tanti intellettuali «che in questi dieci anni hanno lavorato in forma privata o poco più che privata in campo specialistico, e contribuito a tenere in piedi almeno la facciata di una cultura progressiva», fra i tanti soprattutto «che la guerra fredda e le insufficienze della nostra politica avevano costretto al silenzio, all'immobilità, all'attesa», uno scarto tra tutto ciò e la «tendenza alla sdrammatizzazione, alla pedagogia, una preoccupazione metodica di *containment*», prevalenti nei ranghi del partito fra i giovani intellettuali comunisti.[64] Non so quanto egli considerasse realmente vasta, profonda e reale quella mobilitazione; ma il brano resta illuminante della posizione di Cantimori per il suo commento che lo conclude: «Ho riportato questo passo di lettera non certo per inserirmi nella discussione generale, ma perché riconosco quella radice profonda nell'impulso che mi fa scrivere questa ultima lettera».[65]

La decisione assunta alla fine del 1956 di non rinnovare la tessera d'iscrizione al partito comunista passa attraverso dissensi, scontri, difficoltà, oscillazioni, disseminati nel corso degli anni, ma è soprattutto il punto d'arrivo di questo complesso di impressioni e di giudizi. Da questo punto di vista le motivazioni del suo distacco dal partito non sono in alcun modo restringibili alle polemiche, alle discussioni, ai contrasti di quell'anno cruciale che fu il 1956, perché esse maturarono lentamente in un dissenso sempre più chiaro ed esplicito intorno ai modi di impostare ed affrontare i problemi della cultura, della ricerca, del lavoro intellettuale. Per questo credo si possa sostenere con buon fondamento – ho già avuto occasione di rilevarlo[66] – che i fatti di Ungheria in quanto tali non influirono in modo determinante sulla sua decisione: accentuarono la incertezza, accrebbero le difficoltà nel giudizio, e con le prese di posizione che comportavano, in un senso o nell'altro, accelerarono i rischi e le possibilità della strumentalizzazione. Ma lo schema della "rivelazione", del velo che si squarcia, della scoperta, nei fatti d'Ungheria, della "tirannide comunista", con la conseguente scelta del "regno della libertà", non regge ad ogni minimamente seria analisi del pensiero e dell'esperienza storica di Cantimori. Così come è sostanzialmente svisante vedere in quella decisione il ritirarsi deluso del

64. *Pro e contra*, pp. 321 sgg.
65. *Ibidem*.
66. *Delio Cantimori*, pp. 297 sgg.

grande intellettuale, che vede riemergere il bieco volto della politica di sempre e della forza, là dove aveva sperato e creduto esservi crescita umana e civile.

Non c'è dubbio che molti particolari e dettagli sfuggono, ma francamente non credo che la loro eventuale acquisizione possa spostare di molto il quadro di fondo: Cantimori uscì dal partito in primo luogo perché rifiutò un rapporto intellettuali-partito che a lungo andare gli apparve mettere in pericolo le ragioni stesse del suo lavoro culturale, i caratteri del suo contributo, scientifico e di ricerca, ad una opera e ad una lotta che pur sentiva comuni. È una contraddizione che egli avvertì con estrema chiarezza, e che evidenzia un nodo centrale, direi tuttora non risolto, nel problema del rapporto partito-intellettuali-società civile. Cantimori non pretese di risolverlo con la sua scelta, né di indicare la strada; per questo anche avvolse nel silenzio la sua decisione. Ma la "rinuncia alla politica" per poter continuare il proprio lavoro e la propria linea di lavoro implicavano il silenzio e il riserbo anche per non accettare un altro costume, per non diventare strumento di altre politiche, che Cantimori aborriva nel profondo (in un suo appunto privato di quegli stessi anni che allude ad una dichiarazione dell'«Associazione per la libertà della cultura», egli parlerà, usando volutamente «la terminologia cinquecentesca», «del peccato contro lo spirito» di quegli intellettuali che invocano «lo spirito della eresia proprio nel momento che agiscono per una ortodossia, lo spirito anticonformistico proprio mentre agiscono per il conformismo statunitense»).[67]

Sono, siamo molti, credo, gli studiosi di storia – non dirò né una scuola, né un gruppo – che si richiamano variamente all'insegnamento di Cantimori. E sono certamente molte le nuove strade di ricerca aperte dai suoi studi. Ma riguardo al complesso delle prospettive presenti nel suo lavoro, alla consapevolezza scientifica generale, saldata, ancorata alle sue ricerche specifiche, al nesso di problemi incardinati nella sua attività di indagine, non so, non mi pare si possa dire che egli abbia inciso largamente e nel profondo nella nostra cultura storiografica. Forse anche per questo quei suoi problemi non sono ancora superati e la sua opera conserva ancora tanta freschezza di attualità; ed è anche per questo, credo, che ad essa si ritorna e si dovrà continuare a ritornare.

67. L'appunto risale al 25 novembre 1955 ed è stato trovato tra le carte Cantimori.

# L'insegnamento di Augusto Campana alla Normale*

Augusto Campana insegnò alla Normale dal 1950 al 1962: dal novembre 1950 all'ottobre 1955, paleografia; dal novembre 1955 all'ottobre 1959, storia della letteratura latina medioevale ed umanistica (con esercitazioni di paleografia); dal novembre 1959 all'ottobre 1962, filologia medioevale ed umanistica. Fu chiamato alla Scuola per succedere ad Augusto Mancini, che limiti di età costringevano a lasciare l'insegnamento ufficiale della paleografia: su suggerimento e per il tramite di Delio Cantimori, e con l'appoggio autorevole e decisivo di Giorgio Pasquali, come ricordò egli stesso nel concludere la sua prolusione urbinate.[1]

Con Cantimori Campana era in relazione da molti anni: suoi estratti a lui risalgono ai primissimi anni Trenta, con dediche sempre più amichevoli e affettuose; Campana inoltre – è opportuno ricordarlo – è uno dei pochissimi studiosi ringraziati nominativamente nell'edizione tedesca degli *Eretici italiani* del 1949, «per tante e tante preziose indicazioni di ogni genere»;[2] e ciò farebbe pensare a rapporti più fitti stabilitisi proprio nel corso degli anni

* «Il testo viene pubblicato così com'è stato letto. Ho aggiunto solo i richiami essenziali in nota. Devo alla cortesia di Roberto Vivarelli la consultazione del fascicolo personale di Campana conservato presso l'Archivio della Scuola Normale. La dott. Alina Del Puntami ha aiutato con grande disponibilità nella consultazione degli estratti di Campana conservati nei fondi Cantimori, Kristeller e Pasquali, depositati presso la Biblioteca della Scuola. A Benedetta Campana e Alfredo Stussi sono debitore di preziose indicazioni». Edito in *Testimonianze per un maestro: ricordo di Augusto Campana. Roma, 15-16 dicembre 1995*, Roma, Edizioni di Storia e Letteratura, 1997, pp. 27-41.

1. Cfr. *Paleografia oggi. Rapporti, problemi e prospettive di una «coraggiosa disciplina»*, in *Studi in onore di Arturo Massolo*, Urbino, Argalia, 1967 («Studi urbinati di storia, filosofia e letteratura», n.s., B, 41, 1-2, 1967), p. 1030.

2. Ora in Delio Cantimori, *Eretici italiani del Cinquecento e altri scritti*, a cura di Adriano Prosperi, Torino, Einaudi, 1992, p. 10.

Quaranta. Di Pasquali non saprei dire: pochissimi gli estratti di Campana che figurano nella sua raccolta, e non sempre di provenienza diretta (*Veronensia* porta una dedica «al carissimo Billanovich» del 17 dicembre 1946: evidentemente un prestito, non più restituito per la sopravvenuta morte di Pasquali nell'estate del 1952, e finito con gli altri estratti suoi nella Biblioteca della Scuola). Campana stesso comunque attesta che l'adoperarsi di Pasquali per farlo venire alla Normale fu a sua insaputa,[3] indizio ulteriore, pare di poter dire, di rapporti personali solo superficiali.

Un viatico significativo e importante, come una sorta di carta di ingresso o di prova generale, fu probabilmente costituito da un ciclo di lezioni che egli tenne alla Scuola nel maggio del '50. Non so quali ne siano stati i temi. Per quegli anni manca infatti il «Notiziario», che sugli «Annali» darà, dal 1955, notizia dei seminari e delle lezioni che vi vengono tenuti via via. Cenni sicuri ma genericamente espressi a tali lezioni ho trovato in una sua lettera privata del 18 aprile 1950, segnalatami da Benedetta Campana, in cui si riferisce alla preparazione delle stesse come a cosa di grande impegno e che lo assorbe completamente, e in un'altra sua al Direttore della Normale, del 21 ottobre 1950, in cui afferma «sempre vivo il ricordo dei bei giorni passati alla Scuola nello scorso maggio».

Per parlare con un minimo di precisione del suo magistero alla Normale sarebbe stato necessario poter disporre almeno dei registri delle sue lezioni, che egli compilava generalmente alla fine di ogni tornata settimanale, nella tarda mattinata della domenica, alla presenza di tutti, con una minuzia pari alla lentezza (il ricordo personale è al riguardo molto vivo, anche se l'ora di pranzo, di solito trascorsa da un pezzo, può aver enfatizzato l'impazienza dell'attesa). Attualmente tali registri non sono reperibili nell'Archivio della Scuola. Né sono stati ancora rinvenuti tra le sue carte i blocknotes, di medio formato, che delle singole lezioni contenevano gli schemi, ampi e accurati. Resta, presso l'Archivio della Scuola, il suo fascicolo personale, scarno e con tutta evidenza largamente incompleto. Da lì ho potuto ricavare il titolo di due suoi corsi soltanto: «Lettura di testi medievali di varie regioni d'Italia ed esercitazioni sulla tradizione medievale e umanistica di alcuni testi classici. Esercitazioni e letture di paleografia connesse alle precedenti» per il 1957-1958; «Problemi di tradizione manoscritta medioevale e umanistica. Esame di miscellanee umanistiche manoscritte» per il 1958-1959. Come si vede dicono ben poco di preciso: meri

3. *Paleografia oggi*, p. 1030.

contenitori che venivano riempiti con una grande varietà di casi e di analisi puntuali, di digressioni, di suggerimenti e spunti verso altri percorsi.

Ciò che dirò si basa dunque sulla memoria (dal mio secondo anno in Normale – 1953-1954 – ho partecipato, se non vado errato, a tutti i suoi seminari, salvo l'anno di perfezionamento in Germania nel 1957-1958: con una certa saltuarietà però negli ultimi anni, per periodiche assenze mie dalla Scuola). Poche tracce, purtroppo, ho rinvenuto tra le mie carte: una scheda di appunti su alcuni codici di Agostino del IX e dell'XI secolo, con indicazioni varie sulla loro formazione e sulle loro caratteristiche, sulla tradizione manoscritta delle opere in essi contenute e sulla storia dei codici stessi (e sono appunti che, come ho riscontrato in queste settimane, corrispondono esattamente alla prima parte di *Veronensia*,[4] offrendo dunque un caso, che direi poco frequente, di alcune lezioni di Campana corrispondenti nella sostanza a quanto aveva pubblicato alcuni anni prima. L'unico altro caso del genere che ricordo con sicurezza, ma non saprei determinarne l'anno, è rappresentato da una lunga lezione notturna sulle statue sulmonesi di Ovidio, che corrisponde alla sua relazione al convegno internazionale ovidiano, edita nel 1959, nel I volume degli *Atti*).[5] Ho trovato inoltre brevi note su alcuni antichi inventari di biblioteche conventuali pisane che condussero poi all'esame dell'*Indice*, curato da Camilla Vitelli, dei codici latini della biblioteca del convento di Santa Caterina, da cui nacquero alcune esercitazioni su singoli codici, che Campana era riuscito a farsi prestare; e ancora due fogli dattiloscritti, su carta velina, con l'*Epitaphium Alcuini* e la parte metrica di quello di Pacifico, del tipo che Campana usava talvolta preparare pazientemente e distribuire tra gli studenti, per esercizi di traduzione e analisi del testo (e anche questi fogli riportano all'opera di Pacifico e alla scuola e alla biblioteca Capitolare di Verona nel IX secolo,[6] come quegli appunti di cui ho detto sopra, un tema dunque sul quale Campana dovette

4. Cfr. Augusto Campana, *Veronensia*, in *Miscellanea Giovanni Mercati*, II, *Letteratura medievale*, Città del Vaticano, Biblioteca apostolica vaticana, 1946 (Studi e testi, 122), pp. 57-67.

5. Cfr. *Le statue quattrocentesche di Ovidio e il capitanato sulmonese di Polidoro Tiberti*, in *Atti del convegno internazionale ovidiano*, I, Roma, Istituto di studi romani, 1959, pp. 269-288.

6. Cfr. *Veronensia*, in particolare pp. 67 sgg. Ma vedi anche Campana, *Il carteggio di Vitale e Pacifico di Verona col monaco Ildemaro sulla sorte eterna di Adamo*, in *Atti del congresso internazionale di diritto romano e di storia del diritto, Verona 27-29 settembre 1948*, Milano, Giuffrè, 1951, pp. 269-280.

fermarsi per un certo numero di lezioni e di esercitazioni); alcune schede bibliografiche, infine, rinviano alla scoperta, cui le lezioni di Campana immancabilmente conducevano, grande (e piccola) erudizione secentesca e settecentesca. In un caso, come si vedrà, mi è stata utile la dedica di un suo estratto, per il suo rinvio esplicito ad «un seminario pisano». Altro ancora mi è stato suggerito dalla lettura parziale dei suoi scritti, precedenti, coevi o anche molto più tardi. I suoi seminari infatti corrispondevano sempre a sue ricerche più o meno in corso, talvolta a curiosità, domande, ipotesi di lavoro, emerse nei giorni o nelle settimane immediatamente precedenti, e riallacciate magari a schede di anni lontani, cui scoperte o incontri imprevisti venivano a dare nuova concretezza e spessore.

La strada che gli scritti offrono per reincontrare l'avvio, o la presentazione, o lo svolgimento di una sua ricerca nel corso di un seminario è indubbiamente assai limitata e del tutto parziale (e richiederebbe comunque ben altra sistematicità di letture rispetto a quanto ho potuto fare in questo periodo): non solo perché il suo cantiere ne contemplava di innumerevoli, interrotte, riprese, ancora abbandonate, ancora riprese, nell'arco di numerosi decenni, ma anche perché molti, vorrei dire la maggior parte, dei temi di lavoro, delle questioni, degli esempi analizzati nei seminari, delle piste percorse o solo prospettate, sono rimasti del tutto privi di una qualche memoria o traduzione edite. È un dato di fatto, su cui ritornerò, che renderebbe tanto più preziosi i registri delle sue lezioni per poter ricostruire almeno in parte con esattezza i suoi interessi e percorsi di ricerca di quegli anni.

Il seminario di Campana faceva parte di quel gruppo dal quale gli studenti della Scuola, a partire dal loro II anno di corso, erano tenuti a scegliere annualmente i due che intendevano seguire. I partecipanti si aggiravano di solito intorno alla decina. Accanto ai normalisti (dai sei agli otto, direi, ma non posso basarmi che sui miei ricordi) non mancava mai infatti qualche qualificatissima presenza esterna: abituale per vari anni quella di Sebastiano Timpanaro, ma ricordo anche, puntuale e attivissimo, Eduard Fraenkel, titolare, nell'inverno del '53-54, di un Corso speciale di filologia latina presso la Scuola, ma presente, per periodi più brevi, anche negli anni seguenti, e Alessandro Perosa, in occasione di lezioni, credo di poter dire, in cui si parlava di codici umanistici o del Poliziano. Vi partecipavano talvolta anche docenti di passaggio nella Scuola, invitati a tenervi qualche lezione o brevi seminari. Allora le forze per dir così si univano, come fu ad esempio nel febbraio 1958 per il seminario di Scevola Mariotti sugli *Epigrammata Bobiensia*, con analisi dei testi e proposte di emendazione che si affiancarono all'esposizione e ricostruzione da parte di Campana dei problemi della tradizione manoscritta (in questo caso non ero presente, ma ne resta precisa menzione negli «Annali» della Scuola).[7]

Il numero dei normalisti frequentanti si può considerare del tutto notevole se si considera che allora gli studenti della classe di lettere difficilmente superavano tutti insieme la quarantina e che nei primi anni Cinquanta essi erano anche di meno, una trentina o poco più.

Le sedute del seminario avevano luogo di solito nella stanza bassa, stretta e lunga, intitolata più tardi a Giorgio Pasquali, sita al pianoterra, allora sede del seminario di filologia classica, fitta di repertori e di libri, e oggi, se non erro, abbandonata. Il suo orario, limitato inizialmente alla domenica mattina, si articolò ben presto, direi dalla metà degli anni Cinquanta, in due sedute: sabato, 21.30-23.30; domenica, 10.30-12.30. La puntualità dell'inizio non corrispondeva mai alla puntualità della fine, coincidente per lo più, il sabato, con il perentorio arrivo del portiere di notte, che sollecitava la chiusura di luci e stanze, e la domenica con un pranzo da troppo in attesa per l'approssimarsi della partenza del suo treno per Roma. Sono dettagli del tutto marginali, oggetto spesso di commenti scherzosi con lui stesso e di aneddoti più o meno inventati, e occasione anche delle ansie tra il costernato e il divertito della signora Rosetta e di allegria per i suoi, quando, ospitali tutti quanto mai, accoglievano gli "allievi pisani" nella casa di via di Porta Angelica.

Li ricordo tuttavia, tali dettagli, perché danno la misura del seguito, vorrei dire del successo, che l'insegnamento di Campana da subito aveva ottenuto e costantemente mantenne nella Scuola. L'orario in effetti, dovuto ai suoi obblighi di *Scriptor* alla Vaticana – obblighi che non mancarono di creargli qualche difficoltà, di cui resta traccia nel suo fascicolo personale –, era dei più infelici per studenti oberati nel corso dell'intera settimana da una quantità inverosimile di impegni e di scadenze (confesso che, se vi ripenso oggi, mi domando con una punta di invidia come si riusciva a farvi fronte, senza rinunciare per questo a tante altre piccole e grandi cose). Che il suo seminario abbia raccolto sempre un numero significativo di partecipanti attesta la sua forza di attrazione, in un ambiente, per di più, che se risultava generalmente ben disposto – e non era cosa ovvia nell'Università

7. Cfr. *Contributi agli «Epigrammata Bobiensia»*, in «Annali della Scuola Normale Superiore di Pisa», s. II, 27 (1958), p. 121, in nota; e la notizia del seminario di Mariotti, tenuto tra il 17 e il 22 febbraio 1958, ivi, p. 265.

e nella cultura italiane di quegli anni – ad accogliere l'impostazione di Campana, tutta fondata su filologia, erudizione e ricerca storica positiva, era d'altra parte abbastanza rigidamente orientato a mantenere separate, a partire dal II anno, le diverse specializzazioni professionali. Il seminario di Campana in effetti fu l'unico in quegli anni, se si eccettua per un certo periodo quello di Cantimori, a raccogliere studenti delle più diverse discipline: accanto ai filologi classici («tombali», come venivano scherzosamente chiamati, per la loro presunta ritrosia ad uscire dal loro specifico campo di studi) figuravano infatti studenti di storia, non importa se medioevale, moderna o contemporanea, di filologia romanza, di linguistica, di storia dell'arte, di letteratura.

Tale varietà di presenze e di interessi corrispondeva alla varietà di ambiti di ricerca, di spunti e di prospettive che caratterizzavano il suo insegnamento, ma richiama anche la qualifica, in certo modo unificante specializzazioni diverse, che, da un certo momento in poi, egli diede di sé e del suo lavoro. «Studioso di storia della cultura e in particolare di storia della filologia» egli definì se stesso in un testo dattiloscritto di autopresentazione, che, come mi suggerisce Michele Feo, dovrebbe risalire alla fine degli anni Settanta, destinato presumibilmente ad un convegno di storia patristica che non ho fatto in tempo ad identificare.[8] E nel *Ricordo di Luigi Dal Pane*, del 1984, riferendosi ad un vecchio contributo di carattere storico-culturale ed erudito che questi aveva preparato nel 1933 per le sue nozze, come allora in Romagna ancora frequentemente si usava, Campana osserva che ciò significava forse «che egli mi vedeva (in un modo che forse allora non era chiaro neppure a me) come uno studioso di storia della cultura, ciò che poi in qualche modo è stato vero, e che solo può dare un senso unitario alla mia dispersa attività».[9] Ma più avanti, in questo stesso *Ricordo*, egli parla ancora di sé come di uno studioso «esclusivamente volto a temi di ricerca, certo non sciocca ma sempre concreta e particolare, o, al più, interessato

8. Cfr. *Le manuscript patristique à la Renaissance*, par A. Campana (Rome). Si tratta di un testo dattiloscritto su due fogli, costituito da un preambolo e da un *Sommario* dei temi che Campana avrebbe voluto trattare ad un convegno cui non aveva potuto partecipare, pur intendendo, parrebbe, contribuire al volume degli *Atti*. I due fogli sono conservati nel «Fondo Kristeller» della Biblioteca della Scuola Normale, tra gli estratti di Campana. Vedi in questo stesso volume Michele Feo, *L'opera di Augusto Campana*, nr. 7905.

9. *Ricordo di Luigi Dal Pane e dei suoi studi sulla Romagna*, in *Atti del Convegno «Giornata di Studio in onore di Luigi Dal Pane storico», 16 giugno 1984*, Faenza, Lega, 1985, p. 99; ora in Augusto Campana, *Profili e ricordi*, Padova, Antenore, 1996, p. 152.

a problemi di metodologia delle mie discipline specialistiche»;[10] che era poi un modo di ulteriormente precisare e specificare una definizione che merita di essere approfondita, proprio a partire dai suoi seminari, perché sta qui credo, nella concretezza del lavoro e del metodo di lavoro che in essi veniva proposto e realizzato, la ragione per cui Campana ha lasciato in tutti i suoi allievi, pur destinati a percorsi disciplinari diversissimi, un segno indelebile, l'indicazione di un modo di concepire e di condurre la ricerca che non può essere dimenticato.

Ho già rilevato come i titoli di volta in volta attribuiti ai suoi seminari dicano in fondo ben poco, così come in realtà ben poco suggeriscono le diverse e successive definizioni disciplinari (paleografia, letteratura latina medievale ed umanistica, filologia medievale ed umanistica) del suo insegnamento pisano. In effetti il suo seminario non proponeva una successione cadenzata di incontri, ricerche e discussioni comuni, organizzati intorno ad un unico tema unitario – testo o autore o problema storico che fosse – come avveniva di solito con gli altri. Esso consisteva invece in una serie di lezioni o di brevi blocchi di lezioni, per dir così giustapposte, che proponevano di volta in volta questioni e sondaggi in molteplici direzioni: si trattasse della tradizione manoscritta di un testo, dell'analisi di un codice, dell'illustrazione di un'epigrafe o della ricostruzione paziente, ricorrendo a documenti e indizi i più diversi, di una rete di relazioni tra personaggi di un determinato ambiente culturale. Ma già questa casistica non risulta del tutto chiarificatrice perché, il più delle volte, un ben preciso punto di partenza comportava tappe e arrivi che coinvolgevano tutti questi molteplici aspetti ed altri ancora.

Il filo del discorso era suo, ma le sollecitazioni a porsi sempre nuove domande, i richiami su singoli aspetti apparentemente insignificanti, il rinvio a nessi impensati fra prodotti diversi, il suggerimento di nuove piste d'indagine, che ne caratterizzavano l'andamento, costantemente chiamavano in causa tutti i partecipanti e stimolavano curiosità e risvegliavano l'attenzione per aspetti a noi del tutto sconosciuti. Ne derivava l'indicazione di un metodo di lavoro che permetteva di cogliere nella loro concretezza il quadro di una vita culturale e civile, la realtà e il modificarsi delle sue forme espressive, il formarsi di nuove possibilità e prospettive grazie agli strumenti via via posseduti o scoperti.

Non vi mancava certamente un aspetto immediatamente strumentale, che era quello di insegnare a distinguere e a leggere le scritture antiche. Be-

10. Ivi, p. 110 e in Campana, *Profili e ricordi*, p. 164.

nedetta Campana mi ha gentilmente fornito le copie delle trascrizioni di una serie di fogli del Vat. lat. 1666, riguardanti la *Dolosi astus narracio – collocutores Galba et Cato*, un dialogo inedito di Giovanni da Ravenna sul passaggio di Lugo e Conselice ai conti di Barbiano, avvenuto nel 1395, al quale, come risulta da altri suoi appunti e note, Campana si interessava da tempo: in questo caso – e dai partecipanti ricavo che si trattava del seminario del 1953-54[11] – egli ci aveva distribuito le fotografie di un foglio per ciascuno e aveva poi corretto a matita blu il nostro esercizio, senza procedere dunque ad una pubblica lettura completa del testo. Erano esercitazioni ricorrenti, soprattutto nei primi anni, straordinariamente utili, perché ci insegnavano a leggere, a distinguere le scritture, ad avventurarci in qualche approssimativa datazione, esercitazioni che continuavano per dir così individualmente, quando, procedendo negli studi, qualcuno di noi scendeva a Roma per lavorare sui manoscritti della Vaticana,[12] ma che nella complessiva economia del suo insegnamento restavano in sostanza marginali e secondarie.

Ciò a cui in effetti esso costantemente mirava era di dare il senso preciso che ogni prodotto della cultura di quei secoli (ma non mancavano digressioni in ambiti più recenti), vorrei dire ogni manufatto, fosse un codice, un libro, un'epigrafe, o la sala di lettura di una biblioteca o altro ancora, erano «monumenti vivi, da studiare in senso integrale, non da sezionare come per esperimenti *in corpore vili*»;[13] e che ogni traccia, ogni segno, ogni più secondario particolare potevano offrire un sia pur minimo apporto di conoscenza nuova che non andava trascurato. Suonano a questo riguardo come una sorta di manifesto, di cui le sue lezioni erano un'esemplificazione continua, le parole scritte in riferimento all'analisi di alcuni manoscritti appartenuti al Poliziano in quei memorabili *Contributi* alla sua biblioteca pubblicati nel 1957, cui ho appena fatto implicito riferimento:[14]

11. Come risulta dall'elenco fornitomi da Benedetta Campana, parteciparono alle esercitazioni Italo Mariotti, Giovanni Miccoli, Pietro Palumbo, Mario Rosa, Giuseppe Scalia, Vincenzo Tandoi, Danilo Veneruso.

12. Non posso non ricordare a questo riguardo quelle mie *Due note sulla tradizione manoscritta di Pier Damiani*, comparse nelle «Note e discussioni erudite» delle Edizioni di Storia e Letteratura (Roma 1959, pp. 44, 6 tavv. f. t.), frutto appunto di alcune ricerche condotte su manoscritti vaticani, sotto la sua guida e con il suo costante aiuto (vedi anche l'*Avvertenza*, a p. 7).

13. Così in *Contributi alla biblioteca del Poliziano*, in *Poliziano e il suo tempo*, Atti del IV Convegno internazionale di studi sul Rinascimento, Firenze, 25-26 settembre 1954, Firenze, Sansoni, 1957, p. 179.

14. *Ibidem*.

Ancor meno credo di dovermi giustificare del tecnicismo [...] delle descrizioni bibliografiche e delle cure minute date alla storia dei pezzi presi in esame. Il lettore paziente potrà facilmente accorgersi che particolari come la struttura dei fascicoli o la rigatura o le marche della carta non sono oziosi ma finiscono quasi sempre col rivelare la loro utilità nel corso della discussione e della ricerca; e la storia dei codici non è quasi mai senza riflessi sulla storia della cultura.

Attenzione alle minuzie, ai particolari solo apparentemente oziosi, perché finiscono quasi sempre per rivelarsi utili nel corso della discussione e della ricerca: è un richiamo, espressivo del suo modo di lavorare, e del modello di ricerca, autentica ricerca, che egli proponeva. Credo in effetti che uno degli aspetti più affascinanti dell'insegnamento di Campana sia stato nella sensazione entusiasmante che egli riusciva a trasmettere di un vero e proprio aggirarsi per sentieri solo malamente conosciuti, dove tanto restava da scoprire, in cui ogni traccia poteva essere significativa, ogni reperto offrire un'indicazione nuova: quella sensazione di partire per percorsi che non si sapeva dove avrebbero condotto.

L'invito a non adagiarsi sul già noto, sul ripetitivo, sull'ovvio, scaturiva implicito da ogni sua lezione: e questo non detto o predicato, ma mostrato concretamente, passo dopo passo, nell'analisi minuta di testi e di manufatti, «senza risparmio di pazienza e di acume», e anche questa è una citazione sua,[15] nella consapevolezza che sovente, anche quando si potrebbe pensare «che poco ci sia ancora da dire», la raccolta e l'esame attento di tutti gli elementi possibili offre risultati e apre prospettive prima impreviste. Con queste considerazioni Campana apriva il lungo saggio su *Il codice ravennate di s. Ambrogio*, del 1958, che può essere considerato un modello di quello studio integrale di un manoscritto da lui più volte teorizzato perché scaturiva dalla «esigenza di unità tra la ricerca paleografica e libraria, che sono inseparabili, da un lato, e quella filologica e storica dall'altro».[16]

Questo saggio ci riporta ad una discussione avvenuta nel corso di un seminario pisano, come la sua dedica sul verso della copertina dell'estratto in mio possesso esplicitamente attesta. Si tratta della seconda appendice, che prende in esame, partendo da un lavoro giovanile di Giovanni

15. *Per il carteggio del Poliziano*, in «La Rinascita», 6 (1943), p. 442.

16. *Il codice ravennate di s. Ambrogio*, in «Italia medioevale e umanistica», 1 (1958), p. 18.

Mercati,[17] le voci normalmente usate nella tradizione manoscritta per indicare i sommari dei capitoli delle opere dogmatiche di sant'Ambrogio: *titulationes*, come sono detti nel codice ravennate, *capitulationes*, *tituli*, *capitula*, ecc. In seguito ad un esame compiuto da Campana sul Vat. lat. 5760, un manoscritto bobbiese del IX-X secolo che contiene anch'esso alcune di tali opere, era risultato l'uso inconsueto della parola *testimonia* per indicare i sommari, ed egli aveva avanzato l'ipotesi che tale uso fosse spiegabile col fatto che un sommario offre dopo tutto "testimonianza" del contenuto stesso del capitolo cui si riferisce: un'interpretazione che la discussione aveva indotto ad abbandonare, di fronte alla suggestiva proposta di Eduard Fraenkel di intendere piuttosto *testimonium* nel senso di «parola divina», secondo un uso già attestato nella Bibbia e «che può essere stato facilmente applicato a sommari di opere patristiche, le quali molto spesso sono [...] un commento ai *testimonia*, alle parole divine»:[18] non a caso del resto – aggiungeva Campana – il sommario di un capitolo è sovente costituito dal passo scritturistico commentato in esso.

Non ricordo l'occasione che diede origine all'illustrazione di tale argomento e alla discussione che ne seguì: probabilmente l'aver incontrato, nell'analisi di qualche codice patristico, un indice di capitoli, avrà indotto Campana a menzionare il vecchio saggio di Mercati e – ricorrendo a schede sue e mobilitandoci su lessici, *concordantiae* e vocabolari disponibili – a prendere in esame le voci con cui appaiono variamente definiti nella tradizione manoscritta. Un caso dunque, come tanti, di quelle felici digressioni che rompevano il filo delle sue lezioni, ma che corrispondevano intimamente al suo modo di lavorare e di intendere il lavoro, per accumuli successivi, con deviazioni e sconfinamenti continui rispetto al tema in quel momento perseguito, scorrazzando liberamente nell'immenso patrimonio librario della Vaticana, dove si era compiuta, come dichiarò egli stesso, la sua «più lunga e decisiva esperienza di studioso».[19]

Di questo suo modo di lavorare, senza preoccuparsi di uscire dal campo che si era prefisso (ed è, ancora una volta, la parafrasi di una sua frase),[20] gli stessi suoi scritti offrono frequentissimi esempi. Si è parlato e si può

17. *Le Titulationes nelle opere dogmatiche di s. Ambrogio*, in *Ambrosiana*, Milano, Cogliati, 1897, sezione VIII, di pp. 44, ristampato in *Opere minori*, I, Città del Vaticano, Biblioteca apostolica vaticana, 1937 (Studi e testi, 76), pp. 446-481.

18. *Il codice ravennate*, p. 68.

19. *Paleografia oggi*, p. 1030.

20. *Scritture di umanisti*, in «Rinascimento», 1 (1950), p. 236.

certamente parlare a questo riguardo anche di dispersività e di un certo incontentabile perfezionismo. Quella dispersività e quel perfezionismo che lo portarono a volte ad accantonare scoperte e contributi di grandissimo spessore storico e culturale, a rinviarne o a sospenderne la scrittura, a ritardarne indefinitamente la pubblicazione, per seguire altre minori curiosità, in qualche modo più facilmente risolvibili in ogni loro aspetto, più facilmente traducibili in uno scritto pienamente compiuto.

Viene in mente, da un certo punto di vista e a proposito di tale dispersività, il rimprovero mosso dai francesi all'erudizione italiana del Settecento – che pure fu, è superfluo ricordarlo, in non pochi dei suoi rappresentanti, erudizione grandissima: l'accusa era di lungaggini, digressioni e prolissità, che facevano perdere di vista i problemi essenziali.[21] Non sarebbe senza interesse, credo, allargare e approfondire l'analogia. Senza addentrarmi tuttavia in tale discussione, che partiva da premesse e comportava esigenze profondamente diverse, è un dato di fatto che moltissime delle ricerche compiute da Campana non sono arrivate mai alla pubblicazione: una constatazione che renderebbe prezioso e urgente poter recuperare tra le sue carte i testi, gli schemi, le tracce delle tante cose avviate e dette, in lezioni, conferenze, interventi a convegni, e rimaste irrimediabilmente inedite. Penso tra l'altro a quelle due conferenze da lui tenute nel salone degli stemmi della Scuola, il 30 marzo e il 6 aprile 1957, l'una su «Gli umanisti italiani e gli studi di epigrafia classica (sec. XIV XVI)», l'altra su «Il rinnovamento letterario e monumentale dell'epigrafia nel primo Rinascimento italiano»:[22] e già tali titoli permettono di intuire di che si trattò e di quale ricchezza, sapendo dei suoi studi e della sua raccolta di innumerevoli materiali al riguardo, esse furono. Non sono in grado di dire se egli aveva allora davanti un testo completamente scritto, come peraltro credo di ricordare, o se invece solo una traccia, che tuttavia, se fu così, dovette essere assai distesa; né so quindi se e quanto di quei discorsi, come di altri detti qua e là, sia oggi recuperabile. Credo tuttavia che un tentativo andrebbe fatto, per quanto difficile e delicata ogni operazione di questo genere possa risultare.

21. Cfr. Françoise Waquet, *Le modèle français et l'Italie savante 1660-1750*, Rome, École française de Rome, 1989 (Collection de l'École française de Rome, 117), pp. 48 sgg.; ma vedi anche su tale questione le osservazioni di Jacques Dalarun, *«Lapsus linguae». La légende de Claire de Rimini*, Spoleto, Centro italiano di studi sull'alto Medioevo, 1994 (Biblioteca di «Medioevo latino», 6), pp. 198 sgg.

22. Cfr. *Notiziario... Conferenze e lezioni straordinarie*, in «Annali della Scuola Normale di Pisa», s. II, 26 (1957), p. 315.

Ma per tornare brevemente su quella sua dispersività, va aggiunto che essa nasceva anche dalla sua curiosità per uomini e cose, per tutti gli uomini e le cose di determinati ambienti e di ben definite epoche – ed erano tanti, dal Medioevo all'età moderna – con prevalenza ora per l'uno ora per l'altro di tali diversi momenti, ma con una sostanziale tenace continuità, che spiega ritorni e abbandoni e ancora ritorni, e gli intrecci e le sovrapposizioni continue. Né forse detto così è ancora detto tutto. Perché quelle sue digressioni, l'attenzione a tante minuzie, l'insistenza su rilievi e indicazioni non immediatamente funzionali al filo principale del suo discorso, corrispondevano anche al suo modo di sentire la ricerca come un'opera largamente collettiva, di lungo periodo, che coinvolge le generazioni passate e quelle a venire, come una comunità di studio e di lavoro fatta di apporti e competenze diversi, e quindi alla sua idea di un servizio che era doveroso rendere a chi da quelle digressioni e minuzie avrebbe potuto un domani trarre giovamento.[23] Un aspetto questo, vorrei dire un costume, che faceva parte anch'esso, profondamente, del suo insegnamento, nel suggerire e sollecitare lo scambio gratuito di informazioni, e la collaborazione e l'aiuto reciproco. Né vi è bisogno di ricordare, credo, ai tanti qui che lo hanno conosciuto, la generosità straordinaria con cui egli stesso li praticava. La stessa "storia degli studi", che di solito apriva o accompagnava l'esame delle singole questioni[24] – ed è per questa via che si entrava in contatto con l'erudizione del passato, che si imparava a venerarne il ruolo nella storia della cultura e a costruire un metodo di lavoro che tenesse conto della sua lezione –, dava vivo il senso di una continuità, di una lunga catena di studio e di ricerca cui si era chiamati a prendere parte, sempre tenendo rigorosamente conto e dando ragione di ciò che si doveva al lavoro altrui.

Non sono in grado purtroppo di rievocare, né di poter apprezzare adeguatamente, altri essendo ormai da tempo gli ambiti delle mie ricerche, la messe di notizie accertate, di personaggi sconosciuti o mal noti, le cono-

23. Cfr., ad es., *Scritture di umanisti*, p. 236; *Contributi alla biblioteca del Poliziano*, p. 179; *Due nuovi codici nonantolani della Biblioteca Vaticana*, in «Atti e memorie della Deputazione di storia patria per le antiche Provincie modenesi», s. IX, 5 (1953), pp. 372 sgg. e 380; *Da codici del Buondelmonti*, in *Silloge Bizantina, in onore di Silvio Giuseppe Mercati*, Roma, s.i.e., 1957, p. 32. Ma vedi anche le considerazioni che concludono *Studi Gregoriani*, in «Benedictina», 2 (1948), p. 175.

24. Cfr. *Il codice ravennate di s. Ambrogio*, p. 18: «Perché in realtà, se è sempre inscindibile da qualsiasi ricerca scientifica la storia degli studi che l'hanno preceduta (sia tale storia implicita e presupposta o esplicitamente narrata)».

scenze nuove sui grandi, i meno grandi e i semplici manovali della cultura tra Medioevo ed età moderna, che i suoi seminari costantemente offrivano e presentavano. Dirò tra parentesi che per studentelli saputelli e un po' presuntuosi quali eravamo era una continua, indiretta lezione di umiltà, ed anche questo contava. Delle sue ricerche e del suo insegnamento, e del nesso strettissimo che dal suo arrivo in Normale intercorse fra questi due momenti, altri che più da vicino hanno continuato ad arare i suoi campi di lavoro potranno e dovranno parlare, quando si potrà disporre della necessaria documentazione e in riferimento alla sua intera attività di studio.

L'aver battuto strade diverse dalle sue, com'è stato per i più che hanno seguito i suoi corsi pisani, può indurre, pressoché inevitabilmente a enfatizzare e a ritenere in particolare alcuni aspetti soltanto di essi, e ciò tanto più a quarant'anni di distanza, quando la specializzazione degli studi e la crescente parcellizzazione delle discipline hanno compiuto ormai la loro opera, talvolta i loro guasti. Quanto ho detto finora non sfugge evidentemente a tale rischio. Non posso tuttavia non ricordare ancora due aspetti almeno del suo insegnamento normalistico, che mi sono sembrati fondamentali allora e tali mi sembrano ancora oggi.

In primo luogo il suggerimento, implicito in tutto il suo modo di lavorare, ad allargare il più possibile sempre la propria base documentaria, l'attenzione, costantemente richiamata, a guardare ad uno spettro ampio di fonti, a guadagnarsene di nuove. Ricordo una memorabile giornata, trascorsa intorno al Duomo di Pisa, a leggere e a commentare le grandi epigrafi monumentali della facciata ma anche le modeste iscrizioni sepolcrali e le note obituarie che ne costellano i lati.[25] E il suo divertimento per il nostro stupore quando ci illustrava la volontà di comunicazione ma anche il livello di cultura e il sentire religioso che anche le iscrizioni più umili, come i graffiti spesso fittamente incisi alla base di affreschi di santuari famosi, permettono di intravedere.[26] Vi è un suo importante e significativo

25. Egli ha offerto un modello per tali ricerche con *Le iscrizioni medioevali di San Gemini*, in *San Gemini e Carsulae*, Milano, Bestetti, 1976, pp. 81-132.

26. Indicazioni in questo senso in *Graffiti dei secoli XIV-XVI negli affreschi perduti di S. Maria in Porto fuori*, in «Felix Ravenna», 127-130 (1984-1985), pp. 107-116, e *Intervento* a *Fonti medioevali e problematica storiografica*, in *Atti del Congresso internazionale tenuto in occasione del 90° anniversario della fondazione dell'Istituto storico italiano (1883-1973), Roma 22-27 ottobre 1973*, II, *Tavole rotonde*, Roma, Istituto storico italiano per il Medio Evo, 1977, pp. 70 sgg. Ma vedi anche, per il suo gusto verso tali aspetti, *Antico epitafio di Benvenuto da Imola in un codice imolese del Commento dantesco*, in «Studi Romagnoli», 6 (1955), p. 26.

intervento su questi temi nella tavola rotonda sulla tipologia delle fonti, tenuta a conclusione del convegno per il 90° anniversario della fondazione dell'Istituto storico italiano per il Medioevo.[27] E va ricordata anche la sua memoria *Per la tutela dei beni epigrafici* – sulla quale Alfredo Stussi, nel suo recente ricordo di Campana, ha opportunamente attirato l'attenzione[28] – scritta in qualità di membro, fra il 1963 e il 1967, della Commissione di indagine per la tutela e la valorizzazione del patrimonio storico, archeologico, artistico e del paesaggio.

In secondo luogo il senso quasi materiale di concretezza che il suo modo di esaminare i manoscritti e le relazioni tra manoscritti riusciva a introdurre nella trattazione dei problemi di cultura e di storia della cultura, richiamando così al fatto che erano i libri, i codici, nella loro duplice materialità di prodotti e di canali insieme del pensiero e del lavoro degli uomini, la base prima per poter cogliere e studiare la trasmissione delle idee e l'aprirsi delle menti a nuovi interessi e prospettive, che stava lì, nei manoscritti, nei libri, nella storia delle biblioteche, il capitolo preliminare ed essenziale per ogni storia della cultura. Per strade e con approcci e strumenti diversi la lezione di metodo di Campana si congiungeva così a quella che, in quegli stessi anni e in quegli stessi ambienti, era di Delio Cantimori: agli stessi risultati infatti, di impostazione e di metodo, conduceva la tenace battaglia di Cantimori contro una pratica idealistica, *geistesgeschichtlich*, della storia delle idee, per affermare il criterio che una storia della vita intellettuale, delle idee e dei concetti andava condotta con lo stesso scrupolo di attenzione alle testimonianze e di verifica sui testi richieste per i fatti politici ed economici.

In riferimento a tale impianto di ricerca, la lezione di seminario che mi è più cara fra le tante di Campana – e mi scuserete se la mia testimonianza qui si fa ancora più personale – riguardava le «tracce di un ordine di letture in alcuni manoscritti monastici dei secoli XI e XII». L'anno di corso doveva essere il '54-55. Ne ho vivissimo il ricordo, anche se purtroppo non ho più ritrovato le schede che certamente allora ne trassi, né sono mai riuscito, nonostante ricorrenti insistenze negli anni successivi, a indurlo a pubblicarne i risultati, sia pur provvisori. Il punto di partenza del discorso era, anche in questo caso, basato sull'osservazione di un fatto in apparenza del

27. Cfr. la nota precedente.

28. Alfredo Stussi, *Ricordo di Augusto Campana (1906-1995)*, in «Lettere italiane», 47 (1995), p. 464.

tutto marginale. Sul margine basso dell'ultimo foglio di una serie di manoscritti per lo più patristici (ma non solo, se ben ricordo), provenienti da biblioteche monastiche, Campana aveva rilevato la presenza di una sorta di breve avvertenza formulata così: «Hic ponitur (o ponatur)» cui seguiva il titolo di un'opera che nulla aveva a che fare con il codice in cui tale nota si trovava. Il rincorrersi di tale indicazione gli aveva suggerito l'idea che ci si trovava di fronte ad una sorta di programma di letture collettive, alle tracce di un «ordine di letture» appunto, che veniva proposto alla comunità monastica. Il discorso poi si arricchiva e si complicava: perché dalle opere scelte per la lettura comune non solo si potevano ricavare indicazioni preziose sulla consistenza della biblioteca cui quei codici erano appartenuti, ma anche, e soprattutto, alcuni primi indizi e suggerimenti per cogliere più da vicino, nel loro concreto formarsi, gli orientamenti di spiritualità e di cultura che caratterizzavano quella data comunità; aggiungerei: gli orientamenti ai quali si intendeva informarla.

Per me, che stavo studiando Gregorio VII e l'età che fu sua, e l'opera enorme di riscoperta e riutilizzo di una tradizione teologica e canonistica dimenticata, in funzione di quella riforma del clero e della vita cristiana che figurava nel suo programma originario, ma ero fresco anche di letture gramsciane, fu una sorta di rivelazione: nel senso che ebbi come la sensazione di toccare con mano, in un ambito vorrei dire di vita quotidiana, la manifestazione concreta di un'organizzazione della cultura e del suo articolarsi in un concreto programma di formazione collettiva, secondo quanto del resto lo studio dei testi di quell'età mi suggeriva essere stato lucidamente perseguito dai riformatori. Potevano essere, nel caso specifico, conclusioni affrettate, perché bisognose di altre e più ampie verifiche. Campana, allora e in seguito, sorrideva al mio entusiasmo e alle mie elucubrazioni, e pensava, forse non a torto, che ci sarebbero volute altre e più numerose "tracce" per ricavare risultati veramente fondati sulla portata e il significato di quei percorsi di letture: perché quel seminario per lui, come in tanti altri casi, non era altro, per ora, che la mera segnalazione di un problema, di un dato di fatto, un primo avvio per future ricerche sue o di altri ricercatori. Ma anche quelle mie forzature sono un indizio della capacità del suo insegnamento di mettere in moto idee, di stimolare ipotesi di lavoro, di suggerire connessioni e di aprire prospettive verso i più svariati campi di ricerca. Anche per questo egli è stato maestro, vero maestro per tanti di noi.

L'ultimo seminario suo che ricordo in Normale fu quando egli aveva già lasciato la Scuola (e fu anche il mio ultimo anno pisano), in occasione delle quattro giornate dedicate a onorare la memoria di Delio Cantimori.[29] Nell'ultima di esse, il 14 dicembre 1967, egli presentò, insieme a Carlo Dionisotti, i primi risultati di una ricerca "interrotta" che avrebbe dovuto essere condotta, secondo antichi progetti, a tre, appunto Campana, Dionisotti e Cantimori, intorno alla figura, all'opera e all'attività di Gabriele Biondo, figlio del grande storico e umanista. Una scoperta di Dionisotti nei fondi manoscritti del British Museum aveva permesso di individuare in lui il principale esponente di un gruppo eterodosso, di tendenze fraticellesche, operante nel primo decennio del Cinquecento a Modigliana, sull'Appennino tosco-romagnolo. Straordinaria la figura, non foss'altro per il nome che portava, straordinari la precisione con cui il gruppo eretico era individuabile ed il momento in cui operava (il manoscritto trovato da Dionisotti, cui si erano aggiunti in seguito alcuni stampati, un manoscritto fiorentino ed uno forlivese, raccoglie opere in versi ed in prosa, ma anche lettere e materiale vario). Ovvio che l'interesse di Cantimori ne fosse sollecitato, ovvio il proposito di collaborazione a tre, unendo a Dionisotti e Cantimori anche Campana, storico di Biondo, dell'umanesimo, della Romagna. Fu, nell'ambito di quelle giornate, il momento più originale e prestigioso (e non è giudizio di oggi, perché così ne scrissi nel 1968, dando notizia dell'iniziativa).[30] I contributi di Campana e Dionisotti presentavano un sottotitolo comune: *Resoconto di una interrotta ricerca a tre*. L'intervento di Dionisotti fu pubblicato negli «Annali» della Scuola,[31] non così quello di Campana, anche se non escluderei che egli abbia continuato ad aggiungere schede e indicazioni a quelle abbondanti già allora presentate: una condizione dunque che ancora una volta non può non indurre a ripetere l'auspicio che le sue carte siano oggetto di esame attento e di accurata catalogazione.

Resterebbero molte altre cose da dire, più intime e private: dell'amicizia e dell'affetto, che si accompagnavano e seguivano al suo insegnamento; dei tanti episodi e circostanze che attestano l'importanza che lui attribuiva a tali legami, l'intensità con cui li viveva. Sono ricordi preziosi, credo, per tanti di noi. È in essi che la memoria e il rimpianto di lui trovano la loro più forte e crescente ragione.

29. Cfr. «Annali della Scuola Normale Superiore di Pisa», s. II, 37 (1968), pp. 219-302.

30. *Delio Cantimori ricordato alla Scuola Normale*, in «Rivista di Storia e Letteratura religiosa», 4 (1968), p. 428.

31. Carlo Dionisotti, *Resoconto di una ricerca interrotta*, in «Annali della Scuola Normale Superiore di Pisa», s. II, 37 (1968), pp. 259-269.

*Storici: gli studiosi coevi*

# Clero, istituzioni ecclesiastiche e vita civile nell'opera di Marino Berengo*

Se si volesse definire con una formula complessiva il carattere del lavoro storiografico di Marino Berengo la più adeguata sarebbe quella di storico della società, scomposta e ricomposta nelle sue svariate articolazioni: gruppi sociali, istituzioni, strutture economiche, rapporti politici, orientamenti culturali e religiosi, nei loro nessi e negli ambiti geografici e temporali da lui di volta in volta studiati. Quella «attenzione per il movimento delle forze sociali e per il significato politico – di potere cioè e di governo – che si annida negli istituti giuridici e amministrativi», che egli individuava come tratto saliente della ricerca storica di Antonio Anzilotti,[1] era con tutta evidenza anche sua, e con una larghezza di temi e un'ampiezza di orizzonti che trovano pochi uguali nella nostra tradizione storiografica.

È da questo punto di vista e secondo queste prospettive che uomini di Chiesa, istituzioni ecclesiastiche e vita religiosa entrano nel suo spettro d'indagine: per ciò appunto che hanno rappresentato e pesato nella vita e negli orientamenti di una determinata società. La sua non nascosta diffidenza per la storia della Chiesa come disciplina autonoma d'insegnamento nasceva appunto da questo modo di intendere e di collocare storicamente le istituzioni ecclesiastiche e la vita religiosa: e dal rischio dunque, facendone una disciplina separata, di avallare e rafforzare l'affermarsi di una tendenza

* «Si tratta di una parte della relazione tenuta a Venezia il 18 gennaio 2002, nell'ambito della giornata di studio su "Marino Berengo, storico", organizzata dal Dipartimento di studi storici dell'Università Ca' Foscari. Un passo dell'intervento è stato soppresso, ed è segnalato nel testo con una riga bianca e [...]». Edito in «Passato e presente», 20 (2002), pp. 115-126.

1. Così in *La ricerca storica di Delio Cantimori*, in «Rivista storica italiana», 79 (1967), p. 904.

a studiarla tutta per linee interne, in funzione di se stessa e non nei suoi nessi con la vita collettiva, perdendo in tal modo di vista l'elemento-base di ogni giudizio storico, che valuta appunto le opere e le azioni del passato per gli esiti che hanno avuto sull'insieme della società e sugli orientamenti e i processi che l'attraversarono.

Aggiungerò del tutto tra parentesi che i pericoli che Berengo individuava non solo erano reali, ma risultano sempre più presenti e incombenti: e non solo per le specifiche tendenze della storiografia ecclesiastica, tuttora fortemente condizionata dall'essere stata a lungo appannaggio pressoché esclusivo di ambienti confessionali, e dunque, frequentemente, strumento privilegiato di apologia e di battaglia intraecclesiale, ma anche per l'esasperato specialismo che sempre più sta inquinando e mortificando i nostri studi; e se può capitare perciò, secondando tendenze antiche, di veder raccontare una Chiesa con le sue vicende come avulsa e slegata dal contesto che l'ha vista operare, non di rado capita anche di leggere storie politiche e sociali del passato più o meno prossimo per le quali le Chiese e gli uomini di Chiesa sembrano non essere nemmeno esistiti.

Storico della società e storico degli uomini nella società: non mancano in effetti, nella produzione di Berengo, contributi biografici, vuoi pensati ed elaborati come tali, vuoi inseriti negli ampi quadri d'insieme sui quali sia pur brevemente mi soffermerò, perché è in essi che il nesso tra istituzioni ecclesiastiche e vita civile risulta diffusamente svolto. Ma ricordo qui il suo gusto biografico perché anche in tali contributi è insistito il richiamo alla necessità di guardare al contesto, alla rete di relazioni che di quelle vite ha caratterizzato e animato lo svolgimento.

In quegli straordinari "appunti" alle lettere milanesi di Silvio Pellico, straordinari per la precisione e l'ampiezza di riferimenti a uomini, testi e situazioni degli anni della Restaurazione, Berengo osserva:

> Ben difficilmente [...] può risultare chiaro il senso di una battaglia culturale, come quella che il Pellico e i suoi amici conducevano, se non ci si sforza di identificare gli uomini e gli scritti con cui essi ora concordavano e ora contendevano; se funzionari di governo, giornalisti, scrittori di indole e tendenze spesso contrastanti e diverse, non tornano ad assumere ciascuno la propria fisionomia. Proprio di qui conviene forse prendere le mosse per intendere la graduale conversione alla politica del Pellico e l'origine di quella solitudine di cui egli si sentì costantemente circondato.[2]

2. *Lettere milanesi di Silvio Pellico*, ivi, 77 (1965), p. 160.

La questione, così chiaramente enunciata, riguarda l'impianto e il metodo della ricerca, l'erudizione, vorrei dire, che deve sostanziarla e sorreggerla. Secondo il suo stile, alieno dalle discussioni e dichiarazioni teoriche, sono parole che illustrano, di fatto, un percorso già compiuto. La loro ragione e la loro forza stanno tutte, qui come altrove, nella concretezza dei risultati conseguiti.

Merita di soffermarsi ancora un attimo su questi aspetti perché caratteristici della scrittura storiografica di Berengo, ed espressivi insieme, se non vado errato, di alcuni suoi orientamenti profondi. Vi è in lui il gusto del dettaglio, del dato preciso, del particolare illuminante, che corrisponde ad un costante bisogno di concretezza ma anche al suo scarso interesse, vorrei dire al fastidio, per le dottrine in sé prese e per le teorizzazioni astratte, e all'esigenza dunque di considerare le idee e i dibattiti di idee sempre nella loro dimensione e nelle loro ricadute politiche, e solo nella misura perciò in cui hanno operato e inciso sugli orientamenti collettivi. Così a proposito del «Giornale letterario dei confini d'Italia», che ha nel teatino Tommaso Antonio Contini e nel benedettino Giuseppe Maria Pujati i suoi esponenti maggiori, egli non manca di rilevare «quella certa teologica astrattezza, che spesso incontriamo in esso come in tutte le testimonianze del giansenismo nel Veneto, e che tanto ne limita la portata politica e il significato religioso di fronte alla sua fioritura in Lombardia e in Toscana».[3] Sono considerazioni che figurano con maggiore ampiezza di articolazioni e di svolgimento già nel volume sulla *Società veneta*, in riferimento a quei «teologi assertori della "giusta dottrina"», per i quali, «gravati com'erano dall'antico peso di una cultura dogmatica, assai difficile era il tradurre le proprie premesse sul piano dei rapporti politici», risultando dunque del tutto inadeguati a corrispondere alle domande di quei ristretti gruppi di laici animati «dall'ansioso desiderio di una cultura meno accademica, di una critica più libera dal rispetto delle tradizioni».[4]

Non a caso del resto il suo apprezzamento per il «Giornale enciclopedico» e l'opera di Giovanni Scola, che ne fu il principale collaboratore, risiede appunto – al di là degli elementi di rottura che gli sono propri – nel fatto che egli ripropone «costantemente quel nesso tra politica e cultura che

3. *Introduzione* a *Giornali veneziani del Settecento*, Milano, Feltrinelli, 1962, p. XXVI.

4. *La società veneta alla fine del Settecento. Ricerche storiche*, Firenze, Sansoni, 1956, p. 182.

costituiva il punto d'avvio dell'illuminismo europeo» e la ragione insieme della nuova consapevolezza con cui esso aveva guardato e aveva insegnato a guardare ai fatti della storia.[5] Il modo di intendere il proprio ruolo d'intellettuale e di storico s'intreccia qui strettamente con i problemi di impianto e di metodo della ricerca. E da qui deriva anche il suo perentorio richiamo a non separare la cultura dalla società, a non farne due storie parallele. «La suggestione a scorgere le radici che le idee affondano nella società [...] sta fortunatamente guadagnando terreno», osserva nella sua relazione sul *Cinquecento* al congresso di Perugia della Società degli storici italiani.[6] Dieci anni dopo, nelle *Conclusioni* al convegno su *Reggio e i Territori Estensi dall'antico regime all'età napoleonica*, Berengo ribadiva, in termini diversi, gli stessi concetti: «Al dubbio, qui da alcuni di noi formulato, sulla possibilità di convergenza tra indagine culturale e indagine sociale, vorrei rispondere che "avvenimenti" e "fatti" appartengono al primo tipo di lavoro storico quanto, e non meno, che al secondo».[7]

È un ordine di idee e un tipo di considerazioni che fanno proprio, anche nel linguaggio, quel richiamo di Delio Cantimori alla necessità di trattare la storia delle idee e della cultura «con lo stesso scrupolo di controllo e di precisione erudita [...] usato per la storia dei "fatti" dagli studiosi seguaci del metodo storico e della critica storica positiva».[8] E non è un caso che fossero questi gli aspetti che Berengo rievoca con calda simpatia e partecipazione ripercorrendo *Le origini del «Giornale storico della letteratura italiana»*.[9]

La lezione di Cantimori, il «mio ben amato maestro»,[10] è senza dubbio largamente presente nell'opera di Berengo: ma per la puntualità del meto-

5. *Introduzione* a *Giornali veneziani*, p. LVII.

6. *Il Cinquecento*, in *La storiografia italiana negli ultimi vent'anni*, Atti del I Congresso nazionale di scienze storiche organizzato dalla Società degli storici italiani, con il patrocinio della Giunta centrale per gli studi storici, Perugia, 9-13 ottobre 1967, Milano, Marzorati, 1970, p. 504.

7. *Conclusioni* a *Reggio e i Territori Estensi dall'antico regime all'età napoleonica*, Atti del Convegno di studi, Reggio Emilia, 18-20 marzo 1977, Parma, Pratiche, 1979, p. 660.

8. *Testimonianze per A. Renaudet*, in Delio Cantimori, *Storici e storia. Metodo, caratteristiche e significato del lavoro storiografico*, Torino, Einaudi, 1971, p. 206, originariamente in «Rivista storica italiana», 71 (1959), p. 15.

9. In *Critica e storia letteraria. Studi offerti a Mario Fubini*, Padova, Liviana, 1970, pp. 3-26.

10. Così nella *Introduzione* alla III edizione di *Nobili e mercanti nella Lucca del Cinquecento*, Torino, Einaudi, 1999, p. l.

do, il gusto dell'erudizione, il rigore del costante riferimento alle fonti, la larghezza della documentazione di base, la libertà intellettuale dell'indagine, non per i temi e per gli ambiti di ricerca prescelti, né, aggiungerei, per l'impianto stesso con cui egli tende a impostare il proprio lavoro, e nemmeno per i problemi e gli aspetti del passato che maggiormente attiravano la sua attenzione e coinvolgevano i suoi interessi. Tracce di quella lezione anche per ciò che riguarda alcuni temi trattati certo non mancano, in scritti per lo più degli anni Cinquanta e dei primi anni Sessanta. Si pensi all'attenzione prestata al lento emergere del principio della tolleranza religiosa in alcuni interventi di ecclesiastici veneti del tardo Settecento, in termini che non potevano essere ricondotti

> all'infuocata polemica combattuta in quegli anni dal pensiero illuminista, ma che trovavano invece la loro origine assai più indietro, in un'antica e gloriosa controversia. Era la difesa della tolleranza sentita non come semplice repulsione per l'arbitrio sovrano o quale esercizio d'*indifferenza*, ma invocata piuttosto come approfondimento della fede e rispetto per essa, nel radicale rifiuto di ogni convenienza ed ingerenza politica: motivo che era stato vivissimo in qualche filone del pensiero religioso italiano nel '500, ed era rimasto operante nei settori più aperti di esso durante e dopo l'esperienza controriformistica.[11]

E tale attenzione e tale tematica ritornano anche in alcune recensioni di quegli anni, su libri e personaggi protagonisti di quelle lotte. Non si trattò soltanto di esercizi di routine o di scuola. Basti pensare a quella densa recensione agli *Studi sui riformatori italiani* di Francesco Ruffini, così puntuale e sicura nel delineare, con ampi riferimenti alla storiografia coeva e successiva, i risultati tuttora validi e gli aspetti ormai superati di quegli studi.[12] Se interventi come questo attestano ancora una volta l'eccezionale ampiezza delle letture storiche di Berengo, un'ampiezza che gli permetteva di discutere con disinvoltura anche di temi e libri pur lontani dai suoi specifici campi di ricerca, non erano certamente qui, superfluo ribadirlo, i nuclei forti dei suoi interessi storici.

A rileggere quelle righe con cui, nell'ottobre 1975, egli tracciava un bilancio del lavoro compiuto nel convegno su «Società e cultura al tempo di Ludovico Ariosto» si sarebbe tentati di dire anche qualcosa di più.

11. *La società veneta*, pp. 176 sgg.
12. In «Rinascimento», 7 (1956), pp. 373-382.

> Nel segnare le linee del quadro che è venuto emergendo non ci siamo troppo soffermati su un filone che risulta a mio parere oggi largamente privilegiato negli studi di storia religiosa italiana. La storia dell'eresia nel Cinquecento tende a mantenere ed accentuare il sopravvento sugli studi di storia delle istituzioni ecclesiastiche, della devozione, della pietà. Fatto salvo il più profondo rispetto per le predilezioni tematiche, c'è da compiacersi per il fatto che in questo convegno si sia dato pur largo spazio [...] alla storia dell'inquietudine, della contestazione, dell'evoluzione e della protesta anche in campo religioso, ma soprattutto si sia venuta delineando la tradizione ecclesiastica e religiosa specifica e propria di questa terra padana.[13]

L'apprezzamento, affermato esplicitamente, era per l'esigenza emersa di partire dalla ricostruzione delle istituzioni ecclesiastiche.[14] Con discrezione e senza forzature personalistiche emerge chiaramente in queste considerazioni la sua propensione a guardare in primo luogo a quel reticolo di istituzioni, strutture portanti dell'organizzazione ecclesiastica, che dettavano le condizioni di vita e stabilivano la rete di relazioni con cui l'esperienza religiosa entrava nella società, ispirandone e condizionandone gli orientamenti politici e civili; ma vi trapela forse anche, quasi inespresso, l'invito a non limitarsi a battere le strade già ampiamente tracciate, per avventurarsi piuttosto su terreni che in quegli anni ancora solo sporadicamente attiravano l'attenzione della storiografia che non fosse quella medievistica.

Il primo ampio saggio di Berengo fu pubblicato nel 1954 sulla «Rivista storica italiana»: trattava dei *Problemi economico-sociali della Dalmazia veneta alla fine del '700*.[15] Lo ricordo qui per il profilarsi di quel nesso clero-mondo contadino cui più volte Berengo farà riferimento in seguito come a un problema centrale della storia italiana, pur senza farne oggetto, se non nella *Società veneta*, di specifica ricerca. Se nella visione degli intellettuali veneti del Settecento «le classi rurali appaiono come una massa inerte [...] che va guidata con cristiana carità, ma sempre con la stessa fermezza guardinga con cui si conduce il bove ad arare il campo», il ritratto che quegli stessi intellettuali offrono delle popolazioni contadine della Dalmazia (i Morlacchi) è a tinte cupe, fatto di tratti bestiali: «Fiere facinorose, specie d'antropofaghi, lestrigoni», come le definiva Carlo Gozzi.[16] E a tale

13. *Conclusioni* a *Il Rinascimento nelle corti padane. Società e cultura*, Atti del Convegno, Reggio Emilia-Ferrara, 22-26 ottobre 1975, Bari, De Donato, 1977, p. 615.

14. *Ibidem*.

15. In «Rivista storica italiana», 66 (1954), pp. 469-510.

16. Ivi, p. 473.

popolazione fa riscontro un clero, povero e ignorante, ma largamente identificato in essa, tratto «più dal bisogno che dal mal istinto a divenir complice o spalleggiatore sovente delle interne villiche prevaricazioni», come scrive nel 1791 il Provveditor generale al Senato. Da ciò una fede ancora saldissima, «sempre stimolata dall'impetuosa pressione mussulmana che da secoli minaccia di sommergere quell'avanzato baluardo cristiano», ma inevitabilmente caratterizzata da «un fanatismo permeato di arretratezza e di superstizione», che «soffoca ogni barlume di coscienza religiosa e di rinnovamento politico».[17]

Sono legami, orientamenti e nessi che Berengo qui si limita a rilevare, ma che ritorneranno ampiamente svolti, anche se con caratteri in parte diversi, nel suo volume su *La società veneta alla fine del '700*. Fu congedato nel maggio 1955, quasi a conclusione dunque dell'anno di perfezionamento trascorso alla Normale di Pisa, quando Berengo non aveva ancora compiuto 27 anni. Ricordo tutto questo perché si tratta di un volume che anche a rileggerlo oggi appare tuttora straordinario per maturità, larghezza e sicurezza d'impianto, rigore e freschezza di scrittura. Non a torto Cantimori ne scriveva come di un libro

> che più si avvicina al mio ideale di lavoro storico, scientificamente serio, dalla tematica complessa, autonomo nella impostazione dei problemi, dall'orizzonte ampio (storia della cultura e storia economica; questioni politiche e strutture giuridico-amministrative, ecc.: e non per sentito dire, ma per documenti d'archivio letti e intesi nel quadro generale; critica della storiografia calata nel lavoro stesso, non estrinseca e polemica, ecc.), condotto con reale intelligenza storica.[18]

Lento ed incerto l'ingresso dei Veneti nella civiltà moderna, per la larga e profonda eredità conservatrice lasciata dalla vecchia Repubblica, e presto raccolta e alimentata dall'Austria, osserva ad un certo punto Berengo.[19] È per molti aspetti la questione di fondo che il libro affronta e alla quale offre ampia e articolata risposta. E un posto di rilievo spetta, da questo punto di vista, al ruolo svolto dalla religione e dal clero, a lungo elementi portanti di quel mondo tradizionale che trovava nell'identificazione tra «religione

17. Ivi, pp. 506 sgg.

18. Delio Cantimori, *Pro e contra*, in «Movimento operaio», 7 (1956), p. 325. Sulla discussione, cui questo giudizio di Cantimori si connetteva, cfr. Angelo Ventura, *Marino Berengo: classi dirigenti e riforma sociale*, in «Contemporanea», 4 (2001), pp. 346 sgg.

19. *La società veneta*, p. 172.

e cosa pubblica», tra «fede cattolica e assolutismo sovrano»,[20] la propria irriducibile salvaguardia. Nel prendere in esame la sporadica penetrazione fra i contadini veneti delle «nuove massime» venute di Francia – ed esse attecchiscono sul «fertile terreno del malcontento sociale solo dopo aver scosso la fede cattolica» – Berengo conclude: «La profonda adesione ch'essa ha nel cuore di tutte le masse rurali sarà la più formidabile arma di difesa nelle mani del governo aristocratico».[21]

Se questa, per ciò che riguarda religione e clero, è la tendenza politicamente dominante, sapientemente coltivata dal governo dello Stato che ha saputo, con il suo controllo, impedire all'organizzazione ecclesiastica di costituirsi come forza autonoma,[22] non è certo a questi termini e a tali aspetti che il volume riduce il quadro della presenza e dell'azione del clero e degli orientamenti religiosi operanti nella società veneta. Non mi addentrerò in un tentativo d'esposizione complessiva. Inevitabilmente impoverirebbe in uno scarno riassunto la fitta trama della ricostruzione offerta dal volume. Mi soffermerò ancora solo su alcune questioni per dare, con un minimo di maggiore adeguatezza, la misura della sua ricchezza di apporti conoscitivi e della varietà di piste battute da Berengo nel corso della ricerca, anche per ciò che riguarda il clero veneto e la questione della sua collocazione nel contesto della declinante Repubblica.

Sulla politica ecclesiastica del governo, tradizionalmente anticurialista, egli utilizza largamente, e per la prima volta con questa ampiezza, i dispacci della nunziatura e altra documentazione conservata nell'Archivio e nella Biblioteca vaticani. Il nome di Augusto Campana, che conclude l'elenco di ringraziamenti con cui si apre il volume, attesta una frequentazione non occasionale ma segnala anche l'inizio di una colleganza e di un'amicizia che va ricordata perché coprirà la loro intera vita.

Le linee generali di quella politica, già note grazie soprattutto alle ricerche ottocentesche del Cecchetti, che però aveva utilizzato solo documenti veneti,[23] ricevono così nuova luce e si arricchiscono di nuovi particolari, mentre altri episodi, malamente noti o fraintesi nelle interpretazioni precedenti, risultano precisati e chiariti.[24] Ad una politica estera pienamente

20. Ivi, citazioni rispettivamente alle pp. 228 e 322.
21. Ivi, p. 323.
22. Ivi, p. 227.
23. Ivi, p. 226, n. 1.
24. Cfr. ad esempio ivi, pp. 91 (n. 1) e 227.

remissiva, volta ad evitare ogni attrito, condotta dalla Repubblica per tutta la seconda metà del XVIII secolo, fa riscontro una politica verso Roma che «conserva ancora quella risolutezza che duecento anni prima soleva dimostrare verso tutti i più agguerriti Stati d'Europa».[25] Non era «un prurito di cose nuove», come pensava Benedetto XIV, ma la persistenza della lezione sarpiana che s'incrociava con la persuasione profondamente introiettata dal governo di San Marco che a lui competesse la tutela della religione e della fede nei propri domini. Per la classe dirigente veneziana, osserva Berengo, «Chiesa di Roma e religione cattolica erano cose del tutto diverse, sì che combattere l'una non significava per nulla attaccare o scalfire l'altra».[26] La difesa dell'ortodossia, la lotta contro la miscredenza e l'incredulità, la messa al bando delle opere che le diffondono, non costituiscono un atto di soggezione verso Roma ma attestano la stretta saldatura tra buon ordine religioso e buon ordine politico e sociale operata dai dirigenti della Repubblica. La loro ferma persuasione, largamente condivisa, che per un veneto essere cattolico significasse necessariamente essere buon suddito escludeva automaticamente che Roma potesse avere motivi plausibili per ingerirsi nella vita religiosa del paese; e fu forse in virtù di quella stretta fusione, conclude Berengo, che la Repubblica aristocratica poté conservare «ancora un certo ascendente sul disordinato mosaico delle sue province di terraferma e d'oltre mare».[27]

Inoltre l'affidamento, ad opera del governo, di tutte le sedi episcopali a membri del patriziato veneziano stabiliva una sorta di implicita relazione con la struttura amministrativa dello Stato, «mentre la provenienza dei vescovi da un'aristocrazia così chiusa ed esclusivista come quella veneziana» tendeva a collocarli pressoché inevitabilmente su di una linea antimunicipale[28] e quindi di tensione e di scontro con quegli uomini e quegli istituti che delle tradizioni municipali erano i più gelosi custodi. Ma nel volume sulla *Società veneta* i capitoli cattedrali restano pressoché assenti dal quadro: non passeranno molti anni perché diventino un tema centrale nelle ricerche di Berengo sulle relazioni tra istituzioni ecclesiastiche e società cittadine; specificamente, per ciò che riguarda il Veneto, sarà il loro ruolo di interpreti e custodi di quelle tradizioni che egli non mancherà di rilevare,

25. Ivi, p. 226.
26. *Ibidem*.
27. Ivi, p. 228.
28. Ivi, p. 227 e n. 3.

come nel vivacissimo saggio del 1974 su *Padova e Venezia alla vigilia di Lepanto*, dove il suo gusto del racconto si dispiega a illuminare, attraverso l'individuazione delle figure dei protagonisti, il grumo di contrasti che contrapponeva esponenti di spicco del patriziato e dell'alto clero padovano alla politica "coloniale" di Venezia.[29]

Nella *Società veneta* spunti di rivendicazione, sociale prima che localistica, emergono ad opera del clero curato, nei confronti di un potere che è del nobile e del feudatario autoctono o anche del vescovo, piuttosto che del governo veneziano. Ma qui entra in campo nuovamente il legame tutto speciale che unisce il mondo contadino al proprio clero, frutto pressoché inevitabile della rigida divisione classista che percorre non il mondo laico soltanto ma gli stessi uomini di Chiesa. Figli di contadini i parroci e i cappellani dei piccoli comuni delle province, così come sono nobili i membri dell'episcopato e dell'alto clero o i titolari dei pingui benefici cittadini.[30] E perciò l'influenza della Chiesa sui sudditi, forte dovunque, «si afferma ancor più profondamente nelle campagne», perché là il curato «è l'unico che sia veramente partecipe della vita» del contadino, ne «conosce i disagi e gli stenti [...] e di frequente li ha divisi con lui». Ma le divisioni di classe e il solco che separa la città dalla campagna non mancano di creare tensioni anche nella compagine ecclesiastica: nelle zone periferiche, che la lentezza delle comunicazioni e la ridotta vita economica isola dai centri maggiori, «il prete si sente unico interprete del suo gregge presso il Signore», così che, sovente, «l'intervento del vescovo lontano gli appare come un atto di forza, come un'intrusione cui non sa sottostare».[31]

Sono pagine ricche di notazioni concrete, di articolazioni e sfumature che rilevano differenze di situazioni e di orientamenti, fertili di spunti e indicazioni che aprono a nuove piste di ricerca, che suggeriscono ulteriori approfondimenti. Come quelle osservazioni sulla cultura del clero veneto, non limitata al catechismo o «a qualche formula teologica, mandata a mente incolore ed esanime», ma «solida ed organica» e tale tuttavia da non allontanarlo dalla sua origine sociale.[32] Sta qui per Berengo la ragione per cui, nella sua grande maggioranza, quella popolazione ecclesiastica non di-

29. *Tra latino e volgare. Per Carlo Dionisotti*, vol. I, Padova, Antenore, 1974, pp. 27-65.

30. *La società veneta*, pp. 232 sgg.

31. Ivi, pp. 228-229, anche per la precedente citazione nel testo.

32. Ivi, p. 234.

verrà «l'immancabile esponente del fanatismo più oscurantista e retrivo», né «un docile strumento nelle mani del sanfedismo restauratore», «come invece accadrà, in misura impressionante, nel Regno di Napoli».[33] Sono osservazioni che ricerche successive hanno sostanzialmente confermato ma che potranno essere ulteriormente riprese, anche alla luce di un allargamento dell'indagine a quei regolari che, quasi assenti in questo volume, assumeranno invece un posto di primo piano, proprio per ciò che riguarda la vita religiosa, sia nel volume su Lucca (1962) sia nel grande quadro offerto da *L'Europa delle città* (1999).

Merita rilevare ancora come la questione del ruolo svolto tra Sette e Ottocento dal clero curato negli orientamenti della società, in particolare contadina, pur senza tradursi, se non per rapidi tratti, in analisi personalmente condotte, ritorni più volte, come a una questione cruciale, in svariati scritti di Berengo, quasi a sollecitare un'attenzione e a suggerire indagini altrui, secondo quel costume di insegnamento pronto a incoraggiare e a sostenere temi di ricerca che non sempre rientravano nel suo specifico campo di lavoro. Così nelle conclusioni già ricordate al convegno su *Reggio e i Territori Estensi dall'antico regime all'età napoleonica* egli ha cura di rilevare come la falcidia subita in età napoleonica dalla proprietà ecclesiastica lasci sostanzialmente intatti i benefici parrocchiali «perché assicuravano un servizio che continuava a costituire [...] uno dei gangli portanti della società rurale, e in parte anche urbana, italiana».[34] E a conferma che tale falcidia non aveva «posto fine al condizionamento del clero nella vita di questo paese», ricordava come tra il 1801 e il 1803, «allo schiudersi dell'esperienza napoleonica», 7-8 maestri elementari su dieci avessero ricevuto gli ordini sacri; una percentuale che nel decennio successivo, pur segnato dalla «politica aspramente giurisdizionalistica [...] del regime napoleonico [...] invece di diminuire, cresce». «E questo significa – commenta Berengo – che l'intellettuale utilizzabile e disponibile per l'istruzione nelle campagne è un ecclesiastico; significa cioè che non esistono ancora gruppi sociali alternativi e bisogna formarli: strada che il regime napoleonico aveva sì imboccata, ma che era certamente lenta e tortuosa da percorrere».[35]

Sono cenni che egli riprenderà da un altro punto di vista nel volume *Intellettuali e librai nella Milano della Restaurazione*, dove sottolinea, in

33. Ivi, pp. 233 sgg.
34. *Conclusioni*, p. 656.
35. *Ibidem*.

riferimento all'eccezionale sviluppo della produzione di «libri ascetici» e di «pietà» nel mercato librario, l'«enorme capacità dimostrata dal clero lombardo di utilizzare l'accresciuto alfabetismo dei ceti popolari».[36] Se tali dati di fatto segnano orientamenti e condizionamenti di fondo di persistente durata, Berengo tuttavia, alieno dalle generalizzazioni facili ed esclusive, non manca di ammonire che «noi commetteremmo un grave errore se costringessimo tutto il clero alto, medio, ma soprattutto basso sotto l'insegna della conservazione della vecchia cultura; non abbiamo elementi per farlo, e anzi ne abbiamo di contrari».[37] E per ciò che riguarda le scelte e gli atteggiamenti del basso clero nei confronti del mondo delle campagne andrà ricordata anche la simpatia con cui egli rievoca le aspre critiche di Cantù contro la vendita dei beni comunali in Lombardia dopo la legge del 1839, che tanti disastri doveva provocare nelle condizioni di vita della popolazione contadina: una posizione filocontadina, la sua, assunta d'istinto, e che era stata – rileva – solo del basso clero e dei piccoli convocati, «in contrasto con i proprietari liberali e con il governo»,[38] secondo quanto del resto egli aveva già messo in luce per il Friuli in alcune pagine de *L'agricoltura veneta dalla caduta della Repubblica all'Unità*.[39]

[...]

Credo non si possa né si debba parlare degli studi di storia di Berengo senza accennare anche al suo costume di lavoro e di ricerca, al gusto e all'amore per essa, cui non era estranea tuttavia la consapevolezza di quanta fatica, dura e greve fatica, essa costasse. Non è un caso che della cultura storica del Settecento veneto egli apprezzasse la «severa rigidità degli studi», il senso della «faticosa conquista delle cose» che ne erano il contrassegno.[40] Né è un caso che l'aggettivo «inameno» ricorra sotto la sua penna, a rievocare testi letti, vicende percorse e studiate.[41] Era un'idea

36. *Intellettuali e librai nella Milano della Restaurazione*, Torino, Einaudi, 1979, pp. 174 e 177.

37. *Conclusioni* a *Reggio e i Territori Estensi*, p. 656.

38. *Cesare Cantù scrittore autobiografico*, in «Rivista storica italiana», 82 (1970), p. 729.

39. Milano, Banca commerciale italiana, 1963, pp. 136 sgg. Considerazioni non dissimili, in relazione alla ricaduta sulla vita dei contadini della vendita dei beni ecclesiastici, in *Conclusioni* a *Reggio e i Territori Estensi*, pp. 660 sgg.

40. Così in *La società veneta*, p. 132.

41. Cfr. *Lettere milanesi di Silvio Pellico*, p. 161; *L'Europa delle città. Il volto della società urbana europea tra Medioevo ed Età moderna*, Torino, Einaudi, 1999, p. 849.

rigorosa e severa del mestiere dello storico che richiede tempi, passaggi, controlli ineludibili. Una pratica del mestiere e un modo di intenderlo che faceva strettamente corpo con il suo insegnamento, con il suo modo di stabilire i rapporti con colleghi e studenti. Si dovrà ricordare anche il suo impegno per la riforma dell'università e dell'organizzazione degli studi, fino a quella vana difesa dei consorzi di dottorato, che così proficuamente avevano instaurato una feconda collaborazione di lavoro tra sedi diverse. La sua relazione sull'insegnamento della storia nelle università, in occasione dell'incontro organizzato a Milano nel novembre 1967 dal Centro nazionale di prevenzione e difesa sociale, è fervida di proposte e di prospettive nuove.[42] La pena, a rileggerla oggi, è per le occasioni perdute, per i tanti sforzi non andati a buon fine.

Compagno amabile e ironico, sempre disposto ad ascoltare e ad apprendere, con il senso forte della continuità che lega, nelle loro diverse stagioni, i nostri studi, Berengo era però inflessibile di fronte alla sciatteria sfrontata, all'ignoranza presuntuosa, verso quanti tradivano le regole elementari della ricerca. Le righe con cui egli concludeva una memorabile e documentatissima stroncatura a un'edizione di importanti testi veneti del Cinquecento sono espressive di questo modo di sentire:

> Il recensire, anche con durezza di dissenso, assume significato e dignità di collaborazione scientifica quando studiosi di diversa esperienza e formazione convergano nel comune sforzo di far progredire le cognizioni acquisite e si facciano compagni nella ricerca. Ma chi si è assunto la responsabilità di redigere queste righe non ha potuto farlo. Nessun Istituto universitario italiano ha pubblicato fino ad oggi un'edizione di testi di così basso livello. Se l'iniziativa progredirà, una delle più importanti fonti della storia veneta e italiana ne verrà sfigurata, e per molti decenni altri studiosi saranno dissuasi dall'apprestare uno strumento di cui è invece augurabile e necessario dotare la nostra storiografia.[43]

Per il suo lavoro, ma anche per questo costume e per questa pratica di lavoro, quella che ancora è talvolta chiamata la corporazione degli storici dovrà ricordarlo come un maestro.

42. Cfr. *L'insegnamento delle scienze storiche nell'Università*, in *Le scienze dell'uomo e la riforma universitaria*, Bari, Laterza, 1969, pp. 273-284.

43. Recensione a *Relazioni dei rettori veneti in Terraferma*, I, *La patria del Friuli (Luogotenenza di Udine)*, a cura di Tommaso Fanfani, con prefazione di Amelio Tagliaferri (Milano, Giuffrè, 1973), in «Rivista storica italiana», 86 (1974), p. 589.

# Pierre Vidal-Naquet, la storia come ricerca della verità*

«Lo storico è un uomo libero»: così Vidal-Naquet, iniziando la sua prefazione al grande libro di Arno Mayer sulla *Soluzione finale.* Come si vedrà, è uno dei temi ricorrenti della sua riflessione sul mestiere dello storico e sui compiti della storiografia. Ma qui egli lo sviluppa con particolare chiarezza e incisività e sia pure da un punto di vista e su di un aspetto particolari. Non si tratta infatti, egli ne è ben consapevole, di un'affermazione del tutto scontata, né sempre e comunque pienamente accettabile. Non è un caso che l'opinione comune veda piuttosto lo storico come uno «schiavo dei fatti, [...] schiavo dei documenti sui quali si fonda». E non vi è alcun dubbio che tale dipendenza (*servitude* scrive Vidal-Naquet) esiste: perché è dovere elementare dello storico leggere molto, le fonti, gli studi pubblicati (anche se mai si potrà leggere tutto), i tramiti insomma su cui il suo "racconto" andrà costruito. «Ma il vero lavoro – e con esso la libertà – comincia dopo, quando l'ultimo documento è stato letto, quando l'ultima scheda è stata messa al suo posto: allora comincia il lavoro dell'interprete», ed è un lavoro libero, che presuppone la libertà sia per colui che legge sia per colui che scrive.[1]

È un «lavoro libero» che presuppone la "libertà". Il nodo del discorso sta qui, perché evoca l'assoluta necessità di una condizione che

* Edito, quale introduzione in Pierre Vidal-Naquet, *Gli assassini della memoria. Saggi sul revisionismo e la Shoah*, Roma, Viella, 2008, pp. 7-47.

1. Ora in *Les Juifs, la mémoire et le présent*, II, Paris, La Découverte, 1991, p. 252 (la traduzione francese del libro di Arno J. Mayer, *La "solution finale" dans l'histoire*, con la prefazione di Vidal-Naquet, è del 1990) [trad. it. con il titolo *Un'interpretazione del grande massacro: Arno Mayer e la «soluzione finale»*, in *Gli assassini della memoria*, pp. 263-276, cit. da p. 263].

riguarda sia lo storico, il suo atteggiamento, vorrei dire le sue disposizioni interiori, sia il contesto in cui opera. Vidal-Naquet usa parole forti, che conservano una piena attualità: «Non vi è storia possibile là dove uno Stato, una Chiesa, una comunità, per quanto rispettabili, impongono un'ortodossia».[2] In altri termini non vi è "storia", ma solo apologia o propaganda, quando lo storico accetta di porsi al servizio di domande ed esigenze altrui, si tratti di grandi istituzioni, di ideologie politiche o di confessioni religiose, che per la stessa logica che le guida pretendono una ricostruzione del passato strumentale alla loro autoaffermazione e alle loro finalità; e anche quando ciò non avviene restano comunque del tutto insensibili rispetto al compito che sta al centro del lavoro dello storico, ossia la ricerca della verità.

È il secondo grande tema della riflessione di Vidal-Naquet sul lavoro storico: un tema anch'esso non così scontato come potrebbe sembrare a prima vista. Basti ricordare le alzate di spalle e i sorrisetti di compatimento (quando non erano esplicite contestazioni) che sovente accoglievano (e ancor oggi accolgono) un'affermazione del genere da parte di chi considerava e considera la storia e lo studio della storia inevitabilmente funzionali alla politica e all'ideologia (e comunque da esse dipendenti). Inoltre, soprattutto in questi ultimi decenni, l'uso pubblico della storia ad opera dei grandi canali di comunicazione (giornali, radio, televisione) ha determinato la tendenza, ormai largamente diffusa, a ridurre ad "opinione", e come tale legittimamente sostenibile, ogni discorso che si presenti come storico, prescindendo del tutto da una verifica dei suoi fondamenti e della sua osservanza delle più elementari regole del mestiere. Da una tale ottica – la cosa è del tutto evidente – esula ogni problema di "verità".[3] Tra gli stessi "addetti ai lavori", del resto, la questione, per lo più, restava (e sovente resta) secondaria se non improponibile, troppo legata a quell'*histoire événementielle* cui in quei primi anni Cinquanta (quando il ventenne Vidal-Naquet sceglie il mestiere di storico) l'insegnamento dominante delle «Annales» di Febvre e Braudel sembrava aver dato l'ostracismo. D'altra parte non mancavano (né mancano) voci "autorevoli" pronte a sostenere che il potere politico può e deve intervenire sulla storia che si studia e si

2. *Ibidem*.

3. Vedi al riguardo il recentissimo *Vero e falso. L'uso politico della storia*, a cura di Marina Caffiero e Micaela Procaccia, Roma, Donzelli, 2008, e in particolare i saggi di Marina Caffiero (pp. 3-26) e Daniele Menozzi (pp. 209-223).

insegna nelle scuole. Sia per la Francia sia per l'Italia prese di posizione di questo tipo costituiscono cronaca del tutto recente.

Sulla "verità" in storia, sui suoi limiti, sulle ragioni che tuttavia ne fanno un suo elemento caratterizzante e irrinunciabile, Vidal-Naquet ritorna più volte, ricordando le diverse situazioni ed esperienze che lo portarono a pensarla come una sorta di divisa del mestiere. Dà la misura della sua appassionata persuasione al riguardo un episodio giovanile che egli stesso definisce nei suoi *Mémoires* «particolarmente ridicolo». Nel corso di un banale incidente in un garage, a chi pretendeva di smentire la sua versione dei fatti, egli replicò «rosso di furore»: «Io, Signore, ho un mestiere che implica che si dica la verità».[4]

Si trattò di una persuasione maturata a poco a poco, di pari passo, vorrei dire, con la sua scelta della storia come proprio ambito di lavoro. Vi ebbe indubbiamente la sua parte l'insegnamento di Henri-Irénée Marrou alla Sorbona e il suo «personalismo storiografico». Ancora recentemente del resto Vidal-Naquet se ne proclamava discepolo.[5] Marrou, scrisse anche, «irradiava ironia e bontà», e per mostrarne l'apertura mentale ricordava che «questo cattolico laico aveva nel suo ufficio il busto del riformatore modernista Alfred Loisy, scomunicato da Pio X nel 1908».[6] Di un suo testo letto già nel 1946 dice che lo accompagnò tutta la vita: «Il lavoro storico non è l'evocazione di un passato morto, ma un'esperienza viva nella quale lo storico impegna la vocazione del suo proprio destino».[7]

Marrou si richiamava a Mounier e a «Esprit» (di cui Vidal-Naquet divenne ben presto stretto collaboratore). Per lui il «personalismo storiografico» implicava coinvolgimento esistenziale dello storico e impegno per la verità. Non a caso egli ripeteva con Cicerone «che la prima legge che s'impone alla storia è di nulla osare dire di falso, la seconda di osare dire tutto ciò che è vero». E aggiungeva che egli avrebbe impegnato ogni suo discepolo «a prendere una coscienza sempre più acuta del personalismo

4. Pierre Vidal-Naquet, *Mémoires*, 2, *Le trouble et la lumière 1955-1998*, Paris, Seuil-La Découverte, 1998, p. 20.

5. Cfr. François Hartog, *Vidal-Naquet, historien en personne. L'homme-mémoire et le moment-mémoire*, Paris, La Découverte, 2007, p. 18.

6. Pierre Vidal-Naquet, *Mémoires*, I, *La brisure et l'attente 1930-1955*, Paris, Seuil-La Découverte, 1995, p. 262.

7. Id., *Le choix de l'histoire. Pourquoi et comment je suis devenu historien*, Paris, Arléa, 2007, p. 17 (è il testo di un saggio pubblicato originariamente su «Esprit» nel settembre 2003).

essenziale della conoscenza storica», e dunque «della dignità del suo ruolo e della responsabilità che egli assume. Uomo di scienza, lo storico si trova come delegato dai suoi fratelli uomini alla conquista della verità».[8]

Ma non fu certo solo quel discepolato a fare per Vidal-Naquet del tema della "verità" una questione centrale del lavoro storico. Egli veniva da una famiglia ebraica pienamente assimilata (ritornerò su questo aspetto), dove ancora vivissimo era il ricordo dell'*affaire Dreyfus* e dell'appassionato coinvolgimento dei suoi nonni in esso. Aveva dodici anni quando il padre lo «affascinò» raccontandogliene le tortuose tappe e il «successo» finale dei dreyfusardi. Fu un racconto che lo «segnò», scriverà molti anni più tardi, «perché esso provava che la verità poteva essere scoperta – e gli storici vi hanno un ruolo da svolgere».[9]

Per ciò che riguarda il mestiere dello storico e la sua funzione, non fu il ricordo delle battaglie dreyfusarde il solo retaggio lasciatogli dal padre e dalle memorie familiari. Vidal-Naquet cita più volte un passo famoso di un articolo che Chateaubriand pubblicò sul «Mercure» nel luglio 1805, in seguito all'assassinio del duca d'Enghien ad opera di Napoleone, e che suo padre gli fece leggere nel 1942 o 1943, richiamandolo egli stesso in maniera allusiva nel suo *Journal*, il 15 settembre 1942:[10] «Quando, nel silenzio dell'abiezione, non si ode più risuonare che la catena dello schiavo e la voce del delatore; quando tutto trema davanti al tiranno ed è pericoloso sia incorrere nel suo favore che meritare la sua disgrazia, lo storico appare, incaricato della vendetta dei popoli. È invano che Nerone prospera. Tacito è già nato». Megalomania? Vidal-Naquet non si nasconde che lo si può ben pensare, non senza aggiungere però che «essa figura alla fonte di ciò che non era ancora una vocazione. Fu anche una ragione di vivere» che «segnò», come scrisse, i suoi interventi storici in più di un momento della sua vita.[11] In altra occasione, e sempre in riferimento a quel passo, egli com-

8. Cfr. Henri-Irénée Marrou, *De la connaissance historique*, Paris, Seuil, 1955, II ed., p. 219. Vedi anche Hartog, *Vidal-Naquet, historien en personne*, p. 19.

9. *Mémoires*, I, pp. 112 sgg.

10. Cfr. *Témoignage d'un Français juif. Le journal de Me Lucien Vidal-Naquet (septembre 1942-février 1944)*, in Pierre Vidal-Naquet, *Réflexions sur le génocide. Les Juifs, la mémoire et le présent*, III, Paris, La Découverte, 1995, p. 114.

11. *Mémoires*, I, pp. 113 sgg. Vedi anche Pierre Vidal-Naquet, *Un Eichmann de papier* (1980), in Id., *Les assassins de la mémoire*, Édition revue et augmentée, Paris, La Découverte, 2005, p. 78 [trad. it. *Un Eichmann di carta*, in *Gli assassini della memoria*, pp. 59-121, cit. da p. 119].

mentò ironicamente: «Io non sono certo Tacito che viene dopo Nerone, ma sono persuaso tuttavia che lo storico ha una funzione particolare in seno alla società»:[12] quella, per dirla del tutto semplicemente, «di testimone della verità», come scrisse nell'introduzione alla raccolta dei suoi testi sulla guerra d'Algeria.[13] Nei lunghi decenni della sua attività fu una funzione, lo si vedrà, che egli esplicò in ambiti e in direzioni via via diversi, ampiamente intervenendo su giornali e riviste su temi e questioni di stretta attualità: anche nel fuoco della polemica più aspra però, sempre cercando di condurla "da storico" e "in quanto storico". La sua preferenza per la formula di Mounier su «l'intelligence engagée-dégagée», rispetto all'impegno puro e semplice» teorizzato da Sartre per l'intellettuale, corrisponde pienamente a tale atto di fedeltà al mestiere.[14]

«Professionnel de la vérité»,[15] «praticien de la vérité»,[16] sono le formule che per Vidal-Naquet abitualmente definiscono il mestiere dello storico come egli lo intende. Rievocando le sue battaglie anticolonialiste ai tempi della guerra di Algeria e in particolare il suo impegno a mostrare che Maurice Audin, il giovane assistente di matematica dell'Università di Algeri, arrestato nel giugno 1957 con l'accusa di avere, in quanto comunista, rapporti con il Fronte di liberazione nazionale, era morto sotto le torture cui era stato sottoposto e non, come sostenevano le autorità, nel corso di un tentativo di fuga, egli scrisse: «Dal tempo dell'affare Audin io credo all'importanza della verità in storia».[17] E del volumetto di denuncia da lui pubbli-

12. *Esquisse d'un parcours anticolonialiste*, in *Le choix de l'histoire*, p. 58 (è il testo di un discorso pronunciato a Beirut alla fine del marzo 2001). Sull'impegno civile di Vidal-Naquet cfr. Laurent Schwartz, *L'engagement de Pierre Vidal-Naquet dans la guerre d'Algérie*, in *Pierre Vidal-Naquet, un historien dans la cité*, sous la direction de François Hartog, Pauline Schmitt-Pantel et Alain Schnapp, postface de Jean-Pierre Vernant, Paris, La Découverte, 1998, pp. 24-41.

13. Pierre Vidal-Naquet, *Face à la raison d'État. Un historien dans la guerre d'Algérie*, Paris, La Découverte, 1989, p. 8.

14. *Mémoires*, I, p. 197. Su questi aspetti generali dell'opera di Vidal-Naquet vedi anche il breve ma denso ritratto offerto da Andrea Giardina, *Ricordo di Pierre Vidal-Naquet*, in «Studi storici», 47 (2006), pp. 313-315, e le pagine commosse, ma ricche anche di informazioni precise, di Riccardo Di Donato, *Commiato*, postfazione a Pierre Vidal-Naquet, *Atlantide. Breve storia di un mito*, Torino, Einaudi, 2006, pp. 129-132.

15. *Mémoires*, II, p. 38.

16. *Les Juifs, la mémoire et le présent*, II, p. 10; Pierre Vidal-Naquet *et al.*, *Questions au judaïsme*, Entretiens avec Elisabeth Weber, Paris, Desclée de Brouwer, 1996, p. 58.

17. *Esquisse d'un parcours anticolonialiste*, p. 67.

cato per l'occasione (*L'affaire Audin*, 1958, nuova edizione con l'aggiunta di un'ampia documentazione, 1989) parlò come di un «lavoro da storico positivista [...] nella misura in cui si trattava di sapere, secondo la formula classica di Ranke, come le cose si erano effettivamente svolte».[18] E alla classica formula di Ranke, come al «terreno della storia positiva» sul quale condurre la propria analisi, non mancherà di richiamarsi in riferimento a quanti negano l'esistenza delle camere a gas e dello sterminio.[19] «Credo all'importanza della verità in storia»: è un punto fermo nella riflessione di Vidal-Naquet sul mestiere e la funzione dello storico, una riflessione che si approfondirà ulteriormente negli anni successivi.

Vidal-Naquet non si nasconde che «viviamo la frammentazione della storia», e la conseguente messa in discussione della specificità del «discorso storico» che, modellato di volta in volta secondo le diverse forme letterarie, ne risulterebbe irrimediabilmente condizionato. Da qui il fatto che lo storico stesso diviene oggetto di un'analisi condotta secondo questo punto di vista (esplicito il richiamo all'opera di Hayden White). Nessun rimpianto, nota Vidal-Naquet, per questa «innocenza perduta», ma insieme nessuna indulgenza verso la pretesa di ridurre il discorso storico a mera espressione letteraria, rispetto alla quale non esisterebbe evidentemente nessun problema di "verità". Se il discorso storico infatti «non si collega, e sia pure attraverso i più svariati intermediari, a ciò che in mancanza di meglio chiameremo il reale, noi saremo sempre nell'ambito del discorso, ma questo discorso avrà cessato di essere storico».[20]

Scrivere di storia, studiare la storia è dunque un'opera di "verità": ma di una "verità", sia ben chiaro, che rifugge dall'essere scritta con la maiuscola, non solo perché lo storico è ben consapevole della necessità di sempre nuovi approfondimenti e precisazioni, ma anche perché, penso di poter aggiungere, la "Verità" presuppone la presenza e l'opera di un assoluto che la ricerca storica, se si attiene alle proprie regole e ai propri limiti, non è in grado di attingere e di determinare. Ciò peraltro non significa affatto rinunciare a cercar di conoscere la "verità" dei fatti e delle situazioni: «Cercare di dire la verità,

18. *Le choix de l'histoire*, p. 36; vedi anche Pierre Vidal-Naquet, *L'Histoire est mon combat*, Entretiens avec Dominique Bourel et Hélène Monsacré, Paris, Albin Michel, 2006, p. 41.

19. *Un Eichmann de papier*, p. 30 [trad. it. p. 76].

20. Pierre Vidal-Naquet, *Les assassins de la mémoires* (1987), in Id., *Les assassins de la mémoire*, p. 147 [trad. it. *Gli assassini della memoria*, in *Gli assassini della memoria*, pp. 173-222, cit. da p. 186].

vale a dire distruggere le menzogne che si accumulano o si dissimulano, costituisce una regola elementare» osserva Vidal-Naquet, enunciando così il criterio di fondo che deve contraddistinguere gli interventi dello storico anche nelle questioni e nei dibattiti più legati all'attualità. Non è un caso che per rilevare come lo storico sia «un uomo libero per eccellenza», egli lo definisca anche «traditore di fronte a tutti i dogmi, teologici, ideologici, o anche quando si pretendono scientifici», capace insieme di contraddire i pregiudizi propri e altrui.[21] E non è un caso che egli abbia pubblicato la sua introduzione alla traduzione francese de *La guerra degli Ebrei* con il titolo *Flavio Giuseppe o del buon uso del tradimento*, nel senso che «il buon uso del tradimento è stato per lui di scrivere la storia» e di scriverla mostrando tutti i contrasti e le contraddizioni che dividevano il fronte ebraico.[22]

«È probabilmente il testo in cui ho messo più di me stesso», riconobbe recentemente.[23] È un'ammissione importante, ricca di implicazioni. Lo aveva capito anche suo figlio Denis che, a proposito del ruolo di mediazione tra romani ed ebrei tentato da Giuseppe, gli disse ridendo: «Là dove si vede Giuseppe [...] bisogna leggere: Pierre Vidal-Naquet tra gli Arabi e gli Ebrei».[24] Ma anche di questo più avanti. Perché ciò che Vidal Naquet pensò e scrisse di Israele e della questione israeliano-palestinese è strettamente legato al suo tormentato recupero di una sua tutta particolare identità ebraica, che lo portò ad immergersi nella storia degli ebrei e della "questione ebraica".

Se questi sono i giudizi e le persuasioni che caratterizzano in termini generali le idee di fondo di Vidal-Naquet sulla storia e la funzione dello storico, non vi è dubbio che la complessità e la varietà della sua produzione e dei suoi interessi aprono non poche domande e richiedono ulteriori distinzioni e precisazioni. Non è certo usuale trovare operanti nella stessa persona, come avviene con lui, specializzazioni e competenze così diverse, come la storia della Grecia antica e dell'antichità in genere e questioni e vicende di storia contemporanea, per non dire di attualità, cui non si può non aggiungere, appunto, la storia degli ebrei. Sono strade diverse, diverse per contenuti e approcci, diverse, profondamente diverse vorrei dire, anche per gli aspetti stessi che si intendono ricostruire o discutere, e che tuttavia

21. *Les Juifs, la mémoire et le présent*, II, p. 10.
22. *L'Histoire est mon combat*, p. 82; vedi anche *Mémoires*, II, pp. 273 sgg.
23. *L'Histoire est mon combat*, p. 75.
24. *Mémoires*, II, p. 274.

talvolta si intrecciano e si incrociano, come per illuminarsi reciprocamente, in una sorta di comparazione non meramente estrinseca delle questioni sul tappeto. Del resto, scrivendo di sé e del suo lavoro, Vidal-Naquet ha parlato significativamente di «deviazioni» (*détours*) continue e sistematiche (corrispondenti al suo rifiuto della tendenza alla superspecializzazione largamente operante nella corporazione degli storici), ma anche di una sorta di costante "sdoppiamento" che trova nelle sue vicende ed esperienze di vita la sua ragione prima.

Pierre era nato il 23 luglio 1930, primo di cinque figli di una famiglia della buona borghesia ebraica francese, ormai profondamente assimilata, che aveva progressivamente abbandonato ogni pratica religiosa. «In fatto di religione», egli scrisse, «i miei genitori e la mia famiglia, nella sua grande maggioranza, non ne avevano altra che la patria e la cultura, due culti strettamente associati».[25] Di suo nonno, morto nel 1936, si raccontava che aveva minacciato di uscire dalla bara se un rabbino si fosse presentato alle sue esequie.[26] Suo padre, Lucien, aveva evitato di far circoncidere i figli, una decisione di netta rottura con la tradizione.[27] Ricordando nel suo *Journal* (settembre 1942-febbraio 1944) i giorni della disfatta, egli non esiterà ad evocare, guardando alla cattedrale di Chartres, «quel sentimento profondo e dolce di questa Francia cristiana, per la quale Péguy aveva donato i suoi giorni, e che un ateo come me risentiva nel più intimo di se stesso: la Francia, Cristo delle Nazioni!».[28] Pierre stesso, per il quale tuttavia verrà ben il momento di dichiararsi «ebreo a suo modo, a dire il vero piuttosto particolare»,[29] continuava a identificarsi pienamente nella risposta («le mot magnifique») che una sua cugina, di ritorno dalla «Terra Santa», aveva dato a chi le chiedeva se vi aveva trovato le proprie radici: «Sì, a San Giovanni d'Acri, ossia in una città fortificata dai crociati venuti dalla Francia».[30] La regola dominante in famiglia era molto chiara: «Noi eravamo dei Francesi, figli dell'Emancipazione rivoluzionaria, cittadini della Repubblica che aveva il diritto di tutto domandarci».[31] Questa iden-

25. *Mémoires*, I, p. 45.
26. Ivi, p. 41.
27. Ivi, p. 44.
28. *Témoignage d'un Français juif*, p. 117 (note del 10 ottobre 1942). Il passo è citato anche in *Mémoires*, I, p. 68.
29. *Mémoires*, I, p. 44.
30. *Mémoires*, II, p. 247.
31. *Mémoires*, I, p. 45.

tificazione profonda con la Francia, con la Francia dei diritti dell'uomo e delle libertà, con la Francia dreyfusarda, restò un tratto mai smentito di molte delle battaglie civili condotte da Vidal-Naquet nel corso della sua vita. Era un atto di fedeltà alla tradizione familiare e il frutto insieme della persuasione profondamente introiettata che l'assimilazione era la strada maestra per gli ebrei là dove la rivoluzione aveva dato loro emancipazione e cittadinanza.

E tuttavia le sconvolgenti vicende della guerra fra il 1939 e il 1945, Vichy, le leggi di discriminazione antiebraiche, l'arresto di suo padre e di sua madre il 15 maggio 1944 e la loro deportazione ad Auschwitz senza ritorno, segnarono una lacerazione mai pienamente ricomposta, una *brisure* appunto, come recita il sottotitolo del primo volume dei suoi *Mémoires*. Delle leggi di Vichy Lucien aveva scritto nel suo *Journal*: «Io risento come francese l'ingiuria che mi è fatta come ebreo».[32] Per Pierre, che sulle sue origini ebraiche non aveva fino allora riflettuto affatto, furono le premesse che lo portarono a porsi, negli anni e nei decenni successivi, il problema dell'ebraismo, recuperando in qualche modo, se non una piena identità ebraica (a metterle in fila le sue affermazioni al riguardo appaiono oscillanti, spesso come bisognose di nuove spiegazioni e precisazioni), certo un bisogno di memorie, una spinta ad attivare un qualche legame e una qualche specifica solidarietà, e a divenire dunque storico anche degli ebrei, dell'antisemitismo e della Shoah, e ad occuparsi con costante continuità, a partire quanto meno dalla primavera 1967, ossia dalla crisi della guerra dei sei giorni, di Israele e della sua politica.[33] Nei primi anni Ottanta, quando questo percorso si era ormai pienamente configurato, lo riconobbe esplicitamente: «La solidarietà con gli altri ebrei è sorta in me, come in tanti altri, a causa della persecuzione del governo di Vichy e del massacro hitleriano. Ma questo rapporto con gli altri ebrei è complesso: fratello maggiore per il mio radicamento in Francia, sono loro fratello minore rispetto al loro radicamento nel mondo ebraico, al quale non appartengo né per religione né per cultura fondamentale».[34] Fu proprio la complessità di quel rapporto però, credo lo si possa dire, a dare alle tante pagine che Vidal-Naquet dedicò a tali questioni negli ultimi quarant'anni della sua vita quella forza,

32. *Témoignage d'un Français juif*, p. 113 (note del 15 settembre 1942).

33. Cfr. *Mémoires*, II, pp. 249 sgg.

34. Pierre Vidal-Naquet, *Gli ebrei, la memoria e il presente*, Roma, Editori Riuniti, 1985, p. 19 (l'edizione francese è del 1981).

quella ricchezza di articolazioni e quel carattere di spiccata originalità che le rendono ancor oggi così preziose. Ma inizialmente fu soprattutto dall'insieme di quelle laceranti vicende fra il 1939 e il 1945, vicende che avevano segnato profondamente l'intera società francese, smentendo ideali e conquiste che sembravano acquisite e aprendo drammaticamente un problema di ricomposizione nazionale, che nacque la sua vocazione per la storia. Non è un caso che egli consideri *L'étrange défaite* di Marc Bloch, letta fin dal suo apparire (1946), come «le livre tournant» nella sua vita, quello che è stato per lui la «scoperta della storia».[35]

Prima però di cercare di dipanare ulteriormente i caratteri e i percorsi di tale scelta credo vada rilevato più precisamente (per quanto è possibile) il peso enorme che la deportazione e la scomparsa ad Auschwitz di suo padre e sua madre ebbero sui modi di essere e gli orientamenti di Pierre. Una frase dei suoi *Mémoires*, scritta quasi tra parentesi, costituisce per la sua portata non priva di enigmaticità un passaggio quasi obbligato: «Io ho sempre giudicato degli uomini e degli avvenimenti in funzione del destino al quale ero sfuggito – ciò che mi ha fornito un prisma, ma non delle certezze».[36] Sono affermazioni molto decise e forti, la cui interpretazione lascia peraltro non pochi dubbi. Suggeriscono una sorta di punto di riferimento fisso nei suoi criteri di giudizio, nel senso che ciò che è avvenuto nel corso della Shoah, se costituisce una ineliminabile pietra di paragone rispetto alle vicende della storia, fornisce però nello stesso tempo angoli visuali sfaccettati e deformanti (un prisma), e dunque il senso dell'estrema complessità delle cose, ma non "certezze", non offre cioè, per la sua stessa enormità, indicazioni e strumenti sicuri per coglierne il senso e il perché. Riferendosi alla sorte dei suoi, Vidal-Naquet aveva scritto:

> Lucien era un resistente [...] che egli sia stato ucciso dal nemico [...] come si dice nei comunicati, è qualcosa che posso comprendere e mettere in conto. Io non posso né comprendere né mettere in conto l'uccisione di mia madre. E ciò resta vero nel 1995 come era vero nel 1945. E che non mi si parli delle vittime dei bombardamenti. Esse esistono, nessuno lo ignora. Ma nel caso dell'uccisione di cui sto parlando, ogni esecuzione è stata voluta, individuale, personale, anche se tutto si è svolto nell'anonimato.[37]

35. *L'Histoire est mon combat*, p. 91.
36. *Mémoires*, I, p. 178.
37. Ivi, pp. 177 sgg. *Les assassins de la mémoire* è dedicato significativamente alla memoria di sua madre, «Jeune éternellement».

È una considerazione quasi elementare che esprime con chiarezza la sua progressiva presa di coscienza dell'unicità e della specificità di ciò che nel corso della guerra era stato fatto agli ebrei.

E tuttavia fu un processo lungo, non coincidente con la sua scelta del mestiere dello storico. Prima di divenire oggetto di ricerca e riflessione sistematica, la questione della persecuzione antiebraica e dello sterminio sembra quasi essere rimasta bloccata, per dir così, sulla deportazione dei suoi, come un fattore periodicamente riaffiorante che al più contribuiva ad orientare e sorreggere direzioni e aspetti del suo impegno politico e civile. È significativo che pur nella consapevolezza dell'estrema complessità e varietà dei problemi connessi alla guerra di Algeria, egli si «focalizzasse», come scrive lui stesso, sulla tortura. Era la sua «personale risposta» a quei problemi: «Mio padre Lucien era stato torturato dalla Gestapo a Marsiglia nel maggio 1944. L'idea che queste stesse tecniche fossero, dopo l'Indocina, il Madagascar, la Tunisia, il Marocco, utilizzate in Algeria da Francesi, poliziotti o militari, mi faceva propriamente orrore». Era il volto della Francia che veniva sfigurato ancora una volta, dopo Vichy, dai metodi della guerra coloniale.[38] Ma questa volta (così come per Pierre sarà tante altre volte negli anni successivi) non era al «silenzio dell'abiezione», evocato dal padre nel suo *Journal*,[39] che si doveva permettere di prevalere.

Ancora agli inizi degli anni Sessanta però, quando la scelta di studiare e insegnare storia era compiuta da tempo, egli riconosce che «la specificità della guerra hitleriana contro gli ebrei parzialmente mi sfuggiva».[40] Così come confessa che ancora nell'estate del 1965 non aveva affatto compreso «la differenza tra campi di concentramento e campi di sterminio».[41] E tuttavia tra le ragioni della sua evoluzione storiografica e politico-culturale egli pone al primo posto «una riflessione rielaborata senza sosta, di anno in anno, su ciò che si era prodotto sotto Hitler»:[42] attestazione esplicita, mi pare di poter dire, di una continuità di pensieri e domande su quanto era avvenuto, come di un rodio incessante, ben precedente dunque al suo parziale recupero di una qualche identità ebraica e alla sua scelta, almeno in parte conseguente, di divenire anche storico degli ebrei e della Shoah.

38. *Mémoires*, II, p. 32. Vedi anche Pierre Pachet, *D'un style politique*, in *Pierre Vidal-Naquet, un historien dans la cité*, in particolare pp. 72 sgg.
39. *Témoignage d'un Français juif*, p. 114 (note del 15 settembre 1942).
40. *Mémoires*, II, p. 242.
41. Ivi, p. 173.
42. Ivi, p. 247.

Al di là delle persone incontrate e delle svariate influenze subite in quei primi anni del dopoguerra (e furono incontri per lui importanti, sui quali i suoi *Mémoires* insistono a lungo), fu la stessa intensità del suo impegno nel presente (Vidal-Naquet fu, direi da sempre, un uomo di sinistra, senza tuttavia mai identificarsi con un partito, se non per un breve tempo con quello socialista, del tutto alieno poi a entrare in una delle tante "sette" della sinistra francese) a condurlo alla storia, a fare della storia, come scrisse, «la mia passione, o meglio, se si vuole, la mia religione».[43] Agli inizi degli anni Cinquanta confessava alla futura moglie: «La storia era per me, ateo, il solo sostituto possibile della religione».[44] Introducendo nel 1989 la raccolta dei suoi interventi sulla guerra di Algeria scriverà: «Adolescente sono entrato in storia come altri entrano in religione».[45] Sono termini che non lasciano dubbi: presuppongono quella scelta di coinvolgimento totale che, pur mutando nel tempo i suoi obiettivi e perdendo almeno in parte una piena fiducia sui suoi risultati pubblici, fu caratteristica costante del suo modo di essere e di sentirsi storico.

In quei primi anni Cinquanta lo spingono verso la storia, mi pare di poter dire, la volontà di intervenire sulle condizioni, le prospettive e il destino della Francia, in piena fedeltà alle memorie di famiglia e alla sua tradizione dreyfusarda, e l'attenzione a ciò che avveniva nel mondo, con le contrapposizioni della guerra fredda, i grandi processi di decolonizzazione e le "purghe" del tardo stalinismo (l'analisi, alla fine del 1949, degli atti del processo Rajk, condotta insieme ad un amico comunista, gli tolse le ultime illusioni sul "socialismo reale", non lasciandogli il minimo dubbio: «Si trattava di una scandalosa mistificazione, di una discesa agli inferi i più oscuri»).[46] Ma verso la storia lo spinge anche, e forse soprattutto, l'idea (lo suggerisce già il fatto, come ho già ricordato, che fu *L'étrange défaite* a offrirgliene la "scoperta") che solo per suo tramite si possono cercar di capire nel loro insieme la direzione e i movimenti profondi della società, i perché e i caratteri delle sue condizioni. Ricordando quella sua scelta gio-

43. Ivi, p. 19.

44. *Le choix de l'histoire*, p. 20.

45. *Face à la raison d'État*, p. 8.

46. *Mémoires*, I, p. 229; vedi anche *Un Eichmann de papier*, p. 43 (trad. it. p. 87). Sui processi staliniani come riecheggiamento della tragedia ateniese per la «dimensione teatrale» ad «uso delle masse» che li caratterizza, cfr. Pierre Vidal-Naquet, *Lo specchio infranto. Tragedia ateniese e politica*, a cura di Riccardo Di Donato, Roma, Donzelli, 2002, p. 32.

vanile nel primo volume dei *Mémoires* egli la collegò all'idea di "totalità": «Fare della storia, era per me il modo migliore di interessarmi a tutto ciò che mi appassionava».[47]

«Io sarò dunque storico [...]. Ma storico di che cosa?».[48] Così, molti anni più tardi, Vidal-Naquet evocò quella sua decisione, maturata tra la fine degli anni Quaranta e l'inizio dei Cinquanta: una decisione ancora priva di contenuti. Dopo qualche incertezza (per un po', come *thèse à venir*, aveva pensato alla guerra di Spagna, «la grande causa perduta che aveva preceduto la Seconda Guerra mondiale»),[49] la sua scelta – e sarà scelta definitiva per ciò che riguarda la sua collocazione accademica – fu però la storia della Grecia antica. Una scelta anch'essa che, viste le premesse, non manca di porre qualche problema. Il fatto che egli vi ritorni più volte, quasi per spiegare e aiutare a capire, ne è una indiscutibile conferma.

Come scrisse nel primo volume dei suoi *Mémoires*, era una scelta che sorprese per primo lui stesso: «Era forse un modo per me di sfuggire cosi alle infatuazioni (*emballements*) della politica, alla tirannia dell'immediato? Più tardi feci e rifeci una comparazione». Era una comparazione che non a caso, direi, vista l'idea che Vidal-Naquet si era fatto della storia e dei doveri dello storico, rinvia a quelle atmosfere tormentate e un po' torbide di certa letteratura cattolica d'oltralpe, dove gli slanci religiosi e le promesse di fedeltà si accompagnano a ricorrenti cadute e tradimenti. Il riferimento è ad un episodio tratto da *Le Soulier de satin* di Paul Claudel: «Doña Prouhèze, prima di darsi alla vita amorosa, mette uno dei suoi calzari sull'altare della Vergine, per mostrare che una parte di lei le resterà fedele. Con quella scelta forse io ho preso così una sorta di assicurazione contro i rischi dell'impegno, ma di colpo la mia vita si avviava a divenire insieme una e doppia».[50] La comparazione resta strana per non dire ambigua: sembrerebbe quasi suggerire che non siano mancati, da parte di Vidal-Naquet, "tradimenti" rispetto alla sua scelta di essere storico, tradimenti che proprio nell'"impegno" avrebbero trovato la loro espressione. In realtà è quanto, come si vedrà, egli non si stancherà di negare. Solo una parte di Doña Prouhèze però era rimasta fedele alla Vergine... Quale dunque il senso, quale il limite della comparazione?

47. *Mémoires*, I, p. 218.
48. *Le choix de l'histoire*, p. 21.
49. *Ibidem*.
50. *Mémoires*, I, p. 256.

Nella lunga intervista sulla propria vita e il proprio mestiere da lui concessa poco tempo prima di morire, il discorso si ripropone in termini pressoché analoghi, pur se con qualche sfumatura e precisazione non secondarie. Egli vi "confessò" infatti che «scegliendo la storia greca avev[a] l'illusione di sfuggire alla tirannia dell'immediato. Lavorare sulla Grecia antica e su Platone in particolare, mi teneva a distanza (*me mettait à distance*)».[51] È una considerazione da sottolineare: evidenzia la volontà, ancor prima che la scelta, di lavorare su argomenti che permettessero di porsi a una qualche "distanza" da essi, quasi per acquisire, verrebbe da pensare, quel costume di lavoro e di intervento che egli riteneva proprio dello storico e che trovava nella formula di Mounier su «l'intelligence engagée-dégagée» una sua felice espressione. D'altra parte, in quella stessa intervista, egli non esita a riconoscere esplicitamente un rapporto tra la sua attività di storico della Grecia e la sua attività pubblica, o per meglio dire politica, e ciò perché la storia che come individuo lo aveva in primo luogo interessato era «profondamente legata alla democrazia».[52] Ma Vidal-Naquet ne parla anche in termini di "illusione": illusione di poter sottrarsi così «alla tirannia dell'immediato». Mentre in effetti non vi fu grande battaglia civile di quei decenni in Francia, dall'Algeria alla guerra del Vietnam, al colpo di Stato dei colonnelli in Grecia, cui egli non abbia preso attivamente parte; e dunque, da questo punto di vista, "l'immediato" continuò a pesare e a incidere profondamente nella sua vita. Fu tuttavia per lui un prender parte, per quanto possibile, "da storico", ossia con quella capacità di lucido distacco intellettuale che egli andava cercando nella sua formazione.

Porsi a una qualche distanza dal proprio argomento di analisi e di studio: non credo si trattasse per Vidal-Naquet di un'esigenza passeggera o secondaria, anche se forse non tutto agli inizi gli era così chiaro come le sue riflessioni dei decenni successivi gli suggerivano. Significativamente, in riferimento al volume pubblicato nel 1969 in collaborazione con Alain Schnapp, *Journal de la commune étudiante*, che raccoglie un'ampia documentazione sul maggio francese vissuto nelle Università, egli riconobbe nei suoi *Mémoires* che la "distanza" presa rispetto al loro materiale c'era stata sì, ma non in maniera sufficiente: «È ciò che mi affligge (*frappe*) quando rileggo oggi il libro».[53]

51. *L'Histoire est mon combat*, p. 41. Vedi anche *Face à la raison d'État*, p. 8 («Par esprit de distance et de recul, je me suis spécialisé dans l'histoire grecque ancienne»).

52. *L'Histoire est mon combat*, p. 42.

53. *Mémoires*, II, p. 302.

Sulle ragioni di quella scelta ritorna anche il secondo volume dei suoi *Mémoires* in termini che restano sostanzialmente gli stessi. Egli scrive infatti di essersi «appoggiato sulla Grecia, fin dal 1951, per evitare di cadere nella trappola dell'immediato».[54] Non rinuncia però a stabilire anche qui un nesso tra i due aspetti, secondo quanto farà nell'intervista di qualche anno dopo, rilevando che «non è affatto per caso se, aiutato da Pierre Lévêque, ho scelto per soggetto del mio primo libro "greco" il personaggio di Clistene», considerato il fondatore di ciò che nel secolo successivo si chiamerà democrazia. E se è enorme la differenza che separa la democrazia ateniese dalla nostra, che è rappresentativa, ciò non toglie che anche le parole hanno la loro importanza e «democrazia» ha avuto una «sacra posterità»: «Lungi dall'abbandonare il contemporaneo, io acquistavo su di esso uno sguardo che appariva distanziato, ma, io lo spero, lucido».[55]

Le cose tuttavia non sono forse così semplici né così armonicamente disposte. Lo suggerisce la stessa comparazione con Doña Prouhèze proposta nel primo libro dei *Mémoires*. Per molti aspetti non è certo piccola la distanza tra il Vidal-Naquet storico e filologo dell'antichità, impegnato a svelare il senso dei miti, a capire la rappresentazione di sé di quella civiltà, a indagare sull'immaginario come parte del reale, coinvolto in quel Centre de recherches comparées sur les sociétés anciennes, fondato da Jean-Pierre Vernant, che veniva introducendo l'antropologia storica in ambiti che le erano rimasti fino allora preclusi (del Centre fu direttore lui stesso dal 1986 al 1997), non è piccola la distanza tra questo Vidal-Naquet, che rinnova profondamente, insieme a Vernant e qualche altro, gli studi sulla Grecia antica (dal 1966 al 1997 con il suo insegnamento all'École des hautes études en sciences sociales), e il Vidal-Naquet che si batte nel presente alla ricerca della verità dei fatti e delle situazioni, che ne smonta le falsificazioni e le manipolazioni, che ne svela le strumentalizzazioni interessate, e dunque assegna allo storico un compito, praticandolo in prima persona, di diretto intervento nella vita politica e nei rapporti civili. Si trattò, mi pare di poter dire, di una sorta di instabile equilibrio, peraltro mai spezzato né interrotto, tra le sue ricerche di storia antica, guidate per tanta parte dalle suggestioni della *nouvelle histoire* e dalle prospettive aperte dall'applicazione ad esse del metodo strutturale, e dunque così lontane dagli orientamenti allora prevalenti nelle Università (a proposito dei suoi studi greci Pierre dirà che

54. Ivi, p. 239.
55. Ivi, pp. 239 sgg.

«gli è più facile dire ciò che non ero che ciò che ero»),[56] e quella «rage historienne», intrisa dei metodi e delle domande della «storia positiva», debitrice delle memorie dell'*affaire* e ispirata per tanta parte alla figura di Jaurès, quella «rage historienne» che egli non mancherà a volte di evocare nei suoi interventi sulla contemporaneità, si trattasse del caso Audin o della dimostrazione che l'impiego sistematico delle tortura costituiva per la Francia un vero e proprio "affare di Stato", aprendo il paese alla minaccia fascista.[57]

Fu una sorta di costante sdoppiarsi e dividersi, che tuttavia non intese mai mettere in discussione o tradire la sua scelta di essere storico e di restare sempre storico. È ciò che i suoi *Mémoires* ribadiscono quasi con ossessione. Riferendosi al suo impegno nel corso della guerra di Algeria («la grande causa per la quale aveva combattuto la mia giovinezza»),[58] scrisse: «Non un istante ho dimenticato che ero storico».[59] La sua "scrittura", anche quando si esprimeva in *journaux de combat* (e furono interventi che possono contarsi a dozzine), voleva essere prima di tutto storica.[60] «Non credo di aver mai scritto nulla dimenticando che ero uno storico, ciò che non vuole naturalmente dire che non abbia mai scritto delle sciocchezze».[61] Resta tuttavia nella sua amplissima produzione una diversità di approccio e di temi non obliterabile. È la sua straordinaria ricchezza, ma segna anche la difficoltà a riportarla sotto un segno unitario.

Nella lunga intervista su di sé e il suo lavoro più volte citata egli riconobbe che «vi sono due libri nei quali mi sono in qualche modo riunificato».[62] Il primo è *Le trait empoisonné. Réflexions sur l'affaire Jean Moulin* (Paris, La Découverte, 1993, ristampa 2002), ossia l'analisi e la dimostrazione della

56. Ivi, p. 215. Su tale aspetto cfr. Hartog, *Vidal-Naquet, historien en personne*, pp. 36 sgg. Su Vidal-Naquet storico della Grecia antica vedi anche i contributi raccolti in *Pierre Vidal-Naquet, un historien dans la cité*, e in particolare quello di Charles Segal, *Frontières, étrangers et éphèbes dans la tragédie grecque: réflexions sur l'œuvre de Pierre Vidal-Naquet*, pp. 87-109, e di Oswin Murray, *Pierre Vidal-Naquet et le métier d'historien de la Grèce: l'"école de Paris"*, pp. 154-166. In particolare per i suoi contributi allo studio della tragedia greca, vedi Riccardo Di Donato, *Lontano da Dioniso?*, introduzione a Vidal-Naquet, *Lo specchio infranto*, pp. XII-XVII.

57. Cfr., ad esempio, *Mémoires*, II, pp. 113 e 156.

58. Ivi, p. 194.

59. Ivi, p. 116.

60. Ivi, p. 195.

61. *Ibidem*.

62. *L'Histoire est mon combat*, p. 165.

falsità dell'accusa che si era diffusa nei confronti di Jean Moulin, capo ed eroe della Resistenza, torturato e ucciso dai nazisti, di essere stato fin dagli anni Trenta una spia di Stalin. L'altro è *L'Atlantide. Petite histoire d'un mythe platonicien* (Paris, Les Belles Lettres, 2005, ristampa 2007).[63] Nel primo, dopo una rapida messa a punto della questione, egli parte addirittura dal 3000 a.C. e dalla sacralizzazione di Imhotep, architetto e costruttore di una piramide, onorato come inventore e taumaturgo lungo l'intera storia dell'antico Egitto, per poi riflettere via via sul bisogno di santi e di eroi, su ciò che li rende tali ma che anche può spingere a dissacrarli, per mostrare infine, smontandone pezzo per pezzo il discorso, l'inconsistenza degli argomenti dei denigratori di Moulin. Il secondo è la lunga storia che inizia con Platone del grande continente scomparso, cercato e individuato nel corso dei secoli nelle più varie contrade, fattore di autoesaltazione da parte di chi si pretendeva erede del suo popolo. Due libri dunque in cui vengono messe a frutto e incrociate le sue diverse competenze, in un lungo, complesso, talvolta stravagante percorso che va dall'antichità ai giorni nostri.

Non sono i soli testi che mostrano il gusto di Vidal-Naquet per le "deviazioni", fatte di un curioso e imprevisto divagare, apparentemente distante dal proprio argomento principale: che fosse un modo per renderlo «più interessante» lo ammette lui stesso per il libro su Jean Moulin.[64] A proposito di altri casi (*L'isola misteriosa* di Verne che apre un discorso su *Bêtes, hommes et dieux chez les Grecs*; i negatori del cannibalismo o quanti lo attribuiscono al bisogno di proteine introdotti per parlare degli "pseudo-revisionisti") egli aggiunge qualcosa di più. Non senza una punta di autocompiacimento riconosce infatti che «probabilmente tutto ciò non è puramente "scientifico", ma la storia è anche un'arte».[65]

Per lui comunque i libri in cui si è "riunificato" restano quelli. E non è certo casuale il fatto (quasi a rilevare una più profonda ragione di quella "riunificazione" che non fosse solo la straordinaria varietà delle fonti messe a frutto e la lunghezza e tortuosità dei percorsi seguiti in entrambi), che anche a proposito del mito di Atlantide egli si dichiari convinto della necessità di «stanare l'impostura».[66] Perché impostura era l'accusa tardiva scagliata contro Jean Moulin, e impostura piena di sottintesi politici e

63. Trad. it. *Atlantide. Breve storia di un mito*, Torino, Einaudi, 2006.
64. *L'Histoire est mon combat*, pp. 165 sgg.
65. *Le choix de l'histoire*, p. 48.
66. Ivi, p. 50.

ideologici era la storiella sull'Atlantide. «Lavorando sugli impostori, io mi sono in qualche modo riunificato con me stesso».[67]

L'impostura più grande però egli l'aveva incontrata nell'opera di coloro che avevano cominciato a negare lo sterminio degli ebrei e le camere a gas. Non manca certo di significato il fatto che l'articolo suo di cui si dichiara più fiero («perché sono il solo che avrebbe potuto scriverlo») sia *Un Eichmann de papier*, pubblicato su «Esprit» nel settembre 1980.[68] La ragione addotta non è falsa ma è del tutto parziale. Perché *Un Eichmann de papier* è anche un piccolo capolavoro, che combina nitidezza e incisività di scrittura, puntualità filologica e rigore di argomentazione, passione di verità. Ma la battaglia di Vidal-Naquet contro i "revisionisti" aperta da quell'articolo (oggi più propriamente si parla di "negazionisti"), è solo un capitolo particolare, per quanto fondamentale (ma non il primo in ordine di tempo), del suo studio e della sua riflessione sulla storia degli ebrei, l'antisemitismo, la Shoah, la condizione e il destino di Israele.

«Le "riflessioni sulla questione ebraica" come diceva Sartre all'indomani della guerra, hanno preso da poco più di trent'anni una tale importanza nella mia vita, che io stesso ho difficoltà a credere che non sempre questo sia stato il caso».[69] Così Vidal-Naquet nel 1998, iniziando il capitolo dei suoi *Mémoires* dedicato ai suoi contributi "ebraici". Il titolo che gli appose è quanto mai significativo: *Fidélité et trahison: un Juif aux prises avec l'histoire (1966-1998)*. Le due parole iniziali non devono stupire: evocano implicitamente i concetti guida della visione che Vidal-Naquet ha dei compiti dello storico e della funzione della storia. Può stupire invece che parli di se stesso semplicemente come di «un Juif»: una rivendicazione netta che non mancherà tuttavia, come del resto era già successo negli anni precedenti, di articolarsi e sfumarsi in precisazioni e distinguo, ad attestarne tutte le complesse implicazioni.

Nei primi anni del dopoguerra era stato il tema dell'antisemitismo soltanto ad attirare la sua attenzione. Di esso, secondo i suoi *Mémoires*, cominciò a scrivere qualcosa su «Esprit» a partire dal 1954.[70] Per quan-

67. Ivi, p. 51.

68. *L'Histoire est mon combat*, p. 118 [vedi *supra*, nota 11].

69. *Mémoires*, II, p. 241.

70. *Ibidem.* Peraltro, su «Esprit», il primo contributo sull'antisemitismo firmato da Vidal-Naquet che ho potuto riscontrare risale al giugno 1956 e consiste in una recensione ai volumi di Fadiey Lovsky, *Antisémitisme et mystère d'Israël*, e di Léon Poliakov, *Histoire de l'antisémitisme* (è il primo tomo): cfr. «Esprit», 24 (1956), pp. 1051-1053.

to riguarda l'ebraismo invece dichiara «abissale» la sua ignoranza. Nella primavera del 1960 le risposte date a un giornalista de «L'Arche» che lo interrogava al riguardo restarono talmente nel vago che non ne uscì una sola riga. In cambio la pubblicazione di larghi estratti del *Journal* di suo padre, di cui aveva dato copia a quel giornalista, risultarono accompagnate da commenti «che io trovai», scrive Pierre, «e continuo a trovare insultanti, sulle "illusioni" di questo "ebreo francese" che aveva sacrificato alla sua infedele patria il suo "io profondo"».[71] Era l'espressione di quella spaccatura che emergerà sempre più netta nell'ebraismo francese (e non solo in esso), intorno all'atteggiamento da assumere nei confronti di Israele, del sionismo, dell'ebraismo della diaspora e dell'assimilazione. Del sionismo, allora, Vidal-Naquet ammetteva che esso offriva una soluzione agli ebrei che si erano trovati senza patria, ma escludeva che questo fosse il suo caso. Negli anni Cinquanta Israele gli ispirava solo «una simpatia lontana», ancora «abbastanza forte tuttavia [...] da comprendere, se non approvare, nel novembre 1956, la marcia dell'esercito israeliano attraverso il Sinai», pur condannando l'intervento franco-britannico.[72] In un decennio o poco più tutto questo doveva mutare profondamente.

È con il 1965 che il tema ebraico comincia a figurare tra i suoi scritti. «Desolante» definisce la sua recensione al libro di Jean-François Steiner, *Treblinka*, pubblicata su «Le Monde» il 2 giugno 1966: un'ignobile mistificazione «che mescolava il vero, il falso e il possibile» e che egli «ebbe il torto» – lo riconosce esplicitamente – «di prendere quasi completamente sul serio».[73] «Libro esecrabile» lo definirà nel 1992, in *Qui sont les assassins de la mémoire?*[74] Fu forse il primo, ma non fu certo l'ultimo caso, di uno smaccato uso commerciale, romanzesco e mediatico della Shoah, che non mancò, con le sue invenzioni più o meno sensazionali, di portare acqua al mulino dei negazionisti.

In quell'articolo Vidal-Naquet si definiva come «un ebreo ateo, marxista e francese».[75] Fu da allora un approssimarsi lento a quel grumo di problemi che diverrà in breve tempo il nucleo forse più importante dei suoi stessi interessi di lavoro. I tre splendidi volumi che portano per titolo

71. *Mémoires*, II, p. 242.

72. Ivi, p. 243.

73. Ivi, p. 196.

74. Ora in *Les assassins de la mémoire*, p. 200 [trad. it. *Chi sono gli assassini della memoria?*, in *Gli assassini della memoria*, pp. 223-241, cit. da p. 234].

75. *Mémoires*, II, p. 196.

*Les Juifs, la mémoire et le présent* ne sono un'attestazione evidente. Ed è significativo, mi pare, a conferma della centralità anche esistenziale assunta da tale impegno, che nel 1981, nella *Prefazione* al primo di essi, egli scriva: «Abbastanza paradossalmente, direi volentieri che non ho scritto queste pagine perché sono ebreo, ma, al contrario, scrivendo questo libro ed alcuni altri lavori sono diventato ebreo, ebreo per volontà, se si vuole, o ebreo per riflessione».[76]

In quei primi anni Sessanta peraltro era ancora la storia del comunismo e in particolare dello stalinismo «come struttura politica e come religione» ad appassionarlo particolarmente.[77] Su tali temi restano memorabili, per lucidità intellettuale e chiarezza di analisi, certe sue pagine su cui ritornerò, intrecciate come sono con il problema del nazismo. Proprio con il 1966 tuttavia, come scrisse nei suoi *Mémoires*, riflettendo sul destino ebraico il suo proprio destino mutò bruscamente direzione. «Sfogliando nella memoria e tra le mie carte trovo due segni precursori di tale svolta».[78]

Da una parte fu allora infatti che, per le necessità di un corso universitario, egli incontrò la storia dell'Israele antico e ne lesse le fonti. Il tema in particolare riguardava la questione della seconda rinascita di uno Stato ebraico nel II secolo a.C., al tempo della rivolta dei Maccabei: uno Stato tuttavia che ormai non poteva sussistere se non adottando le forme delle monarchie che dominavano l'Oriente ellenistico. Sottilmente attualizzante, se non vado errato, la sua conclusione al riguardo: «Ma, in quelle condizioni, che cosa restava di ebraico in questo Stato governato da ebrei, ma circondato da città greche e con re che portavano il diadema? Si tratta di un problema che non ha finito di porsi».[79]

Dall'altra furono le violente polemiche suscitate dal libro di Steiner appena ricordato e dalle sue numerose dichiarazioni provocatorie: Vidal-Naquet ne fu profondamente coinvolto. Egli in particolare respinse l'idea che gli ebrei si fossero lasciati condurre al macello come montoni, ravvisando in tale giudizio tracce dell'antico antisemitismo cristiano; ma fu quel libro tuttavia che gli fece capire la distinzione tra campi di concentramento

76. *Gli ebrei, la memoria e il presente*, p. 18.

77. *Mémoires*, II, p. 197.

78. Ivi, p. 244.

79. *Ibidem.* Cfr. anche Pierre Vidal-Naquet, *Il buon uso del tradimento. Flavio Giuseppe e la guerra giudaica*, introduzione di Arnaldo Momigliano, Roma, Editori Riuniti, 1980 (il testo francese risale al 1977), p. 142 («Al punto in cui era arrivata l'evoluzione del giudaismo, uno Stato ebraico guerriero poteva ancora restare ebraico?»).

e campi di sterminio puro e semplice, in quegli anni ancora ben lontana dall'essere comunemente accettata.[80]

La strada imboccata allora fu, scrisse Vidal-Naquet nel 1998, «senza ritorno»: «ed è in effetti da più di trent'anni che io la percorro su un duplice sentiero, quello degli studi "dotti" e quello dell'attività polemica e giornalistica, correggendo se necessario gli uni con l'aiuto dell'altra». Ma non è certo un caso (indizio ulteriore di un sotterraneo lavorio che cercava con fatica di recuperare e ricomporre un'identità che troppe cose avevano messo in discussione) che egli aggiunga: «Ancora oggi mi capita di interrogarmi sul "perché" di un impegno così durevole».[81]

È una domanda cui lo stesso Vidal-Naquet ha qualche difficoltà a rispondere. Non vi è dubbio che la «riflessione rielaborata senza sosta su ciò che era avvenuto sotto Hitler»,[82] già ricordata, abbia avuto un peso decisivo, come riconosce egli stesso, nel portarlo a questo sbocco. Lui qui non lo dice, ma non mi pare una forzatura ritenere che in tal modo egli poteva riproporsi anche, in termini nuovi e complessivi, quel problema del destino dei suoi e del perché di esso (di sua madre in particolare) che chiaramente lo assillava dal 1945.[83] A questo proposito Vidal-Naquet fa propria l'idea della "sostituzione": i nazisti certamente erano mossi da un odio insieme irrazionale e omicida per gli ebrei, «nutrito però alla base da una possente volontà germanica di sostituirsi al giudaismo in ciò che concerne l'elezione divina». Da questo punto di vista (l'affermazione è di Alain Besançon) il nazismo si configura come «un'imitazione perversa del giudaismo così come il leninismo è un'imitazione perversa del cristianesimo».[84]

Dense di umori e di implicazioni non tutti esattamente definibili le righe che chiudono questa parte: «A questa "elezione", io non intendevo, per parte mia, minimamente partecipare, ma valeva la pena di riflettervi e di osservarla un po' dall'interno. Gli Ebrei avevano forse nella loro storia qualche tratto che meritasse loro quest'odio che, da un certo punto di vista, li onora così straordinariamente?».[85]

80. *Mémoires*, II, pp. 245 sgg.; *Qui sont les assassins de la mémoire?*, p. 200 [trad. it. p. 234].

81. *Mémoires*, II, p. 246.

82. Ivi, p. 247.

83. *Mémoires*, I, pp. 171 sgg.

84. *Mémoires*, II, p. 247; cfr. anche *Les assassins de la mémoire* (1987), pp. 164 sgg. [trad. it. pp. 201 sgg.].

85. *Mémoires*, II, p. 247.

Ma un altro fattore che pesò su questa sua evoluzione fu, nei suoi ricordi il crollo «dei grandi miti di spiegazione del mondo e della storia». In effetti tra gli anni Cinquanta e Sessanta fu un succedersi di delusioni, che alla scomparsa delle sue residue illusioni sulla Russia e le democrazie popolari vide accompagnarsi l'involuzione della rivoluzione cubana, l'affermarsi nei paesi dell'Africa decolonizzata di despoti della peggior specie, il configurarsi nella rivoluzione culturale maoista «del modello stesso della manipolazione delle folle». Anche il forte impegno di tanti contro la guerra americana in Vietnam nel 1966-1967 restava privo ormai di ogni idealizzazione dei combattenti. Non aveva torto ai suoi occhi chi pensava che in Francia e altrove si stava lottando per stabilire a Saigon un regime che si sarebbe voluto distruggere a Praga. La sua ferma persuasione che «la causa del terzo mondo era la Causa per eccellenza», nel senso che era urgente, pena l'esplosione del pianeta, ridurre lo scarto che lo separava dall'Occidente e dividere la ricchezza, si accompagnava in effetti alla convinzione, quantomeno dal 1966, che «tale causa, quella dei *Dannati della terra*, non si identificava con i suoi portavoce».[86]

In una tale situazione «essere ebreo» diveniva per Vidal-Naquet «un modo per restare internazionalista», parte di un insieme «di cui altre parti si trovavano a New York, a Tel Aviv o a Mosca». A un tale insieme egli partecipava («o credevo di partecipare» aggiunge ambiguamente, quasi a segnare tutta la precarietà di tale soluzione) «senza la più piccola oncia di nazionalismo»:[87] del tutto coerentemente del resto con il compito che egli riteneva di poter assegnare all'«esperienza ebraica», quello appunto di contribuire a guarire «gli attuali movimenti nazionalistici dalla loro malattia infantile che è precisamente l'identificazione con lo Stato nazione».[88] «Tutti i nazionalismi hanno una dimensione che mi è odiosa», scrisse nei suoi *Mémoires*.[89]

Fu un singolare prete operaio, Robert Davezies, di cui era amico, a «trovare una formula migliore» per spiegare il suo ebraismo (ma si era ormai nel 1972 e molte altre cose erano successe nel frattempo). Non erano

86. Ivi, pp. 247 sgg.

87. Ivi, p. 249.

88. Così nella prefazione al libro di Richard Marienstras, *Être un peuple en diaspora*, Paris, Maspero, 1975, ora con il titolo *Musei e uomini*, in *Gli ebrei, la memoria e il presente*, p. 110. Sulla minaccia dei nazionalismi sorti dopo il crollo del sistema sovietico cfr. *Questions au judaïsme*, p. 56.

89. *Mémoires*, II, p. 357.

pochi in effetti a porre a Vidal-Naquet la questione del perché si ostinasse a definirsi ebreo. Léon Poliakov riteneva addirittura che egli non ne avesse il diritto. Pesavano probabilmente le sue crescenti prese di posizione critiche nei confronti di Israele e della questione palestinese, così poco corrispondenti al comune sentire della maggioranza della comunità francese. Per Davezies invece egli, definendosi tale, «continuava una storia». «E in effetti era ben così», è il commento di Vidal-Naquet, «anche se questa storia, nel duplice senso della parola, io non l'ho trasmessa ai miei figli».[90]

La constatazione suona amara: come se una continuità di storie e tradizioni familiari, ma anche di storie di vicende collettive (ben lontane peraltro dall'essere sempre coincidenti), una continuità che egli era riuscito in qualche modo a recuperare, si fosse interrotta con lui. Ma non è forse anche questo un segno che in lui stesso quella "continuità" aveva faticato e faticava ad affermarsi pienamente, mostrava versanti ancora oscuri e precari? Ne offrono, mi sembra, un'indiretta conferma i termini, così tormentosamente incerti, con cui spiegò la sua adesione, nell'estate del 1967, ad un raggruppamento non-sionista, fondato da Richard Marienstras «sull'idea che la chance dell'ebraismo era la diaspora, pur accettando una certa dimensione "nazionalitaria" del fatto ebraico, come del fatto corso o del fatto occitano»:[91] «Questa scelta di essere ebreo nella diaspora non sono assolutamente certo che sia la mia, e lo scrivo non senza dolore; ma basta che essa si esprima perché io le dia una certa forma di adesione, anche se deve, per forza, restare in parte esteriore».[92]

Una scelta che deve, per forza, restare in parte esteriore. Non è un'affermazione ovvia e scontata. Nei suoi *Mémoires* Vidal-Naquet commenterà questa frase così: «Detto altrimenti io ero un Francese ebreo piuttosto che un Ebreo francese o un Ebreo in Francia».[93] Il commento è almeno in parte riduttivo: perché comunque, nel momento stesso in cui riconosce di non poter negare una certa adesione alla scelta di essere un ebreo nella diaspora, ammette anche in qualche modo che lui pure era «un Ebreo in Francia».

La chiave, credo, per capire queste oscillazioni e queste difficoltà sta in primo luogo nel suo assoluto rifiuto (innanzi tutto in quanto storico) di

90. Ivi, p. 249.
91. Ivi, p. 261.
92. *Musei e uomini*, pp. 110 sgg. (il passo è ripreso in *Mémoires*, II, p. 262).
93. *Mémoires*, II, p. 262.

identificarsi pienamente con un gruppo o un'ideologia, sta cioè in quella "libertà", che è anche "libertà di tradire", da lui più volte rivendicata all'autentico lavoro storico. Ma si lega anche alla sua persuasione della necessità di superare quel quadro dello Stato-nazione, che ha alla sua radice la duplice idea di una contrapposizione irriducibile tra i diversi gruppi umani e della necessità di un pieno e totale livellamento all'interno di ciascuno di essi. Il suo discorso riprende qui un'analisi di Richard Marienstras che oltre a mostrare come la civiltà ebraica sia sopravvissuta «non *malgrado* la dispersione ma *per mezzo* della dispersione», insiste sul fatto che «gli ebrei costituiscono un insieme che trascende le frontiere nazionali e che si può capire soltanto come tale [...]. Un insieme che volesse eliminare le infinite varietà della condizione ebraica sarebbe forse realizzabile, ma non sarebbe più un insieme ebraico».[94] Da ciò anche il rifiuto di Vidal-Naquet di considerare il sionismo o l'assimilazione totale (ossia la piena perdita di ogni traccia della propria identità originaria) le uniche alternative possibili rimaste agli ebrei dopo la Shoah.[95] Ed è intorno a questo nodo di problemi che si venne formando il suo atteggiamento critico sia verso il sionismo sia verso la politica di Israele, e verso quanti ritengono che esso rappresenti l'unica *chance* per la sopravvivenza di un autentico ebraismo.

Un momento decisivo per orientarlo, vorrei dire definitivamente, su queste posizioni fu rappresentato da ciò che avvenne nella tarda primavera del 1967, in quelle settimane di crisi e di febbrile eccitazione sfociate nella guerra dei sei giorni, quando a fronte della fracassante propaganda egiziana si temette da tanti, e Vidal-Naquet fu tra questi, per la sopravvivenza stessa di Israele.[96] La schiacciante vittoria israeliana, che ben pochi avevano saputo prevedere, smascherò il bluff degli arabi, ma mise in luce anche tutti i limiti di una politica che si fondasse esclusivamente sulla superiorità militare. «Vi sono molte cose che io disapprovo in quello che fu allora il mio atteggiamento», scrisse Vidal-Naquet molti anni dopo.[97] Ma un segnale in questo senso lo diede immediatamente, con un articolo

94. *Musei e uomini*, pp. 109 sgg.

95. Ivi, p. 107 («Di questa "verità" cercano di convincerci con tutti i mezzi possibili e immaginabili»).

96. *Mémoires*, II, pp. 249 sgg. Una lucida analisi delle implicazioni e delle conseguenze politiche della guerra dei sei giorni, che rappresentò per tanti aspetti una vera e propria svolta nella situazione medio-orientale, offre Sergio Scarantino, *Il dibattito storiografico sulla guerra dei sei giorni*, in «Studi storici», 49 (2008), pp. 135-175.

97. *Mémoires*, II, p. 253.

pubblicato su «Le Monde» il 12 giugno: definiva «folli» le giornate vissute nelle settimane precedenti, che, con l'*union sacrée* creatasi intorno a Israele, avevano permesso all'Europa «di scaricarsi in qualche modo della sua colpevolezza collettiva nel dramma della seconda guerra mondiale, e ancor prima, nelle persecuzioni che, dai *pogrom* in Russia all'*affaire* Dreyfus, hanno dato vita al sionismo». Ed aggiungeva che tale *union sacrée* ora andava rotta per pensare ad un regolamento pacifico le cui condizioni stavano non nella coesistenza di due popoli in un unico Stato, «ciò che creerebbe una situazione di tipo coloniale», ma nella creazione di uno Stato palestinese arabo.[98]

Fu il primo passo che portò Vidal-Naquet a immergersi nella questione, con una costanza di intervento e di impegno che dà la misura del suo coinvolgimento in essa. «Sono intervenuto su tutti i fronti immaginabili», scrisse nei suoi *Mémoires*, con conferenze e dibattiti un po' ovunque, scrivendo «articoli a decine, per non dire a centinaia, polemizzando con gli uni e con gli altri, guidato dal principio di Montaigne, di "essere ghibellino ai guelfi, e guelfo ai ghibellini"». E dunque, davanti ad un pubblico israeliano o filoisraeliano, mai dissimulando le sue critiche severe alla politica di Israele, al punto da definirla talvolta criminale, spiegando ad un uditorio arabo o filoarabo perché pensava che Israele doveva vivere.[99] «È ben vero che io ero, in un certo senso, centrista e che lo sono rimasto», riconobbe nei suoi *Mémoires*, persuaso che «Israeliani e Palestinesi dovevano riconoscersi reciprocamente».[100]

Vidal-Naquet era del tutto alieno da una concezione «predeterminata e tragica della storia». Il pensarla così costituisce una «trappola»: tappa dopo tappa le cose procedono inesorabilmente verso una fine conosciuta e inevitabile. «Io credo», scrisse Vidal-Naquet pensando a ciò che accadde ai suoi ma anche in riferimento alle vicende complessive, «che un racconto costruito secondo una tale prospettiva è mistificatore e che la storia avrebbe potuto essere diversa».[101] Rifiutava perciò la tesi di Marrus che «la storia degli ebrei francesi all'epoca dell'affare Dreyfus fosse come una prova generale di quello che fu il loro destino meno di mezzo secolo dopo l'arresto

98. Ivi, pp. 255 sgg. Per l'articolo vedi *Dopo il 10 giugno 1967*, in *Gli ebrei, la memoria e il presente*, pp. 123-127.
99. *Mémoires*, II, p. 253.
100. Ivi, p. 257.
101. *Mémoires*, I, pp. 79 sgg.

del capitano ebreo»;[102] così come rifiutava la tesi di Hilberg, per il quale, nel momento in cui un funzionario, agli inizi del 1933, redasse la prima definizione di «non-ariano» in un'ordinanza dell'amministrazione, la sorte del mondo ebraico europeo si era trovata segnata.[103] Tale rifiuto di una concezione tragica della storia ebraica ed europea si basava su un duplice ordine di considerazioni: da una parte essa introduce la "fatalità" in luogo degli atti, delle volontà, delle vittorie e delle sconfitte che di quella storia hanno via via formato la trama («è ragionare come se Hitler derivasse dalla fatalità» scrisse Vidal-Naquet a proposito della tesi di Marrus);[104] dall'altra rappresenta un modo per negare la «differenza non di grado, ma di natura, tra la legislazione, per quanto ignobile essa sia, e l'assassinio».[105] E tuttavia, nel 1998, pur confermando tale sua avversione, non vede, nel caso del conflitto israeliano-palestinese, come poter evitare di definirlo «tragico».[106] Un aggettivo che ritorna con frequenza nei suoi scritti al riguardo. «Tragica» infatti è stata «l'ignoranza quasi completa» che i sionisti avevano dei sentimenti degli abitanti del paese che essi rivendicavano, ossia degli arabi di Palestina,[107] così come «tragico, nel senso greco del termine» è il «disastro» cui la politica del governo rischia di condurre Israele. Nel senso greco del termine, «perché come in Erodoto, come nella tragedia greca, le occasioni per scegliere la via della salvezza si ripetono, e, infallibilmente, i responsabili scelgono la via della catastrofe».[108] Sono giudizi del 1982, che tuttavia mantengono una loro drammatica attualità.

Vidal-Naquet è severo nel giudicare la politica di Israele, soprattutto all'indomani dell'avvento al potere degli eredi di Jabotinskij, frutto di una «deriva a destra» dell'intera società, del suo «indurimento», che porta al

102. Così nella prefazione al libro di Michael Robert Marrus, *Les Juifs de France à l'époque de l'affaire Dreyfus* (1972), ora con il titolo *Gli ebrei di Francia e l'assimilazione*, in *Gli ebrei, la memoria e il presente*, p. 76.

103. *L'historien à l'épreuve du meurtre*, in *Les juifs, la mémoire et le présent*, II, p. 219 (si tratta della recensione alla traduzione francese di Raul Hilberg, *La destruction des Juifs d'Europe*, del 1988) [trad. it. *Lo storico alla prova dell'assassinio*, in *Gli assassini della memoria*, pp. 243-249, cit. da p. 246].

104. *Gli ebrei di Francia e l'assimilazione*, p. 77.

105. *L'historien à l'épreuve du meurtre*, p. 220 [trad. it. p. 246].

106. *Mémoires*, II, p. 264.

107. *Dopo il 10 giugno 1967*, p. 124.

108. *Des opposants, pas d'opposition*, in *Les juifs, la mémoire et le présent*, II, p. 295 (il pezzo fa parte di una serie di articoli pubblicati su «Libération» nell'aprile 1982, dopo un viaggio in Israele). Figura già in *Gli ebrei, la memoria e il presente*, p. 185.

crescere della paura e dell'intolleranza.[109] Vede con preoccupazione l'emergere in esso di «un esclusivismo di tonalità etnico-religiosa»[110] (non a caso giudica «scandalosa» la legge religiosa del ritorno),[111] e ritiene un compito urgente denunciare l'affermarsi di una «teopolitica» che rischia «di portare Israele alla catastrofe».[112] L'invasione del Libano, con l'operazione denominata «Pace in Galilea» nel giugno 1982, gli strappò un articolo pubblicato su «Libération» che portava per titolo: *Un mensonge, un crime, un suicide.*[113] Nell'intervista concessa poco prima di morire ribadisce che lo Stato di Israele non è il suo, giudica «criminale e suicida» la sua politica, ma aggiunge anche: «Non sopporto l'idea di una sua scomparsa».[114] L'aveva detto e scritto più volte, nel 1967, nel 1974, nel 1975, nel 1982.

> Negli ambienti di confessione o tradizione ebraica sono molti coloro, ed io tra questi, che si augurerebbero di poter un giorno parlare d'un conflitto tra Israele e i suoi vicini con la stessa obiettività che mostrerebbero in caso di guerra tra l'India e il Pakistan. [...] Per il momento ciò non è possibile, sia perché la guerra mondiale è troppo vicina e sia perché i nemici d'Israele mettono in discussione non la sua politica, ma la sua esistenza. Ora attaccare violentemente la politica francese non significa mettere in discussione l'esistenza della Francia come comunità nazionale.[115]

«Insopportabile» l'idea che «ciò che è stato costruito con tanto entusiasmo, a volte con tanto eroismo, nelle condizioni tragiche dell'ascesa del

109. Cfr. *Pour un ami disparu. Hommage à Marcel Liebman*, in *Les juifs, la mémoire et le présent*, II, p. 314. Vedi anche *Riflessioni in margine a una tragedia*, in *Gli ebrei, la memoria e il presente*, in particolare pp. 150 sgg. (si tratta di un articolo pubblicato originariamente su «Partisans» nel marzo-aprile 1970); e *Un embrassement mortel*, in *Les juifs, la mémoire et le présent*, II, in particolare pp. 286 sgg. (fa parte della serie di articoli pubblicati su «Libération» nell'aprile 1982). Figura già in *Gli ebrei, la memoria e il presente*, pp. 176 sgg.

110. *Dopo il 10 giugno 1967*, p. 125.

111. Cfr. *Israele: la possibilità di una contestazione*, in *Gli ebrei, la memoria e il presente*, p. 144 (si tratta di un articolo pubblicato originariamente su «Le Nouvel Observateur» nell'aprile 1970). Cfr. al riguardo Irad Malkin, *Israël et Pierre Vidal-Naquel*, in *Pierre Vidal-Naquet, un historien dans la cité*, in particolare pp. 204 sgg.

112. *I Choukeiri dello spirito*, in *Gli ebrei, la memoria e il presente*, p. 130 (articolo pubblicato originariamente su «Esprit» nel dicembre 1967).

113. Cfr. *Mémoires*, II, p. 266. Vedilo in *Gli ebrei, la memoria e il presente*, pp. 187-190.

114. *L'Histoire est mon combat*, p. 94.

115. *Dopo il 10 giugno 1967*, p. 123.

nazismo e della seconda guerra mondiale», possa essere messo in forse e scomparire. Non aveva però mancato di aggiungere: «Ma l'idea di uno Stato ebraico dove l'esercito ordina di sparare contro i bambini, apre il fuoco in una moschea, è forse sopportabile?».[116]

Ridotto ad una formula essenziale esprime il duplice fronte della battaglia che, pur con crescente pessimismo, Vidal-Naquet condusse durante gli ultimi decenni della sua vita. Fu una battaglia minoritaria, che gli valse amicizie e saldi legami nello stesso Israele, ma gli procurò soprattutto accuse sanguinose e opposizioni veementi e plateali.[117] «Sappiate che siamo seicentomila in Francia a disprezzarvi», lo apostrofò un signore mentre passeggiava lungo un boulevard. Durante il suo primo viaggio in Israele (1970) venne a sapere di far parte dei "tre traditori" con Maxime Rodinson ed Éric Rouleau.[118] Non gli mancò l'accusa di *jüdische Selbsthass*, «quell'odio ebraico di se stesso che è l'eterno argomento degli imbecilli contro coloro che si allontanano, per poco che sia, dai sentieri della tribù».[119]

Vi è un testo di Marcel Liebman del 1973 che Vidal-Naquet fa pienamente suo. Esso spiega il senso profondo e il perché dell'impossibilità di dare ad Israele e alla sua politica quella incondizionata solidarietà su cui, sempre più frequentemente, la maggioranza della diaspora veniva appiattendosi, venendo così meno a quel compito di vigilanza critica, che, proprio rispetto a Israele, essa avrebbe dovuto e potuto svolgere. E lo spiega alla luce di un'idea forte dell'ebraismo, di ciò che ha significato e può significare essere ebrei:

> La lunga traccia di orrore e di miseria che segna il passaggio della storia umana e che allinea sul suo cammino le Treblinka e gli Auschwitz, non è ai *kibbutzim*, militari o no, che conduce, ma ai campi di concentramento dove vegeta e muore il popolo palestinese, spogliato e negato dagli Israeliani e dagli ausiliari che essi trovano nel campo arabo. E se bisogna dirlo in una parola, non è malgrado la loro origine che certi ebrei affermano la loro solidarietà

116. *Des opposants, pas d'opposition*, p. 296 (articolo dell'aprile 1982, anche in *Gli ebrei, la memoria e il presente*, p. 186). Vedi anche al riguardo *L'Unesco e Israele. La storia e la geografia*, ivi, p. 157 (articolo uscito su «Le Monde» nel novembre 1974 e firmato anche da Laurent Schwartz), e *Israele-Palestina: la frontiera invisibile*, ivi, p. 165 (articolo pubblicato su «Le Nouvel Observateur» nel maggio 1975).

117. Cfr. *Mémoires*, II, pp. 266 sgg.

118. *L'Histoire est mon combat*, p. 97.

119. *Pour un ami disparu*, pp. 309 sgg.

con i palestinesi, ma *in ragione* di queste origini e di una certa logica che esse loro forniscono: logica che li conduce, quasi per definizione, nel campo degli oppressi. Quello dei palestinesi, questi ebrei del Medio Oriente.[120]

A tutto questo credo vada aggiunto un elemento ulteriore. Perché, nonostante tutto, nonostante Vidal-Naquet affermi che Israele non è la sua patria e neghi che i suoi capi possano parlare in suo nome, resta in lui una sorta di reale e sofferto coinvolgimento rispetto alle loro azioni, come il sentimento di un'oscura corresponsabilità, che lo induce nel 1977 a parlare di «fedeltà incrociate che sono le nostre, di noi ebrei francesi» (fedeltà all'etica ebraica e fedeltà alla Dichiarazione dei diritti dell'uomo e del cittadino).[121] È una condizione psicologica che mi pare bene espressa in alcune righe della premessa che egli appose nel 1981 al primo dei tre volumi della serie *Les Juifs, la mémoire et le présent*:

Il paradosso d'Israele è di essere nel contempo la realizzazione di un sogno di normalizzazione (avere finalmente, come gli altri, doganieri, prigioni e giudici per riempire queste prigioni) e l'incarnazione di un antichissimo messianesimo che mira a creare una città giusta. Io stesso condivido un sentimento del genere e, per dare un chiaro esempio, un torturatore israeliano, che non ha comunque nessun titolo per parlare a mio nome, m'indigna ancora più profondamente di un torturatore francese, e ciò sebbene si torturi meno nell'Israele di oggi che nell'Algeria francese del 1957. "Guai a chi edifica una città con il sangue e fonda una metropoli con l'iniquità" (Abacuc, 2, 12). Non posso fare a meno di sentirmi all'unisono con questo avvertimento del profeta».[122]

Vidal-Naquet fu sei volte in Israele, sempre con la moglie, tra il 1970 e il 1992.[123] I reportage che ne ricavò, pur riflettendo di volta in volta i diversi aspetti di attualità, meritano tuttora di essere letti e meditati per l'ampiezza della visione che li ispira e per l'acuta, crescente percezione della drammatica china su cui la politica dei governi e gli orientamenti prevalenti nell'opinione pubblica stavano avviando il paese: sia nei rapporti esterni,

120. Ivi, p. 309. Concetti analoghi in *Du coté des persécutés* (1981), in *Les assassins de la mémoire*, p. 101 [trad. it. *Dalla parte dei perseguitati*, in *Gli assassini della memoria*, pp. 139-141, cit. da p. 141]; pur se in riferimento a un contesto diverso, «Dio è sempre dalla parte dei perseguitati».

121. *Israele e la tortura*, in *Gli ebrei, la memoria e il presente*, p. 166 (pubblicato originariamente su «Presse nouvelle hebdo» nel luglio 1977).

122. Cfr. *Gli ebrei, la memoria e il presente*, p. 19.

123. Cfr. *Mémoires*, II, p. 263.

sia al proprio interno, due realtà del resto incrociate. Non a caso egli parla di rischio di «algerizzazione»,[124] e, richiamandosi a Marcel Liebman, della «tentazione sudafricana» che è «al cuore dell'ideologia sionista»,[125] della tendenza crescente cioè a realizzare forme di *apartheid* per la propria popolazione araba.

Ciò che blocca ogni prospettiva di soluzione dei conflitti, scrisse Vidal-Naquet nel 1975, è

> il rifiuto israeliano della dimensione storica. Riconoscere questa dimensione sarebbe ammettere che gli israeliani stanno qui non in virtù di un'essenza ebraica della Palestina, ma in seguito ad una serie di incidenti della storia. Allora, e allora soltanto, i palestinesi potrebbero apparire come partner normali. La politica del movimento sionista è stata sostanzialmente finora quella di agire come se gli arabi non fossero mai stati presenti.[126]

D'accordo in questo con Maxime Rodinson (Vidal-Naquet lo definisce «le savant le plus remarquable et le plus complet que j'aie jamais rencontré»),[127] egli non manca di ribadire ciò che dovrebbe essere considerato di una piena evidenza, che cioè l'insediamento dello Stato d'Israele «è avvenuto a spese di un altro popolo che è stato sradicato, un'ingiustizia creatrice di diritti».[128] Ma non esita d'altra parte a mettere in luce e denunciare le forzature di una propaganda che parla dei palestinesi come delle vittime di un «olocausto quotidiano», dove evidente è l'analogia che si vorrebbe stabilire tra la condizione attuale dei palestinesi e lo sterminio degli ebrei ad opera di Hitler;[129] né si nasconde che «l'antisionismo e l'antisemitismo, distinguibili di diritto, si mescolano di fatto strettamente in numerosi testi pubblicati nei paesi arabi».[130]

124. Cfr. *Un embrassement mortel*, pp. 284 sgg. (anche in *Gli ebrei, la memoria e il presente*, pp. 176 sgg.). Vedi anche *L'Histoire est mon combat*, p. 205.

125. *Pour un ami disparu*, p. 307.

126. *Israele-Palestina: la frontiera invisibile*, p. 159. Sono aspetti ampiamente illustrati nella fondamentale ricerca di Zeev Sternhell, *Nascita d'Israele. Miti, storia, contraddizioni*, Milano, Baldini & Castoldi, 2002, pp. 575.

127. *Mémoires*, II, p. 129.

128. *L'Unesco e Israele. La storia e la geografia*, p. 157.

129. *Arafat et les Juifs*, in *Les juifs, la mémoire et le présent*, II, p. 318 (originariamente pubblicato su «Le Monde» nel maggio 1989); vedi anche *L'Unesco e Israele. La storia e la geografia*, pp. 156 sgg.

130. *Un certo delirio*, in *Gli ebrei, la memoria e il presente*, p. 133 (originariamente in «Esprit» del dicembre 1967).

> Se c'è un popolo – scrisse nel 1970 – cui s'addice l'appellativo di "dannati della terra" [...] è senza dubbio il popolo palestinese. È dunque più che naturale che la lotta di questo popolo, la cui stessa esistenza è stata ed è ancora negata, venga capita e se del caso sostenuta da coloro per cui l'internazionalismo ha ancora un senso. Ma non ne consegue che questa lotta pur necessaria debba essere condotta con le armi dell'illusione ideologica e della mistificazione pacificatrice,

rilevando l'estremismo totalizzante dei documenti palestinesi, uguale e contrario a quello dei sostenitori del "Grande Israele".[131] Utopica, ma del tutto corrispondente al modo di sentire il proprio mestiere, la persuasione profonda che guida Vidal-Naquet in questi suoi interventi: «Solo una vera storia potrà un giorno fondare un vero dialogo».[132]

Non posso ulteriormente insistere su questi aspetti, che meriterebbero ben più ampia e articolata analisi, e tanto più quanto sempre più rara sembra divenire tra gli ebrei della diaspora la capacità critica che Vidal-Naquet vi dimostra.[133] Non vorrei tuttavia andasse perduta, nel riferire su queste sue pagine, quella nota di alta drammaticità (espressione ancora una volta del suo coinvolgimento emotivo), soggiacente costantemente alle sue prese di posizione e alle sue analisi, pur così sapientemente e razionalmente articolate. Non è solo il rischio estremo che la sopravvivenza stessa di Israele sta correndo in conseguenza di una politica da tempo da lui definita suicida a farlo tremare. «Ai peggiori nemici d'Israele – nemici numerosi e non certo animati da sentimenti altruisti – resta solo da augurarsi che la situazione presente perduri e la politica attuale prosegua il suo corso», aveva scritto nel 1982.[134] Ma vi è anche qualcosa d'altro e forse di più profondo che egli vede messo pericolosamente in gioco. Ed è quel rischio di «pervertimento» (*perversion* scrive Vidal-Naquet)[135] dei modi di essere e di sentire della popolazione di Israele, su cui ritorna più volte, e che mi pare chiaramente espresso nella chiusa della lettera inviatagli da Benjamin Cohen, dell'Università di Tel Aviv, l'8 giugno 1982, che egli ritenne appunto di pubblicare in appendice al secondo volume di *Les Juifs, la mémoire et le présent*: «Fate, ve ne prego, cari amici, tutto ciò che è in vostro potere perché i Be-

131. *Riflessioni in margine a una tragedia*, pp. 152 sgg.
132. *Arafat et les juifs*, p. 318.
133. Cfr. Malkin, *Israël et Pierre Vidal-Naquet*, p. 202.
134. *Des opposants, pas d'opposition*, p. 295 (anche in *Gli ebrei, la memoria e il presente*, p. 185).
135. Ivi, p. 295 (e p. 185).

gin e gli Sharon non raggiungano il loro duplice obiettivo: la liquidazione finale (uso un'espressione che in questi giorni è alla moda qui) dei Palestinesi in quanto popolo e degli Israeliani in quanto esseri umani».[136] Nella loro stessa forzatura, sono espressioni che manifestano tutta l'angoscia per una deriva politica e morale che sembrerebbe inarrestabile.

Benjamin Cohen, soffermandosi sui bombardamenti e le azioni di guerra condotte in Libano dall'esercito israeliano, si poneva anche alcune domande di fondo: «Degli Ebrei, figli di Abramo, "i misericordiosi", senza pietà? Degli Ebrei, vittime essi stessi di tante crudeltà, possono divenire talmente crudeli? Quale vergogna! Il più grande successo del sionismo non è dunque che questo: la "degiudaizzazione" (se una tale parola esiste) degli Ebrei».[137]

Le antiche persecuzioni e Israele. La Shoah e Israele. Il sionismo e la Shoah. Sono nessi e incroci che costituiscono un nodo di difficile scioglimento. Vi sono momenti in cui la memoria del grande massacro grava pesantemente sugli abitanti di Israele: vi è una «paura», paura autentica, osserva Vidal-Naquet, che non si può disconoscere.[138] Non «si capisce quel che succede in Israele se non ci si rende conto che fa una politica da grande potenza con l'armamento di una potenza media e con le angosce d'una piccola potenza. Ma naturalmente, non sono le stesse persone quelle che gestiscono la politica e quelle che si angosciano», aveva scritto all'indomani del suo viaggio in Israele tra il marzo e l'aprile 1982.[139] D'altra parte vi è anche un uso che il sionismo fa di quel massacro che è talvolta scandaloso.[140] Nelle *Thèses sur le révisionnisme* del 1985 egli ha parole durissime sulla «strumentalizzazione quotidiana del grande massacro ad opera della classe politica israeliana»:

> Di colpo, il genocidio degli ebrei cessa di essere una realtà storica vissuta in maniera esistenziale, per divenire un mero strumento di legittimazione politica, invocato sia per ottenere questa o quella adesione politica all'interno del paese, sia per esercitare pressioni sulla Diaspora in modo che essa segua

136. *Lettre d'Israël*, in *Les juifs, la mémoire et le présent*, II, p. 320.

137. *Ibidem*.

138. Cfr., ad esempio, *Riflessioni in margine a una tragedia*, p. 151; *Des opposants, pas d'opposition*, p. 295 (e in *Gli ebrei, la memoria e il presente*, p. 185).

139. *Des opposants, pas d'opposition*, p. 291 (e in *Gli ebrei, la memoria e il presente*, p. 182).

140. *Un Eichmann de papier*, p. 29; vedi anche *Les assassins de la mémoire* (1987), p. 163 [*Gli assassini della memoria*, p. 200].

incondizionatamente i mutamenti di direzione della politica israeliana. Paradosso di una utilizzazione che fa del genocidio al contempo un momento sacro della storia, un argomento molto profano e addirittura un'occasione di turismo e di commercio.[141]

Né Vidal-Naquet si ferma a quest'atto di accusa: perché questa «manipolazione permanente a fini molto pragmatici» priva quegli avvenimenti del loro «spessore storico», toglie loro i caratteri della realtà, «e per conseguenza apporta alla follia e alla menzogna revisioniste la più temibile ed efficace collaborazione».[142] L'uso politico della Shoah rischia di trasformarla da verità storica in «verità politica», come in effetti la definisce «la setta dei negatori», vale a dire in «qualcosa che può essere ridotto a nulla da un ragionamento più approfondito».[143]

La «setta dei negatori»; la «follia» e la «menzogna» dei «revisionisti»: è l'altro grande tema che, nella riflessione di Vidal-Naquet, s'intreccia alla "questione ebraica". E non solo perché la loro opera mira a privare un popolo intero della sua memoria. Ma anche perché (mi pare di poterlo dire, anche se molteplici sono le componenti ideologiche che ne ispirano le mosse, in una singolare saldatura tra estremismo di destra e frange del radicalismo di sinistra) si tratta del più subdolo e sistematico tentativo di rilanciare l'antisemitismo su scala mondiale, esentando nello stesso tempo il nazismo del suo delitto più atroce. Solo se dotati di un'occulta e terribile potenza, infatti, gli ebrei avrebbero potuto imporre al mondo intero di credere ad un evento in realtà mai successo.

Fu verso la fine degli anni Settanta che Vidal-Naquet cominciò a occuparsi della «piccola banda abietta» dei negazionisti e dunque anche della Shoah.[144] Non fu il solo,[145] ma i suoi scritti al riguardo divennero ben

141. *Thèses sur le révisionnisme* (1985), in *Les assassins de la mémoire*, p. 129 [trad. it. *Tesi sul revisionismo*, in *Gli assassini della memoria*, pp. 143-171, cit. da pp. 167-168].

142. *Ibidem*.

143. *Qui sont les assassins de la mémoire?*, p. 203 [*Chi sono gli assassini della memoria?*, p. 237] (anche in *Réflexions sur le génocide*, p. 287).

144. *Le héros, l'historien et le choix*, in *Les juifs, la mémoire et le présent*, II, p. 208 (riprende la prefazione al libro di Marek Edelman, Hanna Krall, *Mémoires du ghetto de Varsovie. Un dirigeant de l'insurrection raconte*, Paris, Éditions du Scribe, 1983, trad. it. *Il ghetto di Varsavia. Memoria e storia dell'insurrezione*, Roma, Città Nuova, 1993); anche in *Gli ebrei, la memoria e il presente*, p. 94.

145. Per un quadro complessivo del negazionismo francese, ma con numerosi riferimenti alla sua presenza anche in altri paesi, cfr. Valerie Igounet, *Histoire du négationnisme en France*, Paris, Seuil, 2000, pp. 691.

presto il punto di riferimento sul tema. Di quella «banda» il volume che segue traccia ampiamente profili e caratteri perché debba richiamarli qui. Così come illustra con chiarezza termini e modi con cui vanno combattuti e trattati per quello che sono, non storici né studiosi ma mistificatori e falsari, evitando però anche la più lontana apparenza di persecuzione legale, perché la «verità storica» non può né deve diventare «verità legale», meno che mai «verità di Stato»:[146] un'esigenza sacrosanta che, com'è noto, non sempre ha trovato il consenso che meritava nemmeno tra gli "addetti ai lavori", e che lo stesso moltiplicarsi dei "giorni della memoria" indetti dalle autorità pubbliche per i più svariati avvenimenti del passato rischia di contraddire radicalmente. Non è un caso, mi pare, che ogni forma di troppo insistita e ufficiale "organizzazione del ricordo" (Vidal-Naquet lo rileva per Israele,[147] ma l'osservazione ha un valore generale) provochi per contraccolpo, con la sua ritualizzazione sempre più stanca, la tendenza al rifiuto e la voglia di dimenticare.

La definizione che già nel titolo caratterizza i membri dell'impresa negazionista («assassini della memoria»), ricavata da una formula di Yosef Hayim Yerushalmi, coglie un aspetto centrale delle loro finalità appena rilevato. Perché «coloro che pretendono di negare l'esistenza stessa della Shoah [...] cercano di colpire ciascuno di noi – che si abbia vissuto la Shoah direttamente o indirettamente, direi perfino che si sia ebrei o no – nella propria memoria individuale».[148] Vidal-Naquet ha pienamente ragione: è un tentativo il loro infatti che, negando la storia, coinvolge e colpisce nel suo attacco non gli ebrei soltanto. Perché di quella storia atroce, ne siamo o no consapevoli, portiamo tutti come europei il terribile peso, tutti continuiamo a misurarci con le sue conseguenze e le sue ricadute.[149] Reagire a

146. Cfr. *Un Eichmann de papier*, p. 80, e *Qui sont les assassins de la mémoire?* (1992), p. 206 [trad. it. p. 240] (anche in *Réflexions sur le génocide*, pp. 289 sgg.).

147. *Les assassins de la mémoire* (1987), pp. 162 sgg. Interessanti a questo riguardo le recenti considerazioni di David Bidussa, *La politica della memoria in Italia. Appunti sulla storia e la pratica del Giorno della memoria*, in *Politiche della memoria*, a cura di Anna Rossi-Doria e Gianluca Fiocco, «Annali del Dipartimento di Storia», 3 (2007), Roma, Viella, 2007, pp. 89-108.

148. *Qui sont les assassins de la mémoire?*, p. 188 [trad. it. p. 224] (anche in *Réflexions sur le génocide*, p. 272).

149. Per ulteriori cenni a tale discorso vedi ciò che ho scritto in *L'antisemitismo fra Otto e Novecento: continuità e mutamenti*, in *Dall'antigiudaismo all'antisemitismo. L'antisemitismo moderno e contemporaneo*, a cura di Umberto Fortis, Torino, Silvio Zamorani Editore, 2004, in particolare pp. 16 sgg.

quel tentativo è dunque un'opera elementare di difesa della consapevolezza collettiva.

E tuttavia nei suoi *Mémoires* Vidal-Naquet scrisse: «Trattandosi del grande massacro hitleriano, io non avevo *a priori* alcun gusto per questo soggetto, anche se esso mi tocca molto da vicino».[150] Nella premessa che apre *Un Eichmann de papier* riconobbe che tali questioni «hanno qualcosa di ripugnante che bisogna affrontare».[151] In quella stessa premessa afferma di aver esitato a lungo «prima di acconsentire all'amichevole richiesta di Paul Thibaud, direttore di "Esprit"», di intervenire «a proposito di un'opera di cui gli editori ci dicono senza ridere: "Gli argomenti di Faurisson sono seri. È necessario rispondere"».[152] Proprio nel distruggere gli "argomenti" dei pretesi "revisionisti" tuttavia, ritenne di avere forse ritrovato, nonostante gli anni trascorsi, lo stesso ardore che nella sua giovinezza lo aveva totalmente impegnato nella guerra di Algeria.[153] La cosa non può certo stupire, perché nell'opera di Faurisson, dei suoi sostenitori e seguaci, come dei suoi emuli, egli trovava messo in causa il destino dei suoi, che si incrociava con quello di un'intera comunità di cui a suo modo era tornato a far parte. E questa comunità veniva colpita da un'accusa globale di menzogna, che costituiva nello stesso tempo una riabilitazione del nazismo. Tuttavia, e Vidal-Naquet lo mette ben in chiaro già nella prefazione alla prima edizione di *Les assassins de la mémoire*, «qui non si tratta di sentimenti, ma di verità».[154] Si tratta cioè di restare fedeli al dovere primo dello storico, e tanto più quanto «questa parola che fu densa di peso, tende oggi a dissolversi».[155] Sono parole e messe in guardia che vorrei vedere incise a caratteri cubitali in ogni Dipartimento di studi storici.

«Non si tratta di sentimenti, ma di verità». E dunque non si può discutere con i revisionisti, come essi in realtà vorrebbero, per accreditarsi così come una vera e propria scuola storica, ciò che non sono; si può e si deve discutere *sui* "revisionisti", analizzando e smontando i loro testi «come si fa l'anatomia di una menzogna».[156] Fu una regola cui Vidal-Naquet si at-

150. *Mémoires*, II, p. 270.
151. *Un Eichmann de papier*, p. 12 [trad. it. p. 59].
152. Ivi, p. 11 [trad. it. p. 59].
153. *Mémoires*, II, p. 194 (e p. 277); vedi anche *L'Histoire est mon combat*, p. 118.
154. *Les assassins de la mémoire*, p. 8 [trad. it. p. 56].
155. *Ibidem*.
156. Ivi, p. 9 [trad. it. p. 57]. Vedi anche *Mémoires*, II, p. 271, e *Questions au judaïsme*, p. 58.

tenne rigorosamente e che mai dovrebbe essere abbandonata: non si discute con i negatori della storia. Per questo il suo primo intervento su «Esprit» «era, o almeno voleva essere, una lezione di metodologia storica».[157] Sono del tutto persuaso che ancora oggi bisogna leggerlo così, e che insieme bisogna leggerlo con le decine di scritti (corpose prefazioni per lo più) che Vidal-Naquet ha dedicato alla storia della Shoah, e in particolare alla presentazione e all'analisi delle memorie dei sopravvissuti. «Non lo si ridirà mai abbastanza: le vittime dell'hitlerismo non sono delle unità fatte per essere contabilizzate, ma individui, dotati ciascuno di un loro sapore particolare»:[158] un aspetto che solo le memorie e le testimonianze permettono almeno in parte di recuperare. Anche per questo la storia della Shoah, così come lo smontaggio delle tesi negazioniste, non possono non ricorrere, vagliandole criticamente, alle testimonianze e alle memorie dei testimoni e dei superstiti, essenziali a loro volta per resistere e rispondere al tentativo, compiuto già nel corso dello svolgersi degli avvenimenti, di cancellare le tracce dello sterminio.

Vidal-Naquet ha ben chiaro tuttavia (e più che mai in un caso come questo) che si tratta comunque di recuperi preziosi ma sempre parziali. Vi sono limiti che restano invalicabili. Ciò che meno lo storico può dire «è la morte quale è stata subita dalle vittime, quando le porte si richiudevano [...]. Come diceva Tucidide, non si sa, non si saprà mai, come *ciascuno* è scomparso».[159] Introducendo le memorie di Marek Edelman sul ghetto di Varsavia e ricordando le quotidiane deportazioni dalla Umschlagplatz, punto di partenza per quell'itinerario di morte che conduceva a Treblinka, egli scrive: «Qual è qui il potere della parola, anche la più cauta, quella del testimone che si fa storico? Orlare, forse ma non penetrare nel golfo immenso di silenzio ove la città è stata inghiottita».[160]

La questione di recuperare la memoria e tutelarne il mantenimento Vidal-Naquet l'aveva già affrontata in anni precedenti, in riferimento ad alcuni orientamenti generali della politica e della cultura contemporanea,

157. Così in *Mémoires*, II, p. 271.

158. *Vichy et le Limousin*, in *Réflexions sur le génocide*, p. 174 (si tratta della prefazione a *Les Miradors de Vichy*, di Laurette Alexis-Monet, Paris, Les Éditions de Paris, 1994).

159. *Les assassins de la mémoire* (1987), p. 146 [trad. it. p. 185] (Tucidide si riferisce alla "scomparsa" degli iloti di Sparta, episodio con cui Vidal-Naquet apre il saggio).

160. *Le héros, l'historien et le choix*, p. 215 (anche in *Gli ebrei, la memoria e il presente*, p. 99).

considerata tendenzialmente una «cultura dell'oblio». Egli l'aveva rilevato in particolare in riferimento alla guerra di Algeria e ai "crimini" commessi dall'esercito francese: «Tutto è fatto, televisione, manuali, pubblicità, perché non si ricordi più, perché la memoria non sia trasmessa, perché un oblio – selettivo, naturalmente – s'installi».[161]

Meno che mai, dunque, affrontando temi di storia degli ebrei e soprattutto misurandosi con la questione enorme della Shoah e con le tesi dei "negazionisti", Vidal-Naquet poteva evitare di porsi il problema del rapporto tra memoria e storia. «Gli storici d'oggi hanno come vergogna della memoria», scrisse nel 1983. «Essi lavorano in qualche modo a cancellarla in quanto memoria, e se hanno letto Chateaubriand o Proust, ce n'è pochi che abbiano imparato a riflettere sulla memoria, a trarre partito dalle trasformazioni che apporta alla rappresentazione del passato nel corso d'una vita umana, anzi nel corso delle generazioni».[162] «La memoria arricchisce, e fa vedere sotto altri colori avvenimenti che erano stati registrati senza essere veramente compresi», scriverà nel 1994.[163] E tuttavia – Vidal-Naquet lo evidenzia chiaramente – «la memoria non è la storia: essa sceglie, elimina a blocchi i momenti di cui l'ideologia impone l'eliminazione, annulla il tempo, cancella le evoluzioni e le mutazioni».[164] Per questo «un aspetto del lavoro storico consiste nel capire la memoria, nel darle corpo; ma, per mezzo di un'altra dimensione della sua opera, lo storico cerca, al contrario, di ritrovare i fatti sotto le parole, la realtà sotto i ricordi, la verità sotto la menzogna o la fabulazione».[165]

Credo si possa dire tuttavia che questo recupero della memoria nella ricostruzione del passato non scalfisce il fatto che come storico Vidal-Naquet resta in primo luogo erede dei Greci. Sono i Greci infatti che «hanno inventato la storia come opera di verità: qualcosa è successo o non è successo».[166] Tucidide parla «della sua memoria solo per dire che non ha

161. Cfr. *Questions au judaïsme*, p. 50; vedi anche *Face à la raison d'État*, p. 232.

162. *Le héros, l'historien et le choix*, p. 211 (anche, con l'omissione di una parte della frase, in *Gli ebrei, la memoria e il presente*, p. 96). Cfr. anche *Questions au judaïsme*, pp. 51 sgg.

163. *Vichy et le Limousin*, p. 173.

164. *Gli ebrei, la memoria e il presente*, p. 17.

165. Ivi, p. 18.

166. *À propos de Zakhor*, in *Les juifs, la mémoire et le présent*, II, p. 52 (si tratta della recensione alla traduzione francese del libro di Yosef Hayim Yerushalmi, *Zakhor. Histoire juive et mémoire juive*, Paris, La Découverte, 1994, pubblicata su «Libération» nell'ottobre 1984).

potuto fidarsene per riferire i discorsi che aveva ascoltato».[167] Gli storici dell'Ottocento e di gran parte del Novecento hanno generalmente diffidato della memoria; spesso la storia si è costruita «contro la memoria».[168] «Sessant'anni dopo Proust», Vidal-Naquet ritiene però che è giunto il tempo di integrare la memoria alla storia: è un tema ricorrente di questi suoi scritti, ed egli più volte – lo si è visto – ne spiega il perché. Ma resta ben fermo un punto, ossia che ciò non significa affatto che si debba rinunciare a «separare il vero dal falso».[169]

Scrivendo di Auschwitz e del nazismo Vidal-Naquet non poteva non incrociare la discussione sui Gulag e i "crimini" del comunismo, né eludere la questione, più che mai divenuta ricorrente dopo il crollo dell'Urss e l'irreversibile crisi dei partiti comunisti europei, delle eventuali analogie e somiglianze tra gli uni e gli altri, che non erano né sono pochi a volere quanto mai strette (si pensi allo spirito che anima il volume curato da Stéphane Courtois, *Le livre noire du communisme*, e all'ampio uso propagandistico che se n'è fatto). Vidal-Naquet ne tratta sinteticamente in alcune pagine dei suoi *Mémoires* che meriterebbe poter riportare per intero per la chiarezza delle distinzioni e l'onestà e la passione intellettuale che le ispirano. In un dibattito storiografico stancamente reticente quando non viziato dai veleni della propaganda politica mantengono una piena attualità. Per questo ne citerò almeno qualche frammento:

> Nel dibattito attuale [...] la mia posizione è chiara: sì, credo che è legittimo comparare Stalin a Hitler; sì, credo [...] che è legittimo comparare Karaganda e Buchenwald. No, io non credo che si possa comparare un comunista francese a un SS, e nemmeno credo che si possa mettere sullo stesso piano Auschwitz e il Gulag. L'idea che qualcuno potrebbe comparare un uomo come Jean-Pierre Vernant, membro del Pcf per una trentina d'anni, con un professore hitleriano mi fa letteralmente vomitare [...]. Diciamo le cose altrimenti: in una delle nostre ultime conversazioni, nel 1997, Castoriadis mi diceva: «Si può fare qualcosa di buono con un comunista, con un nazista è veramente difficile». L'uomo che mi parlava così aveva passato gran parte della sua vita a combattere gli stalinisti. Detto diversamente, se ho preso qualche interesse alla lettura di certi capitoli del *Livre noire du communisme* che Stéphane Courtois ha presentato con qualche fracasso nel 1997, io sono

167. *Le héros, l'historien et le choix*, p. 211 (anche in *Gli ebrei, la memoria e il presente*, p. 96).
168. *À propos de Zakhor*, p. 54.
169. Ivi, p. 55.

totalmente estraneo allo spirito di quella presentazione. I miei valori sono agli antipodi di quelli di Stéphane Courtois; essi sono molto prossimi a quelli di Jean-Pierre Vernant.[170]

Sono considerazioni semplici ma fondamentali nella loro concretezza, perché vanno al centro della questione: il nazismo è nel suo nocciolo duro un'ideologia di esclusione e di morte, e come tale si è mosso e ha operato. Il comunismo era un'ideologia che voleva essere di liberazione collettiva e come tale fu sentito e vissuto da tanti, in Europa e nel mondo. Già nel 1969 del resto, Vidal-Naquet, in una stringente e spietata analisi della «funzione del processo staliniano», ricordava tuttavia «il linguaggio universalista del partito, la sola cosa forse, ma capitale, che lo distingueva dai nazisti»:[171] un giudizio e una distinzione che egli ripeterà nell'intervista concessa poco prima di morire, più volte citata.[172] Tale aspetto, con le sue ricadute, non può essere cancellato dagli orrori e dai misfatti che pure in suo nome sono stati commessi. Ogni analisi e discorso ulteriore, certamente necessari, così come le risposte che pur vanno date sui perché di tanti delitti e delle rimozioni e dei silenzi che li hanno accompagnati, non possono non tenere ben ferma quella distinzione.

Per esprimere il senso del suo impegno civile, attuato e vissuto da storico, Vidal-Naquet, nel chiudere i suoi *Mémoires*, ricorda un quadro di Bruegel il Vecchio, conservato nel museo di Bruxelles: *Paesaggio con la caduta di Icaro*. In una miriade di personaggi e di particolari «bisogna guardare ben attentamente per intravedere sul mare, vicino a un pescatore, due gambe che spuntano e si agitano verticalmente. Sono le gambe di Icaro figlio di Dedalo [...] che si inabissa nell'indifferenza generale. È contro questa indifferenza che ha permesso tanti massacri – per esempio nel 1994 in Ruanda – che io ho cercato, da quando sono adulto, di lottare».[173] Sono parole che manifestano una forte consapevolezza. L'insieme dell'opera di Vidal-Naquet ne attesta la verità. Costituiscono dunque una splendida epigrafe, espressione tuttavia di un modo di sentire e di operare largamente estraneo ormai – duole il riconoscerlo – dagli orientamenti prevalenti della storiografia attuale.

170. *Mémoires*, II, pp. 349 sgg.

171. *Fonction du procès stalinien*, in «Esprit», 37 (1969), pp. 1101-1106 (la frase cit. nel testo a p. 1106).

172. *L'Histoire est mon combat*, p. 111.

173. *Mémoires*, II, p. 370.

# L'insegnamento fiorentino di Pino Alberigo. I preamboli di un'opera storiografica di inconsueto spessore*

La presenza e l'attività didattica di Pino Alberigo nella Facoltà di Lettere dell'Università di Firenze hanno in Delio Cantimori il loro promotore e il loro tramite. In effetti, parlare dell'operosità di Alberigo a Firenze comporta in primo luogo parlare dei suoi rapporti, divenuti via via di particolare discepolato e di amicizia, con Cantimori. Si può dire che essi ebbero inizio nell'aprile 1954 quando Giuseppe Dossetti scrisse a Cantimori una lettera per chiedergli un incontro.[1] È molto probabile che il suo intento fosse di segnalargli Alberigo e di domandargli di consigliarlo e assisterlo nelle ricerche di storia religiosa e della Chiesa cui egli si stava avviando nell'ambito di un Istituto, il Centro di documentazione, che Dossetti aveva fondato a Bologna nella seconda metà del 1952 insieme a un piccolo manipolo di giovani e al quale, alla fine del 1953, Alberigo si era aggregato insieme alla moglie Angelina.[2]

* «Il testo che segue corrisponde alla lezione che ho tenuto a Firenze il 25 maggio 2010, presso la Facoltà di Lettere, nell'ambito di un seminario organizzato dal dottorato in Storia. Ringrazio Angelina Alberigo e l'Istituto per le scienze religiose che mi hanno messo a disposizione copia della corrispondenza intercorsa tra Alberigo e Cantimori e altra documentazione connessa alla sua attività presso la facoltà fiorentina. A tale documentazione, conservata nell'archivio familiare o presso l'Istituto si riferiscono tutti i rinvii a lettere, note o appunti citati in seguito». Edito in «Cristianesimo nella storia», 31 (2010), pp. 905-925.

1. Così risulterebbe da una lettera di Cantimori a Dossetti del 22 aprile 1954, in cui lo ringrazia della sua lettera del 16 dello stesso mese e ipotizza un incontro con lui. Da alcune lettere successive sembra di capire però che il primo incontro con Alberigo sia avvenuto solo più tardi, nel corso dell'ottobre (vedi le lettere di Alberigo a Cantimori del 13 e del 26 ottobre, e di Cantimori ad Alberigo del 26 novembre 1954).

2. Per le origini del Centro di documentazione cfr. Daniele Menozzi, *Le origini del Centro di documentazione (1952-1956)*, in *"Con tutte le tue forze". I nodi della fede cristiana oggi. Omaggio a Giuseppe Dossetti*, a cura di Angelina e Giuseppe Alberigo, Ge-

Non erano, quelle di Alberigo, scelte ovvie e per certi aspetti nemmeno prevedibili. Egli era nato nel 1926. Si era laureato a Milano nel 1948 in diritto amministrativo nella Facoltà di Giurisprudenza dell'Università cattolica, per divenire poco dopo vicedirettore amministrativo dell'Opera Pia Santa Corona, uno dei numerosi ospedali privati milanesi: strade tutte ben lontane dagli studi di storia. Cattolico non di tradizione familiare soltanto, insieme alla moglie faceva lavoro di base nella Democrazia cristiana e collaborava con un gruppo di operai, in un'attività che, come allora sovente avveniva, mescolava impegno politico e impegno religioso, secondo quelle prospettive di rinnovamento civile ed ecclesiale che avevano nel gruppo di «Cronache sociali» formatosi intorno a Giuseppe Dossetti il proprio punto di riferimento. In una società profondamente segnata dai guasti del fascismo e dalla guerra erano tuttavia urgenze che le contrapposizioni della guerra fredda tendevano a scolorire e ad accantonare sempre più.

Della sua attività politica di quegli anni poche e generiche sono le notizie. Intenso, ma ben presto in termini di progressivo e sempre più deluso distacco, deve essere stato il suo rapporto con la Democrazia cristiana, se in anni più tardi, scrivendone proprio a Cantimori come si vedrà, Alberigo ne parlò come di una rottura che gli lasciò tracce dolorose profonde. È difficile dire se tale rottura avvenne in parallelo o fu conseguente al suo incontro con Dossetti, che in quei primissimi anni Cinquanta maturava lui pure il distacco dalla Democrazia cristiana e l'abbandono della lotta politica immediata, per dare vita ad una comunità di studio e di ricerca sulla base di un giudizio fortemente critico sia della situazione politica italiana e internazionale sia del ruolo che in essa venivano svolgendo i cattolici. Erano in primo luogo carenze di cultura e di approfondimento religioso che Dossetti individuava nell'azione presente della Chiesa e dei cattolici: da qui la scelta delle "scienze religiose" come terreno privilegiato di lavoro e di studio dell'intero gruppo: un gruppo pensato e intensamente voluto come una comunità, nella quale il programma e l'attività di studio si dovevano intrecciare indissolubilmente con la preghiera, la riflessione sulla Bibbia, e l'approfondimento della propria vita religiosa.[3]

nova, Marietti, 1993, pp. 333-369; i rapporti tra Alberigo e Dossetti sono analizzati da Giuseppe Ruggieri, *Alberigo di fronte a Dossetti e Jedin*, in «Cristianesimo nella storia», 29 (2008), in particolare pp. 703-716; un'ampia traccia della sua biografia offre Alberto Melloni, *Appunti per un percorso biografico*, ivi, pp. 665-702.

3. Per tutti questi aspetti cfr. Menozzi, *Le origini del Centro*, pp. 333 sgg. Vedi anche le testimonianze di suor Agnese (Franca Magistretti), *Testimonianza in occasione del 50° del*

Nasceva così il Centro di documentazione: all'opera di ricerca dei suoi membri si univa il progetto, molto concreto, di dare vita a una biblioteca specializzata nell'intera produzione libraria collegabile in qualche modo alle "scienze religiose", sopperendo così alle gravi mancanze che in quest'ambito presentavano generalmente (e tuttora presentano) le biblioteche e le Università italiane.[4] Non si sottolineeranno mai abbastanza la lungimiranza e i meriti di un tale progetto: lo attesta pienamente quello straordinario strumento di lavoro che è l'attuale biblioteca dell'Istituto per le scienze religiose (come si intitola oggi l'originario Centro), un *unicum* nella realtà italiana, caratterizzata com'è noto dall'incuria e dal disinteresse con cui dai pubblici poteri sono tenute normalmente le nostre biblioteche e in genere le istituzioni deputate all'organizzazione della cultura.

Dossetti, dopo alcune incertezze, aveva aperto il Centro a Bologna. Lo volle pienamente autonomo da legami organici con istituzioni pubbliche o ecclesiastiche, pur stabilendo nello stesso tempo un rapporto informale ma molto stretto e personale con l'arcivescovo della città, il cardinale Giacomo Lercaro, quasi a sancire per dir così l'ambito in primo luogo ecclesiale in cui il Centro intendeva collocare in piena libertà il proprio lavoro.[5]

Al gruppo iniziale, dopo non pochi incontri e un'intensa riflessione di cui restano alcune sparse ma significative tracce, si aggregarono, a meno di un anno dall'apertura del Centro, anche i coniugi Alberigo, in quanto sostanzialmente partecipi, evidentemente, dei giudizi e delle prospettive che avevano mosso Dossetti.[6] Per Pino si trattò di una scelta di vita che è difficile non definire "conversione": una conversione alla storia per rispondere in termini adeguati alle urgenze del contesto ecclesiale e civile. Un punto in particolare merita in effetti di essere rilevato: l'estrema durezza del giudi-

*Centro*, e di Angelina e Giuseppe Alberigo, *Riflessioni (brevi) su un cinquantennio 1953-2003*, in *L'"officina bolognese" 1953-2003*, a cura di Giuseppe Alberigo, Bologna, EDB, s.d. [ma 2004], rispettivamente pp. 11-21 e 23-29 (ma anche le parti del volume che seguono – «Breve cronologia» e «Documenti» – offrono indicazioni interessanti al riguardo).

4. Alla «ricca biblioteca di storia ecclesiastica e di discipline ad essa collegate» si riferisce Cantimori in una lettera a «Itinerari» del giugno 1960 (ora in Delio Cantimori, *Conversando di storia*, Bari, Laterza, 1967, p. 49). Alla fine del 1956 la biblioteca contava già 21.884 volumi, mentre nel 1958 i periodici risultano 439: cfr. *L'"officina bolognese"*, p. 39 e nota 15, per la centralità che lo sviluppo della biblioteca aveva nell'attività del Centro.

5. Cfr. Menozzi, *Le origini del Centro*, pp. 345 sgg. Un'attestazione significativa di questo speciale rapporto è offerta dalla *Relazione di Dossetti al card. Lercaro (21 luglio 1953)*, in *L'"officina bolognese"*, pp. 91-94.

6. Cfr. Ruggieri, *Alberigo di fronte a Dossetti e Jedin*, pp. 704 sgg.

zio con cui veniva valutata la situazione religiosa e politica italiana, proprio per l'analisi delle sue radici che ne sorreggeva l'impianto, non suggeriva lo scontro pubblico frontale ma spostava per dir così il piano del confronto e del discorso, con la scelta appunto dello studio, della riflessione spirituale, dell'approfondimento storico e teologico. Il progetto era ambizioso e di ampio respiro quanto semplice nelle sue linee guida: si trattava di risalire alle premesse che avevano condotto a tale situazione e nello stesso tempo di cercare di costruire i presupposti per l'avvio di un nuovo e diverso percorso.

Mantengono l'eco della radicalità delle contrapposizioni e delle lacerazioni di allora, e vibrano ancora della passione con cui furono vissute, le pagine che Alberigo dedicò in anni recenti ad un'analisi critica delle *Memorie* che Luigi Gedda aveva pubblicato alla fine degli anni Novanta.[7] Gedda, come presidente degli uomini di Azione cattolica e poi dell'intera organizzazione negli anni caldi del dopoguerra, era stato il grande ispiratore della "politica italiana" di Pio XII e l'artefice primo del totale coinvolgimento della Chiesa (in tutte le sue articolazioni) nello scontro politico tra gli anni Quaranta e Cinquanta e della conseguente confessionalizzazione di esso. Ora come allora il giudizio di Alberigo non conosce attenuanti. Gedda, egli osserva, non è

> neppure sfiorato dal dubbio che l'impostazione da lui data all'Azione cattolica, e per tramite di essa alla chiesa italiana, abbia avuto un peso decisivo nell'impreparazione spirituale che ha colto la stessa Azione cattolica e la cattolicità italiana di fronte al concilio Vaticano II e poi nella drammatica involuzione morale che ha progressivamente inquinato il partito della Democrazia cristiana sino a travolgerla.[8]

E non a caso, a segnare una prospettiva di militanza culturale e insieme ecclesiale che pur se indirizzata di volta in volta su temi diversi Alberigo perseguirà lungo tutta la sua vita, egli rilevava anche come «l'approfondimento della portata degli orientamenti spirituali, teologici e organizzativi di cui Gedda è stato uno dei massimi esponenti dagli anni Trenta alla conclusione del pontificato pacelliano» risulterebbe necessario proprio «in vista di una comprensione adeguata della Chiesa italiana e della sua presenza nella società, soprattutto dopo la liberazione».[9]

7. Cfr. Giuseppe Alberigo, *Gedda ieri... e anche oggi?*, in «Cristianesimo nella storia», 21 (2000), pp. 687-694.

8. Ivi, p. 689.

9. *Ibidem*.

Rivolgersi a Cantimori da parte di Dossetti e di Alberigo per avere una guida agli studi di questi era un indubbio segnale di libertà intellettuale (oltre che di intelligenza) da parte di entrambi. Nel contesto accademico e culturale di allora non era affatto ovvio che due cattolici militanti si rivolgessero a un docente che, per quanto autorevolissimo, era pur sempre iscritto al partito comunista! Più scontata, direi, l'accoglienza di Cantimori: sempre largamente disponibile di suo a ricevere giovani studenti in cerca di consigli, il fatto che una tale richiesta provenisse da un politico cattolico anomalo come Dossetti non poteva non sollecitarlo ulteriormente a una risposta positiva.

Anni dopo, nel contesto delle tensioni e delle difficoltà che accompagnarono le sue vicende concorsuali, così Alberigo, scrivendone a Cantimori, rievocò quell'incontro e il suo significato:

> Quando, ormai sono 8 anni, avvenne il nostro primo incontro, incontro come puoi ben immaginare atteso e circondato da notevole ansia, l'unica cosa che volevo trovare in te era il ricercatore più sensibile e attento che il mondo culturale italiano offrisse sui problemi di storia religiosa. Proprio questa risposta davo alcuni giorni fa ad amici che mi chiedevano perché avessi scelto te come maestro. E ti assicuro che alla gioia e alla riconoscenza veramente grande, che suscitò il fatto che tu mi accettassi, si associò il piacere di poter constatare che tu mi prendevi pur sapendomi cattolico. Se prima ti avevo stimato e ammirato nei tuoi scritti, avevo ora un motivo di più per farlo sul piano della tua umanità. La ricerca poteva davvero costituire un solido punto di incontro e di collaborazione nel più profondo rispetto delle reciproche posizioni.[10]

La ricerca (quando sia ricerca vera, libera, appassionata) come punto di incontro e di dialogo, al di là di ogni diversità ideologica, confessionale, di visione del mondo e delle cose: fu la lezione del loro incontro, e fu una lezione cui Alberigo intese restare fedele. Non a caso in quella stessa lettera egli aveva scritto: «In qualche modo sentivo e sento questo nostro rapporto come un pezzetto di un dialogo più vasto tra gruppi diversi».

Nel corso del 1954 Alberigo, oltre ad iniziare un primo rapporto con Cantimori, stabilì anche un contatto, che sarà per lui altrettanto importante, con Hubert Jedin, il grande storico del concilio di Trento ma anche della "riforma cattolica": secondo una prospettiva che, rompendo e articolando le tradizionali categorie storiografiche di riforma protestante e

10. Minuta di lettera s.d. scritta probabilmente tra la primavera e l'estate 1963.

di controriforma, mirava a individuare, nell'autonomia delle loro diverse esperienze, correnti religiose e di spiritualità rimaste variamente estranee alle consolidate contrapposizioni confessionali.[11] D'altra parte Cantimori e Jedin erano fin dagli anni Trenta in rapporti di colleganza e di amicizia. Diversissimi per orientamenti generali (Cantimori dalla seconda metà degli anni Trenta collaborava con il Partito comunista – vi si iscriverà nel 1948 dopo la bruciante sconfitta del 18 aprile –, Jedin era cattolico e prete) essi trovavano un solido terreno di incontro nel comune riconoscimento che «il buon metodo storico, critico e positivo» aveva le sue uniche, imprescindibili basi nella raccolta e nello studio dell'insieme delle fonti che il passato ci aveva lasciato, uno studio però che andava condotto con ampiezza di orizzonti e in piena libertà da condizionamenti apologetici o propagandistici. Non era frutto di umori occasionali l'entusiasmo con cui Cantimori, in un articolo su «Società» del 1946, aveva salutato il "libretto" con cui Jedin aveva aperto il discorso sulla "riforma cattolica", definendolo «succosissimo, o per dirla con modi popolareschi, pieno come un uovo, come un uovo tutto buono».[12] Si formò così tra Cantimori, Jedin e Alberigo una sorta di singolare triangolo, fecondo di scambi e di suggestioni di ricerca, che ebbe un non piccolo peso nella formazione degli orientamenti storiografici di Alberigo e nella stessa iniziale definizione dei suoi ambiti di lavoro.

Sia Cantimori sia Jedin, pur se con caratteri diversi, si qualificavano in primo luogo come studiosi del Cinquecento religioso. E fu in quest'ambito che Alberigo trascorse tutti i suoi primi anni di lavoro, avviando in particolare, su consiglio di Jedin, una ricerca sulla partecipazione e sul ruolo dei vescovi italiani al concilio di Trento. I risultati puntuali di essa sono racchiusi nell'ampio volume *I vescovi italiani al Concilio di Trento (1545-1547)*, edito nella «Nuova serie» della «Biblioteca storica Sansoni» alla fine del 1959.[13] Lo spezzone preso in esame era fortemente ridotto rispetto ai propositi iniziali: i due primi anni del concilio soltanto fino al

11. Cfr. Ruggieri, *Alberigo di fronte a Dossetti e Jedin*, in particolare pp. 716 sgg. Degli stretti rapporti stabilitisi da allora con Jedin è preziosa testimonianza il saggio che Alberigo dedicò alla sua opera di storico: Cfr. Giuseppe Alberigo, *Hubert Jedin storiografo (1900-1980)*, in «Cristianesimo nella storia», 22 (2001), pp. 315-338.

12. Cfr. Delio Cantimori, *Riforma cattolica*, ora in Id., *Studi di storia*, Torino, Einaudi, 1959, p. 537. Numerosi riferimenti ai suoi rapporti con Cantimori offre H. Jedin nella sua autobiografia (cfr. *Storia della mia vita*, trad. it. Brescia, Morcelliana, 1987, *ad vocem*).

13. Cfr. Giuseppe Alberigo, *I vescovi italiani al Concilio di Trento (1545-1547)*, *Prefazione* di Delio Cantimori, Firenze, Sansoni, 1959, pp. XVII-500.

suo fallimentare trasferimento bolognese. Furono risultati però ugualmente importanti. E ciò non solo per le nuove puntuali conoscenze acquisite sia sull'episcopato italiano della prima metà del Cinquecento (terreno allora largamente incognito) sia intorno ai caratteri della sua partecipazione conciliare, che fu sempre, nelle sue varie fasi e pur se con una varietà di motivazioni, decisiva per mantenere il concilio nell'alveo delle prospettive romane. Quel volume infatti, secondo intenti e finalità che il Centro di documentazione veniva chiaramente elaborando, aprì anche la strada a una ripresa anche in Italia degli studi di storia della Chiesa, sottraendoli da una parte all'ambito asfitticamente confessionale e localistico cui la repressione antimodernista e il disinteresse della cultura accademica ufficiale per una volta congiunti li avevano relegati, e rivendicando dall'altra il loro inserimento a pieno titolo tra i vari rami delle discipline storiche.

Esplicita appare in Alberigo la consapevolezza dei caratteri specifici, ma non per questo estranei alle discipline storiche, della storia della Chiesa, di cui quel particolare segmento di storia che egli si accingeva a trattare faceva pienamente parte. Non erano le sue teorizzazioni astratte, ma rilievi puntuali connessi al suo lavoro e all'impianto del suo lavoro:

> I partecipanti a un concilio interessano la storia della Chiesa, e indirettamente anche quella civile, per la funzione storica che essi svolgono come ponte tra una determinata situazione della cristianità e il concilio, che rappresenta sempre un momento di suprema riflessione e di orientamento della Chiesa di fronte al divenire della società umana. Nella misura in cui la storia dei concili è stata soprattutto esegesi dei decreti e dei canoni in essi approvati, è naturale che un problema di questo tipo non sia stato neppure formulato. Esso nasce solo quando ci si ponga da un punto di vista eminentemente storico, dal quale i concili non possono essere considerati che nella prospettiva e sullo sfondo della storia della Chiesa.[14]

Sono rilievi e concetti su cui Alberigo ritornerà in forme diverse più volte. Corrispondevano ad una rivendicazione che era nello stesso tempo sia scientifica, in quanto volta a precisare l'impianto e i caratteri specifici di una ricerca storica che avesse la Chiesa come suo oggetto, sia accademica e disciplinare, perché mirava a reintrodurre dopo un lungo ostracismo l'insegnamento della storia della Chiesa nell'ordinamento delle Università italiane. Cantimori fornì pieno appoggio al duplice aspetto di tale rivendicazione. Lo fece fin dalla prefazione con cui volle aprire il volume, rilevan-

14. Ivi, p. 18.

do come da esso «emerga una figura originale, ormai autonoma e sicura, di studioso e di storico. Di storico in generale, date la qualità e la preparazione, e di storico della Chiesa in particolare, dati gli interessi specifici».[15] Non era tuttavia un rilievo che voleva limitarsi all'apprezzamento individuale. Perché proprio l'importanza della ricerca anche da un punto di vista metodologico generale e lo spessore intellettuale di chi l'aveva condotta lo inducevano a «proporre qualche riflessione sulla Storia della Chiesa, come disciplina storica specifica, con i suoi vari presupposti». Disciplina in Italia largamente trascurata, osservava Cantimori, in quanto per gli uni riservata ad una ben determinata categoria di persone «particolarmente scelte», come rilevava non senza una punta di malizia, riducibile per gli altri «ad un aspetto della storia generale»:

> come se i monopoli e i privilegi, obiettava Cantimori, non fossero ancor più dannosi nella attività culturale e scientifica, anche, a lungo andare, per coloro che li detengono, e come se il negare l'esistenza di un particolare aspetto della realtà storica tentando di diluirlo nella generalità servisse per conoscerlo, capirlo e giudicarlo storicamente.[16]

Erano per Cantimori i prodromi di un discorso sull'importanza culturale e civile degli studi di storia religiosa e della Chiesa, da sottrarre alla pavida ipoteca dei "clericali" e all'ottuso ostracismo dei "laici", che troverà ampio spazio e ricchezza di argomentazioni nelle periodiche lettere al «caro Rossi», pubblicate nel corso dei primi anni Sessanta sulla rivista genovese «Itinerari».[17] Corrispondeva alla sua idea, come Alberigo mise giustamente in luce nel breve ricordo dedicato a Cantimori sulla «Rivista di storia della Chiesa in Italia», che «il fare storia religiosa non fosse mai un fatto marginale, settoriale», in quanto riguardava «una dimensione costitutiva della realtà in dialogo e in dialettica con tutti gli altri aspetti».[18] Nella prefazione al volume di Alberigo, a segnare tutto il suo apprezzamento per esso, egli lo additava, per il suo contenuto e per le sue indicazioni di metodo, come «un buon inizio per una miglior definizione di questi studi: non dico per una ripresa perché c'è già una rivista e qualche organismo e centro di ricerche; ma per una ripresa organica, per la formazione di un

15. Cfr. Cantimori, *Prefazione*, in Alberigo, *I vescovi italiani*, p. VIII.

16. *Ibidem*.

17. Cfr. Cantimori, *Conversando di storia*, in particolare pp. 9-71.

18. Cfr. Giuseppe Alberigo, *Delio Cantimori*, in «Rivista di storia della Chiesa in Italia», 21 (1967), p. 290.

gruppo di studiosi e ricercatori organicamente collegati nel lavoro: se si vuole adottare l'antica terminologia, di una scuola».[19]

Non erano questi di Cantimori giudizi e apprezzamenti di maniera, dovuti per dir così, per il fatto stesso di aver accettato di scrivere una prefazione. Le lettere private ripetono ampiamente, e spesso in termini anche più calorosi e impegnati, gli stessi apprezzamenti e concetti. La promozione degli studi di storia della Chiesa e l'impegno di introdurla nel *curriculum* degli studi universitari rappresentarono il terreno di incontro tra Cantimori e le prospettive perseguite dal Centro di documentazione: nell'intensificarsi di un rapporto di scambio di informazioni e di consigli di lavoro di cui Alberigo rappresentò il tramite privilegiato. Agli incontri frequenti (con il 1956 Alberigo era divenuto assistente volontario di Cantimori, per divenire di ruolo tre anni dopo) si accompagnò infatti un fitto scambio epistolare che segna nello stesso tempo, da parte di entrambi gli interlocutori, la crescita costante di una stima intellettuale che andava trasformandosi in solida e riconosciuta amicizia.

«Considererei una fortuna averla come assistente ordinario», scrive Cantimori ad Alberigo nel gennaio 1957, «come considero una fortuna, della quale sono grato anche al prof. Dossetti [...], aver fatto il suo incontro».[20] Il tono, progressivamente, diviene via via più confidenziale e intimo. Nell'estate del 1957, all'indomani della notizia che Cantimori aveva lasciato tacitamente il Partito comunista, Alberigo gli indirizza una lunga lettera di partecipe solidarietà, nella volontà, come scrive, «di approfondire maggiormente con Lei un rapporto che è uno dei miei "possessi" più cari e preziosi». Sono righe con tutta evidenza intense e profondamente pensate, che segnano una tappa essenziale nella crescita dei loro rapporti:

> Proprio sul piano di un vero rapporto umano, mi sento ora più che mai tanto vicino a Lei nella sofferenza, che per esperienza so molto amara e dura, dei mesi che hanno preceduto e che seguiranno alla Sua decisione. Lo sforzo di distinguere tra il contenuto autentico di un complesso di idee, sentimenti, speranze e le forme, i modi, le "strategie" e le "tattiche" da esso assunte e che ad un certo momento divengono e appaiono assurde e inaccettabili, è spesso relativamente facile intellettualmente quanto penoso umanamente nel passaggio da riflessione ad atteggiamento esplicito. [...] Non è comunque di una problematica impersonale che ora volevo scriverle, ma della solidarietà

19. Cfr. Cantimori, *Prefazione*, in Alberigo, *I vescovi italiani*, p. IX.
20. Lettera dell'11 gennaio 1957.

> che sento per la Sua posizione e del bisogno di ringraziarla per l'esempio che implicitamente è contenuto in essa [...]. L'esperienza della rottura con la DC prima e la separazione da Dossetti poi mi danno ora la sicurezza che per Lei il distacco dal PCI è ben più che un atto meramente politico.[21]

La risposta di Cantimori è lunga e calorosa, ed insieme illuminante del suo sentire:

> La ringrazio prima di tutto della sua cara lettera del 2 agosto. Fra quelle, poche, che ho ricevuto a proposito della notizia della mia uscita dal P.C.I. (che è avvenuta nel dicembre 1956, non ora) e che mi hanno recato conforto [...], debbo dirle che la sua è quella che mi ha realmente più confortato e aiutato, e un po' commosso, in quella brutta prima quindicina del mese. È stata veramente – permetta che dica una parola un po' grossa – una lettera da amico. Non ripeterò ora né tradurrò parafrasandole le sue parole, per dirle che lei ha compreso e capito meglio di ogni altro degli amici e conoscenti che mi hanno scritto, meglio anche di qualcuno degli amici giovani e vecchi coi quali ho parlato. E la ringrazio con particolare commozione della confidenza con la quale mi accenna a sue esperienze analoghe; la sua solidarietà l'accetto in pieno, e gliene sono grato.[22]

21. Lettera del 2 agosto 1957.

22. Lettera del 25 agosto 1957. Cantimori così continuava per spiegare la sua scelta: «Non sono uscito alla fine di Luglio, ma, – senza dimissioni, ma semplicemente facendo sapere che non avrei più rinnovato la tessera del Pci – in Dicembre, e prima che si conchiudesse il congresso del Pci in quel mese. Avevo detto la cosa a pochissimi amici, pregandoli di non tacere se interrogati, ma di non dare pubblicità (il che mi sarebbe sembrato, nel mio caso, vanità): fra l'altro, da ragazzo o quasi avevo fatto l'esperienza del Partito Repubblicano e del mazzinianesimo, che mi avevano condotto a quella del fascismo; e *politisieren* ancora, dopo una esperienza, non certo senza partecipazione più impegnata che le altre, come l'ultima, mi sembrerebbe ridicolo e sfacciato, impudente. Ma non erano solo ritegni personali, se pur questi forse predominavano, a trattenermi dal dare pubblicità alla cosa. Si trattava anche di constatazione di un mio reale disorientamento, non ancora risolto, in questioni di politica contemporanea contingente, con tutte le implicazioni che ciò comporta. Chiaro era ed è per me solo che di politica contemporanea non capisco nulla, e devo per lo meno tacere in pubblico: cioè rinunciare anche a far sapere le mie ragioni, etc.; oltreché non partecipare ad altri aggruppamenti (anche questo è stato detto da qualche giornale). Perciò, non è stato solo un sentimento di vergogna e di disagio, quello che ho provato quando ho visto che la mia decisione era stata pubblicata, ma anche di dispiacere, perché venivo aggregato a un gruppo, in una particolare costellazione. D'altra parte, qualunque presa di posizione o rettificazione pubblica mia, non solo sarebbe stato atto di ridicola vanità, ma presa di posizione "politica": mentre ho rinunciato a qualunque azione di questo genere, per lo meno finché non avrò capito bene tante mai cose. Perciò, posso accettare su un piano più profondo tutto quello che mi ha scritto (accettare qui vuol dire ringraziare realmente) e

L'insieme dell'epistolario è notevolmente cospicuo (nei tredici anni che vanno dal 1954 al 1966, anno della morte di Cantimori, sono 116 le lettere sue e 85 quelle di Alberigo). Esse offrono in tutto il primo periodo una significativa testimonianza della comune volontà di approfondire e rafforzare i reciproci rapporti non solo in ambito scientifico ma anche sul piano umano. In previsione di una sua prossima visita alla casa bolognese di Alberigo, Cantimori avverte: «Prego la Signora di non prendersi disturbo di tipo "bolognese", perché vengo da voi affinché ci possiamo conoscere meglio, e quella semplicità della quale lei mi ha accennato è per me la cosa più cara e gradita».[23] E a fronte di una lettera in cui Alberigo lo ringraziava della "bontà" mostrata verso di lui, Cantimori replica significativamente in termini ancora una volta di particolare stima e apprezzamento, che sono insieme attestazione del suo costume morale:

> Mi permetta di dirle che lei non deve parlare di "bontà" mia nei suoi riguardi. So che purtroppo non posso fare, o non posso fare così rapidamente come vorrei, quello che lei, come studioso e come uomo, merita di avere (e sarebbero poi cose modeste: la possibilità di lavorare meglio!). Le parole di rammarico o di incitamento non sostituiscono il fare, e non costituiscono bontà reale. È vero che sono contento di constatare, man mano che la conosco, che la sua serietà umana non è da meno di quella scientifica – e che son contento

che per [me?] è una delle parole più comprensive che ho avuto, anche se nel tempo la cosa è avvenuta molti mesi prima: ma il lavoro di ricostruzione interiore è ancora in movimento, e sarà lento, anche in rapporto all'età, cioè alle antiche esperienze, alla diffidenza che mi è rimasta. Le chiedo scusa se ho parlato tanto a lungo di me e dei casi miei, ma la sua lettera mi ha commosso, e, anche a distanza di tempo, mi ha fatto un po' "abbandonare". Spero che continueremo il discorso». Spiegazioni sostanzialmente analoghe offriva Cantimori a Werner Kaegi in una lettera dell'8 gennaio 1957 (cfr. Luisa Mangoni, *Europa sotterranea*, in Delio Cantimori, *Politica e storia contemporanea. Scritti (1927-1942)*, a cura di Luisa Mangoni, Torino, Einaudi, 1991, pp. XLI sgg.). Sui rapporti di Cantimori con il partito comunista e la sua uscita da esso vedi Gastone Manacorda, *Lo storico e la politica. Delio Cantimori e il partito comunista*, in *Storia e storiografia. Studi su Delio Cantimori*, a cura di Bruno Valerio Bandini, Roma, Editori Riuniti, 1979, pp. 62-109 (e per i riflessi che la vicenda presenta nella corrispondenza tra Cantimori e Manacorda cfr. Albertina Vittoria, *Il PCI, le riviste e l'amicizia. La corrispondenza fra Gastone Manacorda e Delio Cantimori*, in «Studi storici», 44, 2003, pp. 745-888). Ma vedi anche le riflessioni di Corrado Vivanti, *Politica e riflessione storiografica: Delio Cantimori*, in «Studi storici», 32 (1991), pp. 777-797, e ciò che ho scritto in *Delio Cantimori. La ricerca di una nuova critica storiografica*, Torino, Einaudi, 1970, in particolare pp. 281-299, e *Aspetti della riflessione storiografica di Delio Cantimori fra guerra e dopoguerra*, in *Storia e storiografia*, pp. 26-60.

23. Lettera del 16 settembre 1957.

di provare simpatia umana per lei e per sua moglie. Ma è bontà, questo? Forse è egoismo mio, soltanto.[24]

Mentre prepara la prefazione al volume sui *Vescovi italiani*, ancora una volta Cantimori sente il bisogno di ribadirgli la sua stima: «Sono stanco e stranito, ma le ore lucide le dedico a lei (con sempre maggiore stima per lei – e vanitoso compiacimento da parte mia per averla, sia pure con l'aiuto e la guida di Dossetti, saputo apprezzare e stimare)».[25]

L'ampiezza degli apprezzamenti non manca di accompagnarsi a volte ad amichevoli rilievi venati di ironia sulle "asperità" della scrittura di Alberigo, condizionata dalla sua iniziale formazione giuridica. Erano del resto rilievi abituali nell'approccio pedagogico di Cantimori con allievi e amici più giovani, corrispondenti all'importanza che egli attribuiva alla precisione e alla chiarezza nell'esposizione storica. «Spero che le mie aggiunte», così in una lettera dell'ottobre 1958 in riferimento alla sua lettura di una prima stesura dei *Vescovi italiani*, «non rovinino la ineffabile burocraticità del suo testo. Il tutto sia detto con affettuosa amicizia!».[26] Dell'ampia rassegna sull'applicazione del concilio di Trento in Italia che Alberigo pubblicherà sulla «Rivista storica italiana» nel 1958, Cantimori scrive come di un «testo» che «dovrebbe fare epoca negli studi italiani sulla *Riforma cattolica*».[27] Si dichiara d'accordo con «l'impostazione generale e la parte "teorica" e programmatica (critica al già fatto e impostazione sul da farsi)», ma gli preannuncia «osservazioni [...] prevalentemente di carattere stilistico [fatte] di segni e appunti di carattere indicativo» in vista di una revisione che Alberigo stesso, se d'accordo, avrebbe potuto compiere: «altrimenti sarebbe stato lavoro antipatico e inutile». Ma poi prosegue:

A me manca la sociologia; a lei forse, come a tutta la sua generazione, il gusto artigianale dello scriver chiaro e di adoprare il meno possibile termini nuovi (= non registrati, p. es., nel Palazzi). Ma sono cose secondarie. Certo, in un lavoro che sarà molto usato e citato, un po' più di cura artigianale per il buon italiano tradizionale mi sembra utile. Ci saranno polemiche, ed è bene che non ci si debba perdere in questioni grammaticali-sintattiche-stilistiche. Se

24. Lettera del 25 settembre 1957.
25. Lettera del 5 settembre 1959.
26. Lettera del 17 ottobre 1958.
27. Lettera del 20 ottobre 1957. La rassegna uscirà l'anno dopo: vedi Giuseppe Alberigo, *Studi e problemi relativi all'applicazione del Concilio di Trento in Italia (1945-1958)*, in «Rivista storica italiana», 70 (1958), pp. 239-298.

lei crederà, e se ci sarà tempo, potremo leggere insieme il lavoro e ripulirlo in questo senso. Ma non insisto.

Sono rilievi che non mancano di riflettersi anche nella sua prefazione ai *Vescovi italiani*, secondo quella precisione e pulizia nel giudizio storiografico che fu tratto caratteristico di Cantimori anche nei suoi rapporti con gli amici:

> Aggiungerei volentieri anche l'augurio di una maggiore semplicità e nettezza di espressione, come si conviene allo storico che è anche narratore: benché mi renda conto che spesso le circonlocuzioni di tipo sociologico e giuridico sono necessarie a chiarire e a definire situazioni e fenomeni storici complessi senza cadere in inesattezze.[28]

Ma in quella stessa prefazione, tra gli insistiti giudizi positivi e le ripetute affermazioni sull'importanza storiografica del volume, Cantimori aveva anche aggiunto questo significativo riconoscimento:

> Mi si permetta di dichiarare, sempre da un punto di vista generale, che la lettura del libro dell'Alberigo mi ha fatto capire per la prima volta e in concreto, nonostante certe ripugnanze, diciamo stilistiche, quasi ataviche per uno studioso nato intellettualmente all'ombra degli epigoni del Gentile e del Croce, quale possa essere l'apporto vivificatore degli studi sociologici agli studi storici: vivificatore nel senso che, dopo l'indagine storico-biografica sui singoli vescovi, senza il criterio del "gruppo", usato dall'Alberigo, in sostanza, con quella discrezione che è un'altra delle caratteristiche dello storico, non sarebbe stato possibile senza un salto irrazionale passare alla impostazione di problemi e di giudizi storici di più ampia portata. Insomma, è un'articolazione importante e che ci mancava, e non solo per gli studi di storia culturale e religiosa italiana del primo Cinquecento, ma in generale, quando si voleva passare dalla personalità grande, o simbolica, o semplicemente caratteristica, alla realtà storica circostante.[29]

Con la fine del 1959 arrivò il sospirato posto di assistente di ruolo e il conseguente concorso. Nella primavera Alberigo aveva ottenuto la libera docenza e così nel gennaio 1960 la facoltà fiorentina gli attribuì l'incarico di Storia della Chiesa introdotta nel frattempo nel suo Statuto. Egli si avviava così a diventare un "collega", sancito secondo gli usi accademici del tempo dal passaggio al "tu": «Adesso che sono finiti concorsi ed esami, potremmo

28. Cfr. Cantimori, *Prefazione*, in Alberigo, *I vescovi italiani*, p. IX.
29. Ivi, pp. VII sgg.

darci reciprocamente il tu quacchero-massonico-democratico, ma soprattutto amichevole. Che ne dici?», gli scrisse Cantimori alla fine del 1959.[30]

Alle esercitazioni di seminario e alle lezioni di Storia generale che Alberigo aveva tenuto sino allora ad integrazione dei corsi di Cantimori, si venne così sostituendo il corso di Storia della Chiesa che egli tenne per sette anni svolgendo temi, come allora largamente si usava, sempre diversi e variamente connessi alle ricerche da lui già condotte o in fase di avviamento[31] (sul concilio Lateranense V, sui problemi fondamentali della storia della Chiesa fra il secolo V e l'XI, sui concetti riguardanti la Chiesa e la sua storia in uso nella patristica, sulle prime discussioni al concilio Tridentino, sui primi quattro concili ecumenici, sulla dottrina dell'episcopato nella teologia moderna, sul *Libellus ad Leonem X* di Paolo Giustiniani e Pietro Querini).

Ma il 1959 aveva segnato anche l'inizio di un evento che avrebbe profondamente inciso sull'attività di ricerca di Alberigo, indirizzandolo nello stesso tempo su una strada che lo portò a divenire un grande organizzatore di imprese culturali di inconsueto spessore. Il 25 gennaio infatti, nella sacrestia della basilica di San Paolo fuori le mura, Giovanni XXIII aveva annunciato a un gruppo di cardinali più esterrefatti che partecipi il suo proposito di convocare un concilio ecumenico della Chiesa universale in vista della sospirata unione di tutti i cristiani.

Gli anni di preparazione al concilio e il suo svolgimento coinvolsero profondamente Alberigo e l'intero Centro di documentazione, in un rinnovato rapporto con Dossetti, che negli anni precedenti si era allentato e non aveva mancato di tensioni, per la sua scelta di dare vita a una famiglia religiosa e di divenire prete:[32] una scelta quest'ultima su cui sia Alberigo sia Cantimori avevano riflettuto con "sgomento", per il significato almeno apparente di ripiegamento (così sembrerebbe di capire) rispetto all'impegno culturale nella vita pubblica che quella scelta pareva implicare, indizio a sua volta del pessimismo con cui Dossetti guardava alle prospettive della situazione italiana. Non a caso Alberigo aveva osservato: «È difficile chiu-

30. Lettera s.d., ma scritta tra il 4 e il 21 dicembre 1959.

31. Li ricavo da un *Curriculum dell'attività scientifica e didattica di Giuseppe Alberigo* che dovrebbe risalire al 1967. Ma vedi anche per le esercitazioni di seminario che li affiancavano, Melloni, *Appunti per un percorso biografico*, pp. 672 sgg.

32. Brevi cenni in Ruggieri, *Alberigo di fronte a Dossetti e Jedin*, in particolare pp. 712 sgg.; in Melloni, *Appunti per un percorso biografico*, p. 672; e nelle note e nei documenti raccolti in *L'"officina bolognese"*, in particolare pp. 41 sgg. e 133 sgg.

dere in un ambito personale l'evoluzione di un uomo come Dossetti»,[33] mentre a sua volta Cantimori aveva scritto: «Se posso permettermi un'opinione in cose così delicate, Le dirò che mi sembra vagamente di capire i motivi della sua scelta ("prete" e non "frate") e che mentre li capisco, sono un po', dal punto di vista politico generale, "culturale", sgomento».[34]

Le vicende del concilio impegnarono profondamente Alberigo nella quotidiana attività svolta dall'"officina bolognese" a fianco di Dossetti e a supporto della presenza conciliare del cardinale Lercaro. Già in vista della sua apertura egli aveva coordinato l'edizione delle decisioni di tutti i concili ecumenici, da Nicea al Vaticano I, in un volume che ebbe larghissima diffusione. Nel corso delle sessioni di grande rilievo fu la sua ricerca sullo sviluppo della dottrina dei poteri nella Chiesa in età moderna: una sua redazione in forma di *abrégé* fu fatta circolare tra i padri conciliari già nel corso del 1963 (uscì in volume nel 1964) in vista delle accese discussioni che dividevano l'assemblea sulla questione della collegialità episcopale con cui il "primato" papale andava integrato.[35]

Al coinvolgimento nell'opera del concilio andò intrecciandosi un'attenzione crescente alla figura di Giovanni XXIII e alle prospettive che il suo pontificato aveva aperto per la Chiesa. Il Vaticano II e Giovanni XXIII: senza essere esclusivi furono i due grandi temi di riflessione e di ricerca che impegnarono nei decenni successivi l'intero Istituto e in prima linea Alberigo, che dal 1962 ne era diventato il segretario, guidandone con polso fermo, in acque non sempre tranquille, il fecondo percorso.

L'impegno in vista del concilio e nel concilio difficilmente non poteva non portare con sé un lento allentarsi della collaborazione scientifica con Cantimori. Lo attesta del resto anche il congedo straordinario dall'assistentato per motivi di studio e di insegnamento ottenuto per gli anni accademici 1963-1967. I temi e i problemi del concilio spingono Alberigo in altre direzioni, più direttamente connesse ai dibattiti ecclesiali del presente. L'idea di Cantimori di preparare insieme uno o più volumi di "scrittori religiosi" del Cinquecento per la grande collana di «Storia e testi» della letteratura italiana pubblicata dalla Ricciardi resta sulla carta.[36] Era un allentarsi che

33. Lettera del 1° aprile 1958.

34. Lettera del 31 marzo 1958. Alberigo, nella lettera citata sopra, aveva così replicato a queste righe: «Anch'io rifletto parecchio in questi giorni sulle vicende di Dossetti e ne traggo, come lei, non poco sgomento».

35. Cfr. Melloni, *Appunti per un percorso biografico*, pp. 672-679.

36. Vedi per il progetto la lettera di Cantimori del 5 agosto 1958.

Cantimori aveva in qualche modo previsto, se fin dall'estate 1962 gli aveva scritto: «Spero che i tuoi impegni conciliari non mi priveranno del tuo prezioso aiuto».[37]

Sono anni segnati anche dalle defatiganti vicende di una serie di concorsi di Storia della Chiesa cui Alberigo, nonostante l'appoggio di Cantimori, partecipa senza successo. È la rivalsa – non sono pochi i segni a mostrarlo – del mondo curiale per il ruolo che l'Istituto e in esso Alberigo svolgono e hanno svolto al margine del concilio. Una sua lettera del dicembre 1962 a Cantimori, dopo il primo fallimento, ne attesta la consapevolezza: «Forse era l'inevitabile conclusione di una commissione a maggioranza cattolica [...]. So che sarebbe imperdonabile stupirsi per un andamento "singolare" di un concorso, ma il guaio viene dal fatto che è impossibile immaginare quando si avrà il prossimo. Salvo sempre che allora io riesca a superare la diffidenza, le antipatie e le invidie dei cattolici ufficiali».[38] All'ennesimo ripetersi delle opposizioni e delle difficoltà Cantimori gli scrive: «Come amico, tutta la mia solidarietà; come professore, il maltrattamento a te è come se fosse fatto a me. [...] come studioso sono avvilito e indignato».[39]

Il 1966 è l'ultimo anno di vita di Cantimori. Tutti i primi mesi li trascorre a Princeton, su invito di Roland Bainton. Le sue lettere offrono una descrizione entusiastica delle condizioni di studio e di lavoro che ne contrassegnano l'organizzazione. Vi si incontrano espressioni inconsuete. «Qui, io sto bene», scrive ad Alberigo nel febbraio; «Mia moglie è un po' malinconica per la neve, il freddo e la solitudine, e infastidita da questo. Io mi vergogno perciò d'esser così soddisfatto e felice, anche per l'ambiente».[40] A Firenze, Alberigo lo supplisce nell'insegnamento di Storia moderna, continuandone il corso dell'anno precedente su Università e società fino al 1870 in Europa e Stati Uniti. Cantimori gli manda consigli ma progetta anche l'occasione di un seminario in comune: «Potresti forse cominciare con l'Italia, e con la questione delle facoltà di teologia: io trovo che era bene e giusto abolirle così com'erano, e anche come avrebbero potuto essere; se tu non sei d'accordo come immagino, dillo agli studenti e prometti un seminario in comune con discussione tra te e me»:[41] che era

37. Lettera del 26 agosto 1962.
38. Lettera del 31 dicembre 1962.
39. Lettera del 10 gennaio 1965.
40. Lettera datata 1/2 febbraio 1966.
41. Lettera del 12 febbraio 1966.

poi un modo anche questo per mostrare, pur nella diversità del giudizio storico, il solido terreno di incontro che la ricerca poteva offrire.

La morte improvvisa di Cantimori il 13 settembre 1966 interrompe bruscamente i reciproci rapporti. Il trasferimento di Alberigo a Bologna, nella neonata facoltà di Scienze politiche, e infine la vittoria al concorso di Storia della Chiesa, alla fine del 1967, ne chiudono l'attività alla facoltà fiorentina. La sua produzione storiografica presenta ancora solidi contributi legati alle ricerche degli anni precedenti (basti pensare ai suoi fondamentali contributi sul cardinalato,[42] ma il suo centro di interessi si sposta progressivamente sulla contemporaneità, mentre la sua ricerca, senza perdere il rigore delle sue basi, si configura sempre più nettamente in termini di battaglia ecclesiale, funzionale cioè ai problemi e alle prospettive che travagliano e dividono il corpo della Chiesa. L'ho già ricordato: Giovanni XXIII, il suo percorso biografico e il suo pontificato da una parte e il Vaticano II dall'altra sono i grandi temi che impegnano Alberigo e tanta parte dei membri dell'Istituto, ma che richiamano anche una sempre più larga collaborazione internazionale. La grande *Storia del Concilio Vaticano II* in cinque volumi, che egli promuove e dirige sullo scorcio del secolo scorso, presenta indubbiamente, com'è inevitabile in opere di larga collaborazione, risultati diseguali. Ma essa ha l'indubbio merito di aver riproposto nei suoi termini reali, non solo al mondo degli studiosi ma alla memoria comune, ciò che il concilio è stato, nella varietà dei suoi orientamenti e delle sue tensioni, dei suoi contrasti e delle sue lacerazioni, tamponando e ostacolando così, pur senza poterla impedire del tutto, quella deriva banalizzante e riduttiva con cui si è cercato progressivamente di imbalsamarlo in questi ultimi decenni.

Non è facile, al termine di questo rapido sondaggio all'interno di un rapporto che come quello tra Cantimori e Alberigo fu intenso e insieme singolare, tracciarne un bilancio soddisfacente. Si può dire di Alberigo che fu allievo di Cantimori? In anni recenti egli lo rivendicò con forza[43] e penso avesse ragione pur nella grande diversità di impianto storiografico e di orientamenti che li contraddistingueva. Mi è già capitato di rilevarlo parecchio tempo fa: sono, siamo molti, pur profondamente diversi, che ci

42. Cfr. Melloni, *Appunti per un percorso biografico*, p. 681.

43. In particolare in un'intervista/chiacchierata che Alberigo ebbe con Dino Messina, pubblicata sul «Corriere della sera» il 14 febbraio 2005, p. 27, con un titolo redazionale a dir poco strabiliante: *Io e Cantimori vittime dell'accademia Pci.*

richiamiamo all'insegnamento di Cantimori e tra costoro citavo espressamente Alberigo.[44] In un momento di malumore per un genere di propaganda concorsuale che gli sembrava controproducente, Cantimori volle negarlo: «Amico mio, non discepolo», scrisse: «amico mio stimatissimo; auspicato futuro collega a pieno titolo, assistente valentissimo, ottimo; e collega incaricato apprezzatissimo – ma "discepolo", è uno sbaglio».[45] Non era solo un modo di marcare certe differenze. Corrispondeva anche ad un certo fastidio per ciò che il formarsi di scuole e scuolette comportava di deterioramento nei rapporti universitari e di lavoro. «Ho sempre schernito, a voce e per iscritto, in pubblico e in privato, tutto il discorso "maestro"-"discepolo", con cerimoniale annesso», scrisse Cantimori ad Alberigo per spiegare il senso della sua reazione: «Inoltre, questa volta non c'è stato neppure il rapporto scolastico che potrebbe giustificare il discorso stesso. Perché ridurre a discepolo quell'amico che è molto più di discepolo, collaboratore come assistente ma soprattutto come collega?».[46]

Lasciando da parte questi aspetti che per voler essere troppo definitori sono anche semplificanti, e per restare nell'ambito della ricerca storiografica e della formazione ad essa, penso si possa dire che dalla sua consuetudine con Cantimori, oltre ad un metodo di lavoro che ha nelle fonti il suo primo punto di riferimento, Alberigo ricavò l'insegnamento che la storia della Chiesa è storia come tutte le altre, da studiare e da capire anche nei suoi nessi con la storia civile, ed è storia perciò avulsa ed estranea dal sistema della teologia. Egli rompeva così decisamente con una tradizione di studi che sottoponeva lo studio della storia della Chiesa alle definizioni e ai criteri offerti dalla teologia, e dunque, in ultima istanza, ne faceva ambito riservato a quanti ne condividessero fede e dottrina. Fu da parte di Alberigo una scelta netta, come attesta la sua discussione pubblica con Jedin, anche se fu scelta che non mancò di oscillazioni e incertezze. Preme infatti a volte nei suoi scritti come un'urgenza di superare i limiti che ad ogni conoscenza storica sono connessi per attingere a "un di più" che all'occhio dello storico è precluso, e, aggiungerei, deve restare precluso se storico vuol continuare

44. Così in un incontro avvenuto a Russi l'8 maggio 2004: cfr. la cronaca che ne offre Leandro Perini, *Una tavola rotonda su Delio Cantimori*, in «Normale. Bollettino dell'Associazione normalisti», 7 (2004), pp. 13-18 (a pagina 13 il riferimento alla mia affermazione).

45. Lettera del 18 luglio 1963.

46. Lettera del 9 agosto 1963.

ad essere.[47] Non era tanto la funzionalità della sua ricerca ai problemi presenti della Chiesa che lo spingeva in tale direzione. Anche se si tratta di un aspetto non facilmente definibile nelle sue ragioni e nei suoi punti d'arrivo, mi sembra si possa dire che era il fatto stesso del pontificato di Giovanni XXIII e del concilio a presentarsi per lui nei termini di una vicenda rispetto alla quale la ricerca storica si rivelava in qualche modo insufficiente. Non a caso, in riferimento alla "vita di fede" di Roncalli e alle "sue valenze storiche", egli aveva scritto che «ciò porta la ricerca storica – anche di storia della Chiesa – ai confini estremi delle sue capacità»; e fin dal 1966 aveva dichiarato impossibile «racchiudere in una semplice ricerca storica la riflessione su Giovanni», in quanto si tratta di «una riflessione viva che ci investe; non è solo né prevalentemente l'oggetto di qualche bravo ricercatore, ma è essenzialmente il problema di ciascuno di noi».[48]

Funzionalità della ricerca a interventi diretti sul presente, spinta, o per meglio dire aspirazione, a superare i tradizionali limiti connessi alla ricerca storica "positiva" (limiti invalicabili, già per il fatto che la storiografia – l'*historia rerum gestarum* – non potrà mai esaurire interamente in sé la storia – le *res gestae*): sono i due aspetti che caratterizzano sempre più chiaramente gli orientamenti storiografici di Alberigo nella seconda parte della sua vita e che costituiscono un elemento di distacco e di diversità dal modo con cui Cantimori pensava e praticava la ricerca storica.

Nei primi anni Novanta si tenne all'Istituto per le scienze religiose una presentazione del volume curato da Marisa Mangoni che, con il titolo *Politica e storia contemporanea. Scritti 1927-1942*, raggruppava gli interventi variamente legati all'attualità che Cantimori aveva pubblicato nel corso di quel quindicennio. Erano gli scritti a lungo dimenticati di un Cantimori giovane fascista "rivoluzionario" all'inizio, che attraverso un processo di lento distacco era andato avvicinandosi nella seconda metà degli anni Trenta al Partito comunista clandestino, fino a collaborare con esso. In quegli scritti Cantimori aveva messo progressivamente alla prova e applicato all'analisi degli orientamenti e delle vicende del presente lo stesso metodo impiegato per leggere, illustrare e cercar di capire i "fatti" del passato: che

47. Ho trattato più ampiamente di tali aspetti in *Una "transizione epocale". Gli studi sul concilio Vaticano II di Giuseppe Alberigo*, in «Cristianesimo nella storia», 30 (2009), pp. 855-868.

48. Così in *Papa Giovanni problema di cultura*, in «Studi cattolici», 10, 63 (1966), p. 22. Vedi anche Enrico Galavotti, *"È un cristiano sul serio". Alberigo e l'interpretazione di Giovanni XXIII*, in «Cristianesimo nella storia», 29 (2008), pp. 775 sgg.

andavano illustrati nelle loro ragioni e nei loro perché e giudicati storicamente soltanto, ossia solo per le ricadute che essi potevano avere o aver avuto sulla vita e gli orientamenti della società. Era un approccio imposto dalla realtà stessa del regime, che, in riferimento all'attualità, comportava inevitabilmente discorsi "coperti" e almeno apparentemente asettici nella rigorosa puntualità delle loro analisi, quando non fossero pienamente in linea con i suoi orientamenti. Ma non si trattava solo di questo, perché un tale approccio corrispondeva pienamente alla sua idea dello studioso di storia impegnato a tenere a freno il «proprio furibondo cavallo ideologico» per poter condurre una ricerca con nessun altro fine che non fosse la conoscenza critica del passato. Solo in questo modo infatti si poteva sottrarre la ricerca storica alle contaminazioni della propaganda e ad altri usi strumentali che facilmente ne potevano deformare i caratteri. Penso di poter dire che stava qui il nocciolo duro del modo di concepire la ricerca storica da parte di Cantimori: che un tale modo di intenderla e praticarla rappresentasse anche una strada per formare cittadini consapevoli costituiva un'ulteriore ragione per sottrarla in ogni modo ai condizionamenti dell'ideologia e della propaganda.

Nella presentazione di quel volume tenuta all'Istituto, occasione di discussioni che ricordo molto vivaci, intervenne anche Alberigo. Tra le sue carte figura uno schema molto accurato di analisi delle diverse tappe e dei diversi aspetti dei modi di pensare e di lavorare di Cantimori di cui quei testi sono testimoni. A tale schema si accompagna, in forma di conclusione, una sorta di bilancio complessivo del suo atteggiamento verso la storia, che è nello stesso tempo un ritratto sintetico del suo modo di essere studioso di storia: è scritto per esteso, nell'intento, evidentemente, di pesare con cura le parole e i giudizi. Costituisce in qualche modo anche una sorta di epigrafe del rapporto intellettuale di Alberigo con Cantimori. A conclusione di questo mio intervento ne citerò un brano, che mi pare illuminante da molteplici punti di vista:

> La lettura dei suoi testi, a distanza di anni; rivela una straordinaria intelligenza, una eccezionale curiosità, ma anche una profonda reticenza a qualsiasi forma di condivisione o di assenso, un riserbo che non è tuttavia di carattere morale, ed è parallelo ad un'astensione dal giudizio come se egli non si riconoscesse alcuna superiore capacità di comprensione, in grado di iscrivere le teorie o le vicende trattate in un itinerario di verità o di errore. Ad esempio, Cantimori rileva acutamente i pericoli e l'orrore degli atti e dei pensieri della Germania nazista, rileva con ancora maggiore acutezza la contestualità di

questi orrori e deviazioni con una proposta che non può non riconoscere religiosa, ma non propone la distruzione "razionale", "storicistica" di questi fatti e di queste idee, perché sa che il proprio razionalismo [...] non gli consente di conoscere ciò che accade e di giudicarlo. In altri termini [...] non accetta il proprio magistero come criterio di verità. Per questo egli è soggetto al pericolo di una appartenenza [...] puramente politica, oppure alla suggestione di un artigianato apparentemente neutrale in cui finge di riconoscersi, un servizio minore, liberato in "effigie" da ogni ideologia, un compito servile, appunto, in cui disperazione personale, assenza di fede, errori "morali" non hanno corso.

È un testo singolare e complesso. Al di là di alcune aporie interne, su cui non è il caso di soffermarsi ora, suggerisce un'immagine di Cantimori in cui il suo modo di intendere e praticare la ricerca storica si configura in primo luogo come rifiuto di adottare un "criterio di verità", impedisce di inserire i fatti narrati in un "itinerario di verità o di errore". Sono rilievi significativi. Colgono, e sia pure solo parzialmente e secondo una prospettiva di giudizio negativo, un aspetto reale della scrittura storiografica di Cantimori (in una formula: vi manca il giudizio morale!), ma ignorano le ragioni e la portata effettiva di quel suo modo di intendere e praticare il lavoro di ricerca e ne deformano perciò i caratteri. Vorrei dire che sembrano l'espressione di una difficoltà da parte di Alberigo di pensare la ricerca storica in termini di esclusiva conoscenza critica, non finalizzata ad altri scopi che non siano questo. Da questo punto di vista sono rilievi e giudizi che ci dicono molto di Alberigo e poco di Cantimori. Corrispondono infatti all'idea di storia della Chiesa che Alberigo veniva elaborando, di una storia cioè che va sì rigorosamente perseguita e condotta, ma in funzione di una battaglia ecclesiale orientata al suo rinnovamento e alla sua riforma, una storia dunque in qualche modo esplicitamente "schierata", fitta di giudizi di valore, di espliciti consensi e di altrettanto recise ripulse. La "gratuità", per definirla approssimativamente così, che presiede all'impianto di ricerca di Cantimori non rientra nel suo orizzonte.

Sono due modi di intendere la ricerca profondamente diversi: li ritengo ugualmente legittimi, anche se la mia preferenza va alla "gratuità" cantimoriana, per il suo impegno programmatico (anche se non è detto riesca sempre ad arrivare a buon fine) a tenere sotto controllo le interferenze allotrie. Avere ben chiara la loro diversità e le loro diverse prospettive penso sia utile anche per far fronte con efficacia alle banalizzazioni e alle strumentalizzazioni deformanti che, con larga partecipazione degli stessi "addetti ai lavori", oggi più che mai minacciano lo studio della storia e la ricerca storica.

# I nodi di fondo e i materiali per uno studio dei percorsi e dell'opera di Corrado Vivanti*

Il mio discorso sarà sommario e approssimativo. Ben lontano da ciò che Corrado meriterebbe. È questo il mio rammarico. E me ne scuso con voi. Aggiungo che riprenderò in parte ciò che ho scritto su «Studi storici». Grazie alle indicazioni di Anna e di Alessandro però, ho potuto servirmi, per questo intervento, anche di alcuni materiali che non conoscevo. Cercherò di abbondare in citazioni tratte dai suoi scritti: una maniera, per quanto flebile, di riascoltare la sua voce, di seguire il corso dei suoi pensieri.

Il primo nodo di fondo da affrontare per uno studio degli orientamenti e dell'opera di Corrado riguarda il suo ebraismo e il suo rapporto con l'ebraismo, che passa attraverso momenti e vive tappe profondamente diverse, e sui quali si è espresso con diversa larghezza nel corso degli anni.

Sulle sue origini familiari, e l'esperienza vissuta durante le leggi razziali in particolare, ha scritto nel 2002, nel n. 1 della nuova serie del «Bollettino storico mantovano», un articolo autobiografico (*Un ragazzo negli anni del razzismo fascista*) ripubblicato nel 2007 su «Mediterranea». Ma ulteriori tracce si trovano, come si vedrà, in altri scritti, così come non mancano lettere che vi fanno riferimento. Merita osservare tra parentesi che sarebbe essenziale, per una conoscenza più adeguata del suo lavoro e del suo modo di lavorare, avviare una raccolta il più possibile ampia del suo ricchissimo epistolario. Non posso non augurarmi che qualcuno dei numerosi organismi, pubblici o privati, in cui Corrado ha lavorato voglia accingersi all'impresa.

* Edito in «Atti e memorie», n.s., 81 (2013), Mantova, Accademia nazionale virgiliana di scienze lettere e arti, pp. 233-254.

Corrado era nato a Mantova il 23 gennaio 1928, secondo figlio di un'agiata famiglia di ebrei largamente "assimilati", ossia, come egli stesso spiega nello scritto appena ricordato, «influenzati dai costumi del rimanente della popolazione». E ulteriormente precisa: «Si potrebbe dire che eravamo ebrei in quanto non eravamo cristiani». In una lettera del 6 marzo 1999, dove tratta delle difficoltà di costruire una storia specifica dei tanti ebrei che non vivevano più da ebrei, ricorda:

> In casa nostra non veniva osservato nessun rito ebraico e nessuna prescrizione: solo mia madre digiunava a Kippur, ma ahimè, neppure questa festività era osservata "ebraicamente", bensì "cristianamente". Osservava infatti il digiuno per voto, perché, quando avevo tre anni, mi ammalai di tifo e rischiai di restarci, e nel momento più grave fece il voto di digiunare se fossi sopravvissuto. Credo non ci sia niente di più antiebraico di questo modo di osservare un rito.

Di sé ragazzo afferma anche: «Io sapevo di essere ebreo quasi solo perché portavo al collo, come mio fratello, lo *Shaddai*, una medaglietta d'oro con incisa in lettere ebraiche quella parola, che significa "Onnipotente"»; e ha cura di aggiungere che «l'educazione ricevuta a scuola aveva fatto di me e di mio fratello [...] due convinti fascisti», anche se a «Il Balilla», spesso distribuito a scuola, continuavano a preferire il «Corriere dei piccoli».

Sono sottolineature che, per contrasto, evidenziano in tutta la loro drammaticità la lacerazione, lo strappo violento, il crollo di un intero sistema di vita che l'introduzione delle leggi razziali rappresentò per chi allora le subì.

Fu da subito una assai dura esperienza: la cacciata da scuola, la perdita dell'azienda del padre, il progressivo isolamento sociale. I mesi e gli anni successivi l'accentuarono sempre più: solo la fortunosa fuga in Svizzera, dopo l'8 settembre e il costituirsi al Nord della Repubblica di Salò, salvarono la famiglia dalla deportazione, che travolse parenti e amici. Dire, come talvolta si fa (o si concede) che si tratta di ricordi incancellabili è banalmente superficiale. Perché troppi indizi attestano che si tratta di ben di più, anche se difficile da precisare e da esprimere: qualcosa che si incide nel profondo, che diventa parte di te stesso: «Mi domando» – scrisse Corrado nel presentare a Roma la *Storia della Shoah* pubblicata dalla Utet – «se chi non li ha vissuti può rendersi conto di che cosa abbia significato l'improvviso irrompere della persecuzione razzistica nella vita normale di ogni singolo individuo». Non a caso, dopo alcune righe di rapida rievocazione delle sue tappe, cita i versi di Bialik: «Sono piaghe aperte, nere, desolate, senza speranza di essere sanate». E in precedenza parla dell'«angoscia che è necessario superare quando si rievocano quegli avvenimenti». Fu per Corrado un coinvolgimento che si intuisce progressivamente totale. La sua grandezza sta anche nel non averlo fatto pesare agli altri.

Già la "campagna della razza" aveva ravvivato il senso di appartenenza all'ebraismo. La *Shoah*, in Corrado, ne accentuò e ne specificò i caratteri. Numerose notizie al riguardo sono offerte in una sua testimonianza dattiloscritta che ricostruisce l'attività del movimento *Hechalùz* (il Pioniere), portato nel dopoguerra in Italia dalla Brigata palestinese e da alcuni ebrei italiani già emigrati in Palestina prima dello scoppio del conflitto, mentre altri dettagli significativi risultano dalla sua ampia recensione al volume di Arturo Marzano dedicato a *Gli ebrei italiani e l'emigrazione in Palestina prima della guerra (1920-1940)*. È una recensione ricca di spunti autobiografici, suggeriti appunto dall'incontro con alcuni di quegli ebrei, come Max Varadi, Leo Levi, Malkièl Savaldi, che, emigrati in Palestina negli anni Trenta, erano rientrati in Italia nel dopoguerra, gli uni per ravvivare l'ebraismo delle comunità italiane, altri per diffondervi gli ideali sionistici. Fu per Corrado un percorso di progressiva approssimazione all'ebraismo: in un primo tempo attraverso la partecipazione ad alcuni campeggi (a Pedraces, nel 1946 e l'anno dopo a Misurina) «che non si prefiggevano l'emigrazione in Palestina, ma si limitavano a iniziative latamente culturali»; successivamente fu la militanza nel movimento *Hechalùz*, impegnato in un'intensa attività sionistica, a conquistarlo, con la scoperta del marxismo, «agli ideali socialisti e collettivistici del *kibbutz*».

La scelta si prospettava radicale: «Vi era, nel mio modo di vedere» egli scrive – «una specie di fanatismo kibbuzzistico, per cui il sionismo, fuori dal *kibbuz*, mi pareva non pienamente realizzato». Non fu una scelta facile: se la partecipazione ai campeggi aveva avuto il consenso della famiglia, non fu così per la sua decisione, nel marzo 1948, di partire per il mese di lavoro nella *Hachsharàh* (centro di preparazione) ospitata nella fattoria di San Marco vicino a Pontedera: «Dovetti sostenere una dura discussione con i miei genitori – scrive Corrado – e anche più difficile, naturalmente, fu la decisione che comunicai loro nel gennaio successivo, al compimento del 21° anno (la maggiorità, allora), di voler lasciare gli studi universitari [si era iscritto alla facoltà di lettere di Firenze nel 1946] per andare in *kibbuz* in Israele». Così nel marzo del 1949 rientrò nel Centro di preparazione, per partire poi, nel tardo autunno del 1950, per Israele. Ricordando le difficoltà mossegli dalla famiglia Corrado osserva che esse non nascevano solo dal dolore per un distacco che si profilava come definitivo ma anche dal fatto che

> ancora dopo la guerra e la stessa costituzione dello Stato d'Israele nel 1948, il sionismo, e tanto più quello indirizzato verso la vita di *kibbuz*, era visto come un movimento sovversivo, che rompeva la "normalità" del mondo della Diaspora, per lo più benestante (almeno in Italia). Era un'ostilità che nemmeno la tragedia della *Shoah* riusciva a rimuovere, anche perché, nel sentire di quegli anni, quella pagina nera era come rimossa: le ansie, le paure, la disperazione vissute ai tempi delle razzie e delle deportazioni incombevano troppo angosciosamente nella memoria di ciascuno di noi, perché si avesse la forza di soffermarsi su quelle vicende.

Fu un percorso complesso e articolato. Corrado ne ha scritto in sobrie pagine, che lasciano intravvedere il passato di una profonda partecipazione intellettuale ed emotiva, ma che non nascondono anche, nei passaggi dall'una all'altra scelta, l'emergere di incertezze, oscillazioni e il confliggere di opzioni diverse, che mi verrebbe da definire inattese se non fosse che in realtà mostrano quanto ricco di suggestioni contrastanti fosse il suo avvicinamento all'ebraismo. Significativo, da questo punto di vista, fu l'incontro con Alfonso Pacifici, che allontanatosi dal movimento sionistico, già aveva aderito «alle correnti più ortodosse dell'ebraismo».

> Per parte mia – scrive Corrado – lo conobbi nel 1947 a Firenze, dove studiavo, e ricordo una nostra interminabile passeggiata lungo l'Arno, che mi fece un effetto profondo. La mia conoscenza della storia del sionismo italiano era praticamente nulla e, in compenso, le mie idee erano quanto mai confuse: così non arrivai a cogliere il suo antisionismo, e in ciò che mi propose scorsi soltanto un mutamento di prospettive: la possibilità di andare a vivere, anziché in un *kibbuz* religioso, in una scuola religiosa a Gerusalemme. Devo confessare che rimasi attratto dalle sue parole: mi aveva fatto balenare un campo di studi biblici e talmudici, affascinanti per la novità che rappresentavano per me; certamente erano diversi da quelli consueti per un giovane studente universitario, ma apparivano consoni alle mie attitudini, più del lavoro manuale di cui mi parlavano i primi *chaluzim*, conosciuti sempre a Firenze.

Alla fine furono questi ultimi però a prevalere. «Mi convincevano – confessa Corrado – i loro argomenti, che illustravano la necessità per gli ebrei di diventare un popolo come tutti gli altri, con operai e contadini».

Era il segno della sua volontà di distaccarsi dalla condizione di "ebreo assimilato", propria della diaspora, e insieme della sua adesione alla grande utopia del movimento kibbuzzistico originario, per il quale la vita di *kibbuz* avrebbe consentito di costruire un paese dove sarebbe stato possibile superare le ingiustizie sociali con la creazione di una forma originale di socialismo.

In Israele Corrado entrò nel *Kibbuz Artzi*, a Ruchama, un *kibbuz* che faceva «professione di ateismo», ritenendo la religione «oppio dei popoli», e «si poneva come cellula della futura società socialista», di cui il nuovo Stato doveva divenire la piena realizzazione. Due sue lettere, scritte ai suoi a pochi giorni dal suo arrivo, il 5 e 10 dicembre 1950, si soffermano ampiamente sulle caratteristiche e l'organizzazione del *kibbuz*. È l'unica documentazione coeva che conosco. Ma di lettere simili ne dovettero esistere molte altre e si può sperare che un giorno possano essere recuperate.

Di questa sua esperienza in Israele Corrado, per quel che ne so, evitò generalmente di parlare o di scrivere. Una delle poche cose ricordate in anni successivi fu di aver sentito parlare per la prima volta dei combattenti dei ghetti nel primo *Seder* di Pesach, celebrato in *kibbuz* nel 1951. Erano stati episodi che, a fronte della totale alienazione di ogni valore di umanità cui le condizioni dei *Lager* miravano, riscoprivano e riproponevano quei vincoli di solidarietà che costituivano a loro volta, in un collegamento non soltanto ideale, gli elementi preziosi dell'esperienza in corso.

Tra i motivi che lo spinsero a lasciare l'Italia Corrado citò più volte anche la vittoria democristiana del 18 aprile 1948: «La sensazione che l'Italia si avviasse a diventare un paese clericale, simile alla Spagna governata da Franco, era forte. Preferii partire per Israele». Anche in altra occasione rilevò che quella vittoria, avvenuta mentre «era vivo ancora il ricordo delle persecuzioni razziali, e dell'atteggiamento quasi connivente del Vaticano, minacciava il sorgere in Italia di un regime clerical-conservatore».

Senza negare la presenza di considerazioni del genere, tutto sembra mostrare tuttavia che a determinare la sua partenza fu assai più forte l'attrazione per le prospettive che parevano aperte in Israele di quanto non fosse la repulsione per ciò che avveniva in Italia.

Poco si sa delle concrete e immediate ragioni dello spegnersi di quella esperienza: certo sancirono per dir così il fallimento delle speranze originarie. Corrado tornò in Italia intorno alla metà del 1953 con sulle spalle una delusione cocente che non fu solo sua. Ne parlò assai poco, ed anche questo prevalente riserbo segna, mi pare, una ferita profonda. Fra le ragioni che portarono allo spegnersi degli entusiasmi e delle speranze iniziali ricordò in anni recenti le nuove emigrazioni che evitavano i *kibbuz*, e «la lotta politica che spaccò i *kibbuz* di sinistra». In altra occasione, in una lettera del novembre 2008, riconobbe elementi di analogia tra il suo percorso e quello di Pierre Vidal Naquet rispetto all'ebraismo, allo Stato di Israele e alla sua politica:

> È curioso come possano accadere in modo diverso cose analoghe. Penso all'avvicinamento e all'allontanamento dal mondo ebraico che anch'io ho vissuto, seppure in tempi e circostanze diverse: un periodo decisamente sionista (1949-1953); un distacco quanto più possibile netto (a Cantimori non sarebbe dispiaciuto se avessi studiato dopo la laurea cose ebraiche, e anche Momigliano cercò di spingermi su questa via); e poi la curiosità per "gli ebrei in Italia". Ma anche, a parte questi vari dirizzoni, le oscillazioni negli atteggiamenti verso Israele, anche se prevalente fu sempre, dopo il '53, l'atteggiamento critico.

La questione insomma era politica e insieme di visione generale dei rapporti civili. Non è un caso che «una delle varie colpe» che Corrado addossava a Ben Gurion fosse «di non aver voluto per il nuovo Stato una costituzione scritta, che sancisse i principî fondamentali del nuovo vivere politico», e ciò per poter puntare invece all'«alleanza con i partiti religiosi che lo liberavano dal rapporto con il socialismo di sinistra». Si era aperta così una deriva di progressivo allontanamento da quelle posizioni "democratiche", caratteristiche del sionismo socialista «da cui fu costruito Israele», lasciando spazio al nazionalismo, «che ostacola quanto può ogni accordo con i palestinesi e il mondo arabo», non senza «frange tragiche di fondamentalismo». Nel 1988, recensendo la riedizione della *Storia degli ebrei italiani sotto il fascismo* di Renzo De Felice, rilevò che «anche questo volume dà un contributo a fuorviare il lettore sulle vicende ebraico-palestinesi con la sua valutazione "giustificazionistica" dell'estrema destra sionistica (i cosiddetti "revisionisti"), guidata da Jabotinsky, che è direttamente alle origini dell'attuale Likud», responsabile per non piccola parte dell'oltranzismo nazionalistico e delle varie forme di fanatismo scatenatesi in Medio Oriente.

Sono notazioni sparse. Ma credo significativo il fatto che la questione del rapporto religione-società, religione-politica, abbia rappresentato il tema soggiacente a tanta parte delle sue ricerche storiche successive, quasi a segnare la traduzione in termini di riflessione critica generale di aspetti non secondari di un'esperienza fallita.

Non si tratta però solo di questo. Perché di quegli anni del dopoguerra, che videro da parte di Corrado una sorta di riconquista del proprio ebraismo, restò in lui, mi pare di poter dire, il senso forte di un'appartenenza, come retaggio culturale, che si manifesta chiaramente anche nel suo ricorrente interesse per la storia ebraica e i problemi che pone. Nel ricordare, nella lettera del 6 marzo 1999 già menzionata, il digiuno così poco "ebraico" di sua madre a Kippur, Corrado non aveva mancato di chiedersi: «In che modo, dunque, studiare i comportamenti ebraici in persone del genere? Come considerarle diverse da cristiani non credenti e non osservanti?».

L'area di studio tuttavia non poteva restare limitata all'ambito ufficiale, «quello inquadrato nelle comunità riconosciute: ma allora come stabilire chi e in che modo gli ebrei hanno continuato a sentirsi ebrei?». È una questione, se non vado errato, che riguarda in primo luogo la propria identità personale: in una lettera del marzo 2004, in riferimento ai processi in atto negli svariati modi di essere e di intendere la religione, scriverà del loro manifestarsi anche in «talune forme di conservazione della tradizione come espressione culturale, delle quali per certi aspetti anch'io sono partecipe».

Penso che un'espressione assai viva di questo modo di sentire sia ravvisabile nelle pagine conclusive del suo intervento dell'ottobre 2002 al convegno internazionale su *L'Italia fuori d'Italia*, che si soffermano sull'opera di Immanuel Romano e sugli scambi e gli intrecci fra il mondo culturale ebraico e il nascente umanesimo in una prospettiva di esaltazione della dignità dell'uomo, di tutti gli uomini. Questione che riguarda la propria identità dunque, ma questione però che è anche soggiacente a domande più generali, perché riferite all'analisi e allo studio di un fenomeno sociale che resta pur sempre di un intero gruppo. Sono domande che diventano assillanti negli anni Novanta, anni appunto che sono di impianto e preparazione dei due volumi su *Gli ebrei in Italia.* La lettera del marzo 1999 ne ripropone un'eco evidente:

> Come studiare gli ebrei dopo l'emancipazione, al di fuori delle loro istituzioni o della cultura specifica, se fanno di tutto per assimilarsi alla maggioranza? Non dico che non sia interessante: dico solo che è difficile e si corre il rischio di esaminare come ebreo chi in fin dei conti non vuole essere considerato tale. So anch'io che Luigi Luzzatti o Alessandro D'Ancona, nonostante tutto, in alcuni momenti, si dichiarano ebrei: ma chi non lo fa, e soprattutto persone che non hanno lasciato scritti come possono fare professori universitari o uomini politici, come studiarli come tali?

La risposta, densa e articolata, sta nel complesso impianto che caratterizza i due ponderosi volumi de *Gli ebrei in Italia*, che, appunto, hanno al centro del loro interesse, come Corrado scrive nella *Presentazione* che li apre, l'impegno a cercar di capire «in che modo un plurisecolare retaggio culturale può sussistere e avere valore nelle condizioni in cui si è trasformato il mondo in cui viviamo». Infatti, «fino a quando è esistito un nesso organico tra fede religiosa ed ebraismo, non ci sono stati problemi per riconoscere le peculiarità di quest'ultimo; fra i due termini, se mai, vi è stata quasi totale identificazione, al punto che lo studio del passato ha finito non di rado col darne una visione provvidenzialistica».

Col secondo Ottocento però quel rapporto è entrato in crisi, sovente si è spezzato: da qui quei processi complessi e contraddittori, che con il mondo ebraico, diviso tra assimilazione e orgogliosa rivendicazione della propria specificità etica e culturale, investono pienamente anche la società nel suo insieme, percorsa a sua volta da tendenze nazionalistiche, segnate da sempre più evidenti pulsioni antisemite.

La pubblicazione del primo volume fu occasione di una recensione di Sergio Romano su «La Stampa», che ai molti apprezzamenti aggiungeva rilievi implicitamente critici, non sui contenuti dell'opera ma dell'iniziativa in quanto tale. Si chiedeva infatti che cosa avesse spinto tanta storiografia, di cui quel volume era in qualche modo un momento culminante, a mostrare per una comunità pressoché insignificante da un punto di vista quantitativo un interesse «proporzionalmente molto più grande di quello che gli italiani riservano ad altre componenti della loro identità storica». Il declino dell'identità nazionale, per cui gli ebrei si sentono meno italiani mentre i loro connazionali a loro volta, «in fuga dall'Italia», guardano all'ebraismo come a «un segno di nobiltà non italiana», e il rapporto privilegiato stabilitosi nel dopoguerra tra sinistra ed ebrei, offrivano ai suoi occhi una plausibile risposta.

Non credo meriti in questa sede seguire l'articolarsi delle argomentazioni di Romano, che assunse nella replica alle osservazioni di Corrado toni singolarmente polemici per non dire sprezzanti. Merita invece ricordare l'elemento centrale delle osservazioni di Corrado, che ribadì un punto già enunciato nella sua *Presentazione*: l'intento cioè dell'opera di offrire, grazie al suo impianto,

> una pagina chiarificatrice della stessa storia d'Italia: proprio attraverso lo scorcio offerto da una vicenda così particolare come quella degli ebrei, è possibile intendere anche molti aspetti del passato italiano: le chiusure, le aperture, le permeabilità della vita sociale e culturale, le possibilità economiche, i compromessi e le forme di tolleranza a cui erano disposti i governanti e

le classi dirigenti, oppure le rigidità imposte da situazioni mutate, che gettano luce proprio su quei cambiamenti di carattere generale.

Si tratta di un intento, o meglio di un approccio, che merita fin d'ora sottolineare. «Lo scorcio sulle vicende italiane offerto dalla storia degli ebrei»; «illuminare di scorcio, grazie a quella storia, anche quella italiana»: sono propositi che richiamano un tipo di approccio allo studio della storia tipico dell'insegnamento di Delio Cantimori, costituiscono, vorrei dire, un refrain ricorrente nelle sue lezioni e nel suo modo di lavorare. In Corrado ne sono l'eco fedele.

Nell'avviare la storia degli ebrei in Italia e dei complessi percorsi che ne hanno contraddistinto e ne contraddistinguono la presenza non si trattava però, nelle intenzioni di Corrado, solo di assolvere questo intento: perché erano le stesse condizioni attuali della società italiana, nella quale risultano ormai improponibili le idee ottocentesche di patria e nazione (peraltro fatte a suo tempo largamente proprie dagli ebrei italiani), a mettere in luce l'urgenza, per dir così, di articolare l'idea di nazione «in una molteplicità di culture e di "memorie"» con le quali dare «vita e significato più profondo alla comunità italiana».

Con il ritorno in Italia Corrado si riscrisse a Firenze nella facoltà di lettere. Fu un ritorno che rappresentò, come riconobbe lui stesso, un ricominciare tutto da capo. E fu l'incontro con Cantimori e lo studio della storia: un nuovo inizio che non patì interruzioni. Credo si possa dire che Corrado assorbì sino in fondo l'insegnamento di Cantimori e il suo modo di intendere lo studio della storia e la sua funzione civile: «Ricerca del vero criticamente accertato mediante lo studio spregiudicato dei testi e della realtà», premessa necessaria per la formazione di cittadini consapevoli. Fu un nesso la cui necessità Corrado fece pienamente sua, mantenendolo ben fermo in tutta la sua attività di studioso e di organizzatore di cultura.

Nel rapporto di Corrado con Cantimori non si trattò però solo di insegnamento. Perché ne nacque un legame con implicazioni profonde. Una puntuale rivisitazione del loro ricco scambio epistolare ne potrà approfondire i diversi aspetti. Merita comunque ricordare ciò che Corrado disse al riguardo nell'intervista ad Antonio Gnoli del maggio 2011, pubblicata poi su «Repubblica»: «È stato per me il maestro, colui che prende la tua mente per mano e l'accompagna per un certo tratto [...]. Era un uomo capace di affascinare chiunque incontrasse. Non solo per la sua mostruosa erudizione ma anche per quella capacità innata di legarsi affettuosamente ai suoi allievi».

«Importante per Cantimori» – osserva Corrado – «era anzitutto conoscere», un conoscere che trovava la propria garanzia nell'analisi "disinteressata" (e per questo "scientifica") del proprio oggetto di studio. Per Cantimori era stato un lungo percorso per liberarsi dai lacci di una filosofia che aspirava a presiedere all'attività intellettuale degli storici, che ogni aspetto di tale attività voleva dominare e guidare. Di tale percorso Corrado ha pienamente avvertito i caratteri, in vista della costruzione e della ricerca di una nuova critica storiografica, come volle suonasse il sottotitolo del mio volumetto dedicato appunto a Cantimori. Non si trattava soltanto di tenere saldamente a freno il proprio «furibondo cavallo ideologico», ma di acquisire anche la grande lezione della storiografia positiva dell'Ottocento, che aveva posto la filologia, la raccolta e la critica analitica dei testi e delle testimonianze, alla base di ogni lavoro di ricerca storica. Non è un caso che Cantimori ponesse sovente il *Sommario di istorica* di Gustav Droysen al centro delle sue lezioni di metodo, come non è un caso che Corrado lo facesse frequentemente oggetto di richiami e citazioni di consenso. Era un impianto che doveva garantire dal rischio di quelle forme di strumentalizzazione della storia così frequenti nel dibattito e nella propaganda politica e insieme così nefaste per il costume civile collettivo. La progressiva irrilevanza assunta in questi anni dalla ricerca storica deriva almeno in parte dall'aver perduto questa battaglia. I suoi esiti negativi si ripercuotono sulla qualità della storiografia ma si manifestano soprattutto nel progressivo scadimento dei rapporti politici e civili. È stata una questione su cui Corrado è tornato più volte nelle riflessioni dei suoi ultimi anni.

Al suo ritorno in Italia risale anche, probabilmente, la sua iscrizione al Partito comunista: Anna, che sarà sua moglie, lo ricorda, nel 1954, membro del circolo universitario della Federazione giovanile del partito. Anche se, va aggiunto, già alla partenza per Israele Corrado si professava marxista. Al Partito comunista Corrado restò iscritto fino al suo scioglimento, persuaso, come scrisse, che, «grazie all'antifascismo, [...] i comunisti in Occidente appartenevano allo schieramento democratico». In gran parte da scoprire sono tuttavia i caratteri e le forme assunte dalla sua militanza, la rete di relazioni e il tipo di interventi che via via comportò. Sono aspetti che andranno studiati nel suo epistolario e nella sua attività di organizzatore culturale, ma di cui restano indubbiamente tracce anche nell'archivio del Pci e dell'Istituto Gramsci.

Corrado si laureò con Cantimori nella sessione estiva del 1957, discutendo una tesi (*Ricerche sulle campagne del Mantovano nella seconda metà del Settecento*) che confluì due anni dopo nel volume pubblicato da Feltrinelli *Le campagne del Mantovano nell'età delle riforme*. Non so cosa abbia determinato la scelta di questo tema, condotto principalmente con un pazientissimo (e logorante) lavoro sul catasto mantovano di Maria Teresa. Come rilevò Cantimori nella sua relazione introduttiva, accompagnata da molti elogi, era un lavoro imperniato sull'analisi delle strutture economiche e sociali, che non trascurava però le lotte degli uomini e i molteplici aspetti della vita dei contadini. E Cantimori aggiungeva anche, a titolo di ulteriore apprezzamento, che non sono molti, tra i giovani studiosi, «ad esser capaci di ricerche d'archivio su materiale a prima vista ingrato e di grande mole».

Se in questo caso si trattò di temi non propriamente in linea con gli interessi e i gusti di Cantimori (ciò che tra l'altro lo indusse a suggerire a Corrado di consultare Marino Berengo, che pochi anni prima si era laureato su un tema analogo riferito agli Stati veneti), non fu così per il secondo grande volume che Corrado pubblicò nel 1963 da Einaudi: *Lotta politica e pace religiosa in Francia fra Cinque e Seicento*. In effetti pienamente percepibile è l'influenza di Cantimori nell'impianto e nel metodo con cui il lavoro è condotto (Corrado stesso la definì «enorme»); ma, si deve anche aggiungere, del tutto autonome e personali risultano ormai le sue scelte tematiche, traduzione, vorrei dire, in termini di ricerca dei suoi interessi culturali, politici e civili.

Dopo la laurea Corrado aveva ottenuto una borsa di studio a Parigi, dove arrivò ai primi di novembre 1957. Fu un soggiorno che si protrasse per quasi cinque anni, fino alla tarda primavera del 1962, grazie a un finanziamento del *Centre National pour la Recherche Scientifique*. Il volume del 1963 ne fu il frutto maggiore.

Furono anni importanti nella vita di Corrado. Nel luglio 1959 aveva sposato Anna Salmon (che ha il non piccolo merito di aver introdotto in Italia l'opera di Bruno Schulz). Merita ricordare che le avventurose vicende della fanciullezza di Anna durante l'occupazione tedesca figurano in quella straordinaria testimonianza che è il *Diario* di suo padre (Elio Salmon, *Diario di un ebreo fiorentino 1943-1944*, Firenze, Giuntina, 2002), pubblicato a cura di Alessandro Vivanti.

La frequentazione delle biblioteche e degli archivi parigini e soprattutto la partecipazione al seminario diretto da Fernand Braudel al *Collège de France* furono per Corrado anche occasione di nuove amicizie e di un allacciarsi di rapporti che restarono durevoli e che meriterebbero di essere puntualmente ricostruiti (da Ruggiero Romano ad Alberto Tenenti, da Frank Spooner a Eric Hobsbawm, da Bronisław Geremek a Maurice Aymard a Elena Fasano Guarini). Fu anche così che il soggiorno parigino gli aprì nuovi orizzonti storiografici, in primo luogo verso la Francia e l'Inghilterra, per allargarsi poi, soprattutto negli anni in cui lavorò all'Einaudi, in direzione delle varie scuole storiografiche europee; anche se indubbiamente, come ha rilevato giustamente Maurice Aymard, la matrice della sua riflessione storiografica, in ciò che ha di più profondo, si colloca «nella più pura storiografia italiana».

Aperta tuttavia resta la questione dell'influenza dell'insegnamento di Braudel sulle ricerche di Corrado. Ne ho scritto con una certa ampiezza nel mio intervento su «Studi storici», sia soffermandomi sulle dichiarazioni dello stesso Corrado, sia mettendo in luce le non poche tracce che si possono individuare al riguardo nel volume del 1963. Ho il dubbio tuttavia di essere stato riduttivo e di non averne colto altri aspetti presenti negli scritti di Corrado. Penso ad esempio alle considerazioni presenti nel suo intervento del 1988 su *Editoria e storiografia nell'opera di Braudel*. Il quadro che ne emerge profila infatti un modello che trova precisi riscontri nell'attività e nel *modus operandi* di Corrado all'interno della casa editrice Einaudi. Dopo aver rilevato «che la ricerca personale, la direzione del lavoro degli allievi, la discussione dei risultati e la trasformazione di tutto questo lavoro in libri, erano per Braudel tanti momenti di un'unica attività mai segnata da cesure», e aver individuato nella più che ventennale vicenda della *Méditerranée* l'esempio principe al riguardo, Corrado osserva:

> È difficile non mettere tutto ciò "anche" sotto il cartellino "editoria e storiografia", se per editore oggi non s'intende più il capo di un'azienda che attende nel suo ufficio l'arrivo di qualche autore con un libro nella borsa da proporre per la pubblicazione, bensì un imprenditore di larghe vedute e di coraggiose iniziative, che stimola e suggerisce temi e problemi, cercando egli stesso gli studiosi che giudica atti a intenderli e affrontarli, supplendo talvolta la carenza delle istituzioni culturali esistenti. Non a caso, è con questo tipo di editori che Braudel amava avere a che fare. E allora, sotto questo rispetto, la simbiosi di studioso, di maestro, di dirigente di attività culturali, nel senso più lato, ha avuto in Braudel un esempio difficilmente eguagliabile.

Del resto, già solo a scorrere la bibliografia di Corrado, si può notare come non manchino temi e titoli che suggeriscono influenze e suggestioni di Braudel, a cominciare da quell'intervento al convegno *L'Italia fuori d'Italia* già ricordato.

*Lotta politica e pace religiosa in Francia fra Cinque e Seicento* è stato definito, non a torto, un grande libro di storia. Non è questa tuttavia la sede per darne un'analisi adeguata. Merita peraltro ricordare gli aspetti di singolare attualità che ne contraddistinguono alcuni caratteri. Al centro della sua ricostruzione stanno com'è noto le idee di pace religiosa che maturano in Francia nel corso delle guerre di religione. Gli orrori delle stragi e degli eccidi compiuti in nome della verità cristiana e provocati dallo scontro di due fedi contrapposte suscitano una riflessione di rigetto che trova in un inaspettato ecumenismo di antica matrice erasmiana la sua espressione più originale ed autentica. Era un processo che non poteva mancare di sollecitare analogie con il presente ecclesiale.

Corrado, in apertura della sua *Prefazione* (ottobre 1963), lo nota non senza una punta di civetteria:

> Quando, nelle ultime settimane del 1957, [...] mi accinsi a studiare le tendenze ireniche e conciliari francesi della fine del Cinquecento, ero ben lontano dal pensare che la mia ricerca potesse un giorno sfiorare l'attualità e proporre al lettore temi e problemi abbastanza vicini a quelli offertigli dall'informazione giornalistica.

Il riferimento era a quanto era successo con il pontificato di Giovanni XXIII e con la convocazione di «un concilio tendente ad aprire la Chiesa romana al colloquio con le altre confessioni cristiane e al confronto con le esigenze più vitali della civiltà moderna». Che nei tardi anni Cinquanta più modesti e circoscritti fossero i suoi intenti è più che ovvio. Ma è altrettanto vero che i problemi del rapporto religione e politica, religione e vita civile erano già presenti alla coscienza di Corrado e per questo, allora come oggi, molte sono le sue pagine che suonano di una sconcertante attualità, molti sono i testi di quei lontani decenni, le considerazioni, le proposte prese in esame, che evocano dibattiti, difficoltà, pensieri e rimpianti che sembrano riferirsi agli anni che stiamo vivendo. E ciò può accadere, mi pare di poter dire, perché la questione che è al centro del libro è una questione che si ripropone, con veste diversa ma con tutta la sua pesantezza, anche nel nostro tempo: la questione appunto dei caratteri e del ruolo della religione, e in essa delle sue gerarchie, nonché del rapporto religione/politica, non a caso incrociata con la questione del rapporto ricerca storica/politica.

Ma vi è anche un altro aspetto, non dirò di attualità ma sì di modernità, che emerge da quei dibattiti tardo cinquecenteschi e che Corrado non manca di sottolineare. Non a torto infatti, per quei decenni, si è parlato anche della "nascita della storia", e ciò secondo prospettive che suonano singolarmente consonanti con quella visione degli studi di storia che, fra Otto e Novecento, tutta una scuola è venuta articolando in contrapposizione ad un'idea strumentale, subalterna e apologetica degli stessi.

Per rispondere alla incombente condanna romana Jacques de Thou, già presidente del Parlamento di Parigi e autore delle *Historiae sui temporis* che si proponevano di cercare nel passato il senso e le ragioni del proprio doloroso presente, obiettava che la sua opera intende soltanto rappresentare storicamente, ossia con verità, «comme les choses sont passées». E aggiungeva anche che non solo è necessario «dire la verità», per seguire «la principale legge della storia», ma anche «dirla arditamente, senza infingimenti o concessioni ai pregiudizi umani». Per lui e per non pochi altri che lavoravano agli stessi fini e con lo stesso metodo, osserva Corrado,

> la storia è sempre *magistra vitae*, ma solo perché la sua conoscenza può dar vigore a un programma politico generale. E la ricerca della verità – la sola musa che deve ispirare l'opera dello storico – finisce con l'identificarsi con la ricerca di un discorso sereno e distaccato che consenta di dominare tutta l'umana vicenda aprendo ad essa nuove prospettive.

Sono giudizi e osservazioni che Corrado riporta con ampiezza, e che costellano gli scritti di quei lontani autori, coraggiosamente impegnati in un'impresa che supera largamente le loro possibilità. Ma sono anche frasi che trovano il suo pieno consenso, che corrispondono al suo profondo sentire. Infatti il riconoscimento che la ricerca e la conoscenza storica possono dar vigore e orientamento a un programma e ad un'azione politica rappresenta un tema forte della sua riflessione sulle condizioni e le necessità del nostro tempo. È secondo tale prospettiva, ad esempio, che egli apprezza la *Storia del PCI* di Paolo Spriano, che giudica «funzionale all'innovazione della linea politica» del partito e «quasi una precondizione» di essa, «in quanto quel grande apporto di conoscenze, di elaborazione culturale, fu occasione per lo stesso gruppo dirigente per rimeditare sui momenti cruciali della vita del partito». E ricordando la polemica che in quella occasione contrappose Spriano ad Amendola, infastidito per le «piaghe dolorose» (lo «spettro dello stalinismo») che con quella storia venivano riaperte, Corrado osserva: «Spriano parlava da storico, Amendola da dirigente politico [...] con le preoccupazioni proprie del politico. Direi che l'episodio ha valore esemplare anche per le vicende dei nostri giorni e che su talune questioni è necessaria una divisione di compiti». Distinzione dunque tra ricerca storica e azione politica, ma anche nesso effettivo tra le due attività, affermato più che mai necessario. Corrado su questo punto è molto netto ed esplicito: «La saldatura fra un originale ripensamento del passato e l'azione politica appare come un'esigenza inderogabile nei momenti di crisi, allorché s'impone il superamento di posizioni errate o quanto meno invecchiate». Nasce da qui «l'esortazione a storicizzare coscientemente i problemi dell'oggi [...]. Quando gli studi di storia abdicano a una funzione civile, o quando, in nome del pragmatismo, la politica rinunzia al confronto con il passato, finiscono col prevalere la confusione delle lingue, l'astrattezza, il velleitarismo, l'impossibilità di decisioni reali». Sono considerazioni del 1988 ma sembrano scritte per questi nostri anni.

Vi è un altro aspetto della scrittura storica di Corrado che merita di essere ricordato, largamente presente in *Lotta politica e pace religiosa* come in altri suoi scritti. Corrado, mi sembra di poter dire, è indubbiamente persuaso che la ricerca storica ha come base l'esame freddamente analitico delle testimonianze e delle situazioni, premessa della «ricerca del vero criticamente fondato», ma è altrettanto convinto che i risultati che ne conseguono devono essere accompagnati dalla consapevolezza che sono sempre uomini e donne che ne sono coinvolti, e che è con la coscienza di una comune e dolorante umanità che ad essi si deve guardare. Non è un caso che, scrivendo delle doti necessarie allo studioso di storia contemporanea, egli sentisse il bisogno di rilevare esplicitamente la necessità per lui di saper «congiungere all'intelligenza critica dei fatti lo sforzo di comprensione, la solidale *pietas* per coloro che navigano sulla sua stessa perigliosa barca in un oceano di cui non si conoscono le sponde». Ma sono frasi, queste, che hanno anche dietro le spalle un giudizio sul nostro presente su cui ritornerò.

Nella tarda primavera del 1962 Corrado rientrò in Italia per diventare, a partire dal primo luglio, consulente della casa editrice Einaudi. Un anno e mezzo dopo, col gennaio 1964, ne divenne membro a pieno titolo. Cantimori ne aveva consigliato l'assunzione a Giulio Einaudi anche con l'idea che dovesse occuparsi della realizzazione di qualche grande opera (le proposte furono varie: un Manuale universitario di storia, un Dizionario storico, una Storia universale, una Storia d'Italia, e forse qualcosa d'altro ancora). Ciò che, come si sa, non mancò alla fine di succedere, con l'imponente realizzazione, che Corrado curò insieme a Ruggiero Romano, degli otto volumi della *Storia d'Italia* e dei tanti *Annali* che li seguirono. Merita ricordare che nelle intenzioni di Corrado si trattava di reagire, con un'impresa collettiva, a una concezione della ricerca storica «intesa come monografia, come ricerca erudita altamente specializzata che si frantuma in una serie di settori strettamente delimitati, difficilmente comunicabili fra loro». Da qui il rischio, osservava Corrado nella sua proposta di realizzare appunto una Storia d'Italia di grande respiro e con approcci molteplici, che questa «sorta di stato molecolare degli studi» facesse perdere «ogni nesso fra conoscenza e coscienza civile e che l'erudizione fine a se stessa costituisse un ostacolo» al coinvolgimento di un più vasto pubblico di lettori.

L'Einaudi era allora (Marisa Mangoni l'ha ampiamente illustrato) la casa editrice italiana culturalmente più prestigiosa. Giulio Einaudi ne era il *dominus* indiscusso, ma il lavoro era comune e la collaborazione era la regola. Nei vent'anni e più che vi lavorò, Corrado ne divenne una delle principali figure. Solo la documentazione ancora largamente inedita riguardante l'attività della casa editrice potrà permettere di fare piena luce sul peso da lui esercitato nei suoi orientamenti e nelle sue iniziative. Ma indubbiamente imponente è ciò che già risulta dal quadro degli autori da lui tradotti (Febvre, Braudel, Dupront, Le Goff, Rodinson, Chesneaux, cui andrebbero aggiunti i tanti da lui proposti), come dall'insieme delle "grandi opere" da lui curate o alla cui realizzazione comunque collaborò (ciò vale ad esempio per la *Storia del marxismo*).

Alla sua attività di ricerca venne così affiancandosi un'opera non meno importante di organizzazione e di promozione culturale. La ricerca non venne meno, come non vennero meno gli interessi di fondo che l'avevano guidata, ma inevitabilmente si incrociò, restandone almeno in parte condizionata e in qualche modo orientata, con tale nuova attività. Se l'impostazione e la realizzazione della *Storia d'Italia* comportarono riflessioni e discussioni che coinvolsero, insieme ai due curatori, anche numerosi altri collaboratori, non si può dimenticare infatti che Corrado vi contribuì anche con due importanti e corposi saggi: *Lacerazioni e contrasti*, pubblicato nel primo volume, dedicato ai *Caratteri originali*, e *La storia politica e sociale*, che figura nel secondo volume, di andamento cronologico e narrativo (*Dalla caduta dell'Impero romano al secolo XVIII*). Lo stesso studio di alcune grandi figure della storia intellettuale italiana fra Cinque e Seicento (Machiavelli, Sarpi), collegato all'edizione delle loro opere (ma di quei decisivi decenni Corrado tradusse anche il *De revolutionibus orbium caelestium* di Copernico) se da una parte si situa, per i caratteri stessi di quelle figure e il contenuto delle loro opere, in evidente continuità con i suoi interessi precedenti, corrisponde anche con tutta evidenza alle esigenze editoriali della casa Einaudi.

Non è tuttavia solo da questo punto di vista che, al di là delle esigenze editoriali, si può notare una continuità nel lavoro di Corrado. Con altri riferimenti infatti è sempre la stessa periodizzazione (dagli inizi del Cinquecento ai primi decenni del Seicento) che inquadra e sorregge la sua ricerca. È una lunga stagione che in *Lotta politica e pace religiosa* ha al suo inizio, per dir così, l'aspirazione dei gruppi erasmiani «di farsi portavoce e guide delle grandi forze politiche» in vista della pace sociale e della conciliazione religiosa, e che trova all'altro estremo le aspirazioni ireniche degli intellettuali francesi ma anche il progetto di Galileo di ottenere l'appoggio dei potenti «per il rinnovamento e la diffusione del sapere nella società del suo tempo». Furono tentativi che attestano, pur nel variare degli ambienti e delle situazioni, il persistere di prospettive e di speranze che si nutrivano dello stesso humus culturale; falliti però entrambi perché con la frattura della *Respublica christiana* non vi era più spazio per un'azione della cultura, autonoma dalle «rigidezze ecclesiastiche» e «dalle angustie delle varie ragioni di Stato».

La stagione che corre tra Machiavelli e Sarpi richiama, da altri punti di vista, la stessa parabola, la stessa chiusura, gli stessi ripiegamenti. Quasi brutalmente, ai rimproveri e alle critiche di quanti trovavano eccessiva l'insistenza, nella *Storia d'Italia*, sulla decadenza italiana fra Cinque e Settecento, Corrado rispondeva: «Sono dell'idea che c'è poco da indignarsi. Al tempo di Machiavelli l'Italia era il primo paese d'Europa. Al tempo di Paolo Sarpi eravamo diventati gli ultimi». Più specificamente, nel contesto italiano, si trattava di due diversi momenti, simboleggiati da due grandi nomi, che aprivano e chiudevano una stagione in cui la riflessione sul proprio passato e sul proprio tempo era riuscita a manifestarsi e ad esprimersi con risultati che al chiudersi di quel periodo non sarebbero stati più possibili.

Anche qui: non mi pare questa la sede per entrare ulteriormente nel dettaglio. Merita peraltro sottolineare che sia le ricerche su Machiavelli sia gli scritti su Sarpi sono fortemente espressivi, pur nel rigore del loro svolgersi, di aspetti del sentire profondo di Corrado, dell'ottica con cui guarda alla storia e ai problemi italiani. È significativo, ad esempio, che nel quadro che egli offre dell'opera e dell'azione di Machiavelli si ripropongano, pur nella concretezza delle analisi puntuali e delle ricostruzioni specifiche, temi che figurano centrali nella sua ricerca e nella sua riflessione storica: la questione del ruolo della Chiesa di Roma e delle sue responsabilità per le condizioni della società italiana, il rapporto religione/politica e religione/costume civile, la funzione della storiografia come «riflessione sulle vicende vissute» e insieme «come ideale proseguimento della propria azione politica». Ancora una volta, nel forte rilievo dato ad alcuni aspetti della personalità di Machiavelli, sembrano insinuarsi echi significativi di ciò che Corrado sentiva come incombente problema del presente. Così mi pare si debba leggere la sua notazione (è del luglio 2008) che «l'aspetto più drammatico della sua personalità» sta nella «tenacia con cui persegue l'idea, che deve prevalere su tutto, disposto a tutto sacrificarle», di «sanare la corruzione italiana». Non nego una mia possibile forzatura (anche se è indubbio che è in questi termini che Corrado giudicava la nostra situazione). Ma forse la giustificano ulteriormente le righe così partecipi con cui egli illustra e commenta questo atteggiamento di Machiavelli:

> La sua intelligenza gli faceva capire quanto disperato fosse il tentativo che si proponeva; il suo spirito ironico lo portava a ridere del materiale a sua disposizione, e tuttavia l'empito appassionato che lo portava a implorare Guicciardini fino all'ultimo: «*Liberate diuturna cura Italiam*», continuava ad arrovellarlo nella speranza di trovare uno «spiraculo [...] per sua redenzione», fino a configurarsi coi tratti di una religione civile.

Notazioni non diverse suggeriscono molti aspetti della sua lettura degli scritti e dell'attività di Sarpi, a cominciare dal fatto di trovarlo autore di grande attualità «perché al centro del suo pensiero sta appunto la distinzione tra potere spirituale e potere temporale». Denso di implicazioni attuali è un aspetto dell'opera di Sarpi che Corrado ha cura di rilevare con forza, perché preliminare ad ogni scrittura storica, condizione, vorrei dire, per poter scrivere di storia: il suo approdare cioè «a una visione totale delle diverse manifestazioni della vita associata e in pari tempo a una relativizzazione storica del fenomeno religioso» che costituisce appunto «una premessa essenziale allo studio del concilio di Trento», ma più in generale, aggiungerei, rappresenta una conquista non obliterabile della ragione storica. Non a caso Corrado è ritornato più volte in anni recenti sulla ricorrente polemica contro il "relativismo", bestia nera dell'attuale magistero ecclesiastico e non di esso soltanto: «Oggi è di moda condannare il cosiddetto relativismo, rifiutando così ciò che è tipico della coscienza storica: il fatto che ogni aspetto della nostra esistenza è figlio del tempo, e dunque relativo» (febbraio 2009). E in altra occasione, in riferimento alle tre grandi religioni monoteiste (ebraismo, cristianesimo e islam) che non andavano considerate «monoliticamente» ma piuttosto nel loro differenziarsi nella storia, così continuava: «Rischieremo il relativismo, che oggi si è soliti sconsideratamente deprecare, dimentichi che è proprio della ragione storica il divenire, contrapposto ad ogni canone di immutabilità» (dicembre 2007).

Nei primi anni Ottanta l'Einaudi entrò in crisi: nel 1983 fu dichiarata fallita; seguirono il suo commissariamento e l'allontanamento di Giulio Einaudi. Il clima al suo interno era profondamente cambiato, e Corrado, che dall'anno accademico 1968-1969 ricopriva l'incarico di Storia delle dottrine politiche nella facoltà di lettere dell'Università di Torino, decise di cambiare ambiente di lavoro partecipando ai concorsi universitari. Avendone vinto uno di prima fascia, nel 1986 divenne titolare di Storia moderna nella facoltà di lettere dell'Università di Perugia, per passare nel 1990 alla facoltà di lettere dell'Università di Roma La Sapienza, dove insegnò, sempre Storia moderna, fino al 2000. Gabriele Pedullà che gli fu allievo ha ricordato i lunghissimi ricevimenti concessi agli studenti, le lunghe lettere scritte loro, la generosità con cui si spendeva in consigli, discussioni, revisione dei loro lavori. Ma a questo riguardo non sono diversi, credo, i ricordi dei suoi amici e collaboratori, non sono diversi i ricordi miei, destinatario a mia volta di lunghe lettere, in cui commentava, postillava, correggeva gli scritti che gli chiedevo di leggere prima della pubblicazione. Sono tutti aspetti dell'attività di insegnamento di Corrado e delle sue modalità che andranno più ampiamente illustrati, a cominciare dal censimento dei corsi e dei seminari da lui tenuti. E a questo proposito merita rilevare che sarà opportuno completare la sua bibliografia, ferma nella benemerita compilazione curata da Miguel Gotor e Gabriele Pedullà al 2000, aggiungendovi possibilmente anche gli articoli di giornale e gli interventi radio-televisivi che da quella compilazione risultano esclusi.

Nel 2007 Corrado, appena tornato dalle vacanze estive, all'improvviso, ebbe i primi sintomi della malattia che in breve lo costrinse sulla carrozzina e lo portò poi, l'8 settembre 2012, alla morte. Furono anni di sofferenza in cui però, anche se con sempre maggior fatica, non smise, se non alla fine, di scrivere, di pensare ad alta voce, di commentare le cose dell'Italia e del mondo. Nel 1972 aveva chiuso il saggio *Lacerazioni e contrasti* con considerazioni di speranza sul futuro del nostro paese: «Nel crollo delle sovrastrutture politiche del vecchio regno sabaudo e del regime fascista la società civile ha espresso con straordinaria vitalità e vigore creativo nuovi valori politici e morali, che hanno dato un significato più profondo alla compagine nazionale uscita dalle lotte partigiane».

In anni recenti il quadro era andato oscurandosi: pur ripetendo la sua persuasione che, come in Francia la Rivoluzione, così in Italia l'antifascismo, per «la sua profonda radice democratica [...], ha instillato il convincimento dei diritti dell'uomo», non mancava di osservare che si tratta di convinzioni che «vanno attenuandosi e sbiadendo». Non è probabilmente un caso che, scrivendo di Tocqueville (2006), Corrado mettesse in forte rilievo i rischi di degenerazione cui, nella sua analisi, una società democratica era esposta. E mi rimproverava di aver definito in un mio saggio

> «minoranze relativamente marginali» quelle i cui membri oggi si dichiarano apertamente razzisti e antisemiti [...]. Si tratta di un umore che corre in tanti ambienti, in modo se vuoi superficiale, ma che può diventare pericoloso. Non sono solo le frange più o meno folkloristiche di gruppetti eversivi, distinguibili per capi rapati o simili [...].

E ricordava posizioni e atteggiamenti della Lega che finivano con l'ingrossare la fiumana razzista per confessare: «Più vado avanti negli anni e più mi rendo conto che la distinzione tra etica e politica non regge alla luce delle cose che accadono». Sono notazioni e rilievi che tornano con crescente frequenza nei suoi ultimi anni:

> Siamo un paese che rischia di arretrare. C'è un pensiero cattolico che tende all'ortodossia e un pensiero laico che fatica ad arginare i tentativi della Chiesa di imporre una nuova egemonia. Solo qualche anno fa questa situazione sarebbe parsa impensabile. Per uno studioso che ha sempre guardato all'illuminismo come a un punto di riferimento, la situazione attuale è fonte di vero sconforto.

E di fronte alle ricorrenti affermazioni, anche di personaggi autorevolissimi, che alquanto incredibilmente rivendicano alla Chiesa cattolica di aver affermato nella storia i diritti umani, Corrado ribatteva che, «senza Clermont-Tonnerre sarei ancora in ghetto a fare lo strazzarolo», ricordando opportunamente che mentre l'emancipazione, frutto dell'illuminismo, dava agli ebrei dignità, i decreti di Pio VI rafforzavano il loro stato di servitù anche giuridica. Con ironia amava ripetere a questo riguardo «la nota storiella del barone Rothschild che domanda al vescovo di Parigi cosa significhi la distinzione fra tesi e ipotesi, e si sente rispondere: per la tesi io dovrei mandarla al rogo, per l'ipotesi, invece, la sto accompagnando a pranzo».

Erano scatti e battute polemiche suggeriti dalla vacuità e dalle forzature ideologiche di tante discussioni sui "meriti" della Chiesa, discussioni che, manipolando la storia, riproponevano presunti diritti del suo magistero. Corrado però era del tutto alieno dall'usare i fatti della storia come una clava, così come considerava profondamente corruttrici della coscienza civile la manipolazione e l'alterazione dei fatti del passato. Per questo non cessava di ribadire i criteri che, anche di fronte alle sue pagine più oscure e feroci, devono guidare lo studioso di storia che vuole essere tale: «Io posso indignarmi, individualmente, leggendo l'eccidio di Trento del 1475 [...] come posso avere particolari reazioni leggendo il tuo saggio dove parli dell'omicidio rituale ecc. Ma se ragiono e agisco come studioso di storia, non posso indignarmi e stupire: devo solo cercare di capire». Ma aggiungeva anche, riaffermando il dovere del giudizio storico: «Poi, naturalmente, ho il diritto di dire che la Chiesa in quel modo restava legata a una tradizione cristiana che aveva falsificato (in vari casi consapevolmente) la verità».

Vorrei chiudere con la citazione di un passo del suo intervento al Convegno organizzato a Torino dalla Fondazione Michele Pellegrino nel febbraio 2004. Riprende questioni cui già si è accennato. Ma merita riascoltarle come splendido esempio di onestà intellettuale e insieme di rigore argomentativo. Il tema della discussione, aperta da un intervento di Vincenzo Ferrone, riguardava il rapporto tra Chiesa cattolica e modernità. A questo riguardo, in contrapposizione a quanti ritenevano che erano stati i valori propugnati dai pensatori illuministi a ispirare la *Dichiarazione dei diritti dell'uomo e del cittadino* del 26 agosto 1789, posta successivamente in apertura alla Costituzione del 1791, erano state ricordate alcune affermazioni del cardinale Ratzinger, secondo il quale «la moderna idea di libertà è un legittimo prodotto dello spazio vitale cristiano», le cui scaturigini andrebbero cercate nella frase del vangelo: «Rendete dunque a Cesare quel che è di Cesare e a Dio quel che è di Dio». Corrado intervenne così:

> Dichiaro subito che il mio giudizio non è scevro di personalismi, ed è pertanto di parte. Certo, a supporto della prima tesi potrei invocare le splendide pagine con cui Tocqueville conclude il primo volume dell'*Antico Regime*, mostrando come nell'89 si siano affermate due grandi passioni che spinsero i francesi a voler "essere uguali nella libertà". Ma preferisco non ricorrere a mascheramenti, e dichiarare che le mie origini ebraiche m'inducono a pensare ch'io sono cittadino italiano, e oggi europeo, dotato di un'istruzione che mi ha consentito di arrivare alla cattedra universitaria, perché l'uguaglianza dei diritti è stata riconosciuta anche agli ebrei da un decreto votato dopo un celebre dibattito svoltosi nel 1791 nell'Assemblea Nazionale francese. Quei diritti furono abrogati dai governi della Restaurazione, furono riconquistati

con i regimi liberali, ma al loro riconoscimento la Chiesa si dimostrò avversa, non solo nel corso dell'Ottocento, ma fin quasi alla metà del secolo scorso: quando padre Tacchi Venturi fu incaricato dalla Santa Sede d'intavolare colloqui con il governo di Badoglio, succeduto a Mussolini, per risolvere talune questioni provocate dalle leggi razziali, ricevette dal cardinale segretario di Stato la direttiva di chiederne la correzione, ma non l'abrogazione.

Questo è forse l'argomento principale che mi porta a respingere l'asserzione del cardinale Ratzinger, tanto più tenendo conto che nell'agosto 1943 la Santa Sede non era all'oscuro della tragedia che aveva prodotto l'antisemitismo nell'Europa nazista. Devo anche aggiungere che, nel passato della Chiesa, proprio il versetto di Matteo 22,21, citato dal cardinale Ratzinger, spiega perché gli eretici, i marrani e i vari mal senzienti della fede fossero sì condannati dalla Santa Inquisizione, ma la pena capitale, per rispettare la distinzione fra potestà ecclesiastica e autorità statuale, venisse comminata dal cosiddetto "braccio secolare". Del resto, troppi episodi oppressivi ricorrono nei secoli passati, perché possa accettare l'asserzione, quantunque carica di *subtilités scolastiques*, che la Chiesa difese i diritti umani. È stato piuttosto penoso, in un recente convegno, sentir replicare a un relatore che aveva ricordato il massacro dei valdesi di Calabria, che non è possibile giudicare quei fatti con la mentalità del nostro tempo, perché quegli orrori erano allora accettati e considerati episodi normali. Il giustificazionismo storiografico funziona sempre male: in questo caso basta ricordare che, anche nei nostri giorni, di massacri si ha purtroppo notizia quasi quotidiana, e nondimeno reagiamo egualmente con angoscia ed orrore. Sono convinto che a far maturare in tal senso le nostre coscienze abbia in buona misura contribuito l'abolizione della pena di morte, ma è superfluo ricordare che *Dei delitti e delle pene* venne messo all'Indice poco dopo la sua pubblicazione.

# Indice dei nomi

Finito di stampare
nel mese di febbraio 2020
da The Factory s.r.l.
Roma